Ghislain de Diesbach

L'ABBÉ MUGNIER

Le confesseur du Tout-Paris

PERRIN
www.editions-perrin.fr

ISBN : 2-262-01970-3

A Marthe et Marie,

Marie de La Martinière
et Marthe de Rohan-Chabot

Il est difficile, en général, d'écrire la vie d'un mémorialiste sans démarquer ses Mémoires ou son Journal. Je me suis efforcé d'éviter cet écueil en utilisant pour cette biographie des documents pour la plupart inédits, notamment des correspondances, des témoignages ou des archives jusqu'à présent inexploitées, ainsi que des ouvrages tombés dans l'oubli, comme celui d'Agnès Siegfried sur l'abbé Georges Frémont, un des intimes amis d'Arthur Mugnier. J'ai donc mis l'accent sur les quarante premières années de l'abbé Mugnier, les moins connues, afin de laisser à son Journal publié, auquel j'ai fait néanmoins certains emprunts, tout son intérêt.

Ne voulant pas suivre l'abbé pas à pas au cours de sa longue existence, ce qui aurait été certainement fastidieux, j'ai groupé en quelques pages ses relations, étendues parfois sur dix ou vingt ans, si ce n'est plus, avec les personnalités de son temps qui l'ont particulièrement marqué ou intéressé.

PORTRAIT D'UN APÔTRE ATYPIQUE

Né dans l'obscurité, au milieu du XIXe siècle, et destiné à mourir aveugle, en 1944, l'abbé Mugnier a traversé son époque en l'illuminant des feux de son esprit et en portant aussi très haut le double flambeau de l'Espérance et de la Foi, sans cesser d'entretenir par ailleurs la flamme du souvenir au pied de la statue de ses écrivains préférés, de Goethe à Chateaubriand, en passant par George Sand, Victor Hugo et Huysmans.

Dans un monde estimé frivole, où parfois sa présence étonne un peu, son indulgence est là pour absoudre et sa compassion pour atténuer les souffrances. « Vous n'avez pas raté un seul pardon ! » lui dira un jour Lucien Descaves. Quant à son esprit de repartie, il est là pour animer les conversations, faire aussi briller autrui. D'où un succès dont il ne tire aucunement vanité, des invitations si nombreuses qu'il ne peut y suffire et des amitiés illustres qui le font entrer dans ce faubourg Saint-Germain au seuil duquel Proust est demeuré, avide et désenchanté, tels les Hébreux devant la Terre promise.

A le voir, avec sa silhouette assez carrée de curé de campagne, il n'a rien qui justifie cette prodigieuse ascension, si ce n'est une bonne grâce alliée à une qualité de cœur fort rare en ce milieu. Là où il est, l'Esprit souffle, celui de l'Evangile, avec, dans le ton, un souvenir des Encyclopédistes et des salons du XVIIIe siècle. Il est un fils spirituel de Rousseau, le dernier survivant du *Sermon sur la montagne*, un amant passionné de la Nature, en perpétuelle extase devant la Création, mais au lieu de fuir les hommes, il les recherche, autant par curiosité de leurs mœurs, de leurs goûts, voire de leurs folies, que par sympathie vraie, devinant ce qu'il y a en eux de drames et de tristesse à secourir. Sachant faire jaillir en tout être humain l'étincelle divine, il se plaît à la préserver, à l'encourager, à la faire resplendir. « Le plus beau compliment que j'ai reçu dans ma vie de prêtre, écrit-il, est celui-ci : "Vous êtes humain", mais ce ne sont pas mes supérieurs qui me l'ont adressé. Le cardinal Amette me reprochait de l'être[1]. » Comme l'écrivain romantique allemand Jean-Paul Richter, il croit à « l'Amour universel », quitte à en éprouver parfois les inconvénients. Dans sa candeur, que certains taxent de naïveté, il peut se tromper. Un jour qu'il a été de nouveau déçu en accordant sa confiance à un sujet qui ne la méritait pas, il a ce mot admirable :

— Hélas ! oui, je suis trop prompt à soupçonner le bien...

Ce qu'il y a de remarquable également chez lui, c'est que sa foi en Dieu et sa croyance en la bonté originelle de l'homme, héritée de Rousseau, suppléent au défaut d'une vocation véritable. Entré au Grand Séminaire au lendemain de la Commune, il s'est aperçu, après quelques années d'un ministère ingrat, qu'il était peu fait pour la vie sacerdotale et qu'il aurait préféré choisir un autre état. Il est certain que, s'il n'avait pas été littéralement *poussé* vers le séminaire et destiné au sacerdoce, il aurait choisi une autre voie. Il lui manquait pour le faire une certaine instruction, plus ouverte que celle du séminaire, un peu de fortune et aussi, peut-être, un physique moins ingrat. Celui que Marthe Bibesco comparera au petit homme Zachée de l'Evangile est d'une taille audessous de la moyenne avec, dans sa jeunesse, un peu l'air d'un farfadet. On ne l'imaginerait pas marié, mais lui aurait certainement souhaité l'être, si le sort n'en avait pas disposé autrement. Dans son Journal inédit, où il s'apitoie si souvent sur soi, il esquissera le portrait de l'épouse qu'il aurait souhaitée : « Mon idéal eût été cet exquis mélange d'enthousiasme et de mélancolie, cette double faculté de jouir et de souffrir.

1. A. Mugnier, Journal inédit, 5 septembre 1930.

J'aurais voulu ma femme lettrée et sans pédantisme, artiste sans profession, éclatante de vie, émue facilement, indulgente à l'excès, large dans ses vues, plus éprise, en matière religieuse, de l'esprit que de la lettre [1]. »

Entré dans la vie sacerdotale à son insu, pourrait-on dire, il remplira loyalement son contrat au point d'atteindre une sorte de sainteté, ne serait-ce que par la manière dont il s'acquittera de sa tâche. Alors que maints de ses confrères secoueront le joug, les uns en prenant leurs distances avec la hiérarchie, les autres en rompant avec l'Eglise, il restera dans le droit chemin, non sans regimber souvent, comme en font foi de nombreux passages désolés de son Journal, et non sans y rencontrer des périls qui manqueront le faire trébucher.

Né avec un don précieux, l'enthousiasme, il le gardera jusqu'au bout de sa longue carrière et y verra un souffle divin, comme l'indique l'étymologie de ce mot. « Il y a Dieu en nous », se plaît-il à répéter, justifiant par cet enthousiasme inné son apostolat et son goût des lettres. « Moi, je suis fait pour admirer les autres, avoue-t-il dès 1877, dans son Journal, et encore je m'en acquitte mal, puisque l'exagération qui abonde dans mes paroles fait douter de leur vérité. » Il saura calmer l'expression de cet enthousiasme, mais en gardera l'ardeur et la spontanéité jusqu'au bout de sa longue existence, après avoir fait de celle-ci une manière de chef-d'œuvre en vivant la vie des autres. « Il faut faire de la vie une mosaïque, aime-t-il à dire, que le dessin général soit beau, les couleurs vives, et les matériaux divers [2]. » Plus tard, admirant cet éclectisme dans le choix de ses admirations, Marthe Bibesco dira de lui : « Son cœur est un Panthéon où sa ferveur réconcilie de grands hommes irréconciliables. »

Ni abbé de cour, ni curé de campagne, il n'a pas dans sa façon de s'habiller cette frivolité d'un prélat hongrois, Mgr Veye de Veya, qui commande ses soutanes chez Worth et résiste à grand-peine à l'envie de faire des révérences. Point grand, avec au fil du temps un certain embonpoint, il est presque carré, d'aspect un peu rustique, mais spiritualisé par

1. A. Mugnier, Journal inédit, 18 avril 1894.
2. Princesse Bibesco, *Catherine-Paris*, p. 162.

son regard d'un bleu de myosotis et une houppe de cheveux blonds, puis gris, puis blancs qui voltige au sommet de son crâne, ainsi que la flamme de la Pentecôte sur celui des apôtres. Modeste dans sa tenue, il l'est aussi dans ses propos, ne se mettant jamais en avant, n'émettant jamais une opinion péremptoire, écoutant les autres, toujours prêt à faire un sort à un mot, en risquant un à son tour et, souvent, damant le pion à un bavard impénitent, à un invité discourtois.

« L'abbé Mugnier est un prêtre d'une simplicité extrême, avec beaucoup plus de modestie qu'on ne se l'imaginerait à entendre ceux, celles surtout, qui ont créé la légende de prêtre mondain, écrit à son propos Maurice Martin du Gard dans *Les Mémorables*. Il a, dans les salons aristocratiques, l'auréole du prêtre qui a ramené Huysmans à l'Eglise. Trop intelligent pour se prévaloir de sa seule foi quand il tente de faire régner la paix parmi les êtres qui se déchirent avec frivolité, il se sert de son esprit là où son cœur n'en imposerait pas suffisamment. C'est un homme dont toute l'originalité est d'être évangélique, espèce rare aujourd'hui [1]. »

Un autre contemporain, René Dumesnil, lui rend un hommage semblable : « Ce prêtre choyé dans les salons possédait pourtant des vertus bien rares dans un monde où la calomnie n'est presque plus un péché. Il était le plus fidèle des amis, et savait d'un trait crever les perfidies, d'une boutade couper les propos médisants. Il eut du courage, du meilleur, celui qui reste inébranlable dans le danger volontairement affronté, dans le risque bien pesé d'une action secourable [2]... »

Si le musicien Widor, sensible à son amour de l'Antiquité, le dit « athénien », « né d'une faute de Pindare avec Sapho », Paul Valéry, admirant le chrétien, compose en son honneur un poème en forme de litanie, rappelant ses vertus essentielles et voyant en lui, non seulement une « Arche sainte », mais le « Sourire des vains festins ». Marcel Proust lui écrira, touché par son amour des aubépines : « C'est vous l'aubépine du Perche. Vos années ne sont faites que de printemps. Autant qu'elle, j'aime vous voir, votre piquant, le parfum de votre discours... Si vous êtes assis à la même table [que moi], il me

1. M. Martin du Gard, *Les Mémorables*, tome III, p. 56.
2. R. Dumesnil, *Le Rideau à l'italienne*, p. 85.

semble qu'elle est fleurie d'aubépines[1]. » Quant au fameux critique d'art et collectionneur Bernhard Berenson, il voit en l'abbé Mugnier « l'esprit le moins entravé qu'il ait connu ».

Et Jean Cocteau enfin d'écrire à Jacques Maritain : « Je ne connais qu'un homme chez qui l'esprit soit l'Esprit, c'est l'abbé Mugnier. Le petit corps qui habille modestement cette grande âme possède le pouvoir divin d'être partout à la fois. Chaque jour, il aide pauvres et riches aux quatre coins de la ville. Un jeu de société consiste à le mettre en péril, à le mener sur un sujet scabreux. Il faut alors entendre comme le ciel lui souffle une réponse qui bat le joueur mondain échec et mat[2]. » A quelqu'un se faisant scrupule de conter devant lui une anecdote un peu leste, il répond :

— Allez toujours ! Je penserai à Marie-Madeleine...

Protestant contre le qualificatif de « salonnard » souvent appliqué à l'abbé Mugnier, Wladimir d'Ormesson estime, « en y réfléchissant, qu'on pourrait tracer un parallèle entre Proust et lui. Sur bien des points ils se rencontreraient. Même goût de la psychologie, même connaissance des milieux divers qui composent le monde. Mais l'abbé avait quelque chose de plus léger que Proust. Il sautillait. Il n'allait pas jusqu'au bout du laboratoire. Les échantillons différents qui composent l'humanité divertissaient, intéressaient au plus haut point l'abbé, mais il ne cherchait pas à démonter le mécanisme[3] ».

Lorsque Jules Cambon lui décernera en 1928, au Cercle de l'Union, en présence de Paul Valéry, les insignes de chevalier de la Légion d'honneur, il fera l'allocution d'usage, énumérant tous les titres de l'abbé à cette décoration, mais son discours achevé, il ajoutera, comme suprême argument :

— Parce que vous êtes le meilleur des hommes !

Non seulement il est charitable en ses jugements, la bonté la plus difficile à pratiquer, surtout à Paris, mais il est généreux de son temps, de sa peine et de son argent, donnant dans la mesure de ses moyens, fort limités. Un soir, pendant un

1. Philippe Kolb, *Correspondance de Marcel Proust*, tome XVII, lettre 45.
2. *Correspondance Jean Cocteau-Jacques Maritain*, p. 295.
3. Wladimir d'Ormesson, Journal inédit, 1er mars 1944.

dîner de la Société Huysmans, un pauvre entre dans le petit restaurant où se tiennent ces agapes littéraires et fait le tour des table en mendiant. Distrait par la conversation, y voyant fort mal de surcroît, l'abbé Mugnier, tend un billet de cent francs au malheureux qui sursaute et s'écrie :

— Ah ! C'est trop, monsieur le curé, c'est trop !

Ses amis lui expliquent sa méprise et lui font donner au quêteur une obole en proportion avec ses ressources, mais cette erreur lui a gâté la fin de sa soirée.

— Sans doute, je m'étais trompé, dit-il, mais vous n'auriez pas dû me le signaler. Pensez à la douleur qu'a dû ressentir ce malheureux en voyant un billet de cent francs passer devant lui et remplacé par une pièce de vingt sous [1]...

De sa position éminente dans le monde, il ne tire aucune vanité, sachant rester simple et amical avec tous, passant des fastes d'un hôtel particulier dans le faubourg Saint-Germain à une mansarde misérable où il va porter la communion à une pauvre femme. Il se rend souvent chez un vieil érudit aveugle, Froehner, pour le distraire en bavardant avec lui. Il a de belles relations, certes, mais il en possède également dans des milieux fort différents. Il a ainsi pour pénitente une femme élégante que le comte de B. avait rencontrée au Chabanais, fameuse maison de rendez-vous de l'époque, et qu'il retrouve un soir à l'Opéra, entourée d'hommes de la meilleure société. Stupéfait, le comte de B. avait pensé qu'elle allait au Chabanais pour faire pénitence, expiant ainsi quelque horrible égarement, ou bien pour prêcher la morale aux maris qui trompaient leurs épouses. Quelques recrues dans le milieu de la haute galanterie lui ont valu le surnom de saint Vincent-de-*Poule*. Il en sourit...

Cette bonté s'étend, comme celle de Dieu, à toute la nature :

— Je dois aller chez la duchesse de Pimodan, dit-il un jour qu'on veut le retenir à dîner. Je ne peux pas m'en dispenser. Elle m'a écrit que l'être qu'elle aime le plus au monde est à l'agonie... C'est son chat.

---

1. L. Deffoux, « Le chanoine Mugnier, aumônier des Lettres », in *France. Revue de l'Etat nouveau*, mai 1944.

Si parfait que puisse être un ecclésiastique, il ne s'assied pas à toutes les tables, ne hante pas tous les salons, ne participe pas à la vie mondaine et littéraire de son temps sans susciter la malveillance et la jalousie. Déjà Forain, gouailleur, l'avait un jour apostrophé en lui disant, par allusion à ses nombreux déjeuners et dîners en ville :

— Vous, l'abbé, on vous enterrera dans une nappe !

A quoi l'abbé, jamais en reste, avait répondu :

— Avec vos miettes !

Dans le concert de louanges qui célèbre ses vertus, il y a quelques notes discordantes et, faute de pouvoir critiquer sa conduite, irréprochable au point de vue des mœurs, certains esprits mettent en doute autant la sincérité de sa vocation que celle de sa foi. A une époque où l'Eglise, attaquée vigoureusement par l'anticléricalisme, a tendance à se roidir dans la stricte observance de la lettre afin de mieux conserver l'esprit, l'abbé Mugnier apparaît comme un précurseur. Il a souffert de l'éducation reçue au séminaire, une éducation peu faite, à son avis, pour affronter un monde où tout a changé, sauf le cœur de l'homme et c'est celui-ci qu'il faut toucher, mais par des moyens différents.

Il le dit souvent, effarouchant un peu ceux qui l'écoutent, et qui seraient beaucoup plus scandalisés s'ils pouvaient voir ce qu'il écrit certains soirs dans son Journal. Appliqué dans l'exercice de son ministère, il reste à l'écart des grandes querelles qui opposent à la fin du XIXe siècle et au début du XXe les théologiens et les savants, voire les théologiens entre eux. Il a une foi sincère, il ne se soucie pas d'en approfondir les raisons. Cela ne l'empêche aucunement d'avoir son opinion sur la mission de l'Eglise et de souhaiter un renouvellement de celle-ci, un retour au véritable esprit de l'Evangile, étouffé, dit-il, par une tradition sclérosée. Déjà partisan de prêcher le dos à l'autel et non du haut de la chaire, il aimerait voir célébrer les offices en langue vernaculaire et non plus en latin, ce qui est révolutionnaire encore au début du XXe siècle. Un de ses amis, l'abbé Brémond, lui ayant avoué qu'il n'aimait pas la façon de donner la communion « langues tirées », il rapporte ce propos en ajoutant : « On enivre le prêtre de laideurs. Voilà ce que c'est que de vouloir faire mieux que l'Evangile.

La Cène était un repas fraternel. On y rompait le pain sacré, sans scrupule[1]... » Et sachant combien il est difficile d'insuffler à ses contemporains le véritable esprit du christianisme, il voudrait au moins les voir régis par un certain savoir-vivre : « A défaut de pratiquer l'Evangile, soyez polis ! »

Il est partisan de la séparation de l'Eglise et de l'Etat, dans la mesure où les prêtres cessent d'être autant de fonctionnaires et peuvent sans contrainte enseigner l'Evangile. Il a certes une foi solide, mais il n'est pas attaché aux rites, aux chaînes de neuvaines, aux pèlerinages, aux triduums, aux dévotions particulières, dont certaines le choquent. Ainsi celle du Sacré-Cœur : « Ce cœur rouge retiré du sang humain. Une dévotion faite pour un siècle d'opérations, pour une époque de chirurgiens[2]. » La bigoterie l'agace au plus haut point, et c'est d'une oreille impatientée qu'il écoute, au confessionnal, des âmes trop scrupuleuses récitant leurs péchés comme une table de multiplication, craignant d'être damnées si elles en ont oublié un. On pourrait aujourd'hui le taxer de « fondamentalisme », et peut-être aurait-il succombé à cette tentation si les barrières élevées par le monde, et qu'il a si aisément franchies, ne s'étaient refermées sur lui pour l'empêcher d'aller trop loin, de courir les routes en prêchant un panthéisme où l'Evangile et le retour à la Nature en auraient fait un disciple de Rousseau plutôt que du Christ.

S'il est donc favorable à un *aggiornamento* de l'Eglise catholique romaine et se plaint souvent de la pesanteur de la hiérarchie, il ne rallie pas le camp de ces abbés démocrates aux idées généreuses mais aux initiatives souvent maladroites. Eloigné de Marc Sangnier et de son *Sillon*, il cultive en paix son propre jardin et sème la bonne parole en des milieux où, si elle a peu de chance de germer, du moins donne-t-elle à certains une meilleure image du clergé. Dans ce rôle, il cherche moins à convertir qu'à faire revenir à Dieu ceux qui se sont écartés de la religion, à rendre la foi à ceux qui l'ont perdue. Il n'a rien d'un prosélyte, se contentant de prêcher

1. A. Mugnier, Journal, 14 mai 1915.
2. A. Mugnier, Journal, 17 septembre 1915.

d'exemple. C'est l'apôtre de la réconciliation, ce n'est pas un missionnaire. Un jour que l'on s'étonne qu'il ne cherche pas à convertir un Anglais qui vient chaque année le voir, il répond :

— Mais si je le convertissais, je n'aurais plus le plaisir de confesser un protestant !

Une autre fois, alors qu'on déplore le peu de succès de sa mission auprès de Mme Singer que l'Œuvre de Sion l'avait chargé de convertir, il déclare avec fermeté :

— Elle a trop de religion pour en changer !

Dans son souci de ramener à Dieu la brebis égarée, il commet des imprudences, victime une fois de plus de sa trop grande propension à « soupçonner » le bien. S'étant longtemps plaint de l'étouffoir qu'avait été pour lui le séminaire, il a toujours gardé de la sympathie pour ceux qui, s'estimant mal préparés à leur mission, avaient préféré quitter l'Eglise. A leur égard, il professe une curiosité qui ressemble un peu à celle des honnêtes femmes pour les « créatures », curiosité doublée d'une certaine envie, comme s'il les admirait d'avoir osé ce qu'il aurait voulu faire, eût-il été plus courageux ou moins scrupuleux. Il entretiendra ainsi une longue correspondance avec un de ses anciens confrères au séminaire de Saint-Sulpice, René des Chesnais, qui s'est écarté de l'Eglise et s'est réfugié en Tunisie afin de vivre sa foi comme il l'entend, loin des remontrances de la hiérarchie, et il aura finalement le plaisir de le confesser, lors d'un de ses retours en France, peu avant de mourir. Sans l'avoir jamais avoué, il a toujours professé une grande admiration pour Lamennais, regrettant d'être né trop tard pour l'avoir connu : « Serais-je resté fidèle au Maître ? » écrit-il dans son Journal inédit, en 1892, après avoir revu La Chênaie. « Oui, cette nature extrême, tendre, généreuse, colère, triste et militante m'eût enchaîné par des liens irrésistibles. »

A la fin de sa vie, évoquant devant maître Maurice Garçon les personnalités qu'il avait connues, le grand avocat se montra surpris qu'il lui citât tant d'hérétiques notoires et l'abbé lui répondit :

— C'est que les autres n'avaient pas besoin de moi...

Dans son Journal, où il se livre assez fréquemment à des retours sur soi, comme s'il pressentait les critiques à venir, il note en 1936 : « J'ai passé ma vie à être vis-à-vis de ceux qui n'étaient pas religieux d'une tolérance et d'une politesse parfaites. J'y mettais de la coquetterie jusqu'à l'imprudence. L'affaire Loyson me l'a bien démontré[1]. » La même année, il remarque encore à ce sujet : « On m'a dit quelquefois : "Ah ! vous avez de bien mauvaises relations, monsieur l'abbé !" On a cessé de le dire quand on a vu qu'il y avait, grâce à cela, des baptêmes, des abjurations, des extrêmes-onctions, des mariages facilités par ces mauvaises connaissances[2]. »

Novateur en matière religieuse, comme il le fut dans le domaine musical en étant un des premiers adeptes de Wagner, passant chaque année quelques jours à Bayreuth, il est un précurseur dans un autre domaine jusque-là farouchement gardé par un arsenal de préjugés, de tabous et de règles établies par l'Eglise : le domaine interdit de la sexualité. En 1916, alors que Freud n'a pas encore fait parler de lui en France, il écrit ces phrases significatives : « Je crois que l'instinct sexuel est l'explication de tout, puisque tout en vient. La psychologie doit sortir de là, de cette double étreinte. Mais qui donc approfondira nos origines ? La sotte pudeur et la sotte luxure empêchent toute étude sérieuse[3]. » Et quelques années plus tard, il écrira : « Ce sont les Pères du désert, les Pères de l'Eglise qui ont fait de l'amour physique une chose si considérable. Et cela en créant la chasteté. Ils ont donné une grande importance à ce qui n'était rien auparavant[4]... » De là, lui qui ne vit pas dans un désert, tant s'en faut, son indulgence envers les péchés de chair, si faciles à commettre et presque sans y penser dans Paris,

Cette divine capitale,
Où l'on peut à toute heure,
A tout prix, en tout lieu,

1. A. Mugnier, Journal, 6 juin 1936.
2. A. Mugnier, Journal, 4 novembre 1936.
3. A. Mugnier, Journal, 18 mai 1916.
4. A. Mugnier, Journal, 20 mai 1925.

Trouver l'occasion de chiffonner un peu,
La tunique de la morale[1]*...*

Révolté par la sotte pudeur dont l'éducation traditionnelle entoure, en les rendant plus obscurs encore, les mystères de la procréation, il est partisan d'une initiation de bonne heure, avant « l'éveil de la Bête », et se montre en cela partisan de Montaigne, écrivant dans ses *Essais* : « On nous apprend à vivre quand la vie est passée. Cent escholiers ont pris la vérolle avant d'être arrivés à leur leçon d'Aristote, *De la tempérance.* »

Ce libéralisme est critiqué par certains qui, sans être des fanatiques de religion, voire sans religion aucune, s'étonnent de trouver en l'abbé Mugnier un pasteur différent de l'idée qu'ils s'en font. D'aucuns, qui auraient dénoncé chez lui un obscurantisme et un aveugle attachement au passé, lui reprochent au contraire d'avoir les idées du jour, de les devancer même. Ainsi, Georges Duhamel, après avoir déjeuné avec lui et Lucien Descaves chez l'abbé Brémond, écrit dans son Journal : « L'abbé Mugnier, lui, est prêt à céder sur toute la ligne. Le bon abbé est dans le siècle jusqu'au cou, il accepte déjà que les burettes soient remplacées par des burettes automatiques et les enfants de chœur par des appareils à donner les répons. En somme, il est perdu et déjà en proie au diable[2]... » Jugement sans valeur, par l'exagération même de son auteur. Plus nuancé, plus vrai aussi, celui de Claudel, parfaitement au courant de tous les ennuis qu'avait valus à l'abbé Mugnier son indulgence excessive à l'égard de certains prêtres ayant quitté l'Eglise. Dans ses *Mémoires improvisés* il rangera l'abbé Mugnier, comme aussi l'abbé Brémond, son ami et voisin, parmi ces gens qui « sympathisaient avec toutes les erreurs et n'y voyaient que la part de vérité ».

D'autres, moins illustres, apporteront leur pierre à cette lapidation de l'abbé, d'André Germain à Catherine Pozzi, de Beau de Loménie à Henri de Régnier, plus mesuré, disant de lui : « Il croit en Dieu ni trop, ni trop peu », mais il n'en

1. Murger, *Le Testament.*
2. G. Duhamel, *Le Livre de l'amertume*, p. 175.

sortira ni meurtri ni diminué, grandi plutôt pour avoir triomphé des envieux, désarmé les calomniateurs et laissé un nom plus connu que le leur dans la mémoire des hommes.

Ce qui assure son succès dans le monde et lui vaut d'être si recherché tient moins à sa proverbiale indulgence qu'à son esprit, une qualité d'esprit qu'il est à peu près seul à posséder, car il est difficile à Paris d'en avoir sans l'exercer aux dépens d'autrui. Or, il échappe à ce travers. Entre ceux qui disent du mal de leur prochain, mais le disent bien, et ceux qui en disent du bien, mais maladroitement, l'abbé Mugnier est seul à dire avec esprit le bien qu'il pense ou à nuancer charitablement le jugement qu'il devrait porter sur certains égarements. A l'occasion, il sait aussi rectifier une opinion qui lui paraît trop indulgente ou mal fondée, tel ce jour où entendant dire d'Ernesta Stern, dame un peu inquiétante et versée dans les sciences occultes, qu'elle est au fond « une brave femme », il se hâte d'ajouter :

— Oui, une brave femme du Bas-Empire...

S'il est toujours charitable en ses jugements, il sait aussi se défendre et se protéger des fâcheux. Une année que le Père Sanson faisait courir tout Paris à ses sermons de carême, une précieuse insistait pour qu'il l'y accompagnât :

— Comment, monsieur l'abbé, vous n'avez pas encore été entendre le Père Sanson ?

— Hélas ! non, madame, lui répliqua-t-il, je me contente d'écouter la mère Dalila.

Des situations délicates, de celles créées parfois malicieusement pour l'embarrasser, il sait se tirer par une pirouette, un jeu de mots, une remarque amusante. Un jour qu'une maîtresse de maison l'a invité à déjeuner, sans l'en avertir, avec le Grand Rabbin, il ne s'en formalise pas, mais au moment de passer à table, il s'efface devant le représentant de l'Ancien Testament :

— Passez le premier, lui dit-il, vous êtes mon grand-père...

Un autre jour, prévenu cette fois qu'il va se retrouver à table avec un anticlérical notoire, « mangeur de curés », comme on disait alors, il se contente de sourire :

— Je suis si tendre...

Jamais à court, ayant toujours le dernier mot, il ne se verra qu'une fois mis en échec. Effervescent dans ses admirations littéraires, il aborde un jour Lord d'Abernon, ambassadeur de Grande-Bretagne, en lui demandant s'il aime Stendhal :

— Je n'aime pas les consuls, lui répond le diplomate en lui tournant le dos.

Ses mots assurent sa réputation dans le monde ; ils assurent également sa survie. Il suffit de feuilleter Souvenirs, Mémoires et biographies publiés depuis la mort de l'abbé Mugnier pour constater quelle place il a tenue dans la société de son temps, possédant une sorte de don d'ubiquité pour se trouver le même jour chez tant de personnes différentes. Le miracle est moins ce don que celui de s'y plaire. « Il ne ressent pas la terne tristesse de la société : elle l'éblouit et l'amuse, écrit André Germain ; cet homme austère, à cause même de la sévérité de sa vie, trouve une joie naïve et presque collégienne à des divertissements qui accablent leurs officiels dispensateurs. Et parce que dans un tel milieu il ne s'ennuie pas, tous vont à lui[1]. » L'abbé s'y ennuie parfois, mais il le cache et souvent se plaint de trop d'engagements mondains « Pour moi, écrit-il, le grand mal c'est de vivre en société. Le mensonge est une nécessité sociale. On ne peut pas être soi au milieu des hommes. Ils vous engagent, vous enrégimentent, vous solidarisent, mettent la main sur votre liberté intérieure et extérieure. Toutes les institutions font main basse sur le *moi* humain[2]. » Il sera un peu surpris, et rassuré, lorsqu'un jour un petit garçon observera devant lui que le mensonge ne figure pas sur la liste des péchés capitaux...

Le monde est malgré tout moins pesant que la hiérarchie ecclésiastique à laquelle il a fini par échapper. Il y trouve un cadre approprié à ses goûts, des tables exquises, des hôtes plus courtois et surtout plus raffinés que les curés et les vicaires de paroisse, ses confrères pendant trente ans. Très vite, il s'est aperçu que le grand monde est un brillant vernis, sous lequel il y a souvent peu de chose à recueillir : « La vie du monde exclut la passion, l'originalité, le pittoresque, la bohème, la liberté. Et le talent est fait de tout cela », écrit-il dans son

1. A. Germain, *Portraits parisiens*, p. 62.
2. A. Mugnier, Journal, 13 octobre 1915.

Journal, le 10 avril 1921, car il veut jouer sur tous les tableaux, réconciliant littérature et religion, évangélisation et vie mondaine, culture des arts et connaissance approfondie de soi, pour mieux comprendre autrui. Celui qui soupire un jour : « J'aurais voulu être aumônier de Malmaison au temps de Joséphine... » aimerait pénétrer lui aussi dans la république des Lettres, où il n'est guère plus aisé d'entrer que dans le royaume des Cieux. Le miracle est qu'il y parviendra, presque involontairement, d'abord par son intimité avec tant d'écrivains, puis, plus tard, en laissant sur ceux-ci, avec son fameux Journal, un précieux témoignage.

« Un prêtre est un spectateur, dit-il souvent ; il ne vit pas, il regarde vivre. » En dépit de sa mauvaise vue, il porte un regard pénétrant, clinique et malicieux, sur ses contemporains qui, dans le feu des conversations, se livrent à lui avec bien plus de franchise et d'abandon qu'ils ne le feraient dans un confessionnal, où d'ailleurs la plupart ne vont guère. Il enregistre leurs aveux involontaires, écoute avec attention leurs histoires, rapporte aussi leurs querelles et leurs mesquineries. Parfois ce rôle effacé d'Eckermann de tant d'écrivains qui ne sont pas des Goethe lui apparaît comme dérisoire en comparaison de ce qu'il aurait souhaité : « Voilà donc ma vie, écrit-il mélancoliquement le 27 janvier 1921, recueillir des mots, noter des rencontres, être un parasite des vivants et des morts. »

Sa curiosité des êtres, en effet, ne se limite pas en ce qui concerne les gens de lettres aux seuls contemporains ; elle s'étend à ceux qui les ont précédés, aux auteurs illustres qu'il aurait voulu connaître et dont il cherche à se pénétrer non seulement en lisant leurs ouvrages, mais en fréquentant leurs descendants. Il aimera et répétera ce mot de Mme de Noailles : « Des génies, nous leur devons de pouvoir parler d'eux. » Un jour, dans une lettre à Ferdinand Bac, il expliquera ainsi son culte des morts illustres : « Voyez-vous, mon cher ami, on ne fait aux autres que le bien qu'ils réclament. Toute initiative généreuse déconcerte. Un accès de romantisme fait peur. J'en ai pris mon parti depuis longtemps en vouant aux seuls morts un culte contre lequel ils ne protestent pas. Je leur inflige mes enthousiasmes et mes folies, sans déception aucune[1]. » A son admiration pour les morts illustres, il faut ajouter sa pitié pour les obscurs, ceux qui ont passé ici-bas sans laisser de traces, ou guère, un livre orné de leur signature sur une page de garde, un portrait anonyme. Un jour, regardant chez un ami des silhouettes découpées, comme on en faisait en Allemagne et en Angleterre au XVIIIe siècle, il s'écrie « avec une profondeur d'émotion extraordinaire :

— Quelle mélancolie ! Tout cela n'est plus. Tous ces gens sont morts, même les enfants ! Quelle tristesse infinie dans ces témoins, dans ces mirages d'une vie à jamais évanouie[2] ».

Homme d'Eglise avant tout, il met presque au rang des Saintes Ecritures les livres pour lesquels il a une prédilection et qu'il relit autant que son bréviaire, ayant toujours sur lui, lorsqu'il voyage, un exemplaire usagé, annoté par lui, des *Mémoires d'outre-tombe.*

Ce qu'il aime dans la littérature est le contexte autant que le texte en ce sens qu'un beau livre est à ses yeux comme un fruit dont il veut connaître l'arbre. Enthousiasmé par Chateaubriand dès sa jeunesse, il veut tout savoir de l'auteur des *Mémoires d'outre-tombe.* Emu par une poésie de Lamartine, il va en pèlerinage au lac où le poète a puisé son inspiration. Séduit par la prose pulpeuse et ardente de George Sand, il cherche à savoir quelle fut la vie de cette pécheresse illustre. Et encore, il s'agit, dans ces trois cas, de quasi-contemporains. A l'égard d'écrivains plus anciens, il veut au moins visiter les lieux où ils ont vécu et il aura la chance, à Weimar, de rencontrer le grand-duc qui, lorsqu'il avait sept ans, a connu Goethe.

Cet amour religieux de la littérature, en lui inculquant de la vénération pour les grands écrivains du passé, lui donne, avec le goût des pèlerinages, le fétichisme des reliques. Il collectionnera leurs lettres, leurs portraits, jusqu'à des fleurs cueillies sur leur tombe, afin d'en composer un herbier sentimental et, à défaut de pouvoir interroger leurs contemporains survivants, il posera ses questions à leurs descendants,

1. Lettre de A. Mugnier à F. Bac, 25 janvier 1916. Bibliothèque de l'Arsenal, Fonds F. Bac MS11.193.

2. Ferdinand Bac, *Livre-Journal 1919*, 24 juillet.

auréolés pour lui, par le nom qu'ils portent, du prestige de leur ancêtre.

Aux écrivains vivants, à ceux qu'il fréquente et dont la gloire est encore incertaine, il fait crédit, espérant que la postérité ratifiera son choix. S'il n'a pas le temps de lire leurs œuvres, il a du moins celui de les observer. Lors de déjeuners ou de dîners qui réunissent tant de célébrités, il écoute et retient, puis note à la volée, sur des bouts de papier, en rentrant chez lui, ce qu'il a vu et entendu. Ensuite, il remet ses notes hâtives à une personne de confiance qui les recopie d'une écriture plus lisible que la sienne, ce qui lui permet, lorsqu'il rédige après coup son Journal, d'en reprendre certaines et d'en écarter d'autres. Il existe ainsi deux versions de son fameux Journal : un ensemble important de notes, prises sur le vif et qu'il appelait ses « paperolles », restées entre les mains de Mme Octave Deschamps, née Bartholoni, et le Journal proprement dit, écrit dans ses moments de loisir. C'est un texte infiniment plus long et plus complet, en ce sens qu'il s'y épanche à loisir, parfois assez longuement, et qu'il y insère une partie de ses notes, en les adoucissant car il est charitable et ne veut pas nuire à son prochain, ni le juger, laissant ce soin à Dieu, ou au futur lecteur de son Journal dont, avant sa mort, il caviardera certains passages. Il connaît assez la nature humaine pour savoir qu'un mot féroce, échappé dans l'excitation d'une controverse, a peut-être dépassé l'intention de son auteur. Il les enregistre donc, mais sous bénéfice d'inventaire, en attendant le Jugement dernier. Quant à lui, il se contente d'instruire le procès en réunissant les pièces.

A compter de 1890 environ, ce Journal, commencé en 1874, peut parfois étonner, voire choquer, car son auteur s'y livre à une recension des vices de certains personnages avec des précisions quasi anatomiques, inattendues sous la plume d'un prêtre. Il rapporte avec minutie calomnies et ragots, anecdotes scandaleuses et réflexions salaces, en les déplorant, il est vrai. Recueillant les propos d'après-dîner d'écrivains comme Huysmans et ses amis, il note ainsi les prouesses érotiques de Maupassant, les jeux séniles de Victor Hugo ou certains détails à propos de Verlaine et Rimbaud. Il rapporte également les différends qui agitent l'Eglise et les rivalités, voire les haines vivaces, entre grands chefs du parti catholique. Il note ainsi dans ses « paperolles » qu'apprenant que Louis Veuillot est à la toute dernière extrémité, Lavedan, directeur du *Constitutionnel* et père du futur académicien, télégraphie aussitôt la bonne nouvelle au comte de Falloux, en séjour à Rochecotte, chez les Castellane : « Morte la bête, mort le venin. » Il a également la curiosité des mauvais lieux, des maisons de prostitution, des bouges. Il y a du Restif de la Bretonne en lui, mais sans hypocrisie, sans ces invocations à la vertu et ce besoin de moraliser qui caractérisent l'auteur des *Nuits de Paris.* Ainsi rôde-t-il avec circonspection dans le jardin des plaisirs défendus, se gardant d'y roussir sa soutane, enregistrant ce qu'il voit ou ce qu'il entend avec l'impassibilité d'un agent de la brigade mondaine, la curiosité scientifique d'un anthropologue et l'innocence étonnée d'un enfant de chœur.

Ce Journal finit par être un confessionnal involontaire où ses contemporains se montrent plus sincères et plus vrais que dans un chuchotement honteux entre une grille et un rideau vert. Il faut avouer qu'aucun auteur ne sort grandi de sa lecture : rivalités, jalousies, mesquineries, querelles, on est loin du Parnasse et plus près du carreau du Temple, en ce sens que chaque écrivain dénigre son confrère afin de mieux vanter sa propre marchandise. Non seulement chacun s'estime le plus grand écrivain vivant, mais il s'attaque aux morts, contestant aussi leur renommée qui l'empêche de dormir en paix. Dans sa crudité parfois, ce Journal est vrai, sinon toujours bien écrit, en dépit des retouches apportées. L'abbé Mugnier note et n'a pas le temps d'« arranger », de fignoler. Ainsi certains passages ont-ils l'air d'être extraits du fichier de la police : « Valéry est un chaste. Il est de Montpellier. A fait des mathématiques. Disciple de Mallarmé. Valéry me disait encore : "Mme Mühlfeld, c'est Descartes." Il a épousé la nièce de Manet. Il est à l'agence Havas. Il a une cinquantaine d'années[1]. » Lorsqu'une grande partie en fut publiée, en 1985, Matthieu Galey nota dans son propre *Journal* : « Avec une candeur délicieuse, il côtoie le Gotha des Lettres (et le

1. A. Mugnier, Journal, 15 février 1921.

vrai, celui du noble Faubourg), en observateur qui voit tout et ne voit rien. Pour lui, aucune différence entre Claudel et Mme de Noailles, entre Barrès et Cocteau : ce sont des "écrivains", indiscutables comme des saints, auréolés, quelles que soient leurs œuvres [...]. Il contemple ces animaux rares, sans recul, le nez dessus, comme s'ils étaient réellement fascinante découverte, et fréquente les modèles de la *Recherche* au naturel, inconscient bien sûr du destin fabuleux qui les attendait. La fraîcheur de l'innocence. Entre les lignes de ce modeste, on devine le charme que tous ces gens lui trouvaient, brave homme, adorable, irrésistible de simplicité malgré son secret snobisme de confesseur mondain[1]. »

Ce Journal, si consciencieusement tenu pendant soixante-quinze ans, constitue pour les biographes une source de renseignements, car l'abbé Mugnier, aimant l'Histoire autant que les Lettres, a toujours eu soin de consigner ce qui, dans les conversations auxquelles il participait, avait un rapport, même infime, avec tel auteur, tel homme politique ou tel événement marquant. Miettes de l'Histoire, certes, mais précieuses en certains cas. « Cet amour sincère des lettres, ce dévouement au passé, cette piété érudite et artiste envers les essentiels chefs-d'œuvre, écrira André Germain, c'est ce qu'il y a de plus sympathique et de plus rare chez l'abbé Mugnier », ajoutant, non sans perfidie, « C'est ce qu'il y a en lui de plus religieux »[2].

L'abbé, qui a lu ce jugement, qui sait que beaucoup lui reprochent sa vie mondaine, proteste un jour, peu avant de renoncer à tenir son Journal, contre la fausse idée que plus tard, en le lisant, les lecteurs pourraient se former de lui : « Un lecteur qui ne connaît pas ma vie s'imaginera en me lisant que je me promenais chaque jour, que je déjeunais et dînais ici et là, que je lisais beaucoup et que c'était là toute mon existence. Les personnes qui me jugeraient ainsi se tromperaient infiniment. Pendant des années et des années, soit modestie, soit persuasion que ma vie de prêtre et d'apôtre, de vicaire ou d'aumônier n'avait pas besoin d'être relatée dans

1. M. Galey, *Journal*, tome II, p. 357.
2. A. Germain, *Portraits parisiens*, p. 65.

le détail, que tout cela allait de soi et que le reste était le cadre d'un tableau aisé à imaginer, les lecteurs de mon Journal finiraient par croire que chez moi l'accessoire débordait le principal et qu'en effet je courais toujours par monts et par vaux. Je proteste énergiquement contre cette assertion. Ma vie de prêtre a été des plus active. J'ai baptisé, marié, prêché, confessé, catéchisé, assisté aux offices, mené la vie d'un vicaire. [...] Je m'imaginais qu'il était inutile de préciser, mais je m'aperçois aujourd'hui qu'on pourrait croire le contraire et c'est pourquoi je préviens les lecteurs, s'il y en a, qu'ils doivent me prendre pour un prêtre qui aimait à remplir son devoir et qui l'a rempli en effet sur une très grande échelle. Je ne m'en fais pas gloire, mais je ne veux aussi scandaliser personne[1]. »

En fait, l'abbé Mugnier, tout pénétré qu'il est de l'esprit de l'Evangile, apparaît comme un farouche individualiste, en dépit de sa timidité native. Après les graves ennuis qu'il a eus avec sa hiérarchie, il s'est soumis, sans esprit de revanche et sans chercher, par des plaintes indiscrètes, à augmenter le nombre des mécontents, mais il a fait de sa disgrâce une victoire, celle de l'Esprit. Evêque en province, ainsi que Huysmans le lui souhaitait, il serait aujourd'hui oublié, alors que simple prêtre à Paris, retranché dans son modeste appartement de la rue Méchain, il est devenu, à partir de 1910, une des figures les plus célèbres du Tout-Paris. Il n'y a guère de Mémoires, Souvenirs, Journaux et correspondances dans lesquels il n'apparaisse, avec sa soutane et son rabat, sa houppe et ses reparties. A défaut d'avoir été un écrivain célèbre, à l'instar de ceux qu'il révérait, il a du moins laissé son nom dans l'histoire des Lettres ne serait-ce qu'en servant de modèle à beaucoup de romanciers. Il est ainsi un des personnages de Maurice Bedel dans *Zulfu* et de Georges Duhamel dans *La Nuit d'orage* et du perfide Jacques-Emile Blanche dans *Le Bracelet tensimétrique*, où Blanche lui fait d'ailleurs jouer un rôle un peu ridicule, à la remorque d'un jeune couple d'écervelés de l'après-guerre. Il est l'abbé Poiré de *A la recherche du temps perdu*, l'abbé Courmont dans

1. A. Mugnier, Journal, 10 décembre 1938.

un roman de Paul Bourget, l'abbé Hortensius dans certains récits de voyage en Italie de Ferdinand Bac ; il a inspiré au romancier Abel Hermant le personnage de l'abbé Sauvage dans *Les Renards*, et à la princesse Bibesco celui de l'abbé Mésange, « Cassandre en soutane, génie naïf, toujours vrai, jamais obéi », dans *Catherine-Paris.* C'est de lui qu'elle écrit si justement : « Socrate dont le temps avait fait un jésuite, chrétien de Galilée qui dînait chez les publicains de Paris, ce sage était tenu pour fol par des fous mis en confiance. Il passait pour s'accommoder de la corruption, parce qu'il en approchait, médecin que les contagieux attirent, et il n'était pas compris des hommes parce qu'il les comprenait[1]. » S'il a été cruellement caricaturé dans le pamphlet de Beau de Loménie, *L'Inauguration*, il est en revanche auréolé de toutes les vertus dans *Le Chemin du salut* d'Henri Lavedan qui prête à son abbé Chamaille beaucoup de ses propos et il apparaît, croqué sur le vif par André Maurois, dans *Le Cercle de famille* où l'abbé Cénival parle avec le même enthousiasme et le même esprit que lui de Goethe et de Chateaubriand.

Les peintres aussi se sont chargés de transmettre à la postérité sa silhouette et son nom. Jean de Gaigneron, disciple de Jacques-Emile Blanche, et Marie Laurencin, Edmée de La Rochefoucauld et José C. de La Pena, Marie Scheikévitch et la princesse Lucien Murat, la comtesse Greffulhe et Ferdinand Bac, Mme Cotton, une Américaine, et Bodley ont fait son portrait. Anna de Noailles, qui se croit tous les talents, s'y est essayée aussi, sans cacher la difficulté de l'entreprise en lui disant aimablement qu'il ressemble à la fois à une orchidée et un ara, tandis que son crâne orné du fameux toupet lui fait penser à une touffe de lavande. Et comme l'abbé sourit malicieusement de cette appréciation, elle se plaint de son « air démoniaque[2] », air que reprochait Ferdinand Bac au mauvais portrait fait par la comtesse Greffulhe.

Non content de remplir les devoirs de son ministère et de dîner en ville, il est aussi un épistolier assidu, couvrant de sa

1. Princesse Bibesco, *Catherine-Paris*, p. 161.
2. « Paperolles » de l'abbé Mugnier, fin 1926-début 1927.

petite écriture, aux signes éparpillés, donnant l'impression d'un envol d'oiseaux, des milliers de pages et correspondant avec des personnalités aussi variées qu'Emile Ollivier, Edouard Schuré, Cosima Wagner, Remy de Gourmont, le général de Galliffet, le maréchal Lyautey, Ferdinand Bac, Maurice Barrès, Francis Jammes, Max Jacob, Robert de Montesquiou, Jean Cocteau, Bernhard Berenson, Eugène-Melchior de Vogüé, Mme Adam, Paul Bourget, Henri Bergson, Georges Courteline, Edmond Rostand, Anna de Noailles, Marcel Proust, Walter Berry, le prince Radolin, Paul Valéry, Charles Du Bos, François Mauriac, Henry de Montherlant, Maurice Donnay, les frères Tharaud, Maurice Baring, Edith Wharton, Mme Arman de Caillavet. Il joue aussi parfois le rôle de critique littéraire et de conseiller, suggérant par exemple à la princesse Bibesco des modifications ou bien donnant au dramaturge Henry Bernstein des indications pour le personnage d'un prêtre dans une de ses pièces.

Personnage exceptionnel, il a su concilier les exigences de sa foi avec son goût du monde et des Lettres, comme il a réussi également à conjuguer le devoir de charité chrétienne avec toutes les tentations de l'esprit parisien. Personnage énigmatique aussi, avouant un jour : « Ma plus cruelle épreuve, c'est d'égarer l'opinion même de ceux que j'aime le plus. Personne ne m'a pénétré [1] », il a vécu en offrant divers visages à ses amis, mais en laissant à chacun l'impression d'être né pour le comprendre et l'aimer. Par cet altruisme, il a donné tout son sens au mot de la comtesse François de Castries :

— Il y avait tant d'abbés Mugnier : chacun avait le sien...

1. A. Mugnier, Journal, 17 septembre 1919.

UN PARADIS VERT ACIDE

1853-1878

Un après-midi d'automne, à la fin des années 30, deux personnes se tiennent devant le château de Lubersac, en Limousin, philosophant sur la fuite du temps et la mélancolie des souvenirs. Couple étrange, en vérité, que celui de ce vieux prêtre à la soutane élimée, penché sur son berceau, et de cette femme autant célébrée pour son esprit que pour sa beauté. Plus étrange encore est le lien qui les unit, cette relation d'oncle à nièce entre ce prêtre aveugle et cette belle étrangère devenue son Antigone et guidant ses pas. Avec ses yeux, elle voit pour lui et, par son regard de myope, elle embellit tout, lui rendant, par ses descriptions, le charme oublié de cette petite ville où il avait vu le jour, quelque soixante-quinze ans plus tôt.

— Pourquoi suis-je né dans la tour du Nord, ce premier dimanche de l'Avent, en 1853 ? Princesse, pouvez-vous me le dire ?

Et Marthe Bibesco d'avoir alors ce joli mot :

— Mais, mon oncle, c'était pour obliger Dieu [1].

Si Dieu avait des vues sur ce nouveau-né, ses parents ne s'en inquiétaient guère, occupés seulement de le garder en vie tant il était chétif et semblait fragile. Ils avaient déjà perdu un enfant à sa naissance, en 1850, et les deux aînés, une fille, Claire-Agathe, née en 1839, et un fils, Félix-Albert, dit Paul, né en 1845, mourront prématurément alors que ce nouveau-

1. Princesse Bibesco, *La Vie d'une amitié*, tome II, p. 42.

né si frêle atteindra et dépassera sa quatre-vingt-onzième année. Il est vrai que ses débuts dans la vie laissent mal augurer de son avenir, car il grandit peu et restera longtemps sans parler, tout en trottant allégrement partout. « Les jambes lui ont coupé la langue... » observent les voisines.

*

Les Mugnier se sont installés à Lubersac en 1845, venus de Paris à petites journées pour ne pas fatiguer trop Mme Mugnier, enceinte, et qui accouche à peine arrivée d'un fils, Antoine-Félix-Albert, dit plus tard Paul, baptisé le 16 août 1845. Félix Mugnier a été engagé par le marquis de Lubersac, non comme architecte du château, ainsi qu'une légende, entretenue par Marthe Bibesco, l'affirmera, mais comme garde et factotum du marquis. C'est en cette qualité qu'il a prêté serment, le 20 octobre 1845, devant le tribunal de Brive. Il a pour tâche de veiller aux coupes de bois, de régler les différends avec les métayers, de se rendre aux foires et de s'occuper de toute la partie du domaine en régie directe. A ce titre, il a un logement dans la tour du Nord, au rez-de-chaussée, une grande pièce assez sombre et surtout très froide en raison de son exposition. Il n'est pas étonnant que le salpêtre en tapisse les murs et l'on plaint une famille entassée dans un endroit aussi malsain. Parents et enfants cohabitaient-ils dans la grande salle ou bien les enfants, le soir, allaient-ils se coucher dans la petite cuisine adjacente ? On ne sait. Il s'agit donc pour les Mugnier d'une position subalterne, encore que Félix Mugnier ne soit pas le concierge du château. Un jour que quelqu'un y fera allusion devant l'abbé Mugnier, celui-ci, sans démentir ni confirmer, observera seulement :

— Saint Pierre a bien les clés du Paradis...

Félix Mugnier n'est pas non plus l'architecte de la restauration du château, entreprise en 1845 et terminée en 1854, car, en ce cas, il ne serait pas resté à Lubersac une fois cette tâche achevée. Il est donc bien une sorte de régisseur, succédant à deux prédécesseurs, les frères ou cousins Valentin et Guillaume Meyer, fonction d'autant plus nécessaire à Lubersac que le marquis passe une partie de l'année dans son château de Maucreux, dans l'Aisne, ou habite à Paris son hôtel de la rue de l'Arcade.

En fait, c'est le marquis de Lubersac qui a été son propre architecte, établissant les plans de la véritable reconstruction de ce château qui appartenait à une autre branche de sa famille et que son père avait racheté en 1834 pour le lui donner. Ernest de Lubersac est un gentilhomme aux dons multiples, artiste et homme d'affaires, avec un joli talent de peintre et assez de goût pour éviter toutes les erreurs que commettent alors les architectes appelés à restaurer d'antiques propriétés qu'ils transforment en autant de petits Pierrefonds. Il a su, pour Lubersac, mêler grandeur et simplicité de façon à le rendre certes imposant, mais gracieux et agréable à habiter. Il fait de sa fortune, augmentée par son habileté en affaires, un généreux usage et pourvoit à bien des besoins de la commune où il subventionnera bientôt de sa bourse une école des Frères de la Doctrine chrétienne. En premières noces il a épousé Gabrielle de Clermont-Tonnerre, et en secondes Marie de Chastellux de Rauzan, petite-fille de la duchesse de Duras, la chaste égérie de Chateaubriand.

Les origines des Mugnier sont assez modestes pour que l'emploi de Félix Mugnier apparaisse comme une amélioration de sa condition, en lui donnant une sorte d'indépendance. Il est né en 1808 à Void, un chef-lieu de canton à deux lieues de Commercy. Son grand-père, Jean Mugnier, avait été instituteur pendant un demi-siècle, à Chalaines, près de Vaucouleurs « C'était un homme terrible, enseignant à coups de gueule, écrira l'abbé dans ses notes familiales, mangeant seul pendant que sa femme se tenait à l'écart. Celle-ci, Anne Alnot, morte en septembre 1807, a dû vivre sous la loi de la crainte. Son fils Paulus, père de Papa, fut même un jour forcé de prendre sa défense contre le sévère maître d'école. »

Ce fils, Paulus Mugnier, avait fait sous l'Empire, comme dragon, la campagne d'Espagne et avait eu d'Agathe Bonnet trois fils : Félix, Joseph, Théodore, et une fille, Agathe, Mme Vermorel, fixée plus tard à Paris, dans le quartier des Batignolles. Félix était parti pour aller chercher du travail à Paris. Il en avait trouvé dans la bonneterie, chez une veuve ayant son atelier dans l'Enclos Saint-Jean-du-Latran, près du

Panthéon. A Paris, il s'était marié avec Victoire Zeller, fille d'un artisan de Saint-Mihiel qui avait d'abord tenu boutique de chapellerie fine, ainsi que l'indiquait l'enseigne, à Commercy, industrie dans laquelle il ne fit pas fortune, au contraire. Il avait lui aussi émigré à Paris à la fin du règne de Charles X dans l'espoir d'y trouver du travail et avait dû se contenter de fabriquer pour un patron des « galettes » de chapeaux tandis que sa femme allait confectionner des casquettes dans un atelier de la place de Grève. Ils gagnaient tous deux à peine de quoi subsister, entassés à leurs débuts dans cette rue de la Mortellerie de sinistre réputation et dont le nom semblait porter malheur, car on y mourait plus, et plus rapidement, que dans les autres quartiers de la capitale. Leur fille aînée, Marie, travaillait dans un ouvroir, rue de la Colombe. En 1831, à quinze ans, Victoire, restée au pays, était venue de Saint-Mihiel à Paris, faisant ce grand voyage toute seule, avec pour viatique un pot de beurre... Après son mariage avec Félix Mugnier, elle avait accepté de le suivre en Limousin, ce qui était pour elle un exil car elle aimait Paris. Elle lisait beaucoup, était très fière d'avoir rencontré par hasard quelques-uns des auteurs célèbres de l'époque, entre autres Chateaubriand, et elle avait le culte des grands hommes, qu'elle devait transmettre à son dernier fils.

Lubersac compte alors environ quatre mille habitants, ce qui en fait une petite ville plaisante, animée, avec une grand-place ornée d'une belle maison Renaissance et ses deux églises Saint-Hilaire et Saint-Etienne. De la première, frappée par la foudre en 1776 et depuis lors fermée au culte, il ne reste qu'un clocher branlant. La seconde, Saint-Etienne, a été si souvent reconstruite ou modifiée au cours des siècles qu'elle est un assemblage de styles divers malaisément reconnaissables en raison de la profonde obscurité qui règne sous ses voûtes. C'est dans cette église, et non à la chapelle de Notre-Dame du Rubeau, qu'est baptisé le 28 novembre 1853, par le curé, M. Mempontel, le futur abbé Mugnier, sous les prénoms de son parrain, François-Xavier Laporte. Il a pour marraine Lucie Juge. Il est né la veille, le 27 novembre à huit heures du soir, et a reçu pour l'état civil les prénoms de Marie-Arthur-Lucien-Théodore-François-Xavier. Les témoins sont le même François-Xavier Laporte et un autre notable, Pierre-Octave Sengesse.

Si Lubersac compte un certain nombre de notables et de familles aisées, il est douteux que les Mugnier les aient fréquentés, bien que Félix Mugnier ait accédé au conseil municipal où il siège entre 1852 et 1855, mais en qualité de représentant du châtelain plutôt qu'à titre personnel. Mme Mugnier ne s'habituera jamais à Lubersac, ni au Limousin, regrettant à la fois sa Lorraine natale et Paris. Pour son plus jeune fils, Arthur, le Limousin, berceau de son enfance, aura tous les charmes d'une sorte de paradis perdu dont il gardera toute sa vie la nostalgie. Certes, il ne vit pas dans le château lui-même, mais il lui arrive d'en parcourir les grandes salles, de s'émerveiller de leurs vastes proportions et de découvrir de ses fenêtres des perspectives étendues. Cela donne à un esprit, même jeune, une autre façon de sentir et, plus tard, d'autres aspirations que si l'on est élevé dans un sombre appartement du cœur de Paris où il faut allumer une lampe à midi, même en été, pour déjeuner. L'abbé Mugnier gardera toute sa vie le souvenir de la forte impression que lui avait faite une tapisserie du château représentant l'ange Raphaël conseillant à Tobie de tirer sur le rivage un énorme poisson. De même, il se rappellera toujours le beau défi jeté par le marquis de Lubersac défendant son château contre les révolutionnaires venus le piller en leur criant : « Vous n'aurez pas mon épée de Fontenoy ! » Comme camarades de jeux, il a les enfants du village, un certain Hippolyte, qui boite et que son infirmité rend touchant par l'humilité avec laquelle il l'accepte, un jeune Eugène aux cheveux rouges, toujours de bonne humeur et boute-en-train de la bande, un autre enfant, nommé Deschaux, dont l'abbé dira non sans remords, « si bon pour moi, bien que je fusse si mauvais pour lui ». Dès qu'il en a l'âge, il entre à l'école des Frères de la Doctrine chrétienne où il apprend les rudiments avec le Frère Hyacinthe, mais son meilleur professeur reste encore sa mère qui, lorsqu'il fait beau, s'installe avec lui sous le grand magnolia, devant le château, et lui lit des passages du *Génie du christianisme*, lui inculquant ainsi un sens aimable et quasi sensuel du divin en même temps que le goût de la prose de Chateaubriand. Elle lui montre aussi les illustrations du *Magasin pitto-*

resque, images de pays lointains, exotiques, auxquelles il devra sa curiosité de l'étranger ainsi que son amour des voyages. Plus tard, réfléchissant au rôle que sa mère a joué dans sa formation, il écrira : « Si ma vieille mère avait reçu de l'instruction, elle eût été supérieure à tous égards. Ce qu'elle a lu est étonnant et elle a la réflexion personnelle. Avec cela, la vivacité du mot, du souvenir, des rapprochements[1]... »

Ses compagnons favoris sont donc ses livres, qu'il dévore avec ravissement et relit sans cesse, y prenant toujours le même plaisir : le *Robinson suisse*, encore qu'il soit bien inférieur à son modèle, *Le Curé de Wakefield*, d'Oliver Goldsmith, en traduction, bien sûr, *Les Mille et Une Nuits*, dont il prend soin de préciser qu'il s'agissait d'une édition expurgée, les contes de Perrault, les *Nouveaux Contes de fées*, de Mme de Ségur, un ouvrage à l'auteur non identifié, *L'Habitation du désert*, et enfin les drames de Berquin, si fades et dont il dira néanmoins que leur découverte fut pour lui une vraie révélation.

L'abbé Mugnier évoquera souvent son enfance, mais il le fera en termes vagues, attendris, se rappelant surtout ses « ivresses » champêtres, lorsqu'il se roulait dans une prairie parsemée de boutons d'or, ou bien respirait l'odeur des magnolias, celle aussi grisante de l'encens et des fleurs lors de grandes fêtes religieuses en cette chapelle de Notre-Dame du Rubeau où il aime à se rendre en promenade. Elle a été bâtie à proximité de Lubersac, en 1679, par une mère reconnaissante à la Vierge de la guérison de sa fille. Au-dessus de l'autel, on y voit un tableau de la Vierge à l'Enfant, copie du tableau du Louvre, *La Vierge à la grappe*, de Mignard. Il a pour cette chapelle rustique une prédilection qu'il conservera toute sa vie, lui vouant un culte attendri et y effectuant une longue visite à chacun de ses retours à Lubersac. Seul indice alors de sa future vocation, les processions qu'il organise avec de petits camarades. « En creusant les fossés du château de Lubersac, écrira-t-il dans son Journal, on retrouverait peut-être l'une des croix que j'y jetai, un jour de colère, interrompu que j'étais, dans ces manifestations sacrées, par un appel de

1. A. Mugnier, Journal inédit, 18 avril 1894.

mon père[1]. » Réfléchissant plus tard à l'origine de sa vocation religieuse, et, comme il l'écrit, « à sa fragilité », il la trouvera dans la parole enflammée d'un prédicateur en mission, dans l'odeur des fleurs, mêlée à celle de l'encens, d'une Fête-Dieu et surtout dans l'extase où le plongeaient ses longues visites au sanctuaire de Notre-Dame du Rubeau « avec le reflet bleu d'un vitrail et ses colombes artificielles ». Entre les heures d'études et les lectures, il accompagne son père dans certaines de ses tournées, découvrant les paysages un peu mélancoliques et harmonieux de la région qui ressemble à un grand parc. Comme beaucoup d'enfants vivant à la campagne, il veut avoir un petit jardin à cultiver. Son père lui en concède un dans les douves où il plante des légumes, sème des fleurs. Il y voit fleurir des pois de senteur qui le poursuivront toute sa vie. Il se hasarde aussi dans le jardin « d'en haut », celui des jardiniers, et s'initie à l'horticulture. De ces instants naîtra un vocabulaire floral et végétal qu'il utilisera sans cesse dans ses lettres, toujours accompagnées de pétales séchés ou d'une tige odoriférante[2]. Cette prédilection pour la flore lui vaudra un jour cette remarque acide de son ami, l'abbé Le Nordez, doutant un peu de sa vocation religieuse :

— Ce qui vous manque, ce ne sont ni les fleurs ni les fruits, mais les racines.

*

Le 21 décembre 1861, Félix Mugnier meurt brusquement, sans que rien ait paru annoncer une fin aussi soudaine. Appelé d'urgence à son chevet, le docteur Lespinas ne peut que constater le décès. Détail qui frappera beaucoup l'imagination d'Arthur Mugnier : le docteur Lespinas est le praticien appelé naguère auprès de M. Lafarge agonisant et qui avait cru déceler de l'arsenic dans les drogues administrées à son client, début d'une des plus célèbres affaires criminelles du siècle. Félix Mugnier est inhumé au cimetière de Lubersac, mais on

1. A. Mugnier, Journal, 2 décembre 1917

2. Marius Ducloux, *Lubersac au XIXe siècle*, tome I, *Les Chantiers du siècle*, p. 135.

ne trouve aujourd'hui aucune trace de sa tombe et son fils paraît ne s'en être jamais soucié. Cette façon d'« oublier » un père dont il ne parlait guère, alors qu'il évoquait souvent sa mère, aurait-elle un lien avec le fait que Félix Mugnier était affilié à la franc-maçonnerie ? On l'ignore et l'on peut seulement s'interroger sur cette négligence à l'égard d'un homme que Mme Mugnier remplacera en se remariant dix ans plus tard.

Le marquis de Lubersac propose à la veuve et à ses enfants de rester au château, assurant ainsi leur avenir immédiat, mais Mme Mugnier refuse et préfère regagner Paris où sa fille est déjà installée. Son dernier fils est trop jeune encore pour comprendre tout ce qu'implique pour eux la mort de son père et il se lamente surtout de quitter un cadre auquel il est attaché. Il tient beaucoup à la petite chapelle de Notre-Dame du Rubeau et il déclare avec un grand sérieux :

— Est-ce qu'il y a un Rubeau à Paris ? Je veux bien aller à Paris, s'il y un Rubeau, mais s'il n'y a pas de Rubeau, je n'y veux point aller[1].

Il ne veut pas quitter non plus un petit jardin qu'il cultivait avec amour. Pour le consoler, sa mère lui dit :

— A Paris, tu mangeras des flûtes, mon petit Arthur !

Une carriole emmène la mère et l'enfant jusqu'à Saint-Yrieix pour y prendre le train de Brive et, de là, celui de Paris. Il neige à gros flocons et ce départ est sinistre. L'enfant pleure en essuyant ses larmes au petit capuchon qu'on lui a passé pour le protéger du froid.

*

A Paris, c'est un nouveau flot de larmes en se retrouvant, tout dépaysé, dans une maison si triste qu'il se croit mené en prison. Une fois dans la chambre où il doit dormir, il fait un train d'enfer, au grand désespoir de sa mère, impuissante à le calmer. Toute sa vie l'abbé Mugnier gardera la nostalgie du Lubersac de sa prime enfance et il y retournera en pèlerinage, assez régulièrement, goûtant le plaisir amer du contraste entre

1. A. Mugnier, Journal inédit, 1er mai 1876.

l'intensité du souvenir et l'indifférence de la nature à ses propres sentiments : « C'est pourquoi je reviens, notera-t-il dans son Journal le 31 août 1917, au soir d'une vie commencée parmi ces prés, à l'ombre de ces quatre tours, sur les marches de ces perrons. Oui, c'est une souffrance de voir que rien ne subsiste de ce passé, que nous sommes des ombres, puisque là où nous avons travaillé, ri, pleuré, couru, et pendant des années, le silence s'est fait et aucun vestige ne demeure. »

Rue de Vaugirard où sa mère a élu domicile, il ne se plaît guère, étourdi par le bruit de la grande ville et son affairement, après le calme bucolique de Lubersac. Les cris, lugubres et perçants, des vendeurs ambulants – vitriers, rempailleurs, rémouleurs, marchands d'habits ou des quatre-saisons – l'impressionnent au point qu'il croit entendre les plaintes et les gémissements des âmes du Purgatoire implorant leur délivrance. Il a retrouvé pourtant à Paris ses grands-parents Zeller, qui habitent l'hiver rue de la Chaise, dans un ensemble de bâtisses appelé « Les petits ménages » et voué bientôt à la démolition. Il s'agit vraisemblablement d'une sorte d'asile de vieillards, avec une succursale à Issy pour y passer la belle saison, tout près de ce séminaire où il entrera un jour. Ce sont de braves gens, modestes et paisibles, mais austères aussi et qui lui semblent terriblement âgés, revenants d'un autre monde. « Mon grand-père Zeller, écrira-t-il, était un petit vieux humblement habillé, mais bon. Bonne-maman était plus expansive, et d'humeur plus réjouie. Elle vivait là dans un cercle de vieilles femmes au caquetage éternel[1]. » Dans d'autres notes familiales, l'abbé Mugnier précisera : « Mon grand-père lui a fait la vie bien dure, à elle qui était si gaie et si bonne ! » Lorsque sa mère et lui se rendront pendant les grandes vacances à Issy, cheminant à pied en passant par la rue de Javel, ce long trajet l'abrutira, étouffant ses facultés, avouera-t-il. « Cette campagne, nue, désolée, aride, où brillaient, aux feux du soleil, les seules cloches des maraîchers, ne me disait rien. Ce qu'il m'eût fallu alors, c'étaient des bois épais, des prés semés de fleurs, des livres illustrés et des amis

1. A. Mugnier, Journal inédit, 16 avril 1879.

sans nombre. J'étais seul. Paul, mon grand frère, vaquait à ses travaux... J'étais trop rêveur, trop confus, trop peu observateur, pour comprendre ces fêtes de famille[1]. »

Il ne restera guère à Paris, car sa mère, ayant peut-être déjà décidé d'en faire un prêtre, l'envoie, sur le conseil d'un Jésuite, le Père Lacoste, au Petit Séminaire de Nogent-le-Rotrou. Il avait connu par hasard le Père Lacoste en servant sa messe à la chapelle de la rue de Sèvres et s'était aperçu que, par une étrange coïncidence il était le confesseur du marquis de Lubersac. Il poursuivra donc à Nogent-le-Rotrou ses études commencées chez les Frères de Lubersac. On peut légitimement penser que c'est le marquis de Lubersac, continuant sa protection à la famille de celui qu'il appelait son Mansart, qui le recommande et assume, au moins, ses frais de pension.

*

A onze ans, Arthur Mugnier, accompagné de sa mère, arrive un matin d'octobre 1864 à Nogent-le-Rotrou « pour y être coffré », dira-t-il. Après une nuit passée à l'hôtel du Dauphin, où il reviendra presque chaque année en pèlerinage avec l'une ou l'autre de ses nièces d'élection, il entre au Petit Séminaire, installé aux confins de la ville et presque à la campagne. C'est une construction récente, en briques rouges, sise à l'extrémité de la rue Saint-Laurent. Le dortoir est au premier étage et la chapelle au second. L'abbé Mugnier, plus tard, se plaindra du manque de clarté de la salle d'études où il a commencé d'user sa vue. Le séminaire est situé non loin de la vieille église Saint-Laurent et de l'abbatiale de Saint-Denis, un ensemble impressionnant de bâtiments, trop grand pour cette petite ville et digne en fait d'une capitale. Règle et bâtiments étaient tombés depuis le XVIIIe siècle en déréliction. L'abbaye, qui ne comptait plus que cinq moines, avait été sécularisée par l'évêque de Chartres, Jean-Baptiste de Lubersac, puis, en 1806, après que son clocher eut été abattu, elle était devenue palais de justice, collège et haras.

La ville elle-même a du charme avec sa grand-place, ses rues tortueuses montant à l'escalade de la colline au faîte de

1. A. Mugnier, Journal, 16 avril 1879.

laquelle se dresse un puissant château, à demi ruiné, d'où l'on a une belle vue sur toute la région. Elle a pour grand homme un protestant, Maximilien de Sully, duc de Béthune et ministre d'Henri IV, dormant de son dernier sommeil, au côté de sa femme, dans une chapelle érigée pour lui servir de tombeau à proximité de l'église Notre-Dame, car on ne pouvait décemment, tout en reconnaissant ses vertus, abriter sa dépouille dans une église catholique. Les autres grands hommes de l'endroit sont tout juste nés, Paul Deschanel, le futur président de la République, et surtout le docteur Gustave Le Bon, auteur de *La Psychologie des foules*, aux fameux déjeuners duquel Arthur Mugnier sera convié en témoin de ces agapes littéraires, où il y a, comme dans le banquet de l'Evangile, plus d'appelés que d'élus.

Du Petit Séminaire, alors dirigé par le Père Genêt, il conservera le souvenir de certains éminents professeurs, l'abbé Alphonse Foucault, futur évêque de Saint-Dié, l'abbé Lévêque, à qui son patronyme ne vaudra jamais un siège épiscopal en dépit de ses compétences. L'abbé Lévêque succédera en 1865 comme supérieur au Père Genêt. « Maigre et fort laid, dira de lui son élève, fanatique de *L'Univers* et têtu, il avait de grandes qualités, beaucoup d'esprit de foi, d'activité, d'entrain. Au fond très bon. Je retiens son goût de la botanique qu'il m'avait un instant communiqué. Il m'a voulu du bien, je lui en suis reconnaissant. Avec quel enthousiasme, aussitôt partagé par ses auditeurs, il nous lisait [...] les articles de Louis Veuillot ! J'étais alors un papier buvard : je recueillais tout. Certes, il m'eût fallu peut-être un autre éducateur, de plus haute envolée. Mais par sa conviction et sa bonne volonté, le goût qu'il prenait à certaines choses et qu'il nous donnait, M. Lévêque exerça beaucoup d'ascendant sur moi... Tout le côté "piété" de moi-même vient de lui[1]. » Il subit aussi l'influence de l'abbé Gaston Varenne, épris de littérature et d'Antiquité. Avec cet esprit enthousiaste et même romantique, ses relations seront plus celles d'un ami, voire d'un confident, que d'un élève et il partagera plus tard ses vues réformistes sur l'Eglise et le clergé. L'abbé Varenne, qui fait des vers et les illustre au besoin, car il a un joli coup de

1. A. Mugnier, Journal inédit, 15 juin 1894.

crayon, développera chez lui cette passion de la nature et de la poésie éveillée déjà par sa mère. Il commence à lire beaucoup, dans la mesure où il peut se procurer des livres qui ne figurent pas au programme, et, pendant les récréations, il recopie les passages qui l'ont particulièrement charmé. Tel Chateaubriand, dont il fera bientôt la découverte, il trouve dans ces lectures, dans la peinture de certaines héroïnes ou le récit de certaines passions, un aliment pour son imagination, un objet pour ses rêveries. Il aborde en effet la période, assez difficile à franchir pour un adolescent, de la puberté, surtout pour un esprit scrupuleux comme le sien. Au témoignage un peu suspect de Louis Bertrand, parfois irrévérencieux à l'égard de l'abbé Mugnier, celui-ci, lorsqu'il était au Petit Séminaire, aurait essuyé les remontrances de son confesseur qui blâmait son goût trop passionné de la poésie.

— Mon cher enfant, vous êtes en état d'ivresse perpétuelle. Un tel vice ne peut se supprimer d'un coup. Jusqu'ici vous avez bu au tonneau. Dorénavant vous ne boirez plus qu'à la bouteille[1].

La poésie est pour lui un palliatif, voire une seconde religion, et il fera sien le mot de Bourdaloue : « Les poètes étaient les théologiens de l'Antiquité. » Elle est aussi une évasion, car il n'est pas heureux, isolé au milieu des autres garçons avec lesquels il ne se sent guère d'affinités, ignoré de la plupart des professeurs dont il aurait voulu être distingué ; attristé, sinon jaloux, craintif et tourmenté par des scrupules qui l'empêchent de dormir. Il avouera plus tard à son vieil ami Lucien Descaves que, une nuit, la terreur du péché l'avait tiré de son lit pour aller confesser à son directeur de conscience qu'il était obsédé par la vision de la nymphe Calypso depuis sa lecture du *Télémaque*. Amusé, le prêtre l'avait envoyé se recoucher, en le rassurant[2].

Néanmoins, les éducateurs se montrent stricts sur le chapitre de la chasteté, veillant à préserver l'innocence de leurs élèves. En 1867, lorsque Arthur Mugnier va visiter à Paris la fameuse Exposition, le prêtre qui l'accompagne et le pilote à

1. L. Bertrand, *Flaubert à Paris*, p. 174.
2. Lucien Descaves, *Huysmans et l'abbé Mugnier*, p. 161.

travers les salles de peinture l'avertit des dangers que présentent certaines toiles :

— Arthur, fermez les yeux...

Puis, devant une peinture édifiante, en général mauvaise, il relâche la consigne :

— Arthur, ouvrez les yeux...

Au Petit Séminaire, il peut aussi feuilleter le grand livre de la nature, avec cette campagne aperçue des fenêtres des bâtiments et, les jours de congé, de longues promenades à pied aux environs, notamment dans les bois entourant le château de Montgraham où, en 1817, Mme de Pisieux, une des nombreuses petites-filles de Malesherbes, avait recueilli Chateaubriand, perdu de dettes, sans domicile, errant d'un château à l'autre en ruminant ses projets de revanche. En cette fin du Second Empire, le château appartient à la princesse d'Hénin qui un jour lui montre des lettres de Chateaubriand, pieusement conservées, lettres qu'il regarde et touche comme des reliques. Il en sera aussi impressionné qu'Augustin Thierry après avoir lu le récit de la bataille entre Barbares et Romains dans *Les Martyrs*.

Ce sont là pour lui des journées enchanteresses, contrastant avec le morne enseignement quotidien dont il regrettera plus tard la médiocrité, qui les préparait mal à leur rôle de prêtres. « Prés verts, arbres fruitiers en fleurs, etc. Il fallait nous dire au Petit Séminaire : Et vous aussi, vous êtes des arbres fruitiers en fleurs ! la vie est une germination, une floraison, une exaltation : l'*Exultet* du samedi saint ! Au lieu de cela, c'était la vie restreinte, rangée, limitée, suspendue, suspectée. Il y avait, dans notre éducation, trop de désaccords. Désaccord entre l'instinct et les lois ; entre notre vie et celle qui nous entourait ; entre l'éducation classique et la formation religieuse, entre la nature ambiante et nos études ; entre la petite ville où nous étions et nous-mêmes. Le Virgile de Corydon et d'Alexis ne ressemblait pas aux saints que nous fêtions. Il fallait même, à propos des auteurs anciens, les rendre moins distants, installer Virgile aux bords de l'Huisne, faire boire du cidre à Horace.

« J'étais un pauvre enfant perdu dans la nature, et dans ma puberté. Il eût fallu me rendre la nature plus intime, de manière à ce que je puisse dire : mes nuages, mes ruisseaux, mes fleurs. On aurait dû nous dire aussi : "Les plus grands génies que vous admirez, Chateaubriand, Lamartine, Hugo ont chanté ce que vous voyez." Je croyais d'instinct que les grands écrivains avaient vu un autre ciel, d'autres rivières, d'autres fleurs. Il fallait encore faire travailler nos imaginations. Ah ! si on avait interprété cette nature, si on m'avait débrouillé, expliqué à moi-même, exalté[1] ! » Néanmoins, malgré les lacunes de cette éducation, il conservera de Nogent-le-Rotrou un souvenir qui ira peut-être en s'embellissant avec le temps. « J'y ai reçu une éducation incomplète, par ma faute sans doute, mais j'en ai rapporté des impressions d'une fraîcheur idéale. C'est cette nature enchanteresse, enveloppant la rue des Prés, qui a travaillé délicieusement en moi pour y éveiller, pour y nourrir le sens du beau sous toutes ses formes. C'est le goût des belles choses, des choses qui ravissent l'imagination et le cœur, que j'ai surtout développé à Nogent, mais dans quel mélange de fièvre et d'enfantillage. » A lire ses nombreuses descriptions de paysages et celles de ses états d'âme, il apparaît comme doué d'un sens quasi dionysiaque de la nature, y trouvant les éléments de sa religiosité. Plus tard, il aimera citer la phrase de Chateaubriand : « Dieu ne défend pas de revenir à lui par des routes fleuries. » Lui, Arthur Mugnier, y va tout droit par ces mêmes routes.

*

C'est dans la vieille église Notre-Dame qu'il fait sa première communion, acte important que l'on accomplit alors à treize ou quatorze ans, et c'est à cette époque aussi qu'il se sent une vocation sacerdotale, aux ambitions modestes : être un jour curé de campagne, et précisément dans ce Perche aimable, au climat moins rude que celui du Limousin. Il aurait une cure avec un jardin, rempli de fleurs, égayé de chants d'oiseaux. Sa mère, à laquelle il confie ce rêve virgilien, n'en croit pas un mot et, vraisemblablement, elle l'incite à viser plus haut.

Pour cela, la voie est toute tracée : le Grand Séminaire et de brillantes études, des protections aussi, toujours utiles en ce

1. Abbé Mugnier, Journal, 10 avril 1923.

bas monde où les mérite et la vertu sont rarement suffisants. Il doit entrer au Grand Séminaire de Chartres pour y étudier la philosophie de saint Thomas, quand survient la guerre entre la France et la Prusse qui suspend tous les projets. En attendant l'issue du conflit, Arthur Mugnier rentre au foyer maternel, où vit également son frère aîné, Paul, qui, depuis la mort de leur père, a remplacé celui-ci auprès de son jeune frère. « Je te regarderai toujours comme mon enfant », lui avait-il dit maintes fois, mais leurs caractères sont trop différents, sans parler des années qui les séparent, pour qu'il y ait entre eux des rapports fraternels normaux. « C'était une nature plutôt précise, scientifique et pratique, écrira-t-il dans son Journal. Il aimait cependant les lettres ; c'est lui qui m'a lu avec admiration la bataille de Waterloo, des *Misérables*, un lever de soleil dans *Salammbô*. Il admirait aussi Paul-Louis Courier. Il manquait de patience. Il aurait voulu réussir toutes choses du premier coup. » Doué pour le dessin, il se contente, en attendant mieux, d'un emploi à la Préfecture de la Seine et travaille alors à la mairie de Montmartre, dont le maire est Georges Clemenceau.

Pour ne pas perdre son temps, Arthur Mugnier suit les cours du séminaire de Saint-Sulpice, en suivant également, et avec une attention plus passionnée, celui des événements, qui se précipitent. Au mois de juillet 1870, la France déclare la guerre à la Prusse pour bientôt s'étonner de trouver en face d'elle un ennemi décidé non seulement à la faire, au lieu de capituler en rase campagne ainsi que tant de naïfs le croyaient, mais à vaincre. A ce moment, il semble avoir voulu quitter prématurément le séminaire afin d'entrer à la Compagnie de Jésus. Il confiera en effet un jour à Marthe Bibesco qu'il se trouvait à Amiens, le 4 août 1870, alors que Mac Mahon essuyait une première défaite à Wissembourg :

— J'y suis resté quatre jours... Je me suis mis à pleurer, je me sentais perdu ; je pleurais parce que j'avais dit adieu à ma mère. On me disait : « Vous avez retrouvé une autre mère, la Compagnie... » Je trouvais que c'était une mère bien sèche[1].

Il s'agissait de la maison de Saint-Acheul qu'il ira revoir vingt ans plus tard, pour la trouver quasiment vide après la

1. Princesse Bibesco, *La Vie d'une amitié*, tome I, p. 53.

suppression du noviciat et il s'applaudira, malgré les déceptions de ses vicariats successifs, d'avoir renoncé à entrer dans la Compagnie de Jésus, jugeant d'ailleurs que l'ordre de saint Ignace « est théoriquement ou pratiquement la négation et la destruction de l'œuvre divine, c'est-à-dire de la personnalité[1] », alors que les Jésuites cherchaient plutôt, dans leurs maisons d'éducation, à forger des personnalités.

*

Rentré à Paris, il s'y trouve enfermé par l'armée prussienne et soumis aux rigueurs du siège, occasion pour lui de voir de près la nature humaine aux prises avec l'adversité, ce qui en révèle les moins bons côtés. Plus que le gouvernement provisoire, et improvisé, ce sont les clubs qui commandent. Journalistes, avocaillons et ratés de toute espèce exigent pour la conduite des opérations militaires un républicain bon teint plutôt qu'un stratège éprouvé. Les gouvernants cherchent « quelqu'un d'assez confirmé comme capitaine pour rétablir les affaires, mais en même temps d'assez maniable pour ne pas contrecarrer brutalement leurs utopies[2] ». On préférerait périr avec un républicain plutôt que d'être sauvé par un bonapartiste ou un royaliste. En fait, il s'agit moins de défendre la patrie que d'assurer le triomphe de la République et de la démocratie. Cette folie va jusqu'à vouloir exiger la déchéance de la dynastie prussienne afin d'établir en Allemagne une république sœur ! Au début du mois de janvier 1871, les Prussiens, qui jusque-là ne se sont attaqués qu'aux forts, commencent à bombarder Paris. Sa mère et lui déménagent de la rue de Vaugirard, plus exposée, pour aller s'abriter rue Tronchet où habite sa sœur, devenue Mme Poisson, sans que l'on sache grand-chose sur son mari, ni d'ailleurs sur elle. Une seule certitude, à en juger par des lettres de famille échappées à la destruction, elle ne paraît pas avoir été heureuse et son fils unique, envoyé plus tard aux colonies, mourra prématurément d'une maladie contractée en Afrique noire.

1. A. Mugnier, Journal inédit, juillet 1892.
2. Lieutenant-Colonel Rousset, *Histoire générale de la guerre franco-allemande*, tome I, p. 479.

Le 22 janvier 1871, l'émeute, jusque-là sporadique et limitée à certains quartiers, éclate place de l'Hôtel-de-Ville, aussitôt réprimée par le général Vinoy qui a remplacé le général Trochu, mais la mansuétude avec laquelle sont traités les meneurs, entre autres Delescluze et Félix Pyat, montre à la fois la faiblesse du gouvernement et sa pusillanimité face à la détermination des révoltés, que l'on ménage.

Après la capitulation de la ville, il est convenu que les Prussiens et leurs alliés, à titre de symbole, y feront leur entrée, mais ne l'occuperont pas. Le 1er mars 1871, alors que la plupart des habitants ont fermé leurs fenêtres et se sont cloîtrés chez eux, Arthur Mugnier, curieux du spectacle, remonte à pied les Champs-Elysées déserts. A propos de cette curiosité, que d'aucuns jugeront déplacée, Lucien Descaves dira : « Il y avait du badaud parisien dans ce provincial. » Et lui se justifiera en alléguant son amour romantique de l'Allemagne, le culte qu'il professait déjà pour Goethe, ce grand Européen. « La Forêt-Noire était dans mon imagination [1] », notera-t-il dans son Journal en se rappelant cette journée historique. Place de la Concorde, dont les statues des villes sont voilées de noir, il contemple les Bavarois s'empressant autour de leurs canons, et il admire ingénument leurs yeux bleu ciel, de la même couleur que leurs uniformes. « Ce qu'ils étaient beaux ! un azur ! » dira-t-il souvent, éprouvant à l'égard du militaire le même enthousiasme que Goethe à la vue d'un régiment de dragons cavalcadant, image à ses yeux de la perfection humaine. Ne sont-ce pas en effet des hommes comme les autres, des chrétiens eux aussi ? « Cette dernière observation, dira un de ses grands amis, et même admirateur, révoltait les personnes qui avaient des idées plus précises sur l'abjection de l'ennemi, mais on mettait cette erreur optique sur sa précoce myopie, pour en atténuer l'effet [2]. » Après avoir admiré les vainqueurs, le jeune séminariste va sagement lire à la Bibliothèque nationale, ouverte en dépit des événements, le deuxième chapitre de *l'Histoire de France* de Michelet, « L'invasion des barbares » [3].

1. Abbé Mugnier, Journal inédit, 20 juin 1916.
2. Ferdinand Bac, *Intimités de la IIIe République*, tome II, p. 371.
3. *Le Figaro* du 26 mars 1933, souvenir évoqué par l'abbé Mugnier à la rubrique « Echo ».

Plus tard, évoquant ces temps héroïques devant le duc de Windsor, curieux de tout ce qui concernait cette époque, il dépeindra l'avenue des Champs-Elysées silencieuse, et l'explosion soudaine au milieu du silence des fanfares des vainqueurs, le sourd piétinement des chevaux, le roulement des canons, bref une entrée triomphale et fracassante à laquelle il trouvait la beauté d'un de ces opéras de Wagner dont il devait être un jour un fervent partisan, pèlerin passionné de Bayreuth. Ces impressions d'adolescent le marqueront à jamais, il les gardera pendant toute son existence, avouant plus tard en parcourant l'Allemagne : « Et voici que j'ai presque (rougissez-en pour moi, vous qui lirez ces pages) une propension pour le vainqueur. Je trouve ces Germains plus épanouis que nous, mieux tenus sous une livrée plus brillante. J'attribue à chacun d'eux, au plus humble, l'auréole du vainqueur[1]. »

*

Le siège levé, il peut enfin entrer au séminaire d'Issy, qu'il est bientôt obligé de fuir car la Commune a pris possession de Paris et fait la chasse aux prêtres. Le Supérieur, M. Maréchal, craignant une incursion des Communards, prend la décision de renvoyer les élèves dans leurs familles, mais avant qu'il passe à l'exécution, le « général » Eudes investit les lieux.

Le « général » Eudes à Issy, c'est le loup dans la bergerie. Tour à tour garçon apothicaire, commis de nouveautés, typographe et gérant de journal, il s'était distingué l'année précédente en assassinant un pompier, exploit qui lui avait valu de grade de général dans l'armée de la Commune. Portant bien l'uniforme, aimant caracoler, il a l'air, dit Maxime Du Camp, « d'un officier dans un cirque olympique ». Il est surtout un féroce ennemi de la religion catholique et auteur de ce mot resté fameux : « Si Dieu existait, je le ferais fusiller ! » A la fin de la Commune, alors que les Fédérés se replieront sur Montmartre, il donnera l'ordre aux batteries du Père-Lachaise de tirer sur les églises pour détruire ce que le feu a épargné. Ce matamore est accompagné d'une créature, Victorine-Louise Louvet, qu'il présente comme sa femme et dont la

1. A. Mugnier, Journal inédit, 6 juillet 1890.

spécialité consiste à rafler dans tous les palais où le couple s'est installé successivement le linge de table et les vêtements, stockés dans divers appartements qu'elle a loués dans Paris.

C'est le 5 avril 1871, que le « général » Eudes prend ses quartiers au séminaire d'Issy où il demeurera jusqu'au 12, ce qui permettra à la « générale » de faire main basse sur les modestes effets des séminaristes. Dans son âpreté, elle s'est même approprié les galons d'or d'un Communard, Bauër, qui sera le père de Gérard Bauër, critique et romancier, futur pilier du *Figaro* comme de la très bourgeoise et conservatrice *Revue des Deux Mondes.*

Comme le « général » est arrivé sans bagages, il a réquisitionné le nécessaire de toilette d'Arthur Mugnier, jusqu'à son peigne et son savon. Pendant ce temps l'état-major se goberge aux frais du séminaire et lorsque le cuisinier a le front de présenter sa note, il est traité de « calotin », arrêté, puis conduit à Mazas où il restera jusqu'à l'arrivée des Versaillais. Sans doute la bonne nourriture a-t-elle attendri Eudes sur le sort des séminaristes, car il accepte de signer des laissez-passer pour les ouailles de M. Maréchal qui s'égaillent dans la nature. Arthur Mugnier peut donc s'échapper, laissant ses affaires aux mains de l'ennemi.

Rentré chez sa mère, rue de Vaugirard, il doit bientôt quitter le quartier, exposé aux bombardements des Versaillais pour se réfugier avec elle auprès de sa sœur, rue Tronchet. De là, tous trois suivent avec anxiété les événements qui se précipitent au fur et à mesure que progressent les troupes françaises et culminent avec l'incendie des Tuileries, de la Cour des comptes, d'une partie de la rue de Lille et de la rue du Bac, tandis que rue Haxo les insurgés fusillent l'archevêque de Paris, Mgr Darboy, le curé de la Madeleine, ainsi qu'un certain nombre de prêtres pris en otages. L'état ecclésiastique, en dépit de son caractère sacré, comporte ainsi des inconvénients.

De même qu'il a vu dans les Prussiens, les Bavarois et autres Allemands cantonnés autour de Paris, des êtres humains, ses frères, il montre à l'égard des Communards une mansuétude identique. Il s'agit dans leur cas de frères égarés, dignes de pitié. Il va prier pour eux sous les voûtes de l'église Saint-Sulpice en demandant à Dieu de sauver quelques écrivains engagés dans cette aventure et aussi les fils des Communards qui ont tué des prêtres. Au lieu d'appeler la vengeance de Dieu sur ces dévoyés, ces criminels, il les plaindra et reprochera au clergé de n'avoir pas su gagner leur confiance. Il ne craindra pas d'écrire en 1912, dans son Journal, que « si le clergé avait pris tout de suite la cause du peuple, malgré ses fautes, il détendait la situation et Gambetta ne pouvait plus crier ensuite : "Le cléricalisme, voilà l'ennemi !" ». Vœu pieux, certes, et discutable historiquement, mais qui montre déjà chez l'adolescent un désir de concorde et de paix aussi bien entre nations qu'entre classes sociales.

*

A la fin de 1871, Arthur Mugnier retourne au Grand Séminaire d'Issy, ancienne maison de campagne de la reine Margot, première épouse d'Henri IV, dont les appartements avaient été chastement repeints de manière à ne point émoustiller les séminaristes : « De ce temps-là, il restait des peintures, des amours ; on leur avait donné des ailes pour nous permettre de les regarder, des ailes qui les couvraient tout entiers[1]. » Là aussi était mort en 1723 le cardinal Dubois, l'homme lige du Régent, Philippe d'Orléans, qui en avait fait son premier ministre.

Le règlement est à la fois sévère et incohérent. Entre le lever à cinq heures du matin et le coucher, à vingt et une heures, les divers exercices de piété sont si bien répartis dans la journée qu'il est impossible aux jeunes séminaristes de travailler plus d'une heure d'affilée dans leurs cellules, et encore cette heure est-elle entamée par le temps nécessaire pour préparer sa tâche, achever une lecture avant d'entreprendre un exposé. « Le règlement, écrira l'abbé Georges Frémont, semblait avoir été fait pour distraire le plus possible, par des exercices incessants et variés, des intelligences par elles-mêmes incapables d'un effort prolongé... De là des pertes de temps regrettables et dont chacun de nous s'entretenait avec ses

1. Princesse Bibesco, *La Vie d'une amitié*, tome III, p. 387.

condisciples, mais dont aucun n'avait le courage de s'entretenir avec ses supérieurs... » Et Georges Frémont, qui fut l'un des intimes amis de l'abbé Mugnier, de préciser : « Nous n'avions finalement que quatre heures de culture philosophique, deux le matin et deux le soir : la classe durait une heure chaque fois ; elle était précédée d'une heure d'étude préparatoire. Le reste de notre temps était consacré à des cérémonies liturgiques, au plain-chant, au chapelet, à l'adoration du Saint-Sacrement, à des saluts plus ou moins solennels... » Et de conclure, amer : « Ce n'est pas par la récitation du Rosaire que l'on réfute Renan et Réville. Et j'ai pour ma part attribué aux défauts énormes de nos vieux règlements de séminaire la faiblesse de l'épiscopat et du clergé, quand les redoutables épreuves inaugurées en 1900 par Waldeck-Rousseau s'abattirent sur les catholiques français [1]. »

Ce point de vue sévère est corroboré par d'autres anciens élèves [2] qui, devenus néanmoins de bons prêtres, regretteront d'avoir été si mal préparés à leur sacerdoce. En effet, la qualité de l'enseignement laisse à désirer puisque mathématiques, physique et sciences naturelles sont tout simplement escamotées. L'histoire de France s'arrête à 1789 et l'histoire ecclésiastique est enseignée sous forme d'apologies... Même à Saint-Sulpice, précise l'un d'eux, on perd son temps à se demander si « le formel constitutif du péché est négatif ou positif, et s'il se spécifie par son objet même ou par la vertu qu'il offense [3] ». A Issy, par exemple, il existe un professeur de philosophie qui réfute Descartes en se vantant de ne l'avoir jamais lu et d'être bien résolu à ne jamais le lire...

D'abord logé à la Solitude, une annexe du séminaire, Arthur Mugnier déchante assez vite et se trouve aussi malheureux qu'il l'avait été parfois à Nogent-le-Rotrou. « Sortant un matin dans le jardin pour me rendre au séminaire, écrira-t-il en 1939, je fus littéralement asphyxié par le silence du dehors.

1. Agnès Siegfried, *L'Abbé Frémont*, tome I, p. 21.

2. Notamment Bruce Geddes, curé de l'église catholique de Montrose, en Ecosse, avec qui, le revoyant au mois d'octobre 1892, l'abbé Mugnier tombera d'accord « sur la stérilité du régime » ayant étouffé leur jeunesse.

3. Cité par Adrien Dansette, *Histoire religieuse de la France contemporaine sous la IIIe République*, p. 22.

Je ne m'appartenais plus. J'eus la conscience d'un prisonnier volontaire, d'un adieu définitif à la vie. Il y a des harmonies entre la vie du dehors et la vie du dedans. J'entendis, pour ainsi dire, le silence[1]. »

Cette prison est morale autant que matérielle, en ce sens que l'enseignement qu'il reçoit à Issy ne correspond guère à ce qu'il attend. C'est une contrainte de tous les instants, l'étouffement de tous les instincts. « Je me sentais littéralement comprimé », dira-t-il plus tard à un journaliste venu l'interroger. Il n'a pas d'échappatoire à la routine et pas de sylphide à laquelle rêver, comme l'avait fait Chateaubriand. « On nous disait d'admirer les fleurs, se rappellera-t-il. On ne nous disait pas d'admirer la femme. Et qui sait si le culte de la beauté féminine n'eût pas spiritualisé nos sens[2] ! » Et il critiquera toujours cette éducation menée sans psychologie, sans laisser un exutoire à l'imagination, sans préparer aussi le futur prêtre aux problèmes humains qu'il devra résoudre. Il se plaindra surtout d'avoir été trop soumis, n'osant se rebeller contre un régime étouffant non seulement les sens, mais l'esprit : « Quand je suis sorti d'Issy, écrit-il en 1876, j'étais encore tout meurtri des blessures saignantes que m'avaient faites mes scrupules et mes troubles. Je sentais bien alors que mon esprit et mon âme étaient contrariés dans leur pente et leur cours le plus naturel et le plus beau. Mon esprit ! J'avais un peu d'imagination, mes lectures me l'avaient donnée : la poésie, partout où elle se trouvait, avait pour moi d'irrésistibles attraits. Un mot parfois faisait surgir devant moi des mondes et je tressaillais en face de ces splendides perspectives jaillies soudain comme de la baguette d'une fée. Eh bien, je résistais opiniâtrement à ces entraînements de mon imagination ; je fermais hermétiquement la porte à ces beaux rêves de jeunesse, je brisais ces fleurs, je faisais taire ce rossignol qui chante au-dessus de mon cœur[3]. » Et, revenant sur un système aussi peu fait pour laisser les âmes s'épanouir, il ajoute, en soulignant cet aveu : « J'ai horriblement souffert. La souffrance, je ne l'avouais peut-être pas trop à moi-même, mais

1. A. Mugnier, Journal, 3 octobre 1939.
2. A. Mugnier, Journal, 2 mai 1922.
3. A. Mugnier, Journal inédit, 21 janvier 1876.

elle était là, pourtant, forte, âpre, inextinguible, me poursuivant partout dans les bois de Meudon où nous allions en promenade, sur les chemins d'Issy, dans le parc du séminaire, surtout dans ma pauvre cellule où le froid me glaçait et le corps et l'âme. Oui, j'ai horriblement souffert[1]... » Seul exutoire à cette souffrance lancinante, sa correspondance avec son ancien professeur à Nogent-le-Rotrou, l'abbé Gaston Varenne, à qui le malheureux séminariste envoie des lettres « débordantes d'effusion et de poésie », dit-il. Un demi-siècle après ces temps de souffrance et de désarroi, il pourra dire : « La mentalité d'un séminariste, d'un prêtre est un mystère pour ceux qui n'ont pas porté la soutane[2]. »

*

A Saint-Sulpice, en 1873, Arthur Mugnier trouve des conditions de vie un peu améliorées, en ce sens que le règlement y est plus souple, avec chaque jour deux heures consécutives, de 16 h 30 à 18 h 30, pour travailler seul dans sa cellule. Il a de bons professeurs, dont certains laisseront un nom comme l'abbé d'Hulst, futur recteur de l'Institut catholique[3], l'abbé Vigouroux, avec lequel l'abbé Mugnier restera en relation, l'abbé Boisbourdin, chargé d'enseigner la morale, et l'abbé Brugère, un érudit qui a tout lu et pratique la langue latine en virtuose. Parmi ces professeurs, l'un des plus populaires est l'abbé Hogan, que Georges Frémont qualifie de « Newman au petit pied », écrivant qu'il s'était assimilé quelques idées générales et généreuses qu'avec une bienveillance exquise, il répandait sur ses élèves, mais il ajoute avec une certaine perfidie : « Il entrouvrait les horizons plus qu'il ne les explorait... La plaie de son enseignement était l'imprécision. Il avait horreur des formules scolastiques[4]. » Dans son libéralisme, l'abbé Hogan ira jusqu'à soutenir des prêtres à la veille d'être interdits, notamment l'abbé Hébert, écrivant luimême, affirmera le cardinal Baudrillart, des lettres assez

1. A. Mugnier, Journal inédit, 21 janvier 1876.
2. A. Mugnier, Journal, 30 janvier 1923.
3. Mgr d'Hulst, un temps député à la Chambre et dont le comte de Rességuier disait qu'il « prêchait au Palais-Bourbon et professait à Notre-Dame ».
4. A. Siegried, *L'Abbé Frémont*, tome I, p. 39.

imprudentes pour que le cardinal Amette, entré en leur possession, jugeât bon de les jeter au feu.

De son côté, l'abbé Mugnier rendra hommage à cet ancien professeur qui devait diriger plus tard les grands séminaires de Boston et de Washington : « Voilà un Irlandais que j'admirais beaucoup, dont j'aurais aimé être aimé. Mais j'étais très timide vis-à-vis de lui. Sa distinction, son éclectisme en fait de relations, ne me mettaient pas à l'aise [1]. »

Quant au Supérieur, M. Icard, l'abbé Mugnier ne craindra pas d'écrire au mois de novembre 1893, en apprenant sa mort, qu'après « Napoléon et Bismarck, c'est peut-être l'homme qui a exercé le plus d'influence, mais une influence cachée, limitée au seul clergé et toute négative. Ah ! le vieux moule a été conservé par lui intact... il a personnifié, sous son masque dur, la conception du prêtre docile, intérieur, éteint [2]. »

Comme à Issy-les-Moulineaux, l'hygiène est déplorable. On instruit des cerveaux, on se soucie des âmes et l'on oublie les corps, considérés comme misérables guenilles. Aussi le mieux est-il de n'y point songer. La nourriture est insuffisante et surtout de mauvaise qualité, « rendue plus meurtrière encore, écrit l'abbé de Tourville, par la façon dont elle était préparée et servie ». Un soir, alors que les séminaristes dînent en silence, écoutant un lecteur dévider, *recto tono*, quelque hagiographie, un cri retentit : « Il y a une souris dans la salade ! » Le lecteur s'interrompt et l'on entend soudain la voix d'un des prêtres s'élever, disant froidement : « Ce sont des choses qui arrivent dans les communautés... » Après quoi le lecteur reprend sa lecture et les séminaristes, domptés, replongent dans leurs assiettes. Les cellules sont froides, humides, presque insalubres, et les salles de cours sombres, mal éclairées, au point qu'on s'y crève les yeux en y travaillant à la lueur des quinquets.

Les ablutions sont si chastes qu'elles peuvent être regardées comme inexistantes. On se confesse infiniment plus qu'on ne se lave. Le Supérieur n'apprécie pas que certains élèves aillent prendre un bain mensuel en ville. Un jour, il s'en explique avec eux :

---

1. A. Mugnier, Journal inédit, 1er octobre 1901.
2. A. Mugnier, Journal inédit, novembre 1893.

— Regardez-moi bien, leur dit-il en les fixant d'un œil sévère. Est-ce que j'ai l'air malpropre ? Non, n'est-ce pas ? Eh bien, à votre âge, je ne prenais des bains qu'en été, dans la rivière, et pourtant j'ai encore dansé avec Mme Récamier[1].

A ce régime, il n'est pas étonnant que les plus robustes s'affaiblissent et que les plus fragiles contractent des maladies dont ils supporteront les conséquences pendant toute leur vie, souvent abrégée par les carences dont ils ont souffert au séminaire. « Aucune santé, dira l'abbé de Tourville, ne résistait à toutes ces causes de démolition réunies, sans les trois mois de vacances qui permettaient de réparer les brèches... Beaucoup de migraines, de gastrites et d'épuisement qui ravagent le clergé français n'ont pas d'autres causes[2]. »

Certes, le jeune séminariste affamé qu'est alors Arthur Mugnier peut se « refaire » en allant déjeuner parfois chez sa mère, en vivant chez elle pendant les vacances, mais ce qui lui manque à cette époque est moins une nourriture convenable qu'une manne intellectuelle autre que celle dispensée par ses maîtres. Il se sent mal à son aise, incertain de sa vocation, craignant de s'être imprudemment fourvoyé dans une voie trop étroite pour lui, où rien de ce qu'il découvre ne correspond à ses aspirations. Chez lui, la prêtrise à laquelle il s'est voué entre en conflit avec un goût de plus en plus vif pour la littérature, qu'il satisfait en cachette. Sans avoir lu les romans de George Sand, il a beaucoup entendu parler de leur auteur et il voué un culte à cette femme qui n'est pas précisément un parangon de vertu, ni de simple bon ton. Lorsque George Sand meurt, en 1876, sa mère imagine un ingénieux moyen de l'en prévenir. Il lui avait demandé une paire de souliers qu'elle lui envoie enveloppés dans un journal annonçant cette nouvelle et il en demeure affligé comme d'un deuil personnel, regrettant d'être né trop tard pour l'avoir connue. Il aime également les poésies de Victor Hugo, de Lamartine et de Musset. Il est curieux de leurs œuvres et aussi, trait révélateur de sa personnalité, de leurs personnes. Pour lui, comme pour Sainte-Beuve, l'œuvre explique l'homme et les

1. Ferdinand Bac, *Vieille France*, p. 130.
2. P. Prieur, *L'Abbé de Tourville*, p. 36.

deux sont indissociables dans son esprit. Si sa mère a eu la chance d'entrevoir jadis Chateaubriand, lui n'a encore approché aucun de ces écrivains qu'il révère. Un jour il tente sa chance et, avec son ami Georges Frémont, va rendre visite à Renan.

L'écrivain, défroqué, marié, père d'une fille, et chargé d'honneurs, n'est guère en odeur de sainteté auprès de l'Eglise et aller le voir peut passer pour un défi aux yeux des prêtres de Saint-Sulpice. Ernest Renan les reçoit au Collège de France, « enivré, dira Lucien Descaves, de leur jeunesse qui lui rappelait la sienne et il leur avait parlé avec sensibilité de Saint-Sulpice et de saint François d'Assise ». En revanche, il n'a pas évoqué devant ces chastes jeunes gens ces fameux regrets voluptueux mélodieusement modulés devant quelques intimes, ainsi que l'abbé Mugnier les consignera plus tard dans ses « paperolles » : « J'ai aimé trois femmes, ma sœur, ma femme, ma fille... Ce n'est pas assez... » Ce que l'abbé n'a pas noté dans son Journal qu'il tient déjà, mais qu'il racontera plus tard à Paul Léautaud, c'est que Renan lui a parlé de l'abbé Vigouroux. Lorsqu'il avait demandé à l'abbé Vigouroux, son directeur de conscience, s'il pouvait lire Renan, l'abbé lui avait répondu : « Non. Pas de fond, et il écrit si mal ! » Dans le courant de la conversation, Arthur Mugnier mentionne incidemment le nom de l'abbé Vigouroux, et Renan de s'écrier : « Ah ! un homme remarquable ! » Rentré au séminaire, le jeune homme avoue à l'abbé Vigouroux qu'il est allé voir Renan :

— Ah ! Et que vous a-t-il dit ?

— Il nous a parlé de vous.

— Ah ! Et que vous a-t-il dit ?

— Que vous êtes un homme remarquable !

— Ah ! Il vous a dit cela, je suis un homme remarquable. Quel homme charmant ! Et quel écrivain[1] !

En sortant du Collège de France, Frémont se livre à une critique en règle de Renan, qu'il accuse à la fois de panthéisme et de dilettantisme esthétique, et il conclut en disant à Mugnier :

1. P. Léautaud, *Journal littéraire*, tome II, 19 mars 1932.

— Somme, toute, il adore Athènes et Minerve. Il n'y a que Jésus-Christ qu'il n'aime plus...

Plus tard, dans ses Mémoires, il se montrera plus sévère encore, écrivant : « Renan est un orgueilleux, il a tout vu, tout sondé, et il sait que Gavroche arrive à la sagesse tout autant que Socrate, et plus vite [...]. Il n'a gardé que la foi en lui-même : sa personne est l'exclusif objet de son culte, et ce culte le ramène directement au paganisme. Renan est un païen, bien inférieur à Platon et Sénèque[1]. »

L'abbé Mugnier, lui, nourrira toujours une certaine admiration pour Renan. Il assistera bientôt à ses cours au Collège de France et suivra également ceux de Taine, mais sans jamais oser l'aborder. Un demi-siècle plus tard, recevant la visite de Maurice Martin du Gard, il lui montrera un portait de Renan, accroché au mur de son salon, et lui dira :

— Avez vous relu récemment son article sur Amiel dans *Feuilles détachées* ?

Et il lui en cite une phrase : « Nous entrons bien mieux par la résignation joyeuse dans les intentions suprêmes que par la morne raideur d'un sectaire et l'éternelle jérémiade du croyant[2]. » Il montrera toujours beaucoup d'indulgence à l'égard de Renan, comme il le fera pour des prêtres mariés, ce qui lui amènera une cuisante mésaventure. En cela, il diffère essentiellement de son ami Frémont, plus intransigeant, plus dogmatique et surtout plus batailleur. Tout en restant étroitement liés jusqu'à la mort de l'abbé Frémont en 1912, ils n'auront pas non plus la même conception de l'évolution de la société chrétienne, Mugnier demeurant attaché au passé tandis que Frémont, au lieu de voir dans la monarchie le salut de la France, voudra, suivant sa propre expression, « christianiser la République » et se proclamera républicain. Pour le reste, ils partagent les mêmes goûts, surtout en littérature, et les mêmes opinions, surtout en ce qui concerne la formation du clergé. Bien des années plus tard, l'abbé Mugnier pourra écrire à l'abbé Frémont : « Mon cher Georges, je vous accompagne sur toutes les ailes que vous pouvez imaginer : celles de la prière, du cœur, du fraternel amour. Evoquez notre jeunesse

1. A. Siegfried, *L'Abbé Frémont*, tome I, p. 157.
2. M. Martin du Gard, *Les Mémorables*, tome III, p. 130.

écoulée : elle n'a été que flammes, vous vous en souvenez. Partis l'un et l'autre des sommets de l'enthousiasme, nous ne les avons jamais désertés. Ni Saint-Sulpice, ni les sacristies successives, ni les mécomptes, ni les expériences, rien n'a entamé ce qui était notre être, rien, rien, rien[1]. »

Georges Frémont lui, gardera un mauvais souvenir des années passées à Saint-Sulpice et de l'étroitesse des esprits. Faisant une retraite dans ce même séminaire où il a vécu tant d'années moroses, il écrira le 23 décembre 1880 à l'abbé Mugnier : « Nos souffrances intellectuelles et morales n'ont pas été au Séminaire ce qu'elles seraient aujourd'hui. Nous ignorions alors une partie de la vérité. L'influence de l'Eglise nous semblait régner largement dans le monde comme dans les cloîtres [...]. L'idée chrétienne était pour nous comme le dôme d'or des Invalides, élevant au-dessus de toute sa philosophie sa majesté séculaire [...]. Si nous avions su ce que nous savons aujourd'hui ! Si le vaste mouvement des idées modernes, en dehors de nous, avait été dévoilé à nos yeux ! Si nous avions connu toute l'immensité de l'abîme que d'inintelligentes mains ont creusé entre l'Eglise et le peuple, nos peines, cher Arthur, eussent été brisées. Je ne pourrais plus supporter le régime que j'ai subi autrefois sans trop de résistance. Ni la direction du cœur, ni les études, ni rien de rien ne me conviennent. A vous parler franchement, et vous savez que mon esprit n'est ni critique ni chagrin, le clergé français me paraît condamné longtemps encore à une déplorable infériorité, en tout. J'ai fait causer quelques séminaristes : ils sont plus entêtés que jamais dans le Moyen Age, et ils rêvent de Grégoire VII et de saint Thomas au milieu d'un monde qui ne jure que par la Révolution française. J'ai entendu la conversation de nos excellents directeurs : elle est navrante. Ils ignorent absolument ce qui se passe, attendant pacifiquement l'arrivée d'une nouvelle Commune, et ne se demandant jamais si le clergé a vraiment pris le moyen d'endiguer le torrent qui mugit et qui va nous engloutir[2]. »

---

1. A. Siegfried, *L'Abbé Frémont*, tome II, p. 139.
2. Lettre de G. Frémont à A. Mugnier, 23 décembre 1880. Fonds privé.

A ces moments d'exaltation, lorsque tous deux discutent de leurs auteurs préférés, succèdent des périodes d'abattement lorsque le jeune séminariste envisage son avenir et que, flânant pendant ses jours de congé dans les rues de Paris, il se dit qu'il n'aura jamais une existence semblable à celle des passants qu'il croise, à celle aussi de ces grands auteurs qui passionnent l'opinion, de ces écrivains disparus dont il recherche les traces dans ce Paris si chargé d'histoire : « Ces rues du Cherche-Midi, de Vaugirard, de Notre-Dame-des-Champs sont imprégnées de souvenirs romantiques. Y ayant vécu ou les ayant traversées, longées tant de fois dans mon enfance et ma jeunesse, j'y ai alimenté sans le savoir, avouera-t-il, l'inquiétude qui me tourmentait. Ah ! les états d'âme mélancoliques des vacances de 1876 en particulier ! Tout ce qui s'agitait en moi d'indécis, de triste, de désirs et de regrets inavoués [1] ! » Et une autre fois, s'attendrissant sur ses souvenirs de jeunesse, de ses longues errances, si pleines de nostalgie, à travers le vieux Paris, il aura ce mot : « Je croyais marcher sur des pavés, et c'étaient des charbons ardents. »

Tout au long de son existence, il portera en lui, comme une plaie jamais guérie, la nostalgie d'un autre état, celui de voyageur, d'artiste ou d'écrivain. Pendant l'année 1911, après la catastrophe qui a ébranlé sa vie, sinon sa foi, il reviendra souvent, dans son Journal, sur son destin manqué, en partie par sa faute et aussi par celle des autres : « Ce qui m'a manqué, c'est de croire en moi quand j'étais jeune. J'ai laissé les autres – et quels autres ! – mettre le grappin sur moi. Mais le *moi* docile grondait toujours, ou s'il ne grondait pas, par respect pour les supérieurs, il restait douloureux. On voulait faire de nous, au séminaire, de bons petits fonctionnaires religieux, bien amortis et convenables avec l'esprit surnaturel et l'amour des âmes [2]. »

Il pourrait ajouter que sa curiosité d'esprit n'a pas dû lui valoir beaucoup d'encouragements de la part de ses maîtres. Au contraire, elle est regardée, chez ceux qui en manifestent, comme un mauvais point. Ainsi que l'écrira Adrien Dansette,

1. A. Mugnier, Journal, 31 janvier 1911.
2. A. Mugnier, Journal, 3 avril 1911.

historien de l'Eglise au temps de la IIIe République et à propos justement des séminaires : « On pratique, on érige même en principe la mortification intellectuelle à l'égard de tout ce qui est nouveau[1]. »

Et en 1916, se livrant à une autre de ces amères rétrospectives, il avouera, en comparant son *spleen* de l'époque à celui de René, le héros de Chateaubriand : « Mon genre de tristesse au sortir du séminaire et même pendant, n'était pas le même. Je n'étais pas dégoûté de la vie. Je souffrais plutôt de ne pas la connaître, de n'avoir pas été mis sur la vraie voie, d'être déjà dispersé, envolé, sans but qui accapare toutes mes facultés. De grands désirs de vie intellectuelle, littéraire, et tous combattus plus ou moins : 1° par des scrupules qui m'empêchaient de penser, de lire. 2° par une instruction insuffisante, sous tous les rapports. Ajoutez à cela le cœur qui voulait s'attacher, aimer, un certain goût du succès, un besoin d'être distingué par mes maîtres, mes confrères. Je n'étais donc pas René. Mais je lui ressemblais par mon amour du vent, de la pluie sonore[2]... »

*

Ces accès de découragement, ces velléités d'indépendance et ce doute enfin sur sa vocation, il ne paraît pas les avoir confiés à sa mère. Il sait qu'elle a du mal à vivre et ne pourrait lui payer ces études qu'il aurait souhaitées. C'est le manque de moyens qui l'a fait entrer déjà au Petit Séminaire où il s'est laissé doucement persuader qu'il n'y avait pas de meilleur avenir pour lui que la prêtrise. Il n'a pas de fortune, il appartient à un milieu modeste, sans autres relations que le marquis de Lubersac qu'il ne peut pas plus décevoir que sa mère. Il sait aussi que son physique étriqué constitue un obstacle à une carrière civile. A cette époque, les séminaristes sont dispensés de service militaire, mais eût-il été un « simple pékin », suivant l'expression du temps, il aurait été certainement réformé à cause de sa petite taille. Il semble douteux

1. A. Dansette, *Histoire religieuse de la France contemporaine sous la IIIe République*, p. 23.
2. A. Mugnier, Journal, 26 septembre 1916.

qu'il mesure un mètre et cinquante centimètres, ainsi que l'écrira Marthe Bibesco, mais il doit atteindre à peine un mètre cinquante-huit. Il n'a donc pas eu, comme Fabrice del Dongo, à choisir entre le *rouge* et le *noir*. Le choix était fait depuis longtemps, comme pour beaucoup de cadets de familles paysannes où l'accès à la prêtrise était un honneur, une promotion sociale, avec l'espoir, lorsqu'on devenait curé de campagne, d'être invité le dimanche à déjeuner au château. Il doit donc renoncer à la vie normale à laquelle il aurait pu prétendre, à l'amour, au mariage, au réconfort d'un foyer qui lui manquera toujours cruellement. Il déplorera secrètement le célibat imposé aux prêtres, l'interdiction qui leur est faite d'aimer librement, et le laissera poindre en certaines occasions. Bien des années plus tard, on parlait devant lui d'un vieux pharmacien, anticlérical comme le M. Homais de Flaubert et qui refusait énergiquement le ministère d'un prêtre à son lit de mort. Comme sa femme insistait et lui demandait la raison de son hostilité envers leur curé, fort brave homme, il s'était écrié :

— Tes curés... tes curés, ne m'en parle pas ! Je sais tout sur tes curés...

— Mais que sais-tu contre eux ?

— Eh bien, j'ai lu autrefois dans un livre d'histoire que dix mille curés se sont battus à mort pour la belle Hélène sous les murs de Troie.

Tout le monde rit à cette réponse absurde et quelqu'un demanda à l'abbé Mugnier ce qu'il en pensait :

— Ah ! plût au Ciel que ce fût vrai ! s'écria-t-il [1].

Ordonné prêtre le 26 mai 1877, par Mgr Guibert, archevêque de Paris, il célèbre le lendemain sa première messe à sept heures du matin, incluant dans ses intentions tous ceux qui lui sont chers, de sa famille à ses supérieurs de Nogent-le-Rotrou, Issy et Saint-Sulpice, sans rancune, et n'oubliant pas ses amis, de l'abbé Varenne à Georges Frémont. Ce n'est pas sans scrupule et même sans tourments de conscience qu'il s'est préparé à cette ordination, ayant certes la volonté d'accéder à la prêtrise, mais doutant d'avoir les capacités nécessaires

1. Edith Wharton, *Les Chemins parcourus*, p. 261.

et surtout la ferveur, se trouvant tous les défauts du monde, à commencer par cette maudite vanité, contrebalancée, il est vrai, par ce besoin d'admirer inhérent à sa nature. Il a d'ailleurs diagnostiqué avec lucidité que dans ce besoin éperdu d'admirer les grands hommes, morts ou vivant encore, entrait le désir de capter, à son profit personnel, un rayon de leur gloire : « Cette passion des grands noms était telle, avouait-il l'année précédente, qu'à l'âge de quinze ans, de quatorze ans et même bien plus tôt, je m'amusais à copier les noms célèbres inscrits sur les monuments ou sur la couverture des livres. Les grands noms semblaient me grandir, moi si petit et qui aspirais à devenir si grand[1] ! »

Après son ordination, sa mère a dû éprouver un certain soulagement, mêlé de fierté, en le voyant devenu prêtre et sauvé des tentations de ce monde, comme des caprices du sort. « Ma mère s'est réjouie lorsque je suis devenu prêtre, dira-t-il souvent. Elle croyait que j'aurais la paix ! Et je n'ai pas eu la paix... j'ai eu le trouble des autres. »

Il lui arrivera plus tard de subir, de la part de femmes, d'indiscrètes questions sur les vœux qu'il a prononcés alors, certaines étant persuadées que seuls les moines font vœu de chasteté, tandis que le clergé séculier n'est soumis qu'à celui de célibat. Un soir qu'il s'entendra poser de nouveau cette question, l'abbé, un peu scandalisé, s'écriera :

— Mais c'est le premier vœu qu'il faut faire lorsqu'on est sous-diacre, vœu de chasteté. On nous donne l'horreur de la femme qui est une pestiférée.

Ferdinand Bac, témoin de la scène, essaie de corriger ce que cette réponse a d'abrupt :

— Heureusement que vous n'avez pas poussé cette aversion jusqu'aux extrêmes limites.

A quoi l'abbé répond :

— Il faut avoir de la politesse[2]...

Avant d'entrer comme professeur au séminaire de Notre-Dame-des-Champs, il prend des vacances et il a un aperçu de ce que peut être alors la condition d'un curé de campagne en

1. A. Mugnier, Journal inédit, 13 décembre 1876.
2. F. Bac, *Livre-Journal 1919*, p. 193.

effectuant un séjour chez le prince de Chalais qui a besoin d'un chapelain pour l'été. Là, il pénètre à la fois dans le grand monde et dans l'Histoire, puisque le châtelain, un Galard de Béarn, a été fait prince de Chalais par le roi d'Espagne en épousant une Talleyrand-Périgord. Le prince est un très grand vieillard, qui a connu Mme de Staël, Chateaubriand, Mme Récamier et, en 1812, a vu brûler Moscou. C'est l'Histoire incarnée. Le château, Saint-Aignan-Beauvilliers, se trouve aux environs de celui de Valençay, où le prince de Talleyrand a tenu en cage, au temps de Napoléon, la famille royale espagnole. Sans doute est-ce alors, profitant de ce qu'il se trouvait non loin de Nohant, qu'Arthur Mugnier y est allé en pèlerinage, afin de rendre un ultime hommage à George Sand, dont il avait appris la disparition l'année précédente grâce au subterfuge imaginé par sa mère. Il n'avait jusqu'alors rien lu de cet auteur puisque ses livres étaient à l'Index. Il n'en connaissait que les couvertures couleur saumon, qu'il voyait chez sa mère, et aussi la réputation un peu sulfureuse, en partie compensée par sa grande générosité, sa lutte en faveur des opprimés, son accueil de toutes les infortunes, bref, une chrétienne en dépit de son immoralité.

Pour avoir accès à sa tombe, il doit escalader le mur du cimetière, puisqu'il s'agit d'un enclos privé. Sa prière faite, il va voir le curé de Nohant, l'abbé Villemont, pour recueillir quelques souvenirs sur sa paroissienne. « Il me fit voir la morte rien qu'en me disant : “Elle ressemblait beaucoup à Louis-Philippe [1] !” »

A Saint-Aignan, où l'on reçoit beaucoup, la conversation porte moins sur le passé, dont le jeune séminariste est surtout curieux, que sur les événements du jour, c'est-à-dire la chute de Mac Mahon. Il se souviendra qu'on y faisait campagne pour les futures élections « avec cette maladresse connue des gens du monde quand ils veulent gouverner le pays ». Malgré tout, on y évoque parfois les grands hommes de la famille et, un soir que l'on y parle du prince de Talleyrand, quelqu'un raconte qu'à son arrivée à Londres, en 1830, comme ambassadeur, les journalistes lui avaient trouvé l'air franc et ouvert.

1. R. de Saint Jean, *Journal d'un journaliste*, p. 182.

« Franc et ouvert ! s'exclama-t-il en apprenant ce compliment. C'est parce que j'avais eu le mal de mer que l'on m'a trouvé cet air-là ! »

*

Les deux années qu'il passe en qualité de professeur au séminaire de Notre-Dame-des-Champs constituent pour lui une nouvelle épreuve. Un mois après son entrée en fonction, il en a pesé tous les désagréments : « Quel métier que le mien ! Discipliner 230 enfants est une œuvre difficile. Jamais le silence absolu, de la bouche ou du corps. Jamais la persistance à se bien conduire. Jamais la certitude du devoir accompli par tous et comme il convient. Si je pouvais infuser dans ces jeunes âmes l'irrésistible amour du vrai, du bien et du beau ! Mais point de rapport avec ces enfants, sinon ceux qui rapprochent le sergent de ville du malfaiteur et le larron du garde champêtre [1]. »

Pour oublier un moment ce rôle odieux de garde-chiourme, il visite Paris, va voir des expositions, lit beaucoup, écoute à Notre-Dame ou ailleurs les grands orateurs catholiques, tels le Père Monsabré, le Père Didon, et, son préféré, Mgr Mermillod, l'évêque exilé de Genève [2]. Il se rend régulièrement chez sa mère où, malheureusement, les sujets de s'affliger ne manquent pas. L'abbé Mugnier se montrera toujours très discret sur certains problèmes familiaux, mais en lisant son Journal inédit on peut en conjecturer que sa sœur aînée, Claire, a, pour des raisons inconnues, donné beaucoup de chagrin à leur mère. Celle-ci s'est remariée, le 4 janvier 1872, à un certain M. Boutron, agrégé de l'Université, ancien professeur au lycée de Grenoble, et dont l'abbé ne parle jamais qu'en l'appelant « M. Boutron ». Lorsqu'elle mourra, en 1903, Mme Mugnier sera enterrée sous son nom de jeune fille, Victoire Zeller, mais elle semble avoir dès la mort de ce

1. A. Mugnier, Journal inédit, 6 novembre 1875.

2. En réalité, Mgr Mermillod était seulement vicaire apostolique à Genève, mais la société parisienne en avait fait, autant par courtoisie que par erreur, un évêque. Il avait été banni de Suisse sur décision du président de la Confédération pour n'avoir pas voulu démissionner de sa fonction et s'était d'abord, par une ironie du sort, réfugié à Ferney, accueilli par l'ombre de Voltaire.

deuxième époux, quelques années après leur union, repris le nom de Mugnier. A en juger par le bref faire-part dans lequel M. Boutron annonçait son mariage, sans indication de cérémonie religieuse, il devait s'agir vraisemblablement d'une simple union devant le maire. La chose est d'autant plus probable que l'abbé Mugnier, tout en professant une grande estime à l'égard de son beau-père, en déplorait l'indifférence, et même l'éloignement en matière de religion. C'est aussi le cas de Paul, son frère aîné, atteint d'un mal dont on ne sait rien et qui après une assez longue maladie, pendant laquelle il lui écrit à plusieurs reprises pour le supplier de revenir à Dieu, meurt le 14 mai 1876, à trente et un ans.

Jamais il ne s'est senti aussi seul au monde, en dépit de la présence de sa mère, insuffisante pour combler à elle seule le vide de son cœur. Sombrant dans la mélancolie, il constatait, à la fin de l'année 1876 : « On ne m'a jamais aimé, moi qui avais un si vif et si pressant besoin d'affection. On n'a pas su lire en mes yeux les tourments de conscience qui m'oppressaient ; on n'a pas su prévenir ces crises et en adoucir l'âpreté. On m'a laissé solitaire avec ce fardeau qui brisait mes épaules[1]. »

Deux années passent ainsi, sans joie et sans amis, ce dont il souffre le plus, ne connaissant personne en dehors de ses confrères enseignants et n'ayant aucune affinité avec eux. Il lui faut se contenter du commerce des grands hommes et poursuivre avec eux une sorte de « dialogue des morts ». « Lacordaire, Chateaubriand, Ozanam, Montalembert, ces noms planent sur mon enfance et ma jeunesse comme des anges gardiens. Lacordaire surtout m'a sauvé », dira-t-il, et lorsque, dix ans plus tard, il prêchera une retraite, il sera très flatté d'entendre le marquis de Ségur le féliciter en ajoutant qu'il avait le ton de Lacordaire à ses débuts. Les dimanches, il parcourt la capitale à pied, visiteur nostalgique et passionné du vieux Paris qui, après les démolitions ordonnées par Haussmann, finit de disparaître dans certains quartiers où il subsistait encore. Dans ces maisons menacées par le pic des démolisseurs, il s'introduit furtivement, suit des couloirs humides et sombres, gravit des escaliers tortueux, y croisant

1. A. Mugnier, Journal inédit, 7 décembre 1876.

les pauvres gens qui vivent là, entassés dans une promiscuité choquante et pratiquant ces métiers qui semblent mieux faits pour accentuer leur misère que pour la soulager. C'est une population souvent farouche et qu'il essaie d'apprivoiser, touché par la résignation avec laquelle ces créatures sans âge et souvent sans forme dans leurs haillons acceptent leur sort, priant aussi pour ceux qui, en maudissant Dieu, montrent au moins qu'ils savent son existence. Il procède ainsi que le fait Théodore Gosselin, le futur G. Lenôtre, interrogeant les gens, se faisant indiquer la maison, voire le galetas où vécut tel homme célèbre, connu par ses travaux ou par ses crimes, lorsqu'il s'agit d'un des terroristes de 1793. Le soir, il résume, ou plutôt développe à loisir, ses impressions, comme il note aussi celles qu'il éprouve en lisant les ouvrages d'écrivains célèbres, ignorés au Petit comme au Grand Séminaire, y ajoutant des romans modernes et cherchant à deviner quels seront les auteurs contemporains qui rejoindront les anciens dans l'immortalité littéraire. Il nourrit lui-même des ambitions dans ce domaine et songe à écrire un jour des romans catholiques, espérant que l'apostolat, les confessions surtout, lui donneront une connaissance approfondie des âmes, indispensable à la psychologie de ses futurs personnages.

Au printemps de 1877, il est chargé de remplacer un professeur défaillant et d'assumer la charge d'une classe de sixième. « La classe, écrit-il, c'est l'émondeur qui vous enlève, feuille à feuille, vos dernières illusions. Ces enfants-là sont indisciplinables. Rien n'y fait[1]. » Il est toujours mélancolique, affligé, et le samedi saint, alors qu'un radieux soleil et le retour des cloches annoncent la résurrection du Christ ainsi que l'arrivée du printemps, il descend dans le tombeau de son âme, y voyant de nouveau le vide et un froid mortel : « Mon cœur se gonfle de fiel, note-t-il ce jour-là. Le rayon d'une âme sœur de la mienne ne me pénètre ni ne me réchauffe. Je vis seul et cette solitude, quand j'en ai conscience, m'est une source d'amertume. »

1. A. Mugnier, Journal inédit, 29 mars 1877.

Au fil du temps, le joug du Petit Séminaire de Notre-Dame-des-Champs lui pèse de plus en plus et il cherche à le secouer pour échapper à ces murs, à cette vie monotone et lassante qui lui appauvrit l'esprit sans qu'il ait la satisfaction d'avoir enrichi celui de ses élèves. A son Journal, comme toujours, il confie son découragement : « Je veux sortir du Petit Séminaire, écrit-il le 16 juin 1879. Cette vie classique, officielle, peu sacerdotale, me lasse. Quatre heures de classe de grammaire épuisent ma verve ou plutôt la tarissent. La discipline m'agace ; le ministère pour lequel je me suis fait prêtre me manque. Je veux sortir de ces grands murs, je veux échapper à ce tapage, je veux respirer un air moins chargé de fatigue, de paresse, d'indiscipline. Le professorat tel qu'on le conçoit est une déviation du sacerdoce. Enseigner la religion, oui. Mais s'abêtir dans l'enseignement monotone des mêmes règles de grammaire, non. »

On lui a laissé, semble-t-il, les tâches les plus ingrates, à en juger par les commentaires dont il accompagne leur énumération :

« Suppléant, c'est-à-dire professeur par *interim* des classes dont le titulaire est absent ou malade.

« Professeur de spéciale, c'est-à-dire chargé de pousser dans les voies du latin et du grec les élèves plus arriérés que les autres.

« Président de retenue : cette année, parce que je me suis vivement plaint, les retenues sont plus rares, un mercredi sur deux.

« Président de dortoir : me promener le long des robinets, le matin, pendant que les enfants se lavent, se frottent, se rafraîchissent ; éteindre les becs de gaz le soir, quand les enfants sont couchés.

« Prêcher de temps à autre.

« Quelle préparation à la composition d'une méditation, d'une homélie ou d'un sermon que la correction des thèmes sur la syntaxe et la méthode. Est-ce tout ? Oui. J'ai un pénitent, un seul. D'autre part, la vie spirituelle et sacerdotale a considérablement baissé en moi. Les exercices nécessaires de piété sont omis ou incomplètement faits ; ce morcellement de l'existence nuit au recueillement de l'esprit et du cœur. Oui, le feu sacré s'est assoupi en moi. En sortant du Grand Séminaire, j'étais moins critique, moins égoïste, plus ardent, plus généreux, plus sensible... » Et de conclure après avoir évoqué l'absence de relations confiantes avec ses confrères : « Un milieu personnel, ma mère, mes amis, mes âmes, voilà ce qu'il me faut : rien que cela, mais tout cela[1]. »

Son seul réconfort, il le puise dans la lecture des *Mémoires d'outre-tombe*, qu'il découvre et dont il fera son second bréviaire : « Ces *Mémoires*, dont tout le monde parle maintenant, écrit-il le 2 mars 1913 dans son Journal, je les ai lus à une époque où on ne les connaissait guère, où on les vantait peu [...]. J'empruntais les volumes à la Bibliothèque Cardinal, qui était encore rue de Rennes. J'en copiais je ne sais combien de pages. Combourg, la sylphide, l'étang, me transportèrent. »

Ce Combourg auquel il a tant rêvé, il va enfin le connaître au cours d'un périple en Bretagne effectué avec sa mère pendant l'été 1879. Après avoir visité le château, admiré tout avec les yeux de l'amant, il écrit le soir, pour la première fois depuis des années : « Je suis heureux. » Après Combourg, c'est Saint-Malo, d'abord décevant, puis il en découvre le charme, ou plutôt celui de la mer, qu'il voit pour la première fois et à laquelle il consacrera dans son Journal plusieurs rhapsodies, avant d'estimer finalement que la terre ferme est préférable. Il fait bien entendu un pèlerinage au Grand Bé, où gît son grand homme, et Louis Bertrand affirmera plus tard que l'abbé, y ayant été surpris par la marée, n'avait pas voulu appeler au secours et s'était résigné à passer la nuit près du tombeau de granit, en récitant son chapelet « aux intentions de l'illustre vicomte[2] ».

Autre joie, pendant ce voyage où sa mère et lui logent le plus souvent dans des couvents de religieuses : il retrouve à Saint-Quay l'abbé Gaston Varenne qui ne lui donnait plus signe de vie depuis quelque temps. Les deux amis tombent dans les bras l'un de l'autre et se mettent aussitôt à parler littérature, en commençant par les philosophes grecs. L'abbé Varenne qui habite à Saint-Brieuc est ensorcelé par la mer, au point qu'il ne peut plus s'en passer... Il retourne à Saint-Quay

1. A. Mugnier, Journal inédit, 16 juin 1879.
2. L. Bertrand, *Flaubert à Paris ou le mort-vivant*, chap. VII.

les jours suivants pour retrouver Arthur Mugnier, et tous deux se quittent en jurant de ne plus laisser tomber leur correspondance.

A la fin du mois d'août, ayant visité minutieusement la Bretagne et une partie du Maine en n'omettant aucune église, aucun monument, les unes et les autres minutieusement décrits dans son Journal, transformé en Baedeker, l'abbé Mugnier retrouve enfin Paris pour y remplir de nouvelles fonctions.

LA PÊCHE MIRACULEUSE

1879-1895

En souhaitant quitter le rôle ingrat de professeur pour entrer vraiment dans la vie sacerdotale, l'abbé Mugnier avait fait un vœu imprudent que ses supérieurs ont exaucé en le nommant, le 4 septembre 1879, vicaire à Saint-Nicolas-des-Champs. « On a jugé bon, sans doute, d'éprouver mon imagination trop éprise de beau en la jetant toute vive dans le milieu étouffant et prosaïque du commerce », écrit-il. Cette église à cinq nefs, d'une très belle architecture en dépit de son aspect composite, aurait tout pour plaire à l'esthète qui sommeille en lui si elle n'était placée dans un tel quartier. Elle possède, en effet, un certain nombre de beautés, du buffet d'orgue, un chef-d'œuvre de sculpture, à son portail sud, autre chef-d'œuvre, édifié d'après les plans de Philibert Delorme. Un magnifique retable de Simon Vouet, synthèse entre « le réalisme du Caravage et le grand art décoratif de Véronèse et du Tintoret », domine le maître-autel. L'église est claire, harmonieuse et même élégante, avec beaucoup de personnages illustres enterrés dans ses chapelles, à commencer par sainte Louise de Marillac, à qui saint Vincent de Paul avait confié la direction de son œuvre des Filles de la Charité. Elle est aussi un musée, avec des tableaux de maîtres, ou du moins de bonnes copies exécutées d'après des peintures du Dominiquin, de Sebastiano Ricci, Claude Vignon, Pourbus, Van Mol, Noël-Nicolas Coypel, Guido Reni, Charles Lebrun, etc. Elle a été relativement épargnée par la Révolution qui, au lieu de la transformer en un magasin de poudre ou de grain, en avait fait le temple de l'Hymen et de la Fidélité.

Malheureusement, cette église si aristocratique est située dans un quartier populaire où l'on célèbre surtout le culte de l'argent. Elle n'est pas loin des Halles, dont la clientèle a peu de goût pour les exercices de piété après le déchargement des arrivages, et, surtout, elle apparaît aux yeux du promeneur comme un vestige d'un monde ancien après une catastrophe ayant tout englouti pour ne laisser subsister qu'un îlot. Elle est la seule église, avec celle de Saint-Martin-des-Champs, toute proche, à rappeler ce qu'était ce quartier avant sa démolition, puis sa reconstruction par le baron Haussmann. Dès qu'on en sort, l'œil ne voit plus que des artères tirées au cordeau, des immeubles monumentaux, rectilignes et tous de la même hauteur, du même style et de la même absence d'originalité.

A peine installé dans ses nouvelles fonctions, l'abbé Mugnier déchante : « Ici, note-t-il le 12 novembre 1879, nulle trace de vie intellectuelle. L'industrie absorbe tout. » Les paroissiens de Saint-Nicolas sont des commerçants, des artisans, voire de petits industriels qui, s'ils viennent prier, le font pour le succès de leurs affaires et la réussite de leurs entreprises. Leurs femmes n'ont pas de préoccupations plus élevées. Aucune fantaisie, aucune inquiétude en leurs âmes placides et mercantiles ; elles apportent à leurs confessions la même exactitude et la même monotonie qu'à leur comptabilité. Pour ces braves gens, le prêtre est un commerçant lui aussi, vendant des indulgences et célébrant des offices auxquels on se rend moins par piété que pour sacrifier à un usage et montrer aussi, par ses toilettes, sa prospérité. Si on donne aux pauvres, c'est beaucoup par superstition, en croyant qu'un refus peut porter malheur. Echaudée par la révolution de 1848 et par la Commune, la bourgeoisie, jadis voltairienne, évolue vers la religion, gardienne de l'ordre. La foi vient avec l'argent et le souci du respect de l'ordre social.

Malheureusement pour lui, le curé de la paroisse et moins encore ses vicaires, ne participent guère à cette prospérité. Un vicaire ne reçoit qu'environ 900 à 1 000 francs par an, à quoi s'ajoute le *casuel*, constitué par un pourcentage sur le montant des diverses cérémonies, et les honoraires des messes, soit 1,50 franc par messe. En fin de compte, un vicaire a peu pour vivre, environ 2,75 francs par jour et il lui faudrait moitié plus, compte tenu de ce qu'il doit payer les gages d'une servante. Il a donc intérêt à multiplier les messes aux intentions diverses et à conseiller des cérémonies somptueuses pour les mariages et les enterrements, ce qui finit par lui donner une mentalité matérialiste, assez éloignée, constate l'abbé Mugnier, de l'esprit de l'Evangile. On vit malgré cela très modestement dans le logis que le jeune vicaire occupe au 4 de la rue Bailly.

Après six mois de vicariat dans cette église opulente où souffle si peu l'Esprit, l'abbé Mugnier s'avoue découragé : « Pauvre vie que celle de vicaire ! écrit-il. Pauvre être renfermé dans une sacristie entre les chandeliers éteints et les bureaux ouverts... Oui, je veux le dire, sur ce papier discret que j'initie à mes plus intimes pensées, ce que je déplore, avec une indicible amertume c'est que le clergé actuel a fait un pacte avec la vulgarité, avec l'étroitesse, avec la négation de tout ce qu'il y a de vraiment idéal et beau. Il a chassé la poésie de son cœur, de ses jugements, de sa vie[1]. » Sa seule consolation, pendant ces longues heures de garde à la sacristie, est de découvrir un jour dans les registres de baptême que George Sand aurait pu être une de ses paroissiennes : en effet elle était née en 1804 rue Meslay...

Plus il réfléchit à son sacerdoce, et plus il est persuadé que la mission du prêtre moderne n'est pas d'attendre à l'intérieur d'une église ou d'une sacristie la venue des fidèles, mais de se mêler au monde et d'aller chercher les âmes à sauver dans les endroits où elles se perdent ou, du moins, risquent de se perdre. Il partage en cela l'avis de Lamartine, un de ses auteurs favoris, qui proclamait dans *Jocelyn* :

Ne renfermez pas Dieu dans des prisons de pierres,
Où son image habite et trompe vos paupières,
De peur que vos enfants, en écartant leurs pas,
Disent : Il est ici, mais ailleurs il n'est pas.

Bien des années plus tard, instruit par plus d'expérience encore, il dira que « pratiquer et croire, cela fait deux » et

1. A. Mugnier, Journal, 7 mars 1880.

comme quelqu'un lui demandait s'il y avait beaucoup de croyants, il répondra :

— Laissez-moi réfléchir... Sans doute, et beaucoup à la porte de l'Eglise [1]...

*

Il déplore aussi la position de repli adoptée par l'Eglise depuis le vote en 1879 de la loi de Jules Ferry sur l'enseignement. Aux termes de cette loi, qualifiée d'« assassine » par la majorité des catholiques et du clergé, « nul n'est admis à diriger un établissement d'enseignement public ou privé, de quelque ordre qu'il soit, ni à y donner l'enseignement, s'il appartient à une congrégation non autorisée ». Or, il n'existe en France que cinq congrégations autorisées, ce qui revient à retirer aux plus importantes, entre autres les Jésuites, les Dominicains et les Maristes, la faculté d'enseigner.

C'est une déclaration de guerre à l'enseignement libre et les hostilités ont commencé par une première salve avec l'exclusion du Conseil supérieur de l'Instruction publique des notables, évêques, pasteurs, membres du Conseil d'Etat, de la Cour de cassation et de l'Institut qui en faisaient partie depuis la loi Falloux, décision qui soustrait l'enseignement supérieur à l'influence du clergé. Mais le pire est à venir : la loi du 27 février 1880, avec les deux décrets du 29 mars 1880, le premier prononçant la dissolution de l'ordre des Jésuites, le second stipulant que toute congrégation non autorisée devra demander l'autorisation dans un délai de trois mois. Ces mesures visent à peu près neuf mille religieux et cent mille religieuses.

En France, et surtout à Paris, l'émotion est considérable, accrue par le fait que nombre d'avocats généraux, de procureurs et de substituts, n'obéissant qu'à leur conscience, refusent de prêter la main à ces mesures et démissionnent. C'est un peu partout une atmosphère de guerre civile et l'expulsion des Jésuites de la rue de Sèvres, le 29 juin 1880, tourne à l'émeute. On hue le préfet de police, Andrieux, venu diriger l'opération. Beaucoup se croient revenus aux heures les plus

1. Ferdinand Bac, annotation de *La Vie d'une amitié* de la princesse Bibesco.

sombres de la Révolution, attendant la déportation des prêtres récalcitrants. Cette expulsion scandalise d'autant plus les bien-pensants qu'elle coïncide avec l'amnistie accordée aux anciens Communards qui rentrent à Paris, non en pécheurs repentis, mais en vainqueurs, particulièrement agressifs.

L'abbé Mugnier, toujours partisan des solutions pacifiques, souhaiterait voir le clergé composer au lieu de crier à l'assassinat et à la spoliation. Il remarquera un peu plus tard dans l'année que la Commune et le gouvernement issu de la chute de Mac Mahon ont en commun le fait que le second accomplit à coups de décrets ce que la première osait avec des fusils. La République étant le choix des Français, les ordres, écrit-il, « ne partent plus de l'Hôtel de Ville, cerné de barricades, mais du palais de l'Elysée et des Chambres ». C'est là, de sa part, une position originale et qui le place en porte à faux dans son entourage. Il est seul ou presque, à l'exception de son ami Georges Frémont, à penser ainsi.

Très conservateur dans son ensemble et même attaché à la monarchie, dont il attend depuis dix ans la restauration, le clergé boude officiellement le gouvernement et Mgr Freppel, l'évêque d'Angers, interdira en 1882 à son clergé de participer aux cérémonies du 14 Juillet. L'abbé Mugnier déplore cet ostracisme à l'égard d'un régime auquel il vaudrait mieux s'habituer, car il paraît désormais ancré dans les mœurs, et il n'est pas loin, sur ce point, de partager les vues de son ami Georges Frémont en pensant qu'il faut essayer de christianiser la République. Après avoir assisté à une cérémonie pour l'inauguration d'un buste de Corot à Ville-d'Avray, il note : « Je crois avoir fait acte de vrai libéralisme en m'associant à cette fête de Ville-d'Avray par ma simple présence. Je voudrais qu'on pût voir mainte soutane à toutes les manifestations de la littérature et des arts[1]. »

Néanmoins, il quitte sa soutane et revêt un habit laïc pour se mêler dans la rue aux manifestations du 14 Juillet, manifestations accompagnées d'un « indescriptible délire », ce qui n'est pas de bon augure pour le rétablissement de cette monarchie à laquelle une grande partie de ses confrères ne cessent de rêver, malgré la mésentente des prétendants au trône.

1. A. Mugnier, Journal, 27 mai 1880.

En attendant le sauveur temporel qui remettra le clergé dans la position privilégiée qu'il occupait avant la Révolution ou seulement sous le Second Empire, on s'afflige et on vitupère, on s'habitue à vivre en proscrits, en émigrés de l'intérieur. Cette attitude indigne l'abbé qui, sans souhaiter des affrontements, voudrait que le clergé prenne au moins l'initiative d'un mouvement montrant que loin d'être dépassé par les événements, il a les capacités et les moyens suffisants pour diriger ceux-ci, voire les devancer. « J'ai fait la semaine dernière ma retraite à Saint-Sulpice, écrit-il dans son Journal le 8 septembre 1880. Le cardinal Guibert et son coadjuteur, Mgr Richard, ont parlé tour à tour... Pas une idée hardie ne sortira de cette hiérarchie pressée et, je crois, décidément fermée à toute idée nouvelle. On ne pense plus, on n'imagine plus. On revient, à tout bout de champ, sur la "vie intérieure" que nous devons pratiquer sans oser dire que la vie du prêtre aujourd'hui doit se répandre et dominer partout si elle veut être féconde. Les Anciens s'écriaient avec douleur : "Les dieux s'en vont ! Les dieux s'en vont !" C'est à nous de dire aujourd'hui, les yeux pleins de larmes : "Les hommes s'en vont ! Les hommes s'en vont !" Mais les femmes nous restent et je vous assure qu'elles s'entendent admirablement à faire perdre au clergé, vieux ou jeune, le meilleur de son intelligence et de son temps.

« Je voudrais que le clergé qui a du sang dans les veines se donnât rendez-vous dans la cour de l'archevêché, rue de Grenelle, et se mît à crier sous les fenêtres de nos vénérables pasteurs : "Liberté de faire le bien de toutes les manières ! Donnez-nous carte blanche. S'il faut déposer la soutane pour agir plus efficacement dans les faubourgs, accordez-nous toute permission." »

*

Un tel langage a peu de chance d'être entendu de la hiérarchie ecclésiastique et son auteur a toutes les chances, en revanche, de se voir mis au ban de l'Eglise. Nul doute que l'abbé Mugnier n'ait tenu sa langue et renoncé à changer le cours des choses, car le 1er juillet il est nommé vicaire à Saint-Thomas-d'Aquin, paroisse éminemment mondaine et fréquentée par la fine fleur du faubourg Saint-Germain, à égalité avec Sainte-Clotilde.

L'église, avec son vieux presbytère aujourd'hui démoli [1], avait elle aussi, pendant la Révolution, servi au culte théophilanthropique et à des cérémonies civiques avant d'être rendue à sa destination première. C'est presque un salon, orné de très beaux tableaux, éclairé par des lustres en bronze doré qui ne dépareraient pas une salle de bal. Ils ont d'ailleurs été copiés sur ceux exécutés par Caffieri pour Mme de Pompadour. C'est là que Matthieu de Montmorency, le chaste amoureux de Mme Récamier, devenu ministre des Affaires étrangères, est mort subitement au pied de l'autel, le Vendredi saint de l'année 1826. C'est là également que Chateaubriand, lorsqu'il y accompagnait Mme Récamier, se plaçait derrière elle afin de pouvoir lui souffler dans le cou.

L'abbé Mugnier va y demeurer jusqu'en 1893, confiné dans les fonctions de vicaire, encore plus absorbantes qu'à Saint-Nicolas-des-Champs, car dans cet élégant quartier, les femmes du monde, ayant peu à faire, assaillent les confessionnaux et se disputent les œuvres de charité. Ce n'est donc pas une sinécure et l'abbé parfois soupire après un peu de loisirs pour retourner à ses chères lectures ou seulement pouvoir s'échapper de Paris pour communier de nouveau avec la nature. Un soir, bien plus tard, entendant l'ambassadeur Guillemin se féliciter de l'abolition de l'esclavage, il le coupera pour laisser tomber :

— Vous oubliez les vicaires...

Dans son Journal, il gémit sur la bureaucratie dont il se trouve investi : « Quel métier que celui de second vicaire ! Il me vient des regrets mortels d'être entré là-dedans. Etre réduit à faire des comptes et à les faire mal ! Le cahier des charges, le journal à souche sont devenus mes bréviaires. Et je manipule des commandes funèbres du matin au soir. La cire est une glu où l'oiseau que j'étais s'est paralysé. Il fallait vaincre l'amour-propre, laisser jaser des oisons de sacristie et rester simple vicaire ailleurs qu'à Saint-Thomas [2]. »

1. Situé 37, rue du Bac, à l'emplacement actuel de l'hôtel du Pont-Royal.
2. A. Mugnier, Journal inédit, 3 mars 1894.

Ses tâches paroissiales lui laissent quand même un peu de temps, car il lit beaucoup, dévorant tous les auteurs négligés pendant ses études, absorbant du Victor Hugo et du Chateaubriand, Renan et Baudelaire, etc. Chargé du cours de catéchisme de persévérance des jeunes filles, il est le premier à illustrer ses propos en citant des textes de grands auteurs inspirés par le sentiment religieux, innovation sans précédent à l'époque et bientôt couronnée de succès. Il prêche aussi, tout en déplorant d'avoir à le faire en se juchant dans une chaire et bougonnant un jour :

— Notre-Seigneur n'a pas dit qu'il fallait parler dans un coquetier...

Alors qu'il sera un brillant conférencier, il répugnera toujours à prêcher devant un auditoire endormi ou malveillant, guettant ses lacunes ou ses redites, prêt à critiquer le sujet choisi ou la façon de le traiter. Du haut de sa chaire, il se sent désarmé, comme une sentinelle exposée au feu de l'ennemi :

— Pas de notes à consulter, pas de ces interruptions qui passionnent le débat, confiera-t-il plus tard à un journaliste, ajoutant d'un air malicieux, et pas un verre d'eau, même bénite [1] !

Pour lui, prêcher des paroissiens est faire une œuvre inutile alors que le clergé devrait aller, par les champs et par les routes, par les boulevards et par les rues, porter à ceux qui l'ignorent le message de l'Evangile et le rappeler à ceux qui l'ont oublié. En cela aussi, il se montre hardi novateur, quitte à déplaire en haut lieu où l'on pense tout autrement. Il aurait été bien heureux s'il avait pu voir ce que Mgr Baudrillart, non suspect de dérive moderniste ou d'idées de gauche, devait écrire un jour en revenant d'assister à un office à l'église du Mont-Dore : « On voudrait irriter les gens ou les faire fuir qu'on ne s'y prendrait pas autrement. Un père jésuite prêche et dit que depuis cent trente ans la France est menée par le démon : Mirabeau, Robespierre et Bonaparte ne sont pas les vrais auteurs de leurs œuvres ; ils sont "agis" et c'est le diable qui les mène ; c'est le diable qui donne leurs voix aux acteurs des théâtres, c'est le diable qui met des bijoux dans les boutiques pour tenter les filles, etc., etc. Par-dessus, une inter-

1. R. de Saint Jean, *Souvenirs d'un journaliste*, p. 27.

minable litanie de saints hurlée par un chantre, en latin, tout en latin, trois quarts d'heure durant. Il faut à tout prix modifier de telles façons de faire si on ne veut pas écarter les populations de l'Eglise. Elles supportaient cela quand il n'y avait de distraction à leur portée [1]... »

Allant souvent porter la communion aux malades, il lui arrive un jour une curieuse histoire. La vieille femme qui l'a fait demander habite une chambre assez pauvre, mais bien tenue, où volette en liberté un petit oiseau. « C'est Sérénité », lui dit la vieille en lui expliquant qu'elle l'emmène avec elle à Saint-Thomas et le tient caché pendant la messe, blotti contre sa poitrine. Au moment où l'abbé va lui donner la communion, l'oiseau fond sur lui et becquette une partie de l'hostie avant d'aller se percher, hors d'atteinte. La vieille femme en paraît toute ravie, et l'abbé, pour ne pas la contrister, feint de trouver la chose naturelle, certain que saint François d'Assise l'eût approuvée. Un jour qu'il racontait encore une fois cette anecdote, une jeune femme lui demanda :

— Oh ! monsieur l'abbé, qu'avez-vous fait ?

— J'ai béni l'oiseau [2].

Ce qui fera dire à Paul Bourget :

— Il donne le pain de l'Eucharistie aux petits oiseaux...

Attentif à la lutte obstinée menée par l'Etat contre l'Eglise il en discute avec ses amis du clergé qu'il reçoit volontiers dans son petit appartement de la rue du Bac. « Nous dînions hier soir, chez A. Mugnier, avec le Père Didon, Charles Perraud, Eugène Dumont et notre excellent ami, l'abbé Hédou, note l'abbé Frémont dans son propre Journal. La réunion a été charmante : nous y avons épanché à longs flots nos mutuelles doléances sur les malheurs de l'Eglise [3]... »

Ces malheurs se multiplient tout au long de la décennie 1880. Le gouvernement, avec un sectarisme rappelant celui des « grands ancêtres » de 1793, veille à supprimer partout le

1. Mgr Baudrillart, *Carnets*, 6 août 1916.
2. E. Wharton, *Les Chemins parcourus*, p. 260.
3. A. Siegfried, *L'Abbé Frémont*, tome I, p. 190.

nom de Dieu, effacé jusque dans les manuels scolaires, où une fable de La Fontaine est ainsi modifiée :

Petit poisson deviendra grand
Pourvu qu'on lui laisse la vie...

Dans un livre alors célèbre et fort lu, *Le Tour de France par deux enfants*, revu et corrigé pour le laïciser, l'expression « Dieu vous bénisse ! » est remplacée par « Soyez heureux ! » et nulle part dans le texte on ne trouve une allusion à la moindre église, ni la trace quelconque d'une religion qui a marqué si profondément le pays depuis le baptême de Clovis ! Tour à tour, le gouvernement a interdit aux troupes rendant les honneurs de pénétrer dans les édifices religieux, puis d'escorter, comme cela se faisait, les processions, et il a supprimé les prières publiques. Enfin, depuis le 5 avril 1884, la police de l'église est attribuée au maire : à lui revient le droit d'autoriser les processions et de faire sonner les cloches pour les cérémonies civiles.

Toutes ces mesures affectent profondément le clergé qui résiste et se prépare au martyre, alors que l'abbé Mugnier et son ami Frémont ne renoncent pas à leur ambition d'apprivoiser le monstre anticlérical en lui montrant que son intérêt bien entendu est de rallier l'Eglise : « La France sera incapable de fonder une république honnête et puissante en dehors des principes chrétiens et du respect de la religion, écrit l'abbé Frémont. Les masses populaires ne puiseront dans Voltaire et dans Hugo que l'orgueil à pleins bords. L'orgueil est la passion antisociale parce que l'orgueil est l'esprit de domination, et que la société ne vit que dans l'obéissance et le sacrifice. Enlevez Jésus-Christ et l'Evangile, il vous restera Machiavel et Marat : c'est trop peu pour un système républicain. Ah ! si le clergé comprenait[1] ! »

La mort de Victor Hugo survient à point pour transformer ce deuil national en manifestation anticléricale, apothéose de l'athéisme, aux applaudissements de centaines de milliers de spectateurs qui ont rarement été à pareille fête. Il n'y a que Leconte de Lisle pour s'attrister en disant : « Ce n'est pas lui

1. A. Siegfried, *L'Abbé Frémont*, tome I, p. 194.

le mort, c'est nous... » tandis que Lockroy s'en réjouit, disant, par allusion aux jeux séniles du grand homme : « Enfin, nous pourrons garder une bonne[1]... »

Curieux de tous les grands spectacles et ravi d'échapper un moment à la bureaucratie de la sacristie, l'abbé Mugnier se rend aux funérailles de celui qui, dans son orgueilleuse humilité, a voulu le char des pauvres. Ces funérailles, admirablement orchestrées comme un hommage au régime et un défi à Dieu, se transforment vite en une sorte de carnaval où toutes les classes de la société se retrouvent pêle-mêle avec les corporations, les élèves des lycées, les chorales, les associations, sans parler des corps constitués, de l'armée, du gouvernement et des filles de joie. On applaudit certains groupes, bref, c'est une fête où l'on déplore une seule absence, celle de Dieu.

L'abbé, qui assiste au défilé d'une fenêtre d'un immeuble à l'angle de la rue du Dragon et du boulevard Saint-Germain, se sent ému par cette pompe et ce délire populaire tout en regrettant amèrement l'absence du clergé. Le cardinal Guibert avait offert à Mme Lockroy d'aller voir le poète agonisant, mais il avait essuyé un refus, en dépit d'une intervention de Mgr Freppel. Plus tard, Georges Hugo lui dira que si le cardinal s'était présenté en personne à l'hôtel de l'avenue d'Eylau, il aurait vraisemblablement été reçu. C'est ce que lui-même aurait fait, dira l'abbé Mugnier à l'arrière-petit-fils du poète, Jean Hugo. Il aura sa revanche en 1925 lorsqu'il assistera dans ses derniers moments Georges Hugo, son petit-fils.

*

A cette époque, le fondateur d'un nouveau journal, *L'Observateur français*, cherche des bonnes volontés, assorties de bonnes plumes, pour apporter à l'Eglise de France un soutien rationnel capable de répondre aux objections dont la science moderne accable la religion pour en ravaler les dogmes au niveau de vieilles fables. Hélie, le directeur, écrit à l'abbé Frémont au sujet de ce projet : « Pour le mener à bien, j'ai besoin d'amis comme l'abbé Mugnier et vous... Notre entreprise ne court qu'un danger : cet attrait de la politique qui a

1. « Paperolles » de l'abbé Mugnier.

mis l'Eglise de France si bas, malgré l'expérience des cent dernières années. Il est plus facile de déclamer sur les questions à l'ordre du jour que de continuer Descartes, Malebranche et Bossuet. Revenons donc à la tradition des Pères de l'Eglise et prouvons aux athées que nous en savons plus long qu'eux et que l'interprétation qu'ils donnent aux faits d'expérience est presque toujours contraire à la saine raison, parce qu'ils ont l'entendement obscurci par ce parti pris de la haine contre Dieu et contre le bien. Je compte donc sur vous comme sur M. l'abbé Mugnier pour rendre ce service éclatant à la France [1]... »

Cet appel semble être resté vain et l'abbé Mugnier n'a pas eu à répondre aux objections des athées, se contentant de les railler avec un sourire entendu. Il se peut aussi que sa hiérarchie lui ait refusé d'apporter son concours à une publication qu'elle n'approuvait pas. En haut lieu, on se méfie un peu de l'abbé Frémont, trop intransigeant, trop dogmatique et surtout trop enclin à voir le salut de l'Eglise hors de la voie traditionnelle. Lors d'un de ses prêches, il a fait scandale en affirmant que le péché mortel était moins fréquent qu'on ne le croyait, car il était généralement commis sans la volonté délibérée d'offenser Dieu, et il s'est fait rappeler sévèrement à l'ordre par Mgr d'Hulst. Sur ce point il donne ainsi raison à l'abbé Mugnier qui aime à répéter que, si l'Enfer existe, il n'y a personne dedans, allégation bien rassurante pour ses pénitents. Néanmoins, en 1890, l'abbé Mugnier accepte de collaborer à un nouveau journal, *La Concorde*, organe officiel d'une ligue imaginée par l'abbé Eugène Dumont pour réaliser l'union de la religion, de la science et de la démocratie. Le journal a son siège dans les bureaux de l'école Jeanne-d'Arc, 93, rue La Fayette. « Dans cette chambre glaciale, écrit l'abbé, j'ai cru respirer l'utopie. » Il doit donner dans chaque numéro une « causerie », sous un pseudonyme afin de ne pas s'attirer les foudres de ses supérieurs. Le premier numéro sort le 7 décembre 1890. Il ne semble pas avoir été suivi de beaucoup d'autres. L'abbé Charles Perraud juge *La Concorde* « parfaitement ridicule », écrit, un peu dépité, l'abbé Mugnier. « Ni les articles d'Eugène [Dumont], ni mes bavardages ne trou-

1. A. Siegfried, *L'Abbé Frémont*, tome I, p. 271.

vent grâce devant lui. » L'abbé Perraud traite Dumont de « collégien » et ne croit pas à l'avenir de la ligue. En quoi il n'a pas tort.

*

Après cette brève incursion dans le domaine du journalisme, l'abbé Mugnier retourne à ses paroissiens. Ceux-ci sont de plus en plus nombreux à faire le siège de son confessionnal, mais dans l'exercice même de son ministère à Saint-Thomas-d'Aquin, l'abbé ne trouve aucune des satisfactions qu'il pouvait en attendre ; si la paroisse a une clientèle élégante et même huppée ne rappelant guère celle de Saint-Nicolas-des-Champs, les grands noms peuvent avoir aussi leurs petitesses et les femmes du monde, en dépit de leurs manières, ont parfois des âpretés de harengères. Il s'est assez vite aperçu qu'il avait pour pénitents plus de femmes de chambre et de valets que de maîtres, ceux-ci résidant souvent sur leurs terres et ne passant que l'hiver à Paris.

Certains matins, dira-t-il, lorsqu'il avait confessé palefreniers et cochers, son confessionnal sentait l'écurie...

Après huit années passées à Saint-Thomas-d'Aquin, il en dresse un constat peu flatteur : « Elle est en petit, écrit-il, ce que le diocèse est en grand. Harpagon règne dans la sacristie ; la direction des catéchismes est confiée à des hommes dépourvus de tout enthousiasme ; que l'église soit peuplée ou non de fidèles, ce sont toujours les mêmes offices ; aucun renouvellement, nulle réforme, un piétinement sur place. L'égoïsme, l'avarice, l'accaparement des âmes, la légèreté, le succès injustifié, la bêtise des dévots ; la vulgarité décorée, voilà ce que je vois depuis l'an de grâce 1881. Et je ne dis rien du confessionnal, sorte de terrier où la curiosité, l'indiscrétion, le verbiage, la niaiserie se disputent la conscience de quelques femmes hystériques, scrupuleuses, bavardes, désœuvrées, le dessous du panier. Les femmes et les enfants, tels sont nos fidèles... Et encore n'avons-nous pas toutes les femmes[1]... »

1. A. Mugnier, Journal, 29 août 1890.

Comme naguère au séminaire, où il ambitionnait d'être distingué par ses professeurs, il s'attriste à Saint-Thomas de se voir ignoré de ses supérieurs, engagé dans une voie qui lui paraît de plus en plus une impasse.

Autant pour se donner un but plus stimulant que pour échapper à ces femmes dévoreuses de son temps et à leurs vains bavardages, il se réfugie dans la littérature, y trouvant des femmes à son goût, bien qu'aussi différentes les unes des autres que George Sand et Mrs Craven, une des muses de l'Eglise. Préférant les conférences aux sermons que les paroissiens écoutent distraitement, il commence à parler en public, notamment dans le cadre des Conférences de Sainte-Geneviève, et traite ainsi de sujets à la fois littéraires et religieux. Il avait inauguré cette forme d'apostolat en 1889 en traitant un sujet bien frivole : l'œuvre d'Emile Augier, auteur dramatique absolument dénué de préoccupations religieuses. Le 29 avril, il prononce une autre conférence sur « L'enthousiasme ». « Heureux, y déclare-t-il, celui qui possède le démon de l'enthousiasme, le seul dont nous ne voudrions pas être exorcisés. » En traçant le portrait de « l'enthousiaste », c'est le sien qu'il dessine, évoquant son culte envers ses écrivains favoris et ses méthodes pour mieux pénétrer dans l'intimité de leur esprit : « Si l'enthousiasme s'égare sur un homme, c'est parce qu'il est doué d'un grand génie ou d'un grand cœur, et alors vous aurez le culte de cet homme au point que s'il est mort il y a trois cents ans, vous êtes curieux de reconstituer son existence, d'accumuler les détails sur sa vie privée, de courir aux lieux où il est né, où il a souffert, où il dort de son dernier sommeil, de mettre vos pieds dans la trace des siens, comme si cette poussière avait gardé quelque chose de sa personnalité et pouvait vous la transmettre. »

Le succès qu'il obtient le réconforte et adoucit les blessures d'amour-propre éprouvées dans son rôle de vicaire. Il a repris confiance en lui et le note avec satisfaction : « Depuis quelque temps, je confesse beaucoup, beaucoup trop, jeunes filles, veuves, mères inquiètes, etc. La confiance a été lente à venir. Il faudra maintenant qu'elle ait des limites... Je n'ai de clients et de clientes que depuis que j'emploie la méthode personnelle : “Vous avez des enfants ? Quel âge ont-ils ?”[1] » Il lui aura fallu dix ans pour s'apercevoir que les humains n'ont en fait qu'un seul désir : parler d'eux-mêmes et se raconter. Lorsqu'il sait pousser les pénitents dans leurs retranchements au lieu de les écouter dévider une liste de péchés sélectionnés grâce aux « examens de conscience » des missels[2], il apprend bien des choses qu'il n'aurait pas soupçonnées dans sa candeur, depuis les affres d'une jeune fille envers qui son frère éprouve un amour incestueux jusqu'aux scrupules d'une femme voulant savoir si elle pèche en se contentant d'étreindre son amant et de le caresser comme une mère le ferait avec son enfant. Un autre lui demande avec sérieux quels sont les devoirs des enfants vis-à-vis de l'amant de leur mère...

Un jour qu'un homme venu se confesser lui avoue un crime ou un péché « horrible », ému par cette révélation comme par la sincérité du repentir, l'abbé, après l'avoir absous, sort du confessionnal, le rejoint dans l'église alors qu'il s'éloignait, l'arrête et, se jetant à cou, lui dit :

— Absoudre n'est pas assez, permettez-moi de vous embrasser !

Il a pris le parti de tout comprendre et de tout pardonner, répétant volontiers : « Je ne confesse pas, j'absous. »

Fort de cette expérience il est préparé à recevoir le premier de ses plus illustres pénitents, celui dont le nom fera passer le sien à la postérité : l'écrivain naturaliste Joris-Karl Huysmans.

*

Le 28 mai 1891, il note incidemment dans son Journal : « Mme Berthe Courrière m'a amené ce soir, à la sacristie, le romancier Huysmans », et c'est le début d'une grande aventure spirituelle, à laquelle il sera mêlé, ouvrant à Huysmans les portes du Ciel, tandis que l'écrivain lui ouvrira celles de la Littérature.

Berthe Courrière est une paroissienne assez singulière à

1. A. Mugnier, Journal, p. 59.
2. On y voyait alors répertoriés de bien curieux péchés comme celui « d'avoir mangé du poisson par sensualité un autre jour que le vendredi ».

qui, suivant l'expression consacrée, l'on ne donnerait pas le bon Dieu sans confession. Elle relèverait plutôt de l'exorciste que du simple prêtre. Il y a de l'aventurière en elle, et elle le prouve en se faisant appeler « Mme *de* Courrière ». En dépit de ses prétentions aristocratiques, elle est pétrie de vulgarité, demandant un jour, par exemple, à Léon Bloy « des tuyaux sur le Saint-Esprit ». Elle a servi de modèle au sculpteur Clésinger pour sa statue de la République et aussi à Huysmans pour l'inquiétante Mme Chantelouve de *Là-bas*. Elle entretient des relations peu orthodoxes avec des ecclésiastiques en rupture de ban et, présentement, elle sert de secrétaire à l'écrivain Rémy de Gourmont.

L'abbé Mugnier l'a connue l'année précédente à une vente de charité dans la salle des Agriculteurs, rue de Grenelle, où elle tenait le buffet. Sachant son intérêt pour George Sand, elle l'a aussitôt entrepris sur ce sujet, puis lui a promis sa visite à la sacristie de Saint-Thomas-d'Aquin, lorsqu'il tient la permanence. Elle y va souvent, elle s'y « rue » plutôt, dira Descaves, y faisant des entrées tumultueuses et, à peine assise, extirpant de son sac journaux, revues littéraires et périodiques, entre autres des numéros de *L'Echo de Paris* qui publiait en feuilleton un roman de Huysmans, *Là-bas*. Elle en connaissait bien l'auteur qui, affirmait-elle, « rôdait autour de l'Eglise » et aurait voulu rencontrer un prêtre assez intelligent pour le comprendre et, au besoin, le guider.

Pour l'abbé Mugnier, Huysmans n'est qu'un nom, relativement connu depuis qu'il a publié en 1884 *A rebours*, dont le personnage principal aurait eu pour modèle un gentilhomme esthète, le comte Robert de Montesquiou. Il sait que l'écrivain appartient à cette école naturaliste dont les Goncourt ont été les fondateurs et où brille en première ligne Emile Zola, partageant d'ailleurs sa royauté avec Maupassant. Dans leur ombre, quelques autres écrivains, de Léon Hennique à Paul Alexis et d'Henry Céard à Huysmans, qui envient leurs tirages et critiquent leurs méthodes. Pour l'abbé Mugnier, l'école naturaliste est une sorte d'épouvantail, car elle est à l'affût du pire alors que lui n'est épris que du beau, de l'aimable et du divin.

Les naturalistes, en effet, ne s'intéressent qu'à la mesquinerie de la vie quotidienne, au misérabilisme des faubourgs, au sinistre aspect de la banlieue, cette « maladrerie de la Nature », au destin cruel des pauvres, aux épreuves des filles abandonnées. Ils les décrivent avec les mots les moins naturels que l'on puisse trouver, usant d'un style en quelque sorte « damasquiné ». Evoquer la pauvreté en termes riches, la simplicité en phrases alambiquées, le vague à l'âme avec des substantifs précis, en montrant une prédilection pour tous les mots évoquant la décadence et la corruption, la déchéance et la pourriture, est pour eux l'essentiel de leur art. Ils excellent aux descriptions de cette nature exsangue, anémiée, moribonde, expirant au ras des fortifications, à celles des squares à l'herbe usée, des misérables jardinets le long des voies ferrées, saupoudrés par la suie des locomotives, des façades écaillées, délavées, bref, ils se complaisent à la peinture de tous les endroits par lesquels Paris montre ses plaies, cette ville infâme, vaste hôpital de névrosés, de syphilitiques et de tuberculeux. Huysmans, dans les livres qu'il a déjà publiés, s'est montré lui aussi sensible à la poésie des quartiers populaires, fantomatiques au crépuscule, à travers la brume, à celle de ces vastes étendues qui, au-delà des fortifications, semblent autant de tragiques champs de bataille où gisent des vies anonymes, écrasées par l'indifférence des hommes et l'injustice de Dieu. Comme il l'écrit, il est « à l'affût de sites disloqués et dartreux, d'un ciel faisandé pluchant comme une moisissure ». Pour lui, la maladie est l'état naturel de l'homme, et la santé comme un accident dont on se remet vite. Il est évident que l'abbé Mugnier et lui n'auront jamais beaucoup de points communs en littérature, encore que l'abbé apprécie certaines de ses expressions qui traduisent ses propres sentiments, par exemple lorsqu'il décrira un externat de jeunes filles à Saint-Séverin, tricotant « avec des voix en aiguilles la laine fatiguée des cantiques ».

Ce que l'abbé Mugnier ne connait pas, c'est la vie que Huysmans a menée jusqu'alors. Né en 1848 d'un père hollandais, venu de Breda et mort prématurément, il a vécu avec sa mère et son beau-père 11, rue de Sèvres, dans l'ancien couvent des Prémontrés où sa mère avait établi un atelier de brochage. A vingt ans, il s'était mis en ménage avec une actrice, et, tout en gagnant modestement sa vie comme fonctionnaire à la Sûreté générale, rue des Saussaies, il avait publié plusieurs ouvrages, appréciés d'un public restreint. En plus de ses livres, il assurait la chronique artistique du *Voltaire*, un journal assez lu. Sa maîtresse Anna Meunier étant tombée malade, avant d'être finalement internée, il avait cherché des consolations auprès d'une série de prostituées, puis, trouvant la chair triste, il s'était intéressé à l'occultisme auquel il avait été initié par cette fameuse Berthe Courrière qui l'avait mis en relation avec l'abbé Boullan.

Cet abbé, sentant à la fois le soufre et le fagot, était un docteur en théologie qui, en 1870, avait fondé les *Annales de la sainteté au XIXe siècle.* Après avoir connu les rigueurs de la correctionnelle, écopant de trois ans de prison, il s'était vu frappé d'interdit par Mgr Guibert, et s'était fixé à Lyon où il avait recueilli l'héritage spirituel d'un certain Vintras, se disant messager de l'archange saint Michel, mort en 1875. Vintras, un ancien ouvrier cartonnier influencé par les théosophes, notamment par Allan Kardec, était non seulement l'auteur d'une messe en français dite « le sacrifice *provictimal* de Marie » mais avait fondé une sorte de carmel où il officiait. L'abbé Boullan lui avait donc succédé, continuant la célébration du culte de Melchisédech, pieds nus, drapé dans une robe rouge ornée dans le dos d'une croix renversée et, autour de la taille, une cordelière bleue. Dans ce culte étrange, il était assisté par deux femmes, Mme Laure et Mme Thibault qui sera plus tard Mme Bavoil dans *La Cathédrale* de Huysmans. Celle-ci était une ascète, se nourrissant uniquement de pain trempé dans du miel ou du lait...

C'était donc Berthe Courrière, déjà en relation avec un autre prêtre interdit, le chanoine Van Haecke, à Bruges, qui avait adressé Huysmans à Boullan. Huysmans avait écrit à l'ex-abbé Boullan en lui disant qu'il n'irait pas le voir en tant que disciple, mais simplement pour se documenter en vue d'un livre auquel il songeait. Le 7 février 1890, il lui écrivait : « Je suis las des théories de mon ami Zola, dont le positivisme me dégoûte. Je ne suis pas moins las des systèmes de Charcot qui a voulu me démontrer que la démonialité (*sic*) était une rengaine... Je suis plus las encore, s'il est possible, des occultistes, des spirites, dont les phénomènes, bien que réels, sont par trop identiques. Or, je veux confondre tous ces gens, faire une œuvre d'art, d'un réalisme surnaturel. Je veux montrer à Zola, à Charcot, aux spirites et à d'autres que rien n'est expliqué des mystères qui nous entourent. Il me faut l'aide d'un homme supérieur, au-dessus du temps, éloigné des enfants mages malsains et inquiétants, des spirites et de l'insondable bêtise des cléricaux. Cet homme ne peut être que vous[1]. »

Huysmans ne s'était pas contenté d'assister aux extravagants offices de l'abbé Boullan, de fréquenter son entourage et de lire les productions des Rose-Croix ou d'autres sectes. Il avait fréquenté des somnambules et des faiseurs d'horoscopes jusqu'à en éprouver une sorte de nausée : « J'ai un peu peur d'être dans une maison d'aliénés », avait-il avoué, déçu par ce milieu de marchands d'illusions où prédominaient, à côté de quelques illuminés, des escrocs avérés. Il en avait au moins tiré la matière d'un nouveau livre, *En rade*, et s'était mis en ménage avec une prostituée, Fernande, recrutée dans un établissement louche.

*

Il venait donc de loin lorsque Berthe Courrière le présente à l'abbé Mugnier, le 28 mai 1891. Celui-ci avait accepté l'entrevue avec curiosité, avec aussi une sorte de coquetterie, voulant montrer que l'Eglise, ouverte à tous, accueille les écrivains, même maudits. Physiquement le nouveau venu ne paie pas de mine : il a l'air du petit gratte-papier qu'il est, d'aspect modeste, étriqué, ombrageux, secret, mais habité par un génie bizarre et bref, parlant peu, mais disant des choses qui frappent par leur intensité. Tout de suite, alors que Berthe Courrière avec discrétion s'est retirée, il déclare à l'abbé :

— Je vais publier en volume un livre satanique, plein de messes noires. Je veux en faire un autre qui sera *blanc*. Mais il est nécessaire que je me blanchisse moi-même. Avez-vous du chlore pour mon âme ?

L'abbé Mugnier écrira plus tard, en relatant cette première entrevue : « Je dois avouer qu'à travers un langage auquel le séminaire ne m'avait pas habitué, je crus sentir une âme pleine

1. G. Chastel, *J.-K. Huysmans et ses amis*, p. 13.

d'humilité et de vérité. » Ce jour-là, il se contente, après l'avoir écouté, de lui donner « quelques conseils pratiques » et de l'inviter à revenir le voir au presbytère. Huysmans s'y rendra plusieurs fois, accompagné certains jours de Remy de Gourmont.

La sympathie est rapidement née entre ces deux hommes si différents, l'un naïf, enthousiaste et indulgent, l'autre pessimiste, amer et mordant. L'abbé lui rend ses visites en allant le voir dans son logement du 11, rue de Sèvres, où un chat, les yeux mi-clos, écoute avec attention leurs entretiens. La littérature, encore plus que la religion, en est le principal sujet. Huysmans, qui ne partage aucunement l'admiration de l'abbé pour Chateaubriand, préfère à celui-ci Vallès, l'anarchiste, ou Barbey d'Aurevilly, le royaliste attardé. Il révère également Villiers de l'Isle-Adam, Flaubert, Gautier, Baudelaire et Verlaine, sans parler des naturalistes, ses confrères.

L'abbé s'aperçoit bientôt que cet esprit curieux de toutes les singularités, mais accablé par la médiocrité de la vie quotidienne et dégoûté des plaisirs charnels, ne veut plus vivre que dans l'excessif, c'est-à-dire, ou le commerce des humbles, des illettrés, ou le dialogue avec les mystiques [1] ». Avec tact, au lieu de le prêcher, il le laisse parler, s'appliquant, dira-t-il, à s'effacer le plus possible entre son âme et Dieu. « Trop de discrétion valait mieux qu'un zèle intempestif, écrira-t-il. Il s'en étonna tout d'abord, mais il déclara dans la suite qu'il avait été préférable qu'il en fût ainsi. Et cela lui permettait de revendiquer, à juste titre, toute l'initiative et tout le mérite du grand effort dont j'avais été le premier témoin, celui qui encourage et bénit [2]. »

Une année se passe ainsi en visites mutuelles et en longues conversations auxquelles l'abbé prend de plus en plus de plaisir, sans que soit abordée la question de fond : le retour à Dieu de Huysmans qui, s'il a été baptisé à Saint-Séverin, a depuis sa jeunesse abandonné toute pratique religieuse. En dépit des liens qu'il a renoués avec l'Eglise par l'intermédiaire de l'abbé Mugnier, Huysmans erre encore au hasard des chemins défendus puisqu'il a séjourné au mois de juillet

1. A. Mugnier, *J.-K. Huysmans à la Trappe*, p. 21.
2. *Ibid.*, p. 22.

1891 chez l'abbé Boullan à Lyon, mais il est allé à la Grande Chartreuse et à La Salette, où il a été impressionné par la ferveur des pèlerins.

Pour l'amener à réfléchir, à connaître aussi cette existence monastique à laquelle Huysmans voudrait consacrer quelques pages de son futur livre, l'abbé lui conseille de faire une retraite de quelques jours à la Trappe d'Igny, où lui-même est allé à plusieurs reprises. Huysmans accueille assez volontiers cette perspective, en ayant depuis longtemps caressé le projet. En effet, dans *Là-bas*, il avait évoqué non sans nostalgie « des heures lénitives au fond d'un cloître, des somnolences de prières éparses dans les fumées d'encens, des épuisements d'idées voguant à la dérive dans le chant des psaumes. Mais pour savourer ces allégresses de l'abandon, il fallait une âme simple, allégée de tout déchet, une âme nue, et la sienne était obstruée par des boues, macérée dans le jus concentré de vieux guanos. Il pouvait se l'avouer, ce désir momentané de croire pour se réfugier hors des âges sourdait bien souvent d'un fumier de pensées mesquines, d'une lassitude de détails infinis mais répétés, d'une défaillance d'âme transie par la quarantaine, par les discussions avec les blanchisseuses et les gargotes, par des déboires d'argent, par des ennuis du terme. Il songeait un peu à se sauver dans un couvent, ainsi que ces filles qui entrent en maisons pour se soustraire au danger des chasses, au souci de la nourriture, au soin du linge[1] ».

L'abbé Mugnier le prévient charitablement que la Trappe n'est pas un hôtel, ni même une pension de famille, et que l'existence y est rude, le menu frugal, mais il y trouvera la paix, des hommes prêts à respecter sa solitude ou à converser avec lui s'il le désire, et à l'aider pour trouver cette voie qu'il cherche à tâtons, voulant renoncer à ses vieux démons sans pour autant rompre avec la littérature.

*

La Trappe d'Igny, aux confins de l'Aisne et de la Marne, est fort isolée, d'un accès peu facile. L'abbé Mugnier en

1. Huysmans, *Pages catholiques*, p. 11.

connaît le prieur et propose à Huysmans de lui écrire afin d'annoncer sa venue. Le 12 juin, le romancier écrit à l'abbé : « Je ne sais si, étant donné l'espace de temps qui nous sépare du 12 juillet, époque à laquelle je serai libre, vous avez déjà écrit à la Trappe. En tout cas, je vous envoie ce petit mot pour vous assurer de mon désir d'y aller et d'en finir avec “la vie que je mène”. Vous m'avez vu jeudi, il y a une quinzaine, bien désarçonné. Je tremblais en effet à l'idée d'aller frapper à la porte de Dieu, d'aller moi-même chez lui. Aujourd'hui encore, je ne suis pas bien rassuré, mais enfin, j'espère... Je suis si las, si vraiment dégoûté de ma vie, qu'il est impossible qu'il n'y ait pas pitié [1]. »

Finalement Huysmans lui confirme son départ le 12 juillet, début de ses vacances au ministère, mais jusqu'au dernier moment l'abbé craint qu'il renonce à son projet, car il sait que Huysmans, fort à son aise en discutant de problèmes d'esthétisme, est incapable en général d'accomplir un acte aussi banal que de prendre un billet de chemin de fer : « [...] Je n'ignorais pas à quel caractère indécis j'avais affaire. Irait-il jusqu'à la gare du Nord ? Et l'histoire de Des Esseintes [2], parti pour Londres et ne dépassant pas la rue d'Amsterdam, n'allait-elle pas recommencer ? Et à supposer qu'il prît son billet pour Fismes, et qu'il descendît à la station la moins éloignée de la Trappe, aurait-il le courage d'entrer chez l'aubergiste et de commander la voiture selon toutes les indications précises que je lui avais données [3] ? » Un moment, il a songé à l'accompagner, mais il trouve un peu ridicule de traiter un homme de quarante-cinq ans comme un enfant et il craint que Huysmans s'irrite de cette surveillance. En quoi, il n'a pas tort. Aussi, grand est son soulagement lorsqu'il reçoit quatre jours plus tard une lettre enchantée de son pénitent qui trouve la Trappe à son goût et le prieur un homme admirable. Il a fait une confession générale et en a éprouvé un grand soulagement, mais l'épreuve a été dure et il s'est senti encore harcelé par tous ses vieux démons, partagé entre le désir de s'ensevelir dans un monastère et celui d'en être arraché au bout de

1. Huysmans, *Pages catholiques*, p. 250.
2. Le héros de *A rebours*.
3. A. Mugnier, *J.-K. Huysmans à la Trappe*, p. 25.

quelque temps pour vivre de nouveau, régénéré, dans un monde au fond moins odieux qu'il ne le lui paraissait. Sans douter de sa bonne volonté, le prieur le met en garde contre une certaine illusion : « La conversion du pécheur n'est pas sa guérison, mais seulement sa convalescence », lui dit-il sagement, faisant écho à l'abbé Mugnier qui estimait, lorsque Huysmans lui avait confié ses tourments, que « le dégoût de la vie n'est pas la contrition, et [qu'] il y a encore loin du culte d'un certain art – médiéval et primitif – à la pratique des vertus chrétiennes ». Et un ami de Huysmans dira très justement, à propos de sa conversion, qu'il « a le dégoût plutôt que le repentir ».

Huysmans écrira au prieur d'Igny pour le remercier de son accueil en lui exposant tout le bien qu'il a retiré de ce bref séjour : « Père, j'ai chassé les pourceaux de mon âme, mais ils m'ont piétiné et couvert de purin, et l'étable même est en ruine... » déclaration qui prouve en tout cas que si Huysmans est sur le chemin de la conversion, il n'a pas converti son style. A l'abbé Mugnier, il confie, évoquant son passé : « Vingt-cinq ans d'ordures ! » et il ajoute : « Je me vidangerai l'âme. » Attendri, l'abbé note dans son Journal, en rapportant ce propos : « Adorable sincérité. » Il note aussi dans ses « paperolles » que Huysmans s'est plaint d'avoir mal dormi là-bas : « C'est intenable, il y a un cochon de rossignol qui gueule comme une vache. »

Est-il vraiment sur le chemin de cette conversion ? On pourrait en douter puisque, à peine échappé de la Trappe, il se rend à Lyon, le 25 juillet, pour y revoir l'ex-abbé Boullan, à moins que ce ne soit pour essayer d'engager Boullan à suivre son exemple... Il ne le reverra pas, car le grand prêtre de Melchisédech mourra six mois plus tard. L'année suivante, Huysmans effectue un second séjour à la Trappe d'Igny, où il peut compléter ses notes pour son futur livre *En route*, récit des étapes de sa conversion. Comme il a besoin des conseils d'un théologien pour certaines questions de dogme, il a recours, sur l'avis de l'abbé Mugnier, à un prêtre de Saint-Sulpice, l'abbé Gabriel Fernet, qui devient d'ailleurs son confesseur. Cela ne relâche en rien les relations qu'entretiennent les deux hommes, devenues au fil des mois plus littéraires que religieuses, et lorsqu'on parle de religion, c'est plus pour en évoquer les dissidents que les fidèles. A cet égard, l'abbé Mugnier aura toujours une curiosité insatiable : il se fait raconter par Huysmans les excentricités de l'ex-abbé Boullan et de son entourage, les maléfices de Stanislas de Guaïta pour essayer de faire périr Boullan. Au mois de février 1892, il rend visite au Sâr Péladan, un Nîmois qui joue lui aussi au mage oriental et lui confie « qu'il ne se ferait pas scrupule, s'il était prêtre chargé de la direction de l'Eglise, de pratiquer l'assassinat à distance [par concentration de pensée] sur les ennemis ».

Huysmans et l'abbé se retrouvent fréquemment soit chez Huysmans qui invite le dimanche ses amis à dîner, soit à *La Petite Chaise*, rue de Grenelle, où l'abbé invite à son tour lorsqu'il ne peut ou ne veut traiter ses amis au presbytère. Les conversations y sont singulièrement libres et l'abbé y apprend des faits dont il n'avait guère entendu parler jusqu'alors ou des mots dont il ignore la signification. Il en demande le sens à son voisin et le note discrètement sur un bout de papier. « Il n'y avait là de pieux, se rappellera Lucien Descaves, que notre cher abbé Mugnier, qui ne se bouchait pas les oreilles, parce que, disait-il entre les dents, on en raconte bien d'autres au confessionnal [1]. » Sans doute est-ce en se rendant à *La Petite Chaise*, ou en parlant sur le trottoir avant de se séparer, que l'abbé en chapitrant Huysmans édifie un marchand de vin de la rue, un certain Donnadieu, qui met moins de façons que Huysmans à se convertir [2].

*

Est-ce en raison de ses nouvelles amitiés littéraires que l'abbé Mugnier trouve encore moins d'intérêt à ses tâches paroissiennes ? Alors que Huysmans se tourne de plus en plus vers l'Eglise ou, du moins, vers le clergé régulier, l'abbé déplore de plus en plus les conditions dans lesquelles il exerce son sacerdoce. « Lassitude des choses paroissiales arrivée à

1. L. Descaves, *Souvenirs d'un ours*, p. 210.
2. Paul Claudel, *Journal*, tome I, p. 695.

son paroxysme, écrit-il dans son Journal inédit le 18 septembre 1892. Mille causes à cela : le dégoût que m'inspire l'administration de l'Archevêché, celle de Saint-Thomas en particulier, puis mon état d'âme, les chutes intérieures, secrètes ; puis mes yeux, ma tête, que sais-je encore ? Cette situation se modifiera-t-elle ? Je l'espère. Mais ce qu'il se remue dans une conscience humaine de mauvaises pensées, d'affreux et noirs desseins ! Il y a des minutes où l'on porte l'enfer en soi. Se réfugier dans l'étude. Les jouissances intellectuelles priment tout. Je l'ai senti plus d'une fois. Malheureusement, l'Eglise officielle, paroissiale surtout, n'est pas une association intellectuelle. Des gendarmes liturgiquement parés administreraient aussi bien que nous les formules consacrées[1]. »

Ses différends permanents avec son curé, M. Ravailhe, expliquent en partie la sévérité de ce jugement. L'abbé Ravailhe n'est pas un mauvais homme et dans les premiers temps il a plu à son nouveau vicaire. « Agréable à aborder et à entretenir, écrit celui-ci, à condition qu'on ne lui demandât rien. Il ne voulait pas qu'on parlât intérêt ou avancement. Il se plaisait à raconter. Il avait une vraie culture classique. Il aimait la gaudriole. Il riait aussi puissamment qu'il s'emportait. Il goûtait beaucoup sa prose, mais non celle de ses confrères[2]... » Et c'est de là que les premiers dissentiments étaient venus, l'abbé Ravailhe ayant un jour « critiqué avec une malice sénile et cruelle quelques pages » de son vicaire qui lui étaient tombées sous les yeux. Depuis, il ne s'était jamais gêné pour faire à l'abbé, devant le clergé, des remarques à haute voix fort peu courtoises. Leurs rapports s'étaient aigris et l'abbé Mugnier ne craint pas de le décrire comme « violent, égoïste, avare, autoritaire ». Avec une certaine malignité, il rapporte dans son Journal quelques anecdotes sur le personnage et quelques jugements comme celui de la comtesse de Mérode-Westerloo, mécontente de ce que l'abbé Ravailhe, étant allé administrer sa tante, Mme de Choiseul, lui avait demandé d'enlever son râtelier alors que ses dents étaient bien à elle... En réalité, M. Ravailhc, assez âgé déjà, voit dans sa

1. A. Mugnier, Journal inédit, 18 septembre 1892. A rapprocher de ce que l'on peut lire, à la date du 28 février 1892, dans le *Journal 1879-1939*.
2. A. Mugnier, Journal inédit, 18 novembre 1894.

paroisse un domaine où il peut tout régenter à son gré, n'écoutant personne et s'entourant de médiocrités, lui reproche son vicaire, afin de mieux établir sa suprématie. Il vieillit en despote et du moment qu'il peut chanter à tue-tête pendant les offices, présider pompeusement les conseils paroissiaux et dîner en ville, il ne soucie pas du reste. Il est d'ailleurs amusant de voir l'abbé Mugnier lui reprocher ses mondanités alors que lui-même est sans cesse invité, mais peut-être l'est-il trop, et dans des milieux plus brillants que ceux où évolue le pasteur de Saint-Thomas. Cette rivalité mondaine expliquerait elle aussi leur mésentente, au même titre que les froissements de vanité d'auteur. Il se peut également que les interventions de certains paroissiens auprès de la hiérarchie ecclésiastique aient achevé d'exaspérer l'abbé Ravailhe. Ainsi M. Senart, membre de l'Institut et président du conseil de fabrique, avait déclaré en haut lieu, sans doute à Mgr Richard lui-même : « Je m'étonne que M. le curé de Saint-Thomas n'ait pas tiré plus de parti de l'abbé Mugnier[1]. » Faisant son examen de conscience en apprenant, deux ans plus tard, alors qu'il a quitté Saint-Thomas-d'Aquin, le départ forcé de l'abbé Ravailhe, il écrira : « Il aurait pu, en ménageant mon amour-propre, m'être fort utile. Il m'a, par ses maladresses répétées, tout à fait détourné de lui. J'aurais tant aimé cependant à vénérer ce vieillard, à l'entourer ! J'ai eu la malchance de venir trop tard à Saint-Thomas. Je ne suis pas parfait. J'ai de grands *Mea culpa* à m'infliger. J'ai été trop impressionnable, susceptible, vaniteux, et tous ces défauts, se greffant sur ma timidité, m'ont rendu malheureux[2]. »

A la décharge de l'abbé, dont certains pourraient trouver le jugement trop sévère à l'égard de son curé comme du clergé en général, il faut rappeler qu'à la même époque, il y a dans certains milieux catholiques, et notamment chez les convertis, une vive réaction contre le catholicisme traditionnel et ses ministres. A fréquenter Huysmans, à l'écouter, il partage un peu son opinion sur le clergé séculier qui lui apparaît très inférieur au régulier. A un journaliste du *Matin*, venu lui

1. A. Mugnier, Journal inédit, 28 mai 1892.
2. A. Mugnier, Journal inédit, 28 mai 1892.

demander ce qu'il pensait faire en écrivant *En route*, Huysmans avait répondu :

— Etablir un parallèle entre les prêtres et les moines, tout en faveur des seconds...

C'était se montrer bien ingrat envers l'abbé Mugnier, mais il rendra hommage à celui-ci en disant à son propos : « J'ai découvert à Paris l'un des seuls abbés qui ne fût ni un indifférent, ni un cuistre. » En cela il partage un sentiment assez répandu chez beaucoup de nouveaux chrétiens, de Léon Bloy à Péguy et de Charles de Foucauld à Claudel, qui critiqueront sans retenue un clergé leur semblant manquer d'intelligence et de foi. « Le renouveau littéraire catholique des années 1870-1914 témoigne, écrit Pie Duployé, d'un constant et violent anticléricalisme chez ceux qui se convertissent alors à la foi chrétienne... », et il ajoute un peu plus loin, à propos justement de Huysmans : « Le curé dans son œuvre servira de repoussoir aux moines. La théorie est expressément proposée dans *En route*, non sans que Huysmans ne se soit rendu compte, semble-t-il, de son injustice [1]. »

*

Ce renouveau se manifeste au moment où éclate, à propos de l'encyclique *Rerum novarum* du 15 mai 1891 et surtout d'une interview accordée par Léon XIII à un journaliste, une scission parmi les catholiques. Après avoir longtemps attendu le rétablissement de la monarchie, les catholiques traditionnels se montrent d'autant plus hostiles au gouvernement républicain que celui-ci a poursuivi activement la laïcisation de l'Etat avec le but de chasser Dieu des écoles et des consciences. Or, le pape Léon XIII, après avoir déclaré dans cet entretien que « la République est une forme politique de gouvernement aussi légitime que les autres » et conseillé aux catholiques français de l'accepter, vient de publier une nouvelle encyclique, *Au milieu des sollicitudes...*, dans laquelle il recommande cette fois aux catholiques français de se soumettre en acceptant le ralliement à la République, ainsi que l'avait déjà

1. P. Duployé, *Huysmans*, p. 80.

préconisé une des grandes figures de l'Eglise, le cardinal Lavigerie.

Cette déclaration produit l'effet d'une bombe. « Accepter le ralliement, c'est renier son passé, se déshonorer », affirme, indigné, le royaliste Chesnelong. C'est aussi, rappelle-t-il, déjuger tous ceux qui depuis le début des hostilités ont préféré briser leur carrière en démissionnant plutôt que d'obéir à des lois iniques. L'indignation de ces serviteurs fidèles à l'idéal chrétien n'émeut pas Léon XIII qui déclare à Mgr Fulbert Petit : « Je comprends que les hommes qui ont été mêlés aux luttes de parti ne puissent pas faire ce que le pape demande, mais alors qu'ils se retirent[1]. » En revanche, il conseille aux prêtres « de ne pas s'enfermer dans les murs de leurs églises ou de leurs presbytères, mais d'aller au peuple et de s'occuper de tout leur cœur de l'ouvrier, du pauvre, des hommes des classes inférieures[2] ». C'est ce que souhaitait depuis longtemps l'abbé Mugnier, qui de son côté trouverait bon que l'Eglise abandonnât l'emploi du latin dans les offices afin d'adopter la langue du pays dans lequel ils sont célébrés, allant ainsi, d'ailleurs, contre la vocation internationale de l'Eglise avec un langage universel.

A la fin du mois de septembre 1892, il va passer huit jours à Poitiers pour y voir son vieil ami, l'abbé Frémont. Tous deux font des excursions dans les environs, parcourant à pied ou en bateau cette campagne aimable, avec des haltes réparatrices dans des presbytères, et s'ils s'enchantent du spectacle de la nature, ils n'en remarquent pas moins que les mœurs des habitants ont perdu de leur douceur idyllique. Un jour, des lavandières et des paysans entonnent à leur passage auprès d'un pont des couplets grossiers. « Symbole des temps ! note Frémont. Le respect du prêtre n'augmente guère. » Après avoir folâtré dans la campagne, les deux amis font pendant trois jours une retraite au monastère de Ligugé, occupé par une quarantaine de Bénédictins. Ils parlent des problèmes de l'heure avec un jeune maître des novices qui déplore l'inadaptation de la liturgie à l'évolution de l'état social, et l'abbé

1. Cité par A. Dansette, *Histoire religieuse...*, p. 158.
2. *Ibid.*, p. 203.

Frémont lui répond qu'il en serait ainsi tant qu'on ne célébrerait pas les offices en langue nationale : « Est-il dans les desseins de Notre-Seigneur qu'on le prie dans une langue qu'on ne comprend pas ? » dit-il au jeune moine, effarouché, qui voit dans cette perspective « un péril pour l'unité de la foi ». En rapportant cette conversation, l'abbé Frémont ajoute : « L'abbé Mugnier et moi nous avons échangé de nombreuses réflexions sur le peu de travail intellectuel qui se fait dans les monastères. Et ce sont pourtant de grands travaux intellectuels que l'Eglise devrait aujourd'hui jeter à la tête de la libre pensée [1]. »

Sans partager toutes les idées de son ami l'abbé Frémont, vrai républicain, lui, il voudrait un renouvellement de l'Eglise à la fois dans ses méthodes et dans ses conceptions, sans aller toutefois aux propositions radicales de l'évêque de Saint-Dié, Mgr Foucault, venu déjeuner chez lui au mois de janvier 1894. Le jeune évêque envisage en effet le rajeunissement et la libération de l'Eglise en supprimant toutes ses contraintes, depuis les sacro-saints commandements jusqu'au jeûne et à l'abstinence. En matière de confession, il se montre aussi fort accommodant : pas de détail, un aveu général. En relatant cette conversation dans son Journal, l'abbé ajoute cette conclusion : « L'évêque de Saint-Dié ne m'a jamais tant parlé, ni si librement. La mitre lui a un peu délié la langue [2]. »

*

Depuis qu'il a décidé de ne plus se laisser troubler par ses ennuis paroissiaux et ses différends avec son curé, l'abbé Mugnier a donné à son existence une orientation de plus en plus littéraire, et, pourrait-on ajouter, mondaine. Il a pris goût à son nouveau métier de conférencier qui lui permet de parler de ce qu'il aime et faire partager son enthousiasme à un plus vaste auditoire que celui des femmes scrupuleuses assiégeant son confessionnal. Il entre aussi un peu de vanité dans ce nouveau rôle : « Ma vocation était d'être professeur, mais à condition que l'on parlât de moi, avoue-t-il dans son Journal.

1. A. Siegfried, *L'Abbé Frémont*, tome I, p. 500-501.
2. A. Mugnier, Journal, 20 janvier 1894.

J'ai faim et soif de la sympathie d'autrui. Au fond, la gloire, la gloire, toujours la gloire ! Or, la gloire, c'est le public qui vous aime [1]. »

Il avait inauguré le cycle de ses conférences en 1890 avec Lamartine dont la France avait célébré le centenaire au cours de l'année, avec de touchantes manifestations à Milly et à Saint-Point auxquelles il s'était rendu, les décrivant minutieusement dans son Journal. Il connaissait les deux résidences de Lamartine depuis le pèlerinage qu'il y avait fait à l'automne de 1886, accueilli très aimablement par la nièce du poète, Valentine de Cessiat, qui, étonnée de sa ferveur, lui avait déclaré :

— Le jeune clergé est ingrat envers Lamartine qui aimait les prêtres d'un amour presque fraternel. Le jeune clergé ne le lit pas.

Il lui avait prouvé qu'il le lisait, presque autant que son cher Chateaubriand, observant alors qu'il lui disait son enthousiasme :

— Il me semble que c'est à Lamartine lui-même que je parle !

Charmée, Valentine de Cessiat l'avait invité à venir la voir, l'hiver, à Paris et il ne s'en était pas fait faute, recueillant auprès d'elle impressions et souvenirs. Après avoir parlé le 2 décembre 1890, au Cercle catholique du 44, rue de Rennes, de ce centenaire, il y avait donné une seconde conférence, le 16 décembre, ayant pour sujet « Lamartine et le prêtre » puis, enhardi par le succès remporté, il était passé de Lamartine à George Sand, pour laquelle il a une plus grande admiration encore que pour Lamartine. Elle a été une des idoles de sa jeunesse et elle l'est restée. Aussi lui a-t-il consacré une conférence en traitant d'un sujet délicat, mais propre à rassurer son auditoire, puisqu'il a choisi un épisode religieux dans la vie de celle que le faubourg Saint-Germain tient pour une bacchante : « Comment George Sand a perdu la foi ». Il semble avoir toujours vu la romancière à travers ces lunettes bleues qui seront bientôt les siennes, c'est-à-dire une sainte qui s'ignore. Gaillarde affriolée par tout ce qui vit, bruit, palpite autour d'elle et d'une sensualité jamais assouvie, aimant

1. A. Mugnier, Journal, 19 octobre 1894.

indistinctement la musique et l'odeur des foins, le poète et l'ouvrier, l'orage et le piano, les lettres et les confitures, elle n'est pas une sainte, mais une muse enivrée du chant de la terre, égérie de grands hommes à condition qu'ils soient jeunes et malléables, préférant chez eux tout ce qu'il peut y avoir de féminin, mais goûtant auprès d'autres des plaisirs plus robustes.

Le tact avec lequel l'abbé Mugnier en a parlé lui a valu la sympathie de Mme Maurice Lauth, la fille de l'écrivain, qui, à sa grande joie, l'a invité à venir faire un séjour à Nohant.

Il s'y rend pendant l'été 1894 et le soir de son arrivée rédige un bulletin de victoire : « J'y suis, et cette fois, c'est de la maison de Mme Sand que j'écris. En vérité, je crois rêver... » Et il ajoute, après avoir décrit la maison, ainsi que les discordes qui la troublent : « Et quand je songe à la série de circonstances qui m'ont amené ici, je m'étonne, je suis ému et je remercie Dieu qui m'a récompensé de mon enthousiasme. Quand je tombais à terre, dans ma cellule de Saint-Sulpice en apprenant la mort de la châtelaine du Berry, pouvais-je croire que dix-huit ans plus tard, je viendrais coucher à Nohant même et célébrer en surplis le génie et la bonté de cette femme[1] ? » Il a été invité en effet à officier pour le baptême d'une cloche offerte par Mme Calamata, mère de Mme Maurice Sand. Après la cérémonie et avant la bourrée en costumes du Berry, il a prononcé un petit discours sur George Sand dont un vieux paysan est venu lui faire ainsi compliment : « Je vous remercie *ben* de votre *proposition* et de ce que vous avez dit de notre bonne dame, parce que nous sommes *pleurants et doux...* » Pendant ce séjour, il a fait la connaissance d'un ancien professeur au lycée Lakanal, M. Rocheblave, épris lui aussi de George Sand et venu se documenter pour une étude qu'il prépare sur celle-ci. Pour lui, elle demeure un sphinx, et il demande à l'abbé comment ses « divers amants descendaient dans son amour comme dans un tombeau », question à laquelle l'abbé ne peut répondre et qu'il se garde d'aborder dans ses conférences. Toute sa vie, il observera un culte quasi religieux à l'endroit de George Sand,

1. A. Mugnier, Journal inédit, 2 septembre 1894.

ferveur que raillera, non sans perspicacité, André Germain qui connaît encore mieux que lui l'illustre pécheresse à qui l'abbé pardonne tout parce qu'elle a beaucoup aimé : « Dupe des effusions, des bergeries, des hymnes à la Nature et à l'Humanité de cette singulière personne, il ne la voyait pas telle qu'elle était : une amazone sans scrupule qui arborait une veste de hussard pour troubler la trop sensible Mme Dorval, une valseuse de sentiments qui caressait en mère les fragiles jeunes gens qu'elle mettait dans son lit. Il la voyait telle que la voient beaucoup de républicains honnêtes, dont elle est la patronne. Il l'absolvait de toutes ses fautes, de toutes ses confusions, et même, allant trop loin, il la sanctifiait[1]. »

Sur la lancée de cette conférence, l'abbé Mugnier a continué de parler régulièrement devant un public composé en grande partie de femmes du monde et de plus en plus nombreux, ce qu'il relevait avec satisfaction, notant aussi l'élégance de la salle. En 1891 il a évoqué « Chateaubriand autrefois et aujourd'hui », puis « Mme Récamier et Mme Swetchine » ; en 1892 « Mme Roland », d'après ses *Mémoires*, et « Mme de Rémusat », d'après les siens, causeries aimables mais qui n'apportent en général aucun élément nouveau sur ses modèles, alors qu'il se montre plus novateur en évoquant, peu après leur mort, Mme Craven, née La Ferronnays, l'auteur alors fameux du *Récit d'une sœur*, et la nièce de Lamartine. Pour la première, il est allé se renseigner auprès de sa sœur, Mme de La Panouse, que des revers de fortune ou bien, comme plus tard Mme Lebaudy, un souci de simplicité, ont conduite à quitter le faubourg Saint-Germain pour le boulevard Saint-Marcel, un quartier de terrains vagues et de rôdeurs de barrière où les rares immeubles ont l'air de navires échoués sur une grève inhospitalière. Après avoir interrogé la vicomtesse de La Panouse, l'abbé consigne sa triste impression du logis : « Où est Rome, Castellamare, Sorrente ? Qu'il y a loin de cet âge d'or au boulevard Saint-Marcel... »

Mme Craven, dit-il dans sa conférence, est « une belle âme qui a écrit l'histoire de belles âmes ». Barbey d'Aurevilly la

1. A. Germain, *Les Clefs de Proust*, p. 218.

détestait, la classant dans ces bas-bleus qui encombrent sinon la littérature, du moins les salons littéraires. C'était cette sœur, objet de son récit, qui lui répondait, alors qu'elle s'inquiétait de la voir souffrir : « Il faut bien ciseler son cœur, n'est-ce pas ? » L'abbé Mugnier l'avait rencontrée, très âgée mais lucide, et il pouvait donc apporter sur elle un témoignage direct. Plus tard, Mme de Noailles, lisant *Le Récit d'une sœur*, jugera les tourments de toutes ces belles âmes simple hystérie et dira devant l'abbé :

— Ces dames avaient besoin de médecins...

C'est également un témoignage personnel qu'il apporte sur Valentine de Cessiat, dite Valentine de Lamartine, morte en 1893 et qu'il allait voir parfois dans son entresol de la rue Saint-Philippe-du-Roule : « Avec une importunité qu'elle ne décourageait jamais, dit-il, je trouvais toujours le moyen de ramener la conversation sur l'oncle immortel. » Née en 1821, Valentine de Cessiat était la fille d'une sœur du poète [1] et avait remplacé auprès de lui la fille qu'il avait perdue pendant son voyage en Orient. Elle lui était devenue indispensable, essayant de gérer de son mieux ses finances et l'assistant dans ses tâches littéraires, ne serait-ce qu'en imitant sa signature pour répondre aux innombrables demandes d'autographes de ses admirateurs. Elle tenait magnifiquement sa maison depuis la mort de Mme de Lamartine et y mettait une note de gaieté fort nécessaire. « Valentine me *désattriste* de tout », aimait à répéter l'auteur des *Girondins*, bien revenu de la politique et des vanités de ce monde. En 1890, l'abbé Mugnier était allé à Saint-Point pour la célébration du centenaire de la naissance de l'écrivain et avait entendu dans l'église Saint-Vincent le discours prononcé par Mgr Perraud, évêque d'Autun, frère de l'abbé Charles Perraud, un de ses grands amis. Ce qu'il ne dit pas en évoquant Valentine de Lamartine, sans doute parce qu'il l'ignorait, c'est que la nièce du poète avait épousé celui-ci, autant par amour platonique et fervente admiration que pour mieux gérer ses affaires et surtout veiller à ce qu'il fît une fin chrétienne. Celui qui s'était entremis pour suggérer

1. Valentine de Cessiat (1821-1893), chanoinesse en Bavière, avait été autorisée par décret de Napoléon III à porter le nom de Lamartine.

cette union et la célébrer, grâce à une dispense du pape, était le Père Hyacinthe Loyson, prédicateur fort en vogue auprès des femmes du monde, mais moins apprécié de ses supérieurs qui avaient trouvé beaucoup à critiquer dans son livre *La Famille*, qu'il était allé défendre à Rome. Ainsi apparaissait subrepticement dans la vie d'une personne qu'il admirait un homme auquel il devra plus tard bien des ennuis, mais il ne pouvait se douter que ce Père Hyacinthe, ainsi qu'on l'appelait couramment, serait un jour son mauvais génie.

Il ne pouvait se douter non plus lors de cette conférence, le 3 décembre 1894, qu'en célébrant le rôle des nièces, il aurait lui-même une nièce, d'élection celle-là, puis une seconde un peu plus tard, toutes deux destinées à orner sa vie et la lui faciliter jusqu'à sa propre mort. Entre-temps il avait évoqué le 1er février 1893 « Les salons de la Restauration » et donné aussi, pour faire bonne mesure, quelques conférences à sujets religieux, notamment « Les trois figures eucharistiques » et « L'Association Saint-François-de-Sales », sans parler de ses prêches, qui l'intéressent moins et sont moins appréciés. L'une des paroissiennes de Saint-Thomas-d'Aquin lui avait reproché un jour de « trop s'emporter » dans ses prédications et il avait reconnu que lorsqu'il était en chaire, il se démenait trop : « Quand je parle, on ne sait si je suis fâché ou non, tant je déploie d'agitation », avouait-il. Très sévère à l'égard de la plupart des prédicateurs, il n'a jamais vraiment admiré que le Père Didon, critiquant sans retenue les autres dans son Journal et n'y cachant pas que « les Jésuites, les Dominicains, les Capucins et autres prêtres [...] n'ont laissé en [s]on oreille qu'un souvenir d'ennui profond[1] ».

En réfléchissant au plaisir avec lequel il parle ainsi de femmes qu'il aurait aimé connaître dans leur jeunesse ou qu'il n'a rencontrées que dans leur décrépitude, il écrit mélancoliquement : « Toutes mes amours n'ont été que littéraires. Mes vœux m'ayant interdit la femme, tout mon cœur est passé dans mes livres. L'enthousiasme n'est au fond qu'une déviation, qu'un déguisement de volupté. Chateaubriand, Sand,

1. A. Mugnier, Journal inédit, janvier 1887.

Lamartine, etc., ont pris la place que les jeunes filles, les femmes auraient nécessairement occupée si ma vocation eût été celle de tout le monde. Combourg, Saint-Point, La Chesnaie n'étaient que des voyages de noces[1]. »

*

Pour se consoler de son « célibat », l'abbé Mugnier a la société des vieilles femmes, heureuses de trouver en lui un confident, un homme de compagnie, intermédiaire entre le mari mort ou absent et le fils ingrat. C'est ainsi qu'en 1892, environ, il est entré dans l'intimité de la vicomtesse d'Espiès, qui semble avoir eu peu de satisfactions avec sa famille et lui confie ses déceptions. La vicomtesse d'Espiès est née Laubépin et a marié sa fille au duc de Bellune. Encore qu'il soit plus sensible au prestige des grands noms de l'Ancien Régime qu'à celui, trop neuf, des dignitaires de l'Empire, l'abbé Mugnier ramasse dans son Journal quelques miettes de l'histoire du maréchal, entre autres, cette anecdote : jeune engagé, Victor Perrin, le futur duc de Bellune, traverse à pied une forêt pour rejoindre son régiment et y croise un gros chasseur qui, après l'avoir fait un peu causer, lui donne un louis en lui souhaitant bonne chance. « Bonne chance aussi à vous ! » lui répond le jeune engagé dont, en l'occurrence, le souhait n'a pas porté bonheur à Louis XVI. L'abbé devient un peu l'enfant de la maison, souvent prié à dîner, promené au Bois dans le coupé capitonné de satin bleu de la bonne vicomtesse et même invité à faire l'été des séjours à la campagne. Il semble avoir connu par elle Mme d'Osembray chez qui il séjourne également l'été, dans sa propriété du Plessis-Bourré. « J'aurais tant apprécié ces sortes de relations, il y a dix ans », note l'abbé à qui elles semblent avoir fait cruellement défaut. Et un peu plus tard, il note : « Puisse Dieu la conserver longtemps, car jamais femme n'a été, hors ma mère, meilleure pour moi[2]. » Deux ans plus tard, l'abbé déchante un peu. Mme d'Espiès l'invite trop souvent, et en somme à des dîners très ennuyeux bien qu'excellents : on ne fait qu'épiloguer sur

1. A. Mugnier, Journal inédit, 30 août 1894.
2. A. Mugnier, Journal inédit, 2 octobre 1892.

des questions de préséance ou colporter des ragots mondains. Pas de conversation sérieuse et pas de sujets élevés. De plus la vicomtesse se montre exigeante. « Elle m'est trop attachée, pense trop à moi, écrit-il accablé par tant de sollicitude et d'invitations. De là une acuité dans ses sentiments qui n'est pas de son âge et qui gênerait ma liberté. Les relations les meilleures ont leur chaîne[1].... » Lorsqu'elle mourra, en 1903, après avoir reçu de lui les derniers sacrements, il notera mélancoliquement, mais non sans une petite pointe : « 30 mars 1903. Administré la bonne vicomtesse d'Espiès qui m'a demandé pardon de m'avoir ennuyé de son affection. Une âme toute de bonté en qui l'âge n'avait rien refroidi, pas assez peut-être ! »

L'abbé Mugnier trouve dans cette activité littéraire une compensation à la routine ecclésiastique qui lui est devenue insupportable jusqu'à la nausée. Ainsi épanche-t-il toute son amertume en écrivant dans son Journal, au printemps 1893 : « Je pense toujours trop au milieu vulgaire qui m'étreint : cette sacristie de Saint-Thomas avec les vicaires très prosaïques qui la peuplent. Gens de métier sans études pour la plupart, sans élévation, sans générosité d'âme. Mon malaise augmente à côté d'eux. Je ne cesse de pester contre l'égoïsme, la brutalité de mon bourgeois de curé... Pourquoi se faire tant de bile ? Quelle folie de ma part ! Chassons, chassons, ces obsessions qui me diminuent ! Actuellement, je suis trop impressionnable. Les choses concrètes me dominent, me tyrannisent. J'ai beau lire éperdument, voyager à travers les idées et les grands hommes, quand je rentre à l'église, quand je m'assieds sur la miséricorde de ma stalle, un certain côté de mon ministère me revient aussitôt, et je ne peux plus, je ne veux plus, m'en dégager[2]. » N'en pouvant plus de la tyrannie, voire de l'hostilité, de M. Ravailhe, il s'en ouvre au marquis de Ségur qui, le 13 avril 1893 se rend à l'Archevêché pour y plaider la cause de son protégé, obtenant pour lui la promesse d'un nouveau vicariat. Le mois suivant, l'abbé Mugnier est en effet convoqué à l'Archevêché. En sortant de

1. A. Mugnier, Journal inédit, 1er avril 1894.
2. A. Mugnier, Journal inédit, 20 juin 1893.

l'entretien que le cardinal Richard a bien voulu lui accorder, il note : « Il a avoué que j'avais dû souffrir avec le curé de Saint-Thomas, étant donné ma nature et la sienne. »

Il a obtenu de quitter Saint-Thomas pour être affecté comme deuxième vicaire à Notre-Dame-des-Champs. Le jour de son départ, l'abbé Ravailhe, d'un ton chargé d'ironie, lui décoche :

— Je vous souhaite toute sorte de bonheurs et d'honneurs...

Il ne trouve au premier abord ni les uns ni les autres à Notre-Dame-des-Champs et ne paraît pas avoir beaucoup gagné au change. L'église est nouvellement bâtie, sans charme aucun, et le quartier moins agréable que le faubourg Saint-Germain.

C'est vraisemblablement pendant son assez bref vicariat dans cette paroisse que l'abbé Mugnier est appelé une nuit à porter les derniers sacrements à un mourant. Une voiture est venue le chercher qui l'emmène à travers le quartier de Montparnasse et le dépose devant une maison dont l'intérieur brillamment illuminé lui fait croire un instant qu'il est dans un grand hôtel. On le conduit à la chambre où un homme est près d'expirer. Tout au long du couloir, il voit, agenouillées devant les portes des chambres, des filles en chemise qui se signent à son passage... Il est dans une célèbre maison de rendez-vous dont un client a eu un malaise... Expérience qui a dû enchanter Huysmans lorsqu'il la lui a racontée [1].

*

Désormais, Huysmans prend le relais des Lamartine et Chateaubriand dans l'esprit et dans l'action de l'abbé Mugnier qui s'attache à défendre l'écrivain contre ses détracteurs, à commencer par les catholiques traditionnels indignés de ses outrances ou les récents convertis, qui se croient mieux convertis que lui. Léon Bloy, par exemple, est sans pitié pour ce rival plus heureux dont, dit-il à propos de *En route*,

1. D'après Paul Morand, dans son *Journal d'un attaché d'ambassade* (p. 157), il ne s'agirait pas d'un client, mais d'une femme, atteinte d'une péritonite foudroyante.

« l'ignorance documentée [lui] lève le cœur » et l'exécute avec férocité dans son *Journal*, en concluant sa diatribe par ces mots : « Que penser de ceci : l'apologie du catholicisme par un écrivain dont l'instinct a toujours été d'avilir[1] ? »

En route, histoire de la conversion de Huysmans, vient en effet de paraître au début de l'année 1895 et son auteur en a offert à l'abbé Mugnier un des premiers exemplaires, orné de cette dédicace : « A celui qui a tranché en deux ma vie. »

A vrai dire, il a été un peu surpris, et point trop agréablement, lorsqu'il s'est retrouvé dans le roman sous les traits de l'abbé Gèvresin, une de ses premières incarnations littéraires. C'est l'abbé Gèvresin, que Durtal, le héros du livre était allé voir pour se confier à lui et l'abbé l'avait, comme son modèle, invité à mieux réfléchir en faisant une retraite à la Trappe, où l'on respecterait son libre arbitre. Il avait deviné chez son visiteur une certaine hésitation, pour ne pas dire une répulsion, à se remettre entièrement dans les mains d'un prêtre, car « le prêtre, tel qu'il se présente à Paris, le religieux, même non cloîtré, [lui] semblent... comment m'exprimerai-je ? des âmes subalternes... pour ne pas dire plus... ». Et devant un geste de protestation polie de Durtal, l'abbé Gèvresin ajoutait : « Permettez-moi de poursuivre. Une arrière-pensée viendrait sur l'ecclésiastique auquel écherrait le soin de vous laver ; vous seriez trop sûr qu'il n'est pas un saint – c'est peu théologique, car, fût-il le dernier des prêtres que son absolution n'en serait pas moins valable, si vous la méritiez – vous penseriez de lui en somme : il vit ainsi que moi, il ne se prive pas plus que moi, rien ne me prouve que sa conscience soit bien supérieure à la mienne ; et de là à perdre toute confiance et à tout quitter, il n'y a qu'un pas[2]... »

Poursuivant sa lecture, l'abbé Mugnier peut voir Durtal, après avoir quitté son interlocuteur, se « rappeler les sourires stratégiques, les phrases ambiguës, les silences songeurs de l'abbé Gèvresin ; il comprit la mansuétude de ses conseils, la patience de ses ménagements, et, un peu dépité quand même d'avoir été sans le vouloir, si savamment géré, il s'exclama,

1. L. Bloy, *Journal*, *1892-1907*, 23-24 mars 1895.
2. Huysmans, *Pages catholiques*, p. 69.

tout en maugréant : Voilà donc le dessein que mûrissait, avec son air de ne pas y toucher, ce prêtre[1] ! » En tout cas, Durtal lui accorde ce *satisfecit* un peu douteux, en écrivant qu'il n'a « ni l'attitude, ni le parler de ses confrères ». Et çà et là, au fil des pages, l'abbé voit sans cesse exaltés les moines au détriment des prêtres, tenus vraiment pour des êtres « subalternes », incultes et routiniers, sans aller jusqu'à les traiter aussi mal que le feront d'autres écrivains revenus à Dieu, mais faisant volontiers profession d'anticléricalisme.

Peiné du peu de considération de Huysmans pour le clergé séculier, l'abbé Mugnier lui écrit : « Bien que faisant partie d'un clergé que vous n'estimez guère, me croirez-vous si je vous dis que ce roman renferme des beautés de premier ordre et m'a tiré des larmes qui ne sont pas encore essuyées... » et, faisant allusion à la Trappe, il poursuit : « Je n'ai jamais nié la vertu héroïque qui habite là-bas, mais je vous assure que j'ai rencontré maintes fois l'âme d'un convers sous l'humble soutane du prêtre de paroisse. Vous si bon, si compatissant pour les pauvres, pour les petits, pourquoi n'avez-vous pas étendu votre pitié jusqu'à nous ? Eux, les moines, sont isolés et protégés ; nous, nous sommes mêlés au monde et aux prises avec la vie matérielle. Il fallait nous plaindre et nous aimer quand même, pour nous rendre meilleurs. Nous n'avons pas de talent, soit. Avez-vous rencontré des écrivains chez saint Benoît et chez saint Bernard ? Gémissez sur notre insuffisance, mais n'opposez pas une partie de la chrétienté à l'autre. Il faut pratiquer l'hospitalité de cœur qui est la charité tout entière. A part cela, vos pages sont superbes et je leur prédis un grand succès[2]. »

Non seulement l'abbé Mugnier niera toujours énergiquement avoir servi de modèle à l'abbé Gèvresin, personnage presque imaginaire, affirmera-t-il, mais il s'efforcera de minimiser son rôle en l'occurrence, affirmant que Huysmans songeait à sa conversion depuis 1884 et qu'il n'en était pas l'auteur, répétant volontiers : « On ne convertit pas, on se convertit... »

---

1. Huysmans, *Pages catholiques*, p. 71.
2. A. Mugnier, Journal, 20 février 1895.

Le livre est donc très discuté, suscitant beaucoup de réserves dans les milieux ecclésiastiques, et le cardinal Perraud s'écrie même : « Quelle sale manière d'être chrétien ! » mais l'abbé répond de la sincérité des sentiments de Huysmans. Mieux, sans rancune et pour soutenir le livre, il s'en fait le propagandiste, écrivant par exemple à l'abbé Frémont : « Je vis beaucoup au confessionnal et je vois les âmes de plus près. Ce sont des centaines d'âmes que *En route* achemine vers la pratique religieuse. » Non content d'écrire et d'acheter l'ouvrage afin de l'offrir aux personnes qui l'invitent à dîner, il en parle au cours d'une conférence à Paris et d'une autre à Bordeaux.

C'est en vain qu'il a vanté Huysmans à son ami Frémont. Celui-ci trouve le livre exécrable et son auteur d'un catholicisme un peu suspect. A quoi l'abbé rétorque : « Est-ce assez curieux ? Tout ce que la province peut dire de M. Huysmans a été dit vers 1802, à propos d'un certain homme qu'on appelait Chateaubriand. Eh bien, non, vous n'atteignez pas dans vos critiques sur Huysmans la vivacité et l'injustice de celles qui visaient l'immortel et honteux écrivain de *René* et d'*Atala*. J'en appelle au temps, comme vous. La critique à venir aura le grand avantage de souligner les nuances. Elle n'est excessive ni dans un sens ni dans un autre. Elle gardera la mesure que tous mes auditeurs se plurent à reconnaître dans mes paroles, car je suis un modéré, quoi que vous en pensiez[1]... »

C'est à propos de Huysmans que les divergences de vues entre les deux amis se précisent, révélant les différences de leurs caractères. L'abbé Frémont, que Lucien Descaves appellera « un carabinier orthodoxe », est un esprit combatif, aimant la lutte, alors que son ami Mugnier prêche la concorde et ne recherche que la paix. Celui-ci admire Victor Hugo dont Frémont déplore l'imagination corrompue, et George Sand à qui Frémont reproche de se faire « professeur de morale sans moralité ».

Il y a un certain temps que l'abbé Mugnier trouve un peu envahissante et difficile à supporter la personnalité de son ami Frémont. « Nous l'avons gâté », lui disait son ami, l'abbé Eugène Dumont, et l'abbé Mugnier renchérit dans son Jour-

1. Bulletin de la Société Huysmans, décembre 1933, p. 62.

nal : « J'ai toujours eu vis-à-vis de lui une attitude trop humble. Il faut marcher d'égal à égal... Je n'ai jamais entendu Georges avouer humblement une défaite. A l'entendre, il marche de victoire et victoire... Moi, j'ai l'excès opposé. Toujours mécontent, me croyant inférieur, j'ai constamment hésité à parler de moi. J'ai eu tort. Il y a un milieu à tenir entre la confiance exagérée et la confiance qui n'existe pas. Ma correspondance avec Georges laisse beaucoup à désirer. Elle outre certains sentiments, elle manque de fierté. Georges m'a toujours témoigné beaucoup de tendresse et je ne douterai jamais de son cœur. Il a été à Saint-Sulpice un bon camarade et lui écrire sera une de mes joies. Je ne trouvais pas ailleurs un commerce intellectuel aussi suivi et aussi vif. La passion de la lecture nous rapprochait encore. Mais il ne faudrait pas maintenant que ma personnalité s'absorbât dans la sienne [1]. »

Les lances qu'il rompt en faveur de Huysmans resserrent son intimité avec le romancier qui a cessé, semble-t-il, de voir en lui le prêtre et le prend plutôt pour un confrère en littérature, assidu à ses réunions du dimanche où l'abbé croise, un peu surpris, de singuliers personnages. Après la mort de l'ex-abbé Boullan, Huysmans a recueilli chez lui la fameuse Mme Thibaut, cette paysanne inspirée qui vit de rien, guérit avec des simples et a participé aux mystères du culte de Melchisédech. Est-ce une sainte femme ou un succube ? Huysmans l'a-t-il recueillie par charité chrétienne ou bien pour l'avoir sous la main afin de peindre sur le motif, puisqu'il en fera la Mme Bavoil de *La Cathédrale* ? Elle est installée sur le même palier que Huysmans, dans une modeste chambre où elle dit chaque matin la messe devant un petit autel de sa fabrication, avec son chat pour assistant. Elle tient le ménage de Huysmans, et, dans ses moments libres, entretient une vaste correspondance avec les anciens fidèles de l'abbé Boullan, leur envoyant des simples ou des recettes magiques. Descaves dira d'elle dans ses Souvenirs : « Elle sentait la chapelle et les champs ; elle tenait de la sœur et de la paysanne ; elle avait le masque désempâté d'un César mort et la tournure d'une loueuse de chaises. »

1. A. Mugnier, Journal inédit, 25 août 1890.

Autre familier de Huysmans, hérité celui-ci de Barbey d'Aurevilly, Georges Landry, que Descaves appelle un « valet de gloire » car sa vocation est de servir de grands hommes avec un désintéressement qui va jusqu'à l'effacement complet de sa personnalité. Venu du Mans à Paris pour y trouver un emploi, il a débuté comme employé dans le magasin de confection de la famille Hayem. Celle-ci s'intéressait aux arts et aux lettres. Mme Hayem tenait même un salon dont Barbey d'Aurevilly était l'attraction. Invité à une de ses soirées, Georges Landry s'était épris du grand homme et voué à son culte au point de quitter la chambre qu'il partageait avec Léon Bloy pour s'installer rue Rousselet, dans une pièce à côté du sinistre appartement de son héros. Il avait abandonné la confection pour devenir commis chez l'éditeur Savine, puis à la librairie Colin, et consacrait à Barbey, dont il s'était constitué le factotum, toutes ses heures de liberté. Barbey, fort pauvre, était dans l'impossibilité de le payer, mais il le dédommageait en lui donnant ses livres, ornés de dédicaces emphatiques ou piquantes. Ne négligeant jamais la moindre miette de l'Histoire et notant tout, l'abbé Mugnier recopiera dans son Journal celle que Landry lui montrera sur son exemplaire de *Une vieille maîtresse* :

Voilà cette vieille maîtresse
D'un diabolique amour l'ardent et profond cri !
Si jamais vous aimez une telle bougresse,
Je vous plains, mon pauvre Landry !

Après la mort de l'écrivain, Landry avait donc été recueilli, comme Mme Thibaut, par Huysmans, partageant son besoin de dévouement entre Huysmans et Coppée.

A plus de quarante ans, il a gardé l'air juvénile et candide d'un premier communiant, avec « le visage joufflu et la bonne tête frisée des petits garçons qui, dans les Fête-Dieu de province, jettent des fleurs devant le dais sous lequel rayonne l'ostensoir[1] ». L'abbé Mugnier a de la sympathie pour ce vieux premier communiant et restera en relation avec lui jusqu'à la mort de ce dernier.

1. Georges Guiches, *Le Figaro littéraire*, 14 mai 1927.

Alors que *En route* indigne ou ravit le public, Huysmans travaille à son nouveau roman, *La Cathédrale*, et il s'est déjà rendu plusieurs fois à Chartres, accompagné par l'abbé Mugnier. Lors d'une de leurs premières visites, escortés par deux prêtres qui leur faisaient les honneurs de la cathédrale, Huysmans avait si manifestement ignoré leurs commentaires ou négligé de regarder ce qu'ils leur signalaient, que les prêtres, choqués, avaient dit en sortant : « Ce monsieur ne s'intéresse pas à la cathédrale... »

En réalité, ce sont les deux ecclésiastiques qui ne s'intéressent pas à ce monument de la chrétienté ou, du moins, ne le voient pas avec les yeux qu'il faudrait. Bien plus tard, l'abbé Mugnier, se rappelant le mauvais accueil fait par le clergé chartrain au livre de Huysmans, écrira : « Voilà des prêtres, des curés, des professeurs de séminaire, qui ont vécu à l'ombre de ce monument et pas un ne lui a consacré des pages immortelles. Et il a fallu que vers la fin du XIXe siècle un disciple de Zola, parti des égouts du naturalisme, découvrît parmi les moissons de la Beauce “cette blonde aux yeux bleus”. O stérilité ecclésiastique[1] ! »

Il est vrai que Huysmans, avec son âcreté habituelle, aura la dent dure à l'égard de certains éléments de la population chartraine et se moquera cruellement de certaines cérémonies liturgiques. Amateur passionné de grégorien, il n'en trouve aucune trace à la cathédrale : « Et cependant où réunir de meilleurs éléments pour exécuter le répertoire grégorien qu'à Chartres ? A part quelques antiques basses qui aboyaient et qu'il eût été bien nécessaire d'abattre, il y avait une gerbe opulente de sons frais, une psalette de près de cent enfants qui eussent pu dérouler, dans de limpides voix, les amples mélodies du vieux plain-chant. Mais en guise de cantilènes liturgiques, un maître de chapelle imbécile parquait, dans cette malheureuse cathédrale, une ménagerie d'airs forains qui, lâchés le dimanche, grimpaient, avec des gambades de ouistitis, le long des piliers, sous les voûtes. L'on pliait à ces singeries musicales les voix ingénues de la maîtrise. Décemment, à Chartres, il était impossible d'assister à la grand-messe[2]. »

1. A. Mugnier, Journal, 18 février 1935.
2. Huysmans, *Pages catholiques*, p. 284.

Tout en arpentant la ville et en revenant sans cesse à la cathédrale afin d'en examiner soigneusement certaines caractéristiques, il explique à l'abbé le thème de son futur livre, essayant sur lui certaines conceptions, certaines phrases. Il doit ennuyer parfois son interlocuteur, d'un esprit plus frivole, car celui-ci note : « Chose curieuse, Huysmans répète à peu près toujours les mêmes réflexions, les mêmes images. »

Plus tard, évoquant les réunions chez Huysmans, il écrira : « Huysmans n'était ni orateur, ni même à proprement parler un causeur. Aucune idée générale ; de menus faits ; des jugements rapides et variables basés sur des impressions ; le tout dans des phrases brèves, dites sur un ton saccadé. Mais comme il était primesautier, pittoresque surtout le dimanche soir, quand quelques gouttes de vin de Fleurie, et la verve géniale de Forain, l'avaient excité ! Alors il trouvait une comparaison plus amusante, une épithète plus rare qu'il lançait deux ou trois fois, avec une bouffée de ses éternelles cigarettes, et cela le dispensait d'en dire davantage. Il n'était vraiment lui-même que la plume à la main, et ses lecteurs et correspondants l'ont eu tout entier[1]. »

1. A. Mugnier, *J.-K. Huysmans à la Trappe*, p. 15-16.

LE PÈLERIN DE L'IDÉAL

1896-1907

N'appréciant guère l'église froide et impersonnelle de Notre-Dame-des-Champs, ni le quartier, l'abbé Mugnier n'est pas fâché de quitter l'une et l'autre en étant nommé, au mois d'octobre 1896, premier vicaire à Sainte-Clotilde, au cœur du faubourg Saint-Germain, ce bastion du catholicisme. Huysmans est un des premiers à le féliciter de cette nomination, y voyant l'espoir d'une promotion plus brillante encore : « Je suis content, lui écrit-il, c'est autre chose que cette horrible église de Montparnasse. Puis, votre robe noire ne subira-t-elle pas là un premier apprêt, dans la teinturerie de l'Archevêché, et son noir ne commencera-t-il pas à prendre de certains reflets aubergine ? Je le voudrais bien, car il n'y a pas, il n'y a pas, il faut que vous crossiez Chartres pour refaire l'âme musicale de notre amie [1] ! » Ce qui, en style non naturaliste, veut dire qu'il lui souhaite d'être nommé un jour évêque de Chartres afin d'améliorer cette chorale si violemment prise à partie dans *La Cathédrale*, livre auquel il est en train de travailler.

En quittant Saint-Thomas-d'Aquin, il y avait laissé nombre de fidèles charmés autant par ses conférences que par ses confessions si indulgentes, et c'est le même faubourg Saint-Germain qu'il retrouve à Sainte-Clotilde. Il reprend donc ses anciennes habitudes et devient le plus mondain des vicaires, invité presque chaque soir en ville. Néanmoins, lorsqu'il prend ses fonctions de premier vicaire, il ne paraît pas

1. L. Descaves, *J.-K. Huysmans et l'abbé Mugnier*, p. 131.

enchanté, si l'on en croit une note dans son Journal, le 22 novembre 1897 : « Ah ! quel tribut j'ai dû payer en arrivant à Sainte-Clotilde. Tout s'expie. Ce sont mes yeux qui m'inquiètent toujours. Jamais les ombres n'ont été plus voyageuses. Eglise de Sainte-Clotilde plus que sombre. Une catacombe... Me voilà devenu chat-huant. »

L'église, érigée en basilique en 1897, est à la fois neuve, achevée seulement en 1857, et antique par son architecture gothique. A l'occasion de son cinquantenaire, en 1908, l'abbé Mugnier rédigera la notice exigée pour la circonstance et, après avoir rendu hommage à son premier curé, l'abbé Hamelin, puis énuméré toutes les activités de la paroisse, il terminera par cette interrogation, sans prévoir que son propre Journal y apportera un jour la réponse : « On sera très curieux, par exemple, de savoir comment une paroisse, composée en grande partie de familles royalistes, a vécu sous le Second Empire et la IIIe République. On cherchera aussi, à l'aide de tous les documents, quelle pouvait être notre mentalité dans les jours incertains où a été inauguré le régime de la Séparation [1]. »

A peine entré dans ses fonctions, il est aussitôt invité dans bien des grandes maisons du Faubourg où sa silhouette insolite étonne un peu les valets de pied, qui jettent un coup d'œil dédaigneux sur sa soutane élimée, ses gros souliers de curé de campagne et surtout son parapluie dépenaillé dont il se sert avec une certaine malice. Il fait souvent exprès de l'oublier, puis, quelques minutes après son départ, revient le chercher, ce qui lui permet de surprendre, à travers une porte entrouverte, quelques propos désobligeants, non sur sa personne mais sur sa mise, ou bien des commentaires dont on s'était abstenu en sa présence.

Avec son éclectisme habituel, il ne fréquente pas seulement les hôtels du noble Faubourg, mais d'autres lieux où l'on est, à vrai dire, un peu surpris de le trouver. Ainsi, un soir de cette même année 1896, il dîne avec deux autres convives chez un certain docteur Ward, qui a été prosecteur à l'Ecole des

1. A. Mugnier, *Le Cinquantenaire de l'église Sainte-Clotilde*, p. 43.

beaux-arts. A ce titre, il s'était chargé de crucifier le modèle, un cadavre de l'hôpital, dont s'était servi Bonnat pour peindre le tableau du Christ destiné à la cour d'assises. Il s'était procuré le corps d'un charretier d'une quarantaine d'années, mort d'une congestion et assez barbu pour figurer le Christ. Le modèle était resté ainsi exposé pendant quinze jours d'un hiver heureusement assez froid. Il racontait volontiers que lorsque il traversait la salle où se trouvait ce corps en croix pour gagner son cabinet, notamment le soir, par temps de clair de lune, il ne pouvait, malgré son scepticisme, se défendre d'une certaine émotion.

Le docteur Ward n'est pas seulement protestant, mais républicain et, pis, un nostalgique de la Révolution, voire de la Terreur. Pour le dîner qu'il offre ce soir-là, il a prévu des menus ornés chacun du portrait d'un des assassins de l'époque avec cette mention « *Dîner du 12 Thermidor an* 104 ». Tout le repas est rouge : radis, tomates, écrevisses et sauce anglaise rouge, comme entrée. A quoi succède un *Potage guillotine*, fait de queue de bœuf, puis un *Homard sans-culotte*, acheté néanmoins chez Boivin, et enfin un *Filet Lamballe* saignant, accompagné d'une sauce également rouge. Pour dessert, de la confiture de groseilles, étalée sur de la pâte grillée. Rouge est le champagne et rouge aussi le service de table, ainsi que la nappe et les serviettes qui ont l'air de flaques de sang. G. Lenôtre, le futur historien, alors à ses débuts, a noté ce dîner dans son Journal : « Il ne m'a pas fallu longtemps pour voir que ces trois messieurs sont très ferrés sur la Révolution, chacun à un point de vue différent : pour bien donner une idée, nous avons commencé par nous présenter les uns aux autres. Le docteur, protestant sceptique, sans aucune croyance. Le prêtre, très riche, partant pour Bayreuth, catholique et socialiste. Champigny, petit-fils d'un prêtre défroqué et d'une déesse Raison dont l'histoire est impayable ! Tous trois ayant beaucoup voyagé, beaucoup lu, discutant avec beaucoup de gaieté, une entière confiance – j'ai rarement vu, ou plutôt jamais vu, un milieu si intellectuel, si intéressant, si gai, et si amusant[1]. »

1. G. Lenôtre, *Notes et Souvenirs*, p. 106.

On peut légitimement se demander ce qu'auraient pensé les belles âmes du faubourg Saint-Germain si elles avaient su la présence de leur premier vicaire à ce dîner de scélérats[1]. Elles pourraient aussi s'étonner de le voir en termes familiers avec le Sâr Péladan, chez qui, le 6 janvier 1897 il dîne à l'occasion de la fête des Rois. L'année précédente, il avait confessé, avant son mariage, le Sâr, mais il avait refusé de le marier lui-même, en remplacement du Père Alta, empêché au dernier moment de célébrer cette cérémonie, ne voulant pas « être la risée de la presse et du clergé ». En quoi il avait agi sagement. Ce soir-là, après le repas, « un petit page délicieusement costumé » apporte au Sâr une couronne en papier doré en lui disant gracieusement : « Permettez, maître, que l'innocence couronne le génie. » Rapportant la scène, l'abbé ajoute avec un certain bon sens : « Curieuse réunion où je n'étais peut-être pas tout à fait à ma place. »

Il ne l'est pas davantage, au moins si l'on en croit les gens du monde, en se rendant à des dîners œcuméniques où voisinent à la même table un pasteur protestant, l'archimandrite de la rue Bizet, des illuminés russes faisant du socialisme une religion et, pour couronner le tout, le Grand Rabbin Zadoc Kahn, déplorant un soir que l'on accuse les Juifs d'être tous des capitalistes alors qu'il y a dans Paris vingt mille de ses coreligionnaires qui vivent de la charité publique.

S'il s'agit là de sorties exceptionnelles qu'il accepte par curiosité, en revanche, il continue de dîner assez fréquemment avec Huysmans et ses familiers, soit chez celui-ci, soit en les invitant à son tour à *La Petite Chaise*, rue de Grenelle. La conversation y est fort libre et l'abbé note avec une espèce de gourmandise ingénue les anecdotes, souvent assez lestes, sur la vie privée d'écrivains comme Hugo, Daudet, Jean Lorrain, Verlaine ou Edmond de Goncourt. Il fait son miel de ces conversations, comme des feuilletons de certains journaux, qu'il collectionne, « tant les mille et un détails de la vie privée me passionnent », avoue-t-il. Ils le reposent de son ministère et lui permettent de vivre ainsi par procuration. Un peu plus tard, il notera mélancoliquement : « Comme je vis rétrospecti-

1. Cet étrange dîner, non signalé dans le Journal de l'abbé Mugnier, est mentionné en revanche dans ses « paperolles ».

vement ! Le passé m'est tout. L'avenir ne compte pas. Je préfère ce qui a été à ce qui sera. Il me faut la patine du temps [1]. »

*

C'est pour cette raison qu'il voyage autant, traquant le passé en France et à l'étranger. Il est assez surprenant de lire, sous la plume de Lenôtre, que l'abbé Mugnier, malgré son état de prêtre, est riche et socialiste, encore que les deux choses aillent souvent de pair. Comme il a perdu sa sœur et son frère aîné, peut-être sa mère, dont on ignore les ressources, l'aide-t-elle un peu, mais l'abbé n'est pas riche, encore moins « très riche », ainsi que l'écrit Lenôtre. Il peut néanmoins voyager pendant les trois mois de vacances qu'il prend chaque année, soit en France, soit à l'étranger, avec une préférence marquée pour l'Allemagne. Lenôtre ne se trompe pas en le montrant partant pour Bayreuth où il se rend régulièrement, fidèle à son culte pour Wagner.

Voyager constitue pour l'abbé un puissant dérivatif. A peine échappé du presbytère et de la sacristie, il est un autre homme, à tous les sens du mot, puisqu'en général pour voyager dans la luthérienne Allemagne du Nord, un de ses pays de prédilection, il s'habille en civil, ce qui d'ailleurs lui va fort mal, mais il ne s'en soucie guère, heureux de son anonymat. « Si j'étais riche, écrit-il, je voyagerais perpétuellement, me reposant quand il faudrait. Voyager, c'est oublier... Prendre le train et se retrouver le lendemain loin du pays où j'étais la veille, c'est une sorte de féerie qui me grise. Détail qui fera frémir : j'aime les chambres d'hôtel ; je suis heureux quand j'ai pratiqué le *closo ostio* et que je m'appartiens [2]. » Pour ces incursions en terre étrangère, il est souvent accompagné d'un ancien condisciple au séminaire de Saint-Sulpice, Paul Leclercq, vicaire à Saint-Jacques de Compiègne avant d'être affecté à Beauvais.

On ne sait rien de l'abbé Leclercq, sinon qu'il fut un des confidents de l'abbé avant de se brouiller avec lui dans des circonstances mystérieuses, auxquelles l'abbé Georges

1. A. Mugnier, Journal, 12 septembre 1897.
2. A. Mugnier, Journal inédit, 15 août 1892.

Frémont fait allusion dans une de ses lettres, en reprochant à l'abbé Mugnier sa dureté à l'égard de Leclercq, mais ajoutant que si Leclercq se hasardait à Poitiers, il le ferait arrêter par la gendarmerie. En attendant cette rupture éclatante, les deux amis se retrouvent volontiers pour passer leurs vacances ensemble et c'est avec Leclercq que l'abbé Mugnier a effectué en 1892 un pèlerinage aux champs de bataille de la guerre de 1870, peu faits pour leur inspirer des idées bien gaies. Au village de Morsbronn, près de Woerth, il note avec mélancolie : « Encore un coup, l'inutilité, le *A quoi bon ?* de la guerre me saisit puissamment. S'est-on battu uniquement pour que deux vicaires viennent lire ici quelques pages du colonel Thiroux ? Mais peut-être est-ce une ruse de la nature ? Qui sait si on admirerait autant ce paysage avec les souvenirs en moins[1] ? » Toujours avec Paul Leclercq, il visitera Berlin et poussera jusqu'à Dresde, la plus élégante des capitales de la Vieille Allemagne, chère à son cœur.

*

Sainte-Clotilde est une paroisse analogue à Saint-Thomas-d'Aquin, avec une clientèle aristocratique et huppée. Elle est, à ce titre, une des plus frappées par les conséquences de l'incendie du Bazar de la Charité, le 8 mai 1897, qui fait environ cent trente victimes, dont beaucoup de la paroisse Sainte-Clotilde. Le gouvernement, oubliant pour une fois son anticléricalisme officiel, fait célébrer, en sa présence, un service à Notre-Dame. Hélas ! cette cérémonie, qui aurait pu constituer un geste d'apaisement au milieu des luttes religieuses, est gâchée par l'inconséquence d'un Dominicain, le Père Ollivier, qui prononce une homélie que Léon Bloy aurait pu faire à sa place. Il voit en effet dans cette catastrophe un sacrifice expiatoire exigé par un Dieu vengeur. « Sans doute, ô Maître souverain des hommes et des sociétés, vous avez voulu donner une leçon terrible à l'orgueil de ce siècle, où l'homme parle sans cesse de son triomphe contre vous. Vous avez retourné contre lui les conquêtes de sa science, si vaine quand elle n'est pas associée à la vôtre ; et de la flamme qu'il prétend

1. A. Mugnier, Journal, août 1892.

avoir arrachée à vos mains, comme le Prométhée antique, vous avez fait l'instrument de vos représailles. Ce qui donnait l'illusion de la vie a produit l'horrible réalité de la mort, et dans le morne silence qui enveloppe Paris et la France depuis quatre jours, il semble que l'on entend l'écho de la parole biblique : “Par les morts couchés sur votre route, vous saurez que je suis le Seigneur...” »

L'auditoire, abasourdi, passe de la stupeur à l'indignation, une indignation dont le lendemain la plupart des journaux se font l'écho : « Ce langage fanatique, écrit Henri Brisson, président de la Chambre, a réuni dans une même révolte tous les cœurs accessibles à la pitié. » De son côté, l'abbé Gayraud écrit dans *L'Univers* : « Ce Dieu-là, je ne le reconnais point pour notre Dieu. » Un autre journaliste explique ainsi dans *L'Eclair* l'opinion des gens de bon sens, pratiquants ou non : « Le dogme de la rédemption par la mort du Christ ne constitue pas un exemple décisif dans l'affaire ; le Christ est une victime volontaire ; il s'offre pour racheter les péchés du monde. Ce n'est pas le cas des malheureuses femmes qui ont péri au Bazar de la Charité. Elles étaient venues pour secourir les pauvres, non pas avec le dessein arrêté de périr dans les flammes... On ne pouvait faire un plus grand tort à la religion que de présenter comme conforme à son enseignement cette monstrueuse conception qui fait revivre et qui justifie l'antique barbarie des sacrifices humains. Faire du Dieu des chrétiens un stupide Moloch inapaisable [autrement] que par l'atroce martyre de pauvres femmes bien innocentes, c'est apporter un rude correctif à la définition du catéchisme qui fait du Créateur un être “infiniment bon et infiniment juste”[1]. »

Il est certain que ce n'est point le langage qu'aurait tenu l'abbé Mugnier s'il avait été chargé de prononcer l'éloge funèbre des victimes, en lesquelles il aurait vu plutôt les descendantes de ces femmes allant courageusement à l'échafaud, ainsi qu'il l'avait montré dans une de ses conférences sur ce sujet.

1. A. Siegfried, *L'Abbé Frémont*, tome II, p. 78-79.

*

Laissant là les mortes, il retourne à la littérature, incluant dans son ministère officiel de faire connaître au public le chef-d'œuvre, à son avis, de Huysmans, *La Cathédrale.* Non seulement, il écrira sur le livre un long article dans *Le Correspondant*, mais il prononce à son sujet, quelques jours avant sa publication, une conférence au Cercle catholique, le 28 janvier 1898. Il avait invité à l'écouter son ami l'abbé Frémont, lui écrivant : « C'est Notre-Dame de Chartres chantée en 488 pages. Tout ne vous y plaira pas, mon cher Georges, et je crois toutefois qu'on n'a jamais compris et décrit l'art gothique comme lui, avec ses portails, ses nefs, ses colonnettes si frêles qu'on s'attend à les voir plier au premier souffle. »

La conférence est un succès ; on s'écrase dans la salle et le lendemain *Le Figaro* comme *Le Gaulois* couvrent de fleurs le conférencier plutôt que l'auteur lui-même. A ce concert d'éloges, l'abbé Frémont ne prend aucune part. Bien au contraire. Il déteste Huysmans, l'homme et l'écrivain, les thèmes et l'écriture. L'année suivante, il notera dans son Journal : « *La Cathédrale* de Huysmans, dont je poursuis la lecture depuis longtemps interrompue, me dégoûte. Cet homme n'aime à décrire que les laideurs, et son style est d'une prétention et d'une bizarrerie extraordinaire. Cet homme est à Chateaubriand ce qu'un crapaud est à un rossignol... » Il en déplore hautement le réalisme outrancier et craint que le succès de *La Cathédrale* n'incite le public à vouloir lire les autres ouvrages de Huysmans, notamment le détestable *En rade* ou le pernicieux *Là-bas.* Il voudrait surtout que Huysmans renie officiellement ses œuvres précédentes qu'au Moyen Age on eût fait brûler par le bourreau. L'abbé Mugnier défend courageusement son grand homme et discute un à un les arguments de Frémont : « *Là-bas* est plein de peintures immorales et sacrilèges, reconnaît-il, mais l'auteur s'était fait pour but de les accumuler, à l'effet de flétrir les messes noires et tout ce qui leur ressemble. Je regrette et blâme le procédé. Mais il ne s'agit plus de *Là-bas.* Vous voulez que l'auteur répudie le livre, pour le faire lire davantage. Et puis, il ne lui appartient plus, en vertu d'un contrat passé avec son libraire.

Tenez, quittons cette polémique. Moi, je reste fidèle à mes tendances de séminaire, ne sachant que trop, par l'expérience des autres, combien les anathèmes portent peu de fruits. Tonnez, cher Georges : c'est oratoire et évangélique peut-être. Je veux rester le disciple de celui qui n'éteignait pas la mèche qui fume, ni à plus forte question l'étincelle qui se rallume. Si j'étais seul à prendre la défense de M. Huysmans, j'hésiterais certainement devant vos observations... »

Piqué par celles de l'abbé Mugnier, Georges Frémont lui réplique avec une certaine acidité : « [...] Si vos jeunes filles de Sainte-Clotilde, après avoir lu *La Cathédrale*, veulent pousser jusqu'à *Là-bas*, et cela en s'appuyant sur votre suffrage pour l'auteur, qu'en direz-vous ? Sans doute, vous avez fait vos réserves, et vos intentions sont pures, nul ne le sait mieux que moi : mais vous êtes prêtre et vous avez le devoir, tout en sauvant les pécheurs, de ne pas, du jour au lendemain, leur donner dans l'Eglise une importance et un influence imméritées. » Avec justesse, l'abbé Frémont a mis le doigt non seulement sur une des inconséquences assez fréquentes de l'abbé Mugnier, égaré souvent par l'enthousiasme, mais aussi sur le tort qu'ont beaucoup de chrétiens de voir dans les récents convertis de nouveaux saints. Georges Frémont se défend à son tour d'avoir prononcé des anathèmes : « Il s'agit de justice et de haute délicatesse. M. Huysmans, que vous avez eu le bonheur et le zèle de ramener à Dieu, ne s'offusquerait pas d'être abandonné, lui et ses œuvres nouvelles et chrétiennes, à la fortune habituelle des écrivains. Vous lui faites un piédestal : je me permets de trouver que, sans le savoir ni le vouloir – car vous êtes plein de charité – vous êtes quelque peu excessif...[1] »

Piqué par ces reproches qui ne sont pas sans fondement, l'abbé Mugnier riposte : « [...] Si j'ai parlé de M. Huysmans, c'est uniquement parce que je le connais et que la Providence l'a placé, il y a six ans, sur ma route. Voilà tout [...]. Si j'étais un critique attitré, on pourrait m'imposer tel ou tel sujet d'étude, mais je ne suis qu'un simple tirailleur et jouissant de toute ma liberté. J'ai eu la consolation de voir le grand Paris catholique, la maréchale de Mac Mahon en tête, reconnaître

1. A. Siegfried, *L'Abbé Frémont*, tome II, p. 131.

le talent et la sincérité de mon néophyte. Dom Delatte, abbé de Solesmes, fait lire *La Cathédrale* au réfectoire du monastère. "Mes vénérés maîtres", que vous invoquez souvent, ont écrit à M. Huysmans des lettres d'assentiment. Ce sont MM. Vigourel et Vigouroux : Mgr Jourdan de la Pessardière a daigné m'encourager. Tous les journaux ont trouvé ma conférence très mesurée [...] M. Brunetière est très loin de m'être hostile. *L'Univers* et *La Vérité* vont publier des articles sympathiques. Le directeur du *Correspondant* demande à cor et à cri à M. Huysmans de continuer sa collaboration. J'arrête ici ces témoignages ; il y en a d'autres. La semaine dernière, c'est le cardinal Labouré qui voulait bien me dire des paroles très bienveillantes [...]. Hier, *Le Figaro*, par la plume de Rodenbach, proclamait que M. Huysmans serait, à sa manière, le Chateaubriand de la fin du siècle. C'est ce que je me permettais de vous dire, le jour où je vous lisais à Saint-Thomas [d'Aquin] une page de M. Huysmans. Vous êtes libre de ne pas me croire... mais j'en appelle à la postérité. Vous verrez ce qui s'écrira dans dix ans sur ce sujet. Je vis beaucoup au confessionnal et je vois les âmes de très près. Ce sont des centaines d'âmes que *En Route* achemine vers la pratique religieuse. » Et l'abbé de conclure : « Comment se fait-il que tout le monde, Brunetière en tête, reconnaisse un grand talent à M. Huysmans ? Je n'ai donc pas tout à fait la berlue en le croyant aussi [1]. »

Ce n'est pas le talent de Huysmans que conteste l'abbé Frémont, mais l'usage qu'en fait l'écrivain qui, à son avis, pervertit les âmes en leur donnant des curiosités malsaines : « [...] Entassez Pélion sur Ossa, et Saint-Sulpice sur le séminaire romain, et Gury sur Liguori, répond-il à l'abbé Mugnier, je vous oppose ce mot imprescriptible de notre divin Maître : "A l'homme qui scandalise un seul de ces petits, il vaudrait mieux qu'on lui suspendît au cou une meule de moulin et qu'on le jetât à la mer." C'est Notre-Seigneur qui a dit cela, et ni Gury, ni Liguori, ni Pélion sur Ossa, ni le collège romain échafaudé de Saint-Sulpice ne détruiront cette ineffable et toute-puissante parole. M. Huysmans a beau se repentir (ce que je suppose très affectueusement), il doit au Maître de ne

1. A. Siegfried, *L'Abbé Frémont*, tome II, p. 131.

plus scandaliser un seul petit, dût-il pour cela soutenir procès contre son éditeur. Or, vous ne me ferez jamais croire, jamais, jamais, qu'un auteur vraiment résolu à devenir chrétien dans le sens réel du mot, puisse trouver chez son éditeur un obstacle infranchissable. Il n'y a pas de million qui tienne. Jésus a dit, et sa parole demeure : "Celui qui veut sauver son âme doit la perdre." Ce qui signifie qu'il faut couper son pied, arracher son œil, plutôt que de continuer à scandaliser, c'est-à-dire à propager le mal. C'est le Christ, mort en croix pour nos péchés, qui a proclamé cette foi impérissable : l'abbé Mugnier et M. Huysmans doivent noblement s'y soumettre[1]. »

Loin de se rendre aux arguments de son ami Frémont, l'abbé continue de batailler, la plume à la main, pour défendre le point de vue de Huysmans, et le sien. Ce qu'il ne lui dit pas, c'est que les bonnes gens de Chartres, horrifiés par certaines descriptions du livre, notamment celle des protégés des Petites Sœurs des pauvres, feraient volontiers un mauvais parti à l'auteur. « J'avais espéré, avouera-t-il bien plus tard à Marthe Bibesco, j'avais projeté, tant j'étais heureux, d'aller dire la messe à Chartres, dans la crypte, et de poser le livre sur l'autel. Eh bien ! un journaliste du pays alla jusqu'à me dire : "S'il se présente à la gare, nous l'accueillerons avec une trique[2] !" »

A la fin, excédé, l'abbé Frémont, le 18 mars, lui écrit une dernière lettre à ce propos, ne voulant pas prolonger indéfiniment cette polémique et lui proposant d'écrire à Huysmans lui-même pour lui dire sa façon de penser. Ce qui l'agace au plus haut point dans la position de l'abbé Mugnier, c'est de voir celui-ci regarder l'ancien pécheur comme un Père de l'Eglise et *La Cathédrale* comme un livre saint. « Le bon sens le plus élémentaire, lui écrit-il, demande que les pécheurs publics qui, dans les premiers siècles du christianisme, auraient subi sept ans de pénitence aux portes de nos temples, ne soient pas maintenant, et du jour au lendemain, considérés comme des régulateurs et des justiciers, encore moins comme

1. A. Siegfried, *L'Abbé Frémont*, tome II, p. 132.
2. Princesse Bibesco, *La Vie d'une amitié*, tome II, p. 103.

des gonfaloniers théologiques ou littéraires. Nul de nous ne doit faire témérairement de ces hommes je ne sais quels "vases d'élection" aussi longtemps que ces hommes eux-mêmes n'auront pas brisé courageusement leurs "vases d'ignominie" et qu'ils continueront à vivre de leurs romans lamentables et à mépriser les formelles et divines injonctions de Notre-Seigneur... Vous me dites que de semblables rigueurs sont pures jalousies du frère mécontent de l'Enfant prodigue, et vous me renvoyez à l'Evangile. Mais croyez-vous décidément que si l'Enfant prodigue eût connu l'imprimerie et qu'il eût publié des livres obscènes Notre-Seigneur lui aurait accordé le pardon de ses fautes, tout en lui permettant de souiller les imaginations par ses publications antérieures ? Notre-Seigneur eût fait, comme saint Paul à Ephèse, si je ne me trompe : il eût ordonné de brûler les livres scandaleux que l'Enfant prodigue aurait écrits. »

Reprochant à l'abbé Mugnier d'accorder créance à des sophismes aussi manifestes, il veut bien lui concéder qu'on ne peut déterminer la culpabilité réelle d'un homme – il faut laisser ce soin à Dieu – mais que sur cette terre il faut agir avec bon sens : « Entre un mauvais livre, par exemple, et le décalogue violé, le rapport est ordinairement très facile à saisir. L'objectivité d'un acte relève du sens commun ; sa subjectivité ne relève que de Dieu et de la conscience du coupable. Or, je n'ai jamais dit que M. Huysmans ait commis un péché mortel en composant *Là-bas*. J'ai dit seulement que son livre est objectivement une source ouverte de scandaleux récits : et cela, je le sais, parce que je l'ai lu, quoique avec une invincible répugnance. » Et, reprochant à l'abbé Mugnier ses faiblesses envers des hommes tels que Coppée ou Huysmans, il termine par cette flèche du Parthe : « Soignez-les, ces Messieurs, puisqu'ils sont malades et que vous êtes leur charitable médecin ; mais ne vous laissez pas entamer par eux et tenez tête à leurs caprices. Tout au moins ne les publiez pas comme des merveilles [1]. »

Sage conseil que l'abbé Mugnier n'écoutera guère, irrésistiblement attiré par tout ce qui brille ou s'agite hors de l'Eglise

1. A. Siegfried, *L'Abbé Frémont*, tome II, p. 131-135.

officielle, ce qui lui vaudra dans quelques années bien des tracas de la part de sa hiérarchie.

*

S'il a courageusement soutenu Huysmans et fait campagne en faveur de *La Cathédrale*, allant même parler du livre à Bordeaux, l'abbé Mugnier se garde d'intervenir dans le conflit qui oppose, en cette même année 1898, la Mère Marie du Sacré-Cœur aux autorités ecclésiastiques. Cette protégée de son ami Georges Frémont, frappée par le peu d'instruction des sœurs enseignantes, a eu l'idée de fonder pour elles une école normale analogue à celle existant pour l'enseignement laïc. Elle a écrit un livre afin de défendre son projet, très attaqué par certains évêques ainsi que par les milieux cléricaux qui estiment que les sœurs enseignantes en savent déjà bien assez. Sur les instances du curé de Sainte-Clotilde, l'abbé Gardey, Mgr Richard, archevêque de Paris, consent à recevoir la Mère Marie du Sacré-Cœur, mais lui déclare : « Votre livre est rempli d'idées modernes, et les idées modernes sont dangereuses. » C'est l'abbé Mugnier qui avertit l'abbé Frémont de l'insuccès de cette démarche, en ajoutant que l'abbé Gardey ne pouvait rien faire de plus pour sa protégée. Il aurait même dit : « Si je lui accordais dans mon église un sermon de charité, il faudrait le soir même que j'envoyasse ma démission au cardinal Richard[1]. » Si l'ouvrage de la Mère Marie du Sacré-Cœur échappe à l'interdiction, le projet d'une école normale est abandonné. La religieuse, Auvergnate obstinée, fondera néanmoins l'Institut de Sainte-Paule, à Paris, avant d'être tuée dans un accident de circulation au mois de juin 1901.

Contrairement aux avis de l'abbé Frémont, il continue de prôner Huysmans et a même accepté d'écrire une préface à un recueil des meilleures pages de *Là-bas*, de *En route* et de *La Cathédrale.* Il peine à cette tâche ingrate, essayant de louer ce qu'il admire en évitant de se compromettre, et il note : « Le spontané qui est en moi est un vrai martyre, la plume à la

1. A. Siegfried, *L'Abbé Frémont*, tome II, p. 154.

main. » Lorsque *Les Pages catholiques*, titre de ces morceaux choisis, paraissent chez Stock, au mois de novembre 1899, il écrit sobrement dans son Journal : « Moi, pas du tout content de ma préface. » Certes, cette préface ne constitue pas un morceau d'anthologie, mais elle est un plaidoyer en faveur de la bonne foi de Huysmans qui ne joue pas la comédie du repentir : « Que certaines irrévérences et bizarreries de langage aient pu suspendre ou égarer le jugement de plusieurs, il n'y a rien d'étonnant, écrit-il, mais ceux qui s'en tiennent à l'esprit plus qu'à la lettre et qui savent combien les voies de Dieu sont parfois peu classiques, ne s'y sont pas trompés. On ne joue pas à ce point le repentir ! On ne fait pas jaillir artificiellement de telles larmes ! Décrire, avec cette précision, les effets de certains sacrements, c'est les avoir ressentis, à deux genoux, comme un croyant. Et il faut encore être pratiquant pour se plaire aux mystiques, pour se nourrir de la liturgie, pour s'approprier la pensée des saints, pour glorifier l'Esprit avec des accents qui n'appartiennent qu'à ses fils... » A propos de *En route*, il évoque les clameurs indignées qui saluèrent l'apparition du livre : « Tout d'abord les libres penseurs pardonnèrent au néophyte en faveur de l'artiste, tandis que les catholiques, justement blessés par des pages qu'ils auraient voulu déchirer, repoussaient celui qui venait à eux, d'un air insoumis et avec un langage qui n'était pas le leur. Bientôt cependant ces derniers, en grand nombre, comprenaient vaguement que tous les pénitents ne sont pas façonnés sur le même modèle, et la presse religieuse commençait à être hospitalière à l'homme et au livre... »

Et de conclure : « Quand M. Huysmans aura fait paraître *L'Oblat*, la trilogie annoncée sera complète. *En route* contient la mystique ; *La Cathédrale*, la symbolique ; *L'Oblat* résumera la liturgie. Ainsi doit s'achever l'acte de foi le plus sincère en la divinité de l'Eglise dont un artiste soit capable, et formulé dans une langue qui n'était pas habituée à s'élever jusqu'à de pareils sentiments. Qui aurait jamais pensé que le naturalisme se transformerait un jour et qu'en la personne d'un de ses représentants les plus obstinés, il contribuerait, à sa manière, à renouveler l'apologétique [1] ? »

1. Huysmans, *Pages catholiques*, Préface de l'abbé Mugnier, p. II, XI et XVII.

*

Sans doute est-ce en allant donner à Bordeaux sa conférence sur Huysmans que l'abbé Mugnier y a rencontré Mme Théophile Huc, qui habite une propriété non loin de Saint-Sever. Elle est la belle-sœur du célèbre Père Huc, missionnaire et auteur des fameux *Souvenirs d'un voyage dans la Tartarie et le Thibet pendant les années 1844, 1845 et 1846.* Femme distinguée, férue de littérature, elle occupe les loisirs que lui laisse la vie à la campagne en traduisant des textes espagnols. Elle a ainsi fait connaître au public français les romans de P. de Alarcon et de Palacio Valdès. L'abbé lui a révélé Huysmans, l'a incitée à lire ses romans et, depuis, elle est devenue une fervente admiratrice de l'écrivain, lui témoignant son admiration par l'envoi de produits régionaux pour varier son ordinaire. Auteur elle-même d'un petit roman, *L'Héritier du grand royaume*, elle a une plume alerte, volontiers incisive, et tracera dans ses lettres à Huysmans ou à certains de ses familiers des croquis, parfois piquants, de l'abbé Mugnier, qu'elle appelle, ainsi que le fait d'ailleurs Huysmans, « le fol abbé » ou « l'abbé Batifole ». Lorsque l'abbé Mugnier l'apprendra, il en sourira, indulgent, mais sera malgré tout attristé de cette façon plutôt péjorative de le juger. Pour elle, il est un abbé mondain, séduit par le grand monde, et lorsqu'il se dit accablé par son ministère, les visites, les conférences et les dîners en ville, elle ne le prend pas au sérieux : « Mais il vit là-dedans comme un poisson dans l'eau, notre ami ! » Une autre fois, elle écrit à Huysmans, le 15 mars 1900 : « Pas de nouvelles de l'abbé ; sa clientèle d'âmes armoriées agenouillées dans la dentelle le prend sans doute tout entier : mais le fait est, sans rire, qu'il est très occupé avec ses conférences et ses malades, et son confessionnal qui ne désemplit pas. Vous avez pu le voir, du reste, à Sainte-Clotilde, alors qu'il était dans un petit bureau grillagé qui me faisait songer à un bureau d'omnibus. C'était une foule de gens demandant des correspondances pour le Ciel, sans doute Il n'avait plus une minute à lui [1]... »

1. R. Martineau, *Autour de Joris-Karl Huysmans*, p. 64.

*

En attendant, Huysmans a quitté Paris et réalisé son rêve en s'installant à Ligugé. La parution de *La Cathédrale* avait rendu sa position difficile au ministère où on l'avait vivement encouragé à prendre sa retraite, le catholicisme exacerbé du livre « ayant achevé d'exaspérer ces gens ». Après un article dans *Le Gaulois* contre l'expulsion des Jésuites, il avait été mis en demeure de choisir entre son poste et le journalisme. Il avait alors dit un adieu définitif au ministère de l'Intérieur où il avait été beaucoup moins malheureux qu'il ne le prétendait lorsqu'il disait y avoir vécu « dans l'abjection et le fumier ». Il est d'ailleurs curieux de voir l'ingratitude de tant d'écrivains, casés par protection dans des ministères où ils augmentent la masse des fainéants, mordre ainsi la main nourricière et se plaindre d'y avoir eu leur génie étouffé alors que sans leur traitement ils n'auraient pu vivre avec leurs seuls droits d'auteur.

Au lieu de s'installer au monastère, il a entrepris de se construire une maison auprès de celui-ci afin de pouvoir en suivre les offices sans avoir à en observer la règle. Ainsi qu'il l'écrivait dans *En route*, il est « trop homme de lettres pour faire un moine, et [...] trop moine pour rester parmi les gens de lettres ». Il a eu un seul tort : partager cette maison et sans doute les frais avec le ménage Leclaire, et la cohabitation va se révéler bientôt éprouvante en raison du caractère assez capricieux de Mme Leclaire. Lui, a fait fortune dans l'exploitation des carrières de plâtre de Montmartre ; elle a tenu un magasin d'articles de broderie rue Villedo. Le couple est installé au rez-de-chaussée, Huysmans au premier étage où il dispose de deux pièces dont l'une, son cabinet de travail, donne sur le monastère.

C'est à Ligugé que l'abbé Mugnier va retrouver Huysmans au cours de l'été 1900. Il y était allé déjà aux mois de juillet et septembre 1899, alors que s'achevait la construction de la maison. Il en trouve les habitants aigris par leurs querelles. Une sorte de folie agite ces belles âmes qui, de reproches en critiques, finissent par tomber dans la mesquinerie. De plus, Huysmans a des différends avec l'abbé Le Cardonnel.

Heureusement, l'abbé, nature optimiste, ne s'en émeut pas et s'abandonne au plaisir d'être en perpétuelle communion avec la nature. Lucien Descaves qui le retrouve à Ligugé le décrit embrassant les arbres et respirant les fleurs dans un élan d'effusion mystique, et louant Dieu de ne pas l'avoir mis au monde pour être cloîtré. « Il m'apparut toujours, écrira-t-il, tel un vase d'élection poreux transsudant l'enthousiasme, ce grand et saint enthousiasme si bien défini par Victor Hugo : la vertu du cerveau. Habitué aux transports de son vieil ami, Huysmans s'en amusait cordialement [1]. » Cette fois il ne passe que trois jours à Ligugé, car, n'ayant pu loger au monastère, il a dû demander asile à Huysmans et ne se soucie guère d'y rester comme arbitre ou témoin des disputes entre l'écrivain et les Leclaire. Il va continuer ses vacances à Ostende, après s'être arrêté à Poitiers pour y voir Georges Frémont, plus convaincu que jamais de l'indignité de Huysmans.

Lorsqu'il rentre à Paris après ses longues vacances pendant lesquelles il peut enfin être lui-même, il ressent plus douloureusement, au milieu de toutes ses occupations, sa solitude morale. « Je manque de confidents, avoue-t-il dans son Journal le 29 novembre 1900. Je ne vois personne à qui parler à esprit et cœur ouverts. Huysmans est à Ligugé. Mgr Le Nordez à Dijon. Je dois donc me contenter des familles où je vais dîner, milieux conventionnels ou libéraux où il faut atténuer, éteindre, dissimuler, corriger toutes choses. Je crève de solitude morale. »

Huysmans, heureusement pour lui, ne restera guère à Ligugé, car la loi de 1901 va obliger les moines à quitter le monastère qu'ils avaient restauré.

*

Le 9 juin 1901 est votée la loi dite sur les Associations. Le projet de Waldeck-Rousseau prévoyait pour celles-ci un statut assez libéral, excluant les seules associations dont le siège était à l'étranger ou qui, de par leur constitution, n'adhéraient pas à la Déclaration de droits de l'homme et du citoyen. C'était le cas des congrégations, notamment des Jésuites,

1. L. Descaves, *Les Dernières Années de J.-K. Huysmans*, p. 113-114.

« victimes désignées d'avance », écrit Adrien Dansette. La loi promulguée, 615 congrégations demandent l'autorisation ; 215 s'abstiennent. Le but poursuivi par Waldeck-Rousseau était d'empêcher les congrégations de former un Etat dans l'Etat, mais Combes, lorsqu'il arrivera au pouvoir, fera de la loi de 1901 un instrument de destruction de l'enseignement religieux. Déjà, lorsqu'il avait été ministre des Cultes en 1895, il avait émis le souhait que le gouvernement choisît seul les évêques et il avait interdit à ceux alors en titre de se rendre ensemble à Reims pour y célébrer l'anniversaire du baptême de Clovis. Pour ne pas être en reste, un autre ministre, Mesureur, avait voulu supprimer les noms de saints des rues de Paris, rendre obligatoire l'incinération des morts et faire des églises autant de « conservatoires des cendres humaines ».

Dans l'espoir de faire amender la loi dans un sens libéral, le comte Greffulhe demande à l'abbé Mugnier d'effectuer une démarche auprès de Jules Roche, un ancien ministre encore influent. En réalité, il semble que ce soit la comtesse qui ait inspiré cette démarche, car la veille du jour de sa visite à Jules Roche, l'abbé note dans son Journal : « La comtesse Greffulhe m'avait envoyé son automobile. C'était la première fois que j'expérimentais ce genre de locomotion. » Le comte Greffulhe souhaiterait que les conseillers généraux puissent faire modifier la loi par le Sénat, afin de respecter le principe de liberté d'opinion comme d'enseignement. Jules Roche se montre sceptique, expliquant à son visiteur que la loi sur les Associations qui vient d'être votée à la Chambre ne l'a été en réalité que par deux millions et demi d'électeurs qui oppriment ainsi huit millions de leurs concitoyens :

— Nous sommes menacés, dit-il à l'abbé, par une nouvelle invasion barbare, mais ce ne sont plus les barbares à longs cheveux, ce sont des hommes habillés. Nous sommes menacés par une révolution sociale, par une Commune légale...

Et il conclut :

— Les catholiques devraient s'entendre pour agir de concert[1].

Sentant monter l'ouragan par lequel ils seront emportés

1. A. Mugnier, Journal inédit, 9 avril 1901.

s'ils résistent, les moines de Ligugé prennent en 1901 le chemin de l'exil et Huysmans celui de Paris : « Au lieu d'une propriété paisible, écrit-il, je vais retrouver les boîtes à dominos d'une maison commune avec menace, en dessus et au-dessous, de femmes s'hystérisant [*sic*] sur des pianos et des mioches roulant avec fracas des chaises pendant l'après-midi, et hurlant, sans qu'on se résolve à les étrangler, pendant la nuit[1]. »

D'abord réfugié chez les Bénédictines de la rue Monsieur, où les chants des moniales lui portent sur les nerfs, Huysmans emménage bientôt au 60, rue de Babylone, dont le nom lui déplaît, car il préférerait que cette artère soit placée sous la protection d'un saint plutôt que sous celle d'une ville biblique connue pour son luxe et sa dépravation. Bien que mécontent de son appartement, il y reprend la tradition de ses dîners du dimanche où l'abbé Mugnier se rend fréquemment. Lorsque Huysmans publie *Sainte Lydwine de Schiedam*, dédié aux époux Leclaire, en dépit de leurs différends, l'abbé donne en son honneur un grand déjeuner chez lui pour fêter ce pieux événement.

Les rapports entre les deux hommes sont toujours aussi étroits, aussi affectueux, bien que l'abbé pourrait s'offenser de voir Huysmans lui préférer comme confesseur l'abbé Ferret, puis après la mort de celui-ci l'abbé Fontaine, curé des chiffonniers de Clichy-la-Garenne. L'abbé Ferret, à qui l'abbé Mugnier avait adressé Huysmans pour le conseiller dans les questions théologiques que posaient certaines pages de ses livres, était mort le 13 septembre 1897, au grand désespoir de Huysmans qui avait alors écrit à l'abbesse de Solesmes, une de ses correspondantes : « Il était tout, le père, l'ami, le frère ! » ce qui n'était pas très aimable à l'égard de l'abbé Mugnier. Au lieu de se tourner de nouveau vers celui-ci, Huysmans avait cherché un autre prêtre et l'avait trouvé en la rude et pittoresque personne de l'abbé Fontaine. Il l'avait connu vers 1894 par l'intermédiaire de l'abbé Séméraire, premier vicaire à Notre-Dame-des-Victoires, qui, à sa retraite, était venu habiter auprès de lui à Clichy.

L'abbé Fontaine est plus un missionnaire qu'un curé de

1. G. Chastel, *J.-K. Huysmans et ses amis*, p. 145.

paroisse, évoluant avec aisance et même hardiesse au milieu de cette faune des chiffonniers dont il a parfois le langage et souvent les façons sans façon. « Homme de terrain », il s'est fait tirer l'oreille avant d'accepter d'aller voir Huysmans chez lui, puis il a cédé. Les amis de Huysmans ont été les premiers surpris de voir celui-ci choisir, comme directeur de conscience, un inconnu plutôt que le prêtre auquel il devait sa conversion. Huysmans lui avait d'ailleurs déclaré qu'il n'avait été converti par personne, sauf par la Sainte Vierge, ce qui était minimiser le rôle de l'abbé Mugnier. Sans doute était-il trop lié avec l'abbé pour continuer à lui laisser le soin de passer « son âme au chlore ». Depuis longtemps déjà il envisageait d'avoir un confesseur dans un registre assez différent et l'abbé Mugnier avait pu s'en douter en lisant dans *En route* cette réflexion de l'abbé Gèvresin à Durtal : « Voyez-vous, une âme faible a tout avantage à se choisir un confesseur, non dans un clergé qui a perdu le sens de la mystique, mais chez les moines. »

Avec le temps, leurs relations sont devenues celles d'une camaraderie d'hommes de lettres et ont glissé sur un autre plan, tout en divergeant dans leurs buts. L'abbé Mugnier s'impatiente parfois du côté casanier de Huysmans, de ses ratiocinations, voire de ses obsessions. Sa conversion, à cet égard, ne l'a guère amélioré car il n'a pas gagné en charité chrétienne, avouant un jour « l'humiliation qu'il éprouvait à être parmi les catholiques, tant ils sont bêtes[1] ». Il le juge avec l'indulgence du prêtre, mais donnera raison plus tard à Remy de Gourmont lorsque celui-ci lui dira : « Il était d'une affreuse méchanceté[2]. » Huysmans, de son côté, se moque un peu de la frivolité de son ami, de ses enthousiasmes enfantins. Chaque fois qu'il revient de Bayreuth, il le taquine à propos de ce qu'il a surnommé ce pèlerinage à Lourdes-en-Wagner et critique volontiers ses brillantes relations avec des duchesses françaises ou des princesses étrangères. Certains amis des deux hommes pensent que l'abbé, fier de son pénitent, l'aurait volontiers traîné dans le monde où l'on aurait aimé le

1. Paperolles de l'abbé Mugnier, 1903.
2. Paperolles de l'abbé Mugnier.

connaître, mais Huysmans, ne voulant pas être regardé comme une bête curieuse, avait résisté à toutes les sollicitations de ce genre et, en voyant pour la première fois l'abbé Fontaine, il avait eu ce mot : « Ah ! celui-là, au moins, n'est pas un prêtre mondain... »

Cette étiquette de « prêtre mondain » est désormais attachée à l'abbé Mugnier pour ne plus le quitter. A le voir, avec sa soutane un peu verdie, parfois tachée, ses gros souliers, son rabat et son chapeau qui a reçu autant d'averses que de coups de soleil, il n'a rien d'un abbé d'Ancien Régime ou d'un prélat de cour. Tout juste pourrait-on lui trouver une ressemblance avec tel abbé dont La Tour a fait le portrait au pastel. Il n'a ni l'élégance et l'onctuosité de Mgr Veye de Veya, ni les relations un peu compromettantes d'un abbé Hurel avec de trop jolies femmes qu'il consolait, disait-il, des trahisons de leurs maris. Il n'est pas beau, trop court de taille, et sans grâce, mais il a de l'aisance et de l'esprit de repartie. Il possède aussi, atout précieux pour réussir dans le monde, un esprit ouvert à tout, curieux de détails et d'anecdotes, et surtout fasciné par le passé qu'incarnent à ses yeux, ne serait-ce que par leurs noms prestigieux, les gens chez lesquels il est reçu. Comme Proust, il est sensible au prestige des noms historiques, à tout ce que l'on peut imaginer de gloire et de grandeur, de batailles gagnées ou perdues, en voyant entrer dans un salon le prince X... ou le duc de Z... Epris de littérature autant que d'histoire, il n'est pas comme Balzac ébloui par les duchesses en raison de leur titre, mais parce que telle femme du faubourg Saint-Germain descend d'une héroïne de Balzac ou a servi de modèle à un romancier contemporain. Il lui faut vivre dans un monde recomposé, fait de livres et de portraits, de jolis meubles et de vastes salons. En 1871, il avouait : « Je n'adore que la gloire littéraire et tout le reste, pour moi, n'est rien. » Seize ans plus tard, il notait : « Ce que j'aime dans ce monde, c'est le cadre, les noms, les belles demeures, la réunion des beaux esprits, le contact des célébrités... » et avec une lucidité un peu cruelle il écrivait ensuite : « Pour cesser d'être jaloux de certains hommes, il faut que je les fréquente, que j'entre dans leur intimité ; qu'ils m'estiment. Je supporte qu'ils soient connus à condition d'être, moi-même, connu d'eux[1]. » Ebloui par ce monde aristocra-

1. A. Mugnier, Journal, 1er février 1900.

tique, il n'est pas aveugle au point de s'illusionner sur ses lacunes. Il lui reproche ainsi d'avoir érigé ses préjugés en principes et surtout de manquer d'originalité, dans l'esprit du moins. Pas de grands talents chez les gens du monde, écrira-t-il, « car la société observe peu, retient moins encore. C'est une des formes de la politesse que de rester au bord des choses. Le pittoresque est inconvenant[1] ». En cela, il rejoint l'opinion de la comtesse de Pange sur la société que fréquentaient ses parents, le duc et la duchesse de Broglie, et où « ne figuraient aucun des écrivains qui cependant ont marqué le début du siècle. On semblait ignorer l'existence de Paul Bourget, de Pierre Loti, d'Anatole France, de Maurice Barrès, de Marcel Prévost et tant d'autres... On ne les connaissait pas. On n'avait même pas l'idée de les inviter[2] ». Et la duchesse de Broglie jugeait sévèrement le salon trop mêlé de la comtesse Greffulhe, où l'on risquait de rencontrer des gentilshommes déclassés comme Robert de Montesquiou, des folles comme Anna de Noailles, des jeunes gens inconnus, tous arrivistes, ou des personnages comme Arthur Meyer, « arrivé » lui, mais à quel prix !

Ses succès mondains lui font une réputation qui suscite critiques et jalousies. Un petit poème court Paris :

L'abbé Mugnier a déjeuné
Chez Madame d'Andigné ;
L'abbé Mugnier a pris le thé
Chez Monsieur de Fontenay

L'abbé Mugnier a dîné
Chez Madame de Chevigné.
Quand Monsieur l'abbé Mugnier
A-t-il donc communié ?

Les jalousies, il les découvre à l'intérieur même de Sainte-Clotilde, où il semble avoir éprouvé peu de sympathie pour l'abbé Gardey, son supérieur. Lorsqu'il avait été nommé à

1. Princesse Bibesco, *La Vie d'une amitié*, tome III, p. 25.
2. Comtesse de Pange, *Comment j'ai vécu 1900*, tome II, p. 83.

Sainte-Clotilde, un paroissien, M. Vassart d'Hozier, avait dit à l'abbé Gardey : « Il vous donnera peut-être du fil à retordre, mais servez-vous de lui. » Sans doute le curé n'avait-il pas su montrer la diplomatie nécessaire et bientôt les deux hommes s'étaient mutuellement pris en grippe au point que l'abbé Mugnier écrit l'année suivante : « Le détestable caractère de mon curé commence à me détacher de mon ministère. » Le curé voit en effet d'un mauvais œil le succès de son premier vicaire auprès des jeunes gens des deux sexes qui préfèrent se confesser à lui, et il lui reproche de « lui voler ses jeunes pénitents ». Ce détournement de clientèle n'est certainement pas la seule cause de l'aigreur de son curé qui doit mal apprécier aussi que l'abbé soit si souvent invité, en tout cas plus que lui, dans le faubourg Saint-Germain. Dans son Journal, l'abbé note, le 18 décembre 1901 : « On parle beaucoup de vous, me disait tout à l'heure la princesse Wittgenstein. Défiez-vous, car il y a des personnes perfides. Elles interprètent mal ceci, cela. On dit que vous êtes très mondain, etc. Et la princesse me trouve trop de candeur. » Si, dans l'innocence de son âme, il ne soupçonne pas les mauvais sentiments des autres à son égard, lorsqu'il fait son examen de conscience, il reconnaît honnêtement que sa vie n'est pas celle d'un anachorète : « Je suis le prêtre des noces de Cana, écrit-il. Je ne suis pas celui du jeûne au désert. » A la même époque, en s'examinant, il s'apitoie sur cette vie que le sort lui a infligée : « Je ne serai jamais qu'un pauvre enthousiaste, cachant sous son habit noir des volcans de feu », reconnaît-il, et il note un peu plus tard : « De 1879 à 1901 quel chemin j'ai parcouru ! Un chemin de fièvre et de nerfs. Point d'évolution régulière, harmonieuse. Je suis plutôt coupé comme un ver, et les anneaux ne parviennent pas à se rejoindre[1]. »

*

A ses mondanités parisiennes, il faut ajouter celles de ses vacances pendant lesquelles il court l'Europe au lieu d'aller s'ensevelir dans quelque couvent ou de passer l'été tranquillement dans un château à la campagne où il servirait de chape-

1. A. Mugnier, Journal, 21 septembre et 5 octobre 1901.

lain. Il a la fringale des voyages et la curiosité des pays étrangers, ce qui n'est pas le cas de la majorité des Français, peu soucieux d'aller voir ce qui existe au-delà de leurs frontières. Fait aggravant pour sa réputation, il est amoureux de l'Allemagne ou du moins de celle qu'il imagine à travers Goethe, son auteur favori avec Chateaubriand. « L'Allemagne, à distance, me réenchante, écrivait-il dans son Journal le 18 mai 1895. Je voudrais être en Allemagne ou en Italie. Il me faut des terres à souvenirs, des poussières de grands hommes à ramasser pieusement. L'autre jour, en errant à travers les tombes du Père-Lachaise, avec la vieille vicomtesse d'Espiès, j'ai tressailli devant le monument de Daniel Stern[1]. Me rattacher, par la pensée, aux âmes sentimentales d'autrefois, c'est le fond de ma vie. Là, gît toute ma passion. »

Passion qu'il a satisfaite en partie l'année précédente en allant avec Paul Leclercq à Bayreuth pour assister au festival que venait de créer Cosima Wagner, veuve du musicien et fille précisément de Daniel Stern. Elle était aussi celle de Liszt que l'abbé avait vu jadis à Saint-Eustache où les dames de la Halle, le prenant pour un évêque, lui demandaient sa bénédiction. Il avait été un peu surpris lorsque la fille de l'abbé Liszt[2] et de Marie d'Agoult lui avait dit en parlant de ce père prodige : « Il était très pieux : il disait un *Pater* tous les jours... » C'était bien le moins que l'on pouvait attendre d'un ancien ecclésiastique !

La personnalité de Mme Richard Wagner aurait de quoi effrayer un esprit moins enthousiaste et résolu que l'abbé Mugnier. Elle est dominatrice, exigeante, et prête à tout pour imposer le génie de Wagner. A un de ses familiers lui disant que son admiration était devenue chez elle une maladie, elle avait répondu que « la perle est une maladie pour les huîtres » et, comme son mari, elle estimait qu' « à côté de l'enthousiasme qui crie, il y a l'enthousiasme qui doit payer ». Dans ses « paperolles », l'abbé Mugnier notera en 1922 ce mot du premier mari, Hans von Bülow, à l'une de ses filles, en apprenant la mort de Wagner : « Dis à ta mère que Brahms est

1. Marie de Flavigny (1805-1876) comtesse d'Agoult, née à Francfort-sur-le Main, femme de lettres sous le nom de Daniel Stern. Une fille qu'elle avait eue de Liszt a épousé en secondes noces Richard Wagner.

2. On l'appelait couramment ainsi, mais il n'avait reçu que les ordres mineurs.

maintenant le plus grand musicien de l'Allemagne et que, Wagner étant mort, elle peut l'épouser. » A ce jeune prêtre français apportant au grand disparu l'hommage de sa ferveur, elle montrera toujours son meilleur visage et en fera un excellent agent de propagande, au moins jusqu'au lendemain de la Première Guerre mondiale. En 1919, en effet, l'abbé notera dans ses « paperolles » une conversation avec le prince de Bassiano lui disant que désormais c'était la haine du catholicisme et la haine des Juifs qui prévalaient à Bayreuth. Sa ferveur s'en atténuera.

En attendant ces jours moins radieux, l'audition de *Parsifal* a été pour lui une révélation presque mystique, au point de comparer cet opéra de Wagner à « un *Génie du christianisme* sur la scène ». Il en avait vu le côté religieux, l'exaltation d'un sentiment divin qu'il ne trouvait guère dans les cérémonies catholiques. « Amfortas, couché dans sa litière ou accoudé derrière le Graal est inoubliable, avec sa pâleur de crucifié, écrit-il dans son Journal. Il concentre en lui toutes les douleurs de la chevalerie sainte. Il est l'interprète autorisé de la plainte divine. Et quelle magnifique idée générale ressort de tout ceci. La Rédemption par la pitié et la pureté... O mes frères, les prêtres, que vous feriez bien de venir ici apprendre à être plus et mieux que des sacristains. Nous avons encore reçu là une leçon de cérémonies saintes [1]. »

Il avait dit son enthousiasme à Cosima Wagner, à qui l'avait recommandé un fervent wagnérien de Saint-Thomas-d'Aquin, M. Lascoux, et elle en avait été touchée au point de se lier avec lui, heureuse de trouver en France un écho à son souci de faire apprécier l'œuvre de son mari. Mme Wagner, « un peu prêtresse, sinon déesse », l'avait reçu chaleureusement, sensible à cette dévotion envers le grand homme et peut-être aussi parce que l'abbé possédait à Paris des références mondaines, étant lié aussi bien avec la princesse de Sayn-Wittgenstein, née Bariatinsky, qu'il avait connue en 1891 par l'intermédiaire du comte Albert de Rességuier, qu'avec la comtesse Wolkenstein, femme de l'ambassadeur d'Autriche, et quelques autres dames de la haute société germanique, entre autres la comtesse de Moltke, la princesse de

1. A. Mugnier, Journal inédit, juillet 1894.

Reuss, née princesse de Saxe-Weimar, la princesse de Tour-et-Taxis, la future égérie de Rilke. Elle l'avait invité à déjeuner avec la sœur du comte Hoyos et l'avait présenté à la duchesse de Wurtemberg. En 1895, il avait envoyé à Mme Richard Wagner, la plaquette de la conférence qu'il avait prononcée le 27 novembre 1894 à la Société Sainte-Geneviève sur le musicien et qui s'achevait par cette déclaration assez surprenante dans la bouche d'un prêtre : « Saluez, saluez un Dieu en deux personnes ! » Elle l'en avait vivement félicité : « Il me semble que seul celui qui pénètre dans les profondeurs de l'âme humaine et dont la mission consiste à ramener cette âme vers Dieu, seul celui-là pouvait donner ce caractère à un résumé si bref et lui assurer une valeur hors de toute comparaison. Je vous en suis bien reconnaissante, monsieur l'abbé, et ce me serait d'une grande satisfaction de m'entretenir de votre art avec vous. En particulier je tiendrais à vous parler de *L'Anneau des Niebelungen*. Son auteur puisa sa conception dans les fragments qui nous sont conservés des mythes germaniques et ce qui frappe dans ces mythes, c'est ce que vous revendiquez avec raison comme un trait du caractère germanique et ce que vous nommez le mysticisme. Pour moi, je voudrais le nommer la prédestination à la résignation, et par là au christianisme [1]. »

Fort reconnaissant à M. Lascoux de son introduction, il lui avait écrit : « Je date de la colline de Bayreuth l'une des plus vives émotions religieuses de ma vie », et, résumant son impression générale en quittant Bayreuth, il notait alors : « Pourquoi essayer d'évoquer cette musique ? J'étais littéralement ahuri... Mon enthousiasme n'a plus de mots à son service. Je dirai simplement que ces instruments sans nombre sont des âmes. Des âmes plaintes et triomphantes... Tous les bruissements de la nature, tous les soupirs des temples, je les ai eus dans l'oreille, dans le cœur [2]... »

Depuis, il était devenu un fervent pèlerin de Bayreuth et un correspondant régulier de Cosima Wagner, qui non seulement l'invitait à chacun de ses passages à Bayreuth, mais lui avait proposé d'accueillir celles de ses paroissiennes intéressées par

1. Lettre de Cosima Wagner du 24 mars 1895. Fonds privé.
2. A. Mugnier, Journal inédit, 21 juillet 1894.

Wagner. Elle lui avait même offert de recevoir un séminariste méritant qui n'aurait pas les moyens de faire le voyage. En apprenant que l'abbé venait d'être nommé à Sainte-Clotilde, elle s'en était réjouie, se rappelant que petite fille à Paris, lorsqu'elle habitait rue Casimir-Perier, elle avait vu commencer l'édification de l'église, et elle ne doutait pas que la façon dont il comprenait la mission de l'art et dont il l'identifiait à celle de la religion ne manquerait « de vivifier les âmes et de fortifier leur essor vers les régions d'en haut[1] ». Dans la même lettre, elle revenait sur la portée mystique de *Parsifal* et de *L'Anneau des Niebelungen* : « *Parsifal* et *L'Anneau*, rédemption et nature ! Il y a là de quoi songer profondément sur les mystères de notre existence, et quand on voit que les plus hautes forces de l'âme tendent souvent naturellement, sous le poids des épreuves, vers la résignation, l'on conçoit la nécessité de la révélation du Dieu de la souffrance. L'art qui popularise cette conception est bien certainement destiné à raviver l'esprit chrétien et il est impossible de le servir sans ressentir cette exaltation qui nous vient de l'enthousiasme religieux. Ai-je besoin de vous dire, monsieur l'abbé, combien j'ai été heureuse de trouver en vous cette compréhension de l'art et combien je me félicite d'avoir eu l'avantage d'entrer en relations avec vous ! »

Pendant plusieurs années, Cosima Wagner continue de tenir l'abbé Mugnier au courant des activités du festival où il se rend lorsqu'il le peut. Il écoutera de nouveau *Parsifal* en 1904 et en éprouvera la même émotion, écrivant : « Amfortas, c'est moi. C'est le sacerdoce catholique français à l'heure présente. Amfortas proteste, il confesse, il crie son indignité. Il est sincère[2]. » Il est reçu chaque fois en ami à la villa Wahnfried dont les familiers composent un cercle plus éclectique à son goût que les salons du faubourg Saint-Germain où les parentés, les naissances et les morts supplantent les arts dans les conversations. C'est à Cosima Wagner qu'il devra la révélation d'Arthur de Gobineau, dont il n'avait jamais entendu parler à Paris, même dans les cercles littéraires qu'il fréquen-

1. Lettre de Cosima Wagner du 20 janvier 1897. Fonds privé.
2. A. Mugnier, Journal inédit, 12 août 1904.

tait. Il notera dans ses « paperolles » que Gobineau serait, d'après le baron Seillière, un fils du peintre Ary Scheffer.

Une année, en 1898, il profite du voisinage pour aller à Weimar rendre visite à Frédéric Nietzsche. Il y avait fait allusion un jour, lors d'une réception à la villa Wahnfried, mais Cosima Wagner l'avait aussitôt arrêté :

— Monsieur l'abbé, c'est un nom que l'on ne prononce pas ici !

Il n'espère pas tirer grand-chose de cette rencontre avec l'auteur de *Zarathoustra*, qui a déjà presque perdu la raison, mais il a consciencieusement préparé quelques mots d'allemand propres à ranimer une étincelle ou deux dans sa conscience embrumée : « Nature... Amour... Univers... Génie... Goethe... » Ne sachant pas son adresse, il la demande à un épicier, qui l'ignore, puis, se rappelant que Nietzsche, malade, a besoin de remèdes, il interroge un pharmacien qui lui indique la villa où Nietzsche, étroitement gardé par sa sœur, végète. Il est reçu par celle-ci qui l'emmène au fond du jardin où il trouve le philosophe, assis sur une chaise, auréolé d'un vieux chapeau de paille dont les brins, hérissés, lui forment une sorte de couronne d'épines. Nietzsche l'écoute sans rien dire et se contente de lui serrer frénétiquement la main. L'abbé n'insiste pas et se retire, faisant une fausse sortie. Dès que Mlle Nietzsche a regagné la maison, il revient sur ses pas et, par la porte entrebâillée, il fait un signe de croix en direction du philosophe :

— Je l'ai béni, dira-t-il plus tard à Ferdinand Bac. *Benedicite.* Bien parler de son prochain. J'ai juré que je parlerais toujours bien de lui. On a beau se révolter, s'indigner chez les douairières : « Oh ! Monsieur l'abbé, comment avez-vous pu bénir ce démon ? » cela m'est égal, je l'ai béni. C'est fait. Je suis en règle avec ma conscience[1].

Une autre année, lors d'un de ses retours sentimentaux dans la Vieille Allemagne, il aurait séjourné à Kiel, lieu bien peu fait pour rappeler la Germanie romantique, surtout à l'époque des fameuses régates organisées par Guillaume II comme autant d'apothéoses personnelles. Invité sur le yacht du prince de Monaco, il l'aurait été aussi sur celui du chocolatier

1. F. Bac, *Livre-Journal 1919*, p. 104.

Menier, qui avait également comme passagers de marque les deux députés socialistes Paul-Boncour et Ceccaldi, venus pour rencontrer l'empereur. En tout cas, c'est à Kiel que l'abbé fit la connaissance de l'ambassadeur Jules Cambon à qui l'unira une longue amitié, jusqu'à la mort du diplomate en 1935.

*

Dans son enthousiasme pour la Vieille Allemagne romantique, il décide en 1903 Huysmans à le suivre. Le 25 août 1903, Huysmans, qui doit d'abord aller à Lourdes, écrit à Mme Huc : « Je tiens d'ailleurs à ne pas trop me fatiguer afin de réserver le peu de robustesse dont je dispose pour notre fol abbé qui, une fois sorti de Paris, saute comme un cabri. Je le reprendrai le 15 septembre à Paris où il sera rentré, et c'est alors que nous voguerons de conserve vers les Alsaces et les Flandres[1]. » Ce voyage à deux les déçoit l'un et l'autre. Ils s'arrêtent à Strasbourg pour y rechercher les traces de Mlle Humann, sœur du ministre de Louis-Philippe, qui avait fondé rue de la Toussaint une sorte de cénacle où les futurs Père Ratisbonne et Père Gratry, ainsi que l'abbé Bautain, avaient senti s'éveiller leur vocation religieuse. Après Strasbourg, ils se rendent à Colmar, puis à Bâle, où ils descendent au fameux hôtel des Trois-Rois, et enfin à Fribourg-en-Brisgau, avant de remonter vers Mayence et Francfort pour revenir ensuite à Paris en visitant Anvers et Bruxelles. En Allemagne, où les prêtres catholiques sont vêtus en clergymen, sa soutane vaut à l'abbé d'être accosté par des enfants qui, après l'avoir salué en latin en lui disant *Laudetur Jesus Christus*, lui demandent sa bénédiction. La seule chose qui ait vraiment frappé Huysmans au cours de ce voyage est un tableau du musée de Francfort, celui d'une certaine Giulia incarnant « toute la férocité de la luxure et tous les sacrilèges de la Renaissance ». Dans son livre *Trois Eglises, Trois Primitifs*, il dira d'elle : « Cette créature qui tient de la sibylle et de la sorcière, de la courtisane et de la bayadère, concentre dans sa tenue, dans son regard, les infernales manigances des principats italiens et de la Rome païenne des papes. » Il s'en

1. R. Martineau, *Autour de J.-K. Huysmans*, p. 76.

procure une photographie qu'il fait encadrer, photographie dont l'abbé Mugnier héritera et qui, donnée comme *La Démone de Francfort*, ornera son salon de la rue Méchain jusqu'à sa propre mort.

Cette frénésie de voyages qui agite l'abbé Mugnier chaque été, Huysmans est loin de la partager. Aussi, l'année suivante, refuse-t-il de l'accompagner dans une nouvelle expédition, s'étonnant d'ailleurs de ce besoin de mouvement : « Quant au fol abbé, écrit-il le 8 janvier 1904, lui, il est surtout repris du désir de mâcher des kilomètres et me propose un nouveau voyage en août. C'est étonnant cette rage de locomotion qu'ont tous les prêtres, car tous ceux que je connais sont ainsi. Ils ont le plaisir des enfants, aux portières des wagons. C'est l'internement du confessionnal qui leur vaut ça. » Il y a du vrai dans cette remarque, à en juger par cette réflexion de l'abbé Mugnier un jour d'été alors qu'il se trouve à Travemünde, au bord de la Baltique : « Il faut aller jusque-là pour être sûr de ne plus rencontrer une paroissienne de Sainte-Clotilde [1]... »

En revanche, l'abbé reste un des commensaux zélés de Huysmans qui, ayant déménagé encore une fois pour s'installer au 7, rue Saint-Placide, y continue ses réceptions du dimanche où des nouveaux venus se mêlent aux anciens fidèles. Au probe et dévoué Landry s'est joint un autre secrétaire bénévole avec un certain Jean de Caldain, de son vrai nom Jean Marchand. C'est un personnage picaresque, un aventurier que l'abbé, pour une fois défiant, apprécie peu. Ancien élève des Beaux-Arts, doué d'un talent modeste, il manque d'esprit de suite au point de n'avoir jamais pu achever un dessin commencé. S'étant découvert une vocation religieuse, il était entré chez les Bénédictins de Maredsous, en Belgique, et s'y était si bizarrement conduit que les bons Pères l'avaient mis à la porte. Il avait tâté ensuite du couvent de Baronville et avait pris l'habit. Venu un jour voir Huysmans, celui-ci avait été surpris de sa visite et surtout de le trouver en vêtement civil :

1. A. Mugnier, Journal inédit, 2 août 1904.

— Mais qu'est-ce qui vous a fait partir ? lui demande-t-il. Vous y étiez bien ?

— Oui, répondit Caldain, mais ça manquait de femmes !

Il était passé de ce couvent à un cirque forain où il était devenu montreur d'oies savantes. Un jour que les amis de Huysmans doutaient qu'il ait pu tenir un tel emploi, il se drapa dans un manteau, prit une canne et se mit à claquer de la langue en imitant le cri des oies, numéro qui convainquit l'assistance. Il a d'ailleurs l'aspect d'un clown, presque chauve et le visage glabre, petit avec de grands pieds et une démarche disloquée, doué d'une voix gouailleuse aux intonations faubouriennes. Il est non seulement un peu vulgaire, mais odieusement familier, tutoyant tout le monde et se considérant chez Huysmans comme chez lui, à l'effarement du bon Landry. Il est vrai qu'il se révélera d'un dévouement admirable lorsque Huysmans commencera de souffrir d'un cancer de la mâchoire et il le soignera, sans dégoût, jusqu'à sa fin. Néanmoins, il est fort antipathique à l'abbé Mugnier qui s'arrange, autant qu'il le peut, pour aller voir Huysmans lorsqu'il est certain de ne pas s'y trouver avec lui.

C'est par Forain, dont il est l'un des amis, que Caldain a été introduit rue Saint-Placide. Avec Forain, revenu lui aussi au catholicisme, l'abbé s'entend fort bien, sensible à l'esprit mordant de l'homme, à son talent de caricaturiste, et déplorant seulement que son retour à Dieu n'ait guère adouci sa verve, ou plutôt sa méchanceté. Il est vrai qu'il a pour excuse d'avoir pour épouse une femme encore plus méchante que lui. En revanche, François Coppée, lui, n'est que charme et bonté, bien que fort passionné dans la défense de ses convictions. L'abbé Mugnier va souvent dîner chez lui, rue Oudinot, ou déjeuner le dimanche dans sa propriété de La Fraisière. Coppée, revenu au catholicisme, est un peu agacé par celui de Huysmans qui « en fait trop. » Lorsque l'abbé Mugnier lui avait annoncé que Huysmans voulait entrer à la Trappe, il avait répliqué : « Qu'il y reste ! »

Aussi les conversations du dimanche, autour de Huysmans, sont-elles un festival d'esprit. Un de ces familiers, Lucien Descaves, se rappellera la liberté des propos : « Forain n'avait pas besoin, lui, de se mettre en bras de chemise pour proférer des mots cruels, mais justes, d'une bouche gouailleuse...

Huysmans se frottait les mains de contentement, et le bon abbé Mugnier, dépaysé, s'effarait[1]. » Sa présence, au lieu d'être un frein, semble au contraire encourager le cynisme et la verdeur de langage des convives qui s'amusent de son embarras et, surtout, de son ignorance en certaines matières.

Au fond, tout en feignant d'être scandalisé, il s'amuse aussi et ne manque pas un de ces dîners. Rentré chez lui, il consigne de sa fine petite écriture les propos entendus, qui montrent à quel point tous ces écrivains ne s'apprécient guère entre eux. Un ancien familier de Barbey d'Aurevilly lui confie que celui-ci détestait Mlle Read, si dévouée à son culte, expliquant qu'Antigone était l'être qu'Œdipe aimait le moins, car elle lui rappelait son infirmité. La même bonne âme affirmait que Barbey n'aimait pas non plus Huysmans, disant de celui-ci : « C'est un envieux. » Huysmans, de son côté, avoue que les livres de Claudel lui paraissent inintelligibles et même le fidèle Lucien Descaves lui dit, à propos de *La Cathédrale*, qu'il n'aime pas beaucoup cet ouvrage, « les plombs des vitraux étant tombés dans le livre[2] ». Descaves, éternel sceptique, se demande si Huysmans, qui semble de moins en moins heureux de vivre, n'a pas des regrets de sa conversion...

A la fin de l'année 1904, Huysmans écrit à Mme Huc : « Le fol abbé a formellement promis d'être là le jour de Noël. D'ailleurs, il est maintenant plus fidèle et il ne manque plus guère le dimanche. Il faut des madames extraordinaires pour nous l'arracher... Et le brave abbé, obligé d'être guindé dans tous ses dîners mondains, se détend et se repose, comme il dit, à la maison. Il lâche alors tout le joli côté gamin qui est en lui, et il le reprend en sortant[3]. » Huysmans serait bien étonné s'il pouvait voir ce que, de son côté, l'abbé consigne dans son Journal après une soirée chez lui : « Dîné hier soir chez Huysmans avec Girard, note-t-il le 29 août 1904. Encore une fois, on ne publiera jamais les propos de table de l'auteur de *En route* car il n'en a pas. Aucun frais d'érudition et de

1. G. Chastel, *Huysmans et ses amis*, p. 173, et Bulletin de la Société Huysmans, 1932, p. 182.
2. Ces divers jugements sont tirés des « paperolles » de l'abbé Mugnier.
3. R. Martineau, *Autour de J.-K. Huysmans*, p. 88.

verve. Pas la plus petite trouvaille de mot. Pas une de ces épithètes rares dont il est si friand pour ses lecteurs... »

*

Ces réunions chez Huysmans distraient l'abbé Mugnier de bien des soucis. Il a perdu sa mère en 1903, sa mère qu'il se reprochait de négliger, se disputant souvent avec elle et s'en voulant de son impatience à son égard. Il a eu la satisfaction de voir une foule élégante assister à son enterrement : « J'ai reçu une pyramide de témoignages de sympathie, écrivait-il le 1er avril 1903. La pauvre enfant de Lorraine, venue à Paris dans quelle détresse ! a eu des ducs et des princes à ses obsèques. » Pour ajouter à sa tristesse, il voit en péril son autre mère, l'Eglise, attaquée de plus en plus violemment par les libres penseurs, les francs-maçons et le gouvernement. Celui-ci est passé aux actes. Au mois de mars 1903, les autorisations sollicitées par les congrégations, en vertu de la loi de 1901, ont été rejetées en bloc et les congrégations, prédicantes ou enseignantes, se sont vues contraintes de fermer leurs portes. La mesure a donné lieu à des séries d'incidents, notamment à la Grande Chartreuse où des milliers de paysans sont venus défendre les pères qui ont été appréhendés, *manu militari*, au milieu de l'office. A Lorient, au mois d'octobre 1903, les ouvriers de l'Arsenal s'en prennent aux participants d'une manifestation religieuse : il y a six morts et quatre cent cinquante blessés. Le vent de l'anticléricalisme souffle en tempête et fait redouter une guerre civile. On pourrait se croire revenu aux pires moments de 1793 en lisant dans une certaine presse des articles de ce genre : « Un jour viendra où les sociétés policées poursuivront les marchands de messes comme des malfaiteurs... Contre le prêtre tout est permis... C'est le chien enragé que tout passant a le droit d'abattre de peur qu'il ne morde les hommes et n'infecte le troupeau. »

Le prêtre, aisément reconnaissable à sa soutane et à son chapeau, est souvent sifflé dans les rues. Pour prévenir ces agressions, désarmer la hargne que suscite la seule vue d'un prêtre, l'abbé prend les devants. Il se dirige sur le groupe de traîne-savates qu'il devine hostile et, s'adressant au plus fort d'entre eux, il lui demande, en soulevant son chapeau :

— Pardon, monsieur, auriez-vous l'extrême bonté de me dire où se trouve telle rue ?

La réaction est en général favorable. Les ricaneurs se muent en braves gens et se lancent dans d'obligeantes explications dont l'abbé les remercie chaleureusement. Un jour qu'il va voir Georges Landry qui habite un modeste appartement rue des Bergers, il est salué par des croassements de corbeau de la part de gamins traînant dans la rue :

— Mon cher Landry, observe l'abbé, dans votre rue des Bergers, les pasteurs sont bien mal accueillis...

Le cœur navré, il voit l'Eglise catholique éliminée de tous les lieux où elle était jadis officiellement présente : les crucifix sont retirés des tribunaux, le monopole des enterrements est transféré aux communes tandis que les ecclésiastiques se voient refuser le droit de se présenter aux concours d'agrégation et que les militaires ne peuvent plus fréquenter les cercles confessionnels. Mais le plus grave est la fermeture de tous les établissements d'enseignement religieux, à l'exception des noviciats destinés à former le personnel des écoles françaises à l'étranger, notamment dans les colonies et les protectorats où l'Etat trouve excellent pour les indigènes ce qu'il juge néfaste et pernicieux pour ses propres sujets... De 1904 à 1911, 1 843 écoles seront fermées et les biens des congrégations confisqués par l'Etat pour être vendus, fort mal, comme l'avaient été jadis les biens du clergé pendant la Révolution. On s'achemine vers une séparation totale de l'Eglise et de l'Etat, après la dénonciation du Concordat qui depuis un siècle en régissait les rapports.

Si quelques personnalités ecclésiastiques, tel Mgr d'Hulst, voyaient dans le Concordat un joug asservissant le clergé en façonnant « un épiscopat de valets » aux ordres de l'Etat, la majorité des fidèles et du clergé reste attachée au Concordat « pour un ensemble de raisons doctrinales, historiques et pratiques », écrit Adrien Dansette. L'abbé Georges Frémont, venu à Paris au printemps 1905, note dans son Journal, après avoir dîné chez l'abbé Mugnier, que celui-ci broie du noir devant la situation faite au clergé, mais il ajoute, en voyant l'indifférence générale, que Paris n'a pas l'air de s'inquiéter beaucoup de la Séparation : « Le clergé s'est peu à peu mis hors de la nation ; la nation le met peu à peu hors de la loi, en attendant que Dieu, peut-être, mette la nation et le clergé hors l'histoire et hors la vie[1]. »

Il s'agit, dans la perspective de cette séparation, de « sauver les meubles », c'est-à-dire de trouver des moyens d'existence pour un clergé qui ne sera plus salarié. Aussi les préoccupations matérielles l'emportent-elles souvent sur les considérations doctrinales, au grand regret de l'abbé Mugnier qui, seul parmi ses confrères, ne se préoccupe guère du temporel et reste au-dessus de la mêlée : « On ne parle que d'associations paroissiales et d'associations cultuelles, écrit-il le 6 septembre 1905. Le clergé va encore dépenser son activité dans ces organisations-là. Et la religion intérieure sera toujours reléguée au dernier plan. Vous vous préoccupez trop des questions hiérarchiques, ecclésiastiques. Et la justice, et la charité, et la résignation, et le courage et tout ce qui fait vivre l'âme humaine ! La question Eglise tue la question seulement religieuse. La religion est un esprit, un mouvement du cœur. Vous en faites un pouvoir, une société, une force extérieure, quelque chose qui est en lutte avec les autres pouvoirs et les autres sociétés. Pour aimer Dieu et son prochain, faut-il tant de matérialité ? Que nous sommes loin de ce qu'a voulu Jésus-Christ ! Il tolérait à peine le Temple[2]. »

Lorsque le projet de loi de Séparation est approuvé au Sénat, il note avec une certaine désinvolture : « Nous allons voir maintenant le génie pratique de nos supérieurs ecclésiastiques. Je crois à leur néant. N'était l'amour-propre, je suis heureux de ne pas être curé, en ce moment. Démenez-vous, messieurs les curés ! »

Finalement, la loi est définitivement votée le 9 décembre 1905 par 341 voix contre 233, sans que l'abbé s'en émeuve qui, le 15 décembre, écrit : « Il faut se suffire à soi-même. Huysmans convenait, hier soir, que l'Eglise de France est flambée. Nous ne sortirons pas du pétrin. C'est la foi qui manque, et quel clergé imbécile ! D'ailleurs l'Eglise, comme dit le pauvre malade de la rue Saint-Placide, a embêté tout le monde. »

---

1. A. Siegfried, *L'Abbé Frémont*, tome II, p. 421.
2. A. Mugnier, Journal, 6 septembre 1905.

Les premiers effets de la loi de Séparation ne se font pas attendre, en raison de la hâte du gouvernement et du directeur des Domaines à dresser l'inventaire des biens de l'Eglise. On s'attend même à l'effraction des tabernacles afin d'en arracher les ciboires ! Ces inventaires forcés provoquent une telle émotion chez les fidèles que dans beaucoup de paroisses ils accourent pour empêcher cette violation des lieux de culte. Ils se massent sur le parvis, accueillant les agents de l'Etat avec des huées, voire des horions, et dans certains endroits particulièrement hostiles il faut faire appel à la troupe pour prêter main-forte aux serruriers chargés de crocheter les portes closes.

A Sainte-Clotilde, le curé, l'abbé Gardey, a décidé de n'opposer aucune résistance, à l'indignation de ses paroissiens qui veulent en découdre avec les agents du fisc, les femmes n'étant pas les moins belliqueuses. « Des énergumènes catholiques nous ont dit des insolences », note l'abbé Mugnier au soir du 1er février, après une violente altercation entre des fidèles et l'agent du fisc qui, houspillé, injurié, n'a pu se faire entendre. A la fin, escorté de pompiers qui ont forcé la porte, il pénètre dans la basilique, où l'on sonne le tocsin. Des gardes à cheval se tiennent, hiératiques, indifférents au tumulte. « Curé débordé, parti depuis longtemps, écrit tristement le soir l'abbé Mugnier. Les fabriciens[1] l'accompagnaient. Il fait nuit, et l'on crie encore. Ces femmes qui veulent toujours qu'on proteste ! Ces pieux apaches qui pratiquent l'apologétique du coup de canne. Que cette anarchie catholique est loin de l'Evangile ! A quoi aboutirons-nous avec ces résistances ? Car les catholiques, certains du moins, veulent la résistance, montrent le poing au clergé qui ne résiste pas. »

Cette passivité du clergé de Sainte-Clotilde est sévèrement jugée par les habitants du quartier qui blâment non seulement le curé, mais l'archevêque. Evoquant deux ans plus tard les incidents des Inventaires avec l'abbé Gardey, Georges Frémont constatera que le curé de Sainte-Clotilde partageait ses vues, plutôt révolutionnaires aux yeux des bien-pensants, sur les responsabilités de l'Eglise dans l'affaire. « Les laïques visionnaires, comme M. Grousseau, et qui ont voulu jouer le

1. Membres du conseil de fabrique.

tout pour le tout ; l'archevêque de Paris et l'épiscopat, qui n'ont pas dominé la situation ; Rome trop lointaine et trop mal renseignée pour bien diriger les affaires de France, telles sont, aux yeux de l'abbé Gardey, les causes explicatives de notre effondrement. Et nous n'en sortirons pas, ajoutait-il avec pessimisme : nous sommes perdus ; un tiers du clergé de France va mourir de faim [1]. »

L'abbé Mugnier ne court pas ce risque, invité comme il l'est presque chaque soir. Déjeunant justement chez les Pomereu quelques jours avec l'ouverture forcée des portes de Sainte-Clotilde, il déplore autant que Frémont la combativité des fidèles, qui semblent vouloir rééditer les exploits des Vendéens pendant la Révolution. Il voit dans cet esprit de résistance un motif surtout politique : celui « de balayer la République au profit du roi ». En revanche, Huysmans, qui déteste, en vrai converti, les milieux catholiques et moutonniers, est « très content du réveil des laïcs chambardant les curés de Saint-Sulpice, de Sainte-Clotilde et autres, et le vieil archevêque aussi ».

Ces mouvements populaires ou plutôt, en la circonstance, aristocratiques, distraient un moment Huysmans de ses maux qui le conduisent à une lente agonie. Il ne peut plus quitter son appartement où il est dévoré vivant par ce cancer qu'aucun médecin ne peut enrayer. Georges Landry se dévoue à son chevet et aussi Jean de Caldain qui se charge des tâches les plus rebutantes, entre autres celle de changer ses pansements. L'abbé Mugnier lui rend visite, essayant de le réconforter, mais Huysmans est sans illusions, attendant la mort avec résignation : « Je ne dors pas, je ne mange pas, je fais du pus... » dit-il tristement, ajoutant une autre fois qu'il croit à la réversibilité des grâces et que, victime expiatoire, il souffre pour les autres. Alors que pendant longtemps, chez lui, l'écrivain a passé avant le chrétien, maintenant le chrétien l'emporte sur l'auteur, désabusé. Au printemps 1907, son mal empire et lui interdit même d'écrire. Il meurt le 12 mai, une heure ou deux après une ultime visite de l'abbé qui va le revoir sur son lit de mort : « Une figure douloureuse, jaune,

1. A. Siegfried, *L'Abbé Frémont*, tome II, p. 485.

de moribond crucifié. » On lui a mis son habit noir d'oblat et, pour cacher la déformation de sa mâchoire, une mentonnière ressemblant à l'amict du religieux qui s'apprête à dire la messe.

C'est l'abbé Mugnier qui, le 14 mai, célèbre en l'église Notre-Dame-des-Champs l'office à sa mémoire, en plain-chant suivant la volonté de l'écrivain. Le curé donne l'absoute. Ensuite le corps, suivi d'une foule nombreuse, est emmené au cimetière Montparnasse. Au soir de cette cérémonie, l'abbé prononce pour lui-même son éloge funèbre : « Pauvre cher romancier que j'ai connu pendant seize ans, que j'ai défendu partout, dont j'ai crié la conversion sur les toits ! Mon admiration pour son talent a été grandissante. J'aurais voulu parfois l'homme plus démonstratif, mais il était sûr, fidèle et toujours accueillant. Descaves me disait en chemin qu'il n'avait pas dû être heureux, que la religion elle-même ne lui avait pas donné le bonheur. Mystère que tout cela[1] ! »

Bien des années plus tard, il aura une assez désagréable surprise en découvrant, par Lucien Descaves venu le voir, un côté de Huysmans qu'il avait ignoré. Encore une fois, il s'était montré naïf ! Descaves était allé lire à la Bibliothèque nationale la série des lettres de Huysmans aux époux Leclaire. « Huysmans s'y montre sous un mauvais jour, écrit l'abbé, aimant les ragots, n'épargnant personne, disant de Descaves que son ménage ne va pas, nommant sans charité les moines de Ligugé, écrivant pis que pendre sur Waldeck-Rousseau et sa femme[2]... » Il savait déjà que Huysmans l'appelait « le fol abbé », ce qu'il déclare « enjoué de sa part ». Comme Descaves s'étonne que sa conversion n'ait pas amené Huysmans à plus de charité envers son prochain, l'abbé voit dans cette méchanceté un simple effet de sa verve, qui avait besoin de cet aliment pour s'exercer, mais il se rallie à la proposition de Descaves d'écrire un livre sur l'ermite de Ligugé afin de remettre les choses au point vis-à-vis des futurs lecteurs de sa correspondance au cas où elle serait publiée ou utilisée par

1. A. Mugnier, Journal, 14 mai 1907.
2. A. Mugnier, Journal, 26 juin 1935. Signalons que l'abbé Mugnier était le confesseur de Mme Waldeck-Rousseau.

des historiens, car, écrit-il en soulignant la phrase : « Il ne faut pas qu'on nous prenne plus tard pour des gens trop crédules. »

Il restera néanmoins toujours fidèle à la mémoire de Huysmans, conservant chez lui, entre autres souvenirs légués par l'écrivain, son portrait. Chaque année il célébrera dans l'église Saint-Séverin, où Huysmans avait été baptisé, une messe en son honneur, et il sera l'un des membres les plus assidus des « déjeuners Huysmans » réunissant les amis, puis, au fur et à mesure que ceux-ci disparaissaient, des admirateurs du romancier. L'idée en revient à Léon Deffoux qui, avec Zavie, un journaliste (?), avait inventé le « Huysmans Club », société quasi secrète et qu'on évoquait avec des airs de conspirateurs si bien que beaucoup de gens voulurent en faire partie. Du « Huysmans Club », on devait passer à la Société des Amis de Joris-Karl Huysmans dont les vingt-cinq membres cooptaient les remplaçants des confrères disparus. L'abbé Mugnier sera l'animateur de ces déjeuners qui réuniront nombre de personnalités, comme Paul Valéry et maître Maurice Garçon, Lucien Descaves ou René Dumesnil, et marqueront la vie littéraire entre les deux guerres.

LES MAUVAIS BERGERS

1908-1909

Avoir converti, ou plutôt ramené à Dieu, Huysmans, avait donné à l'abbé Mugnier une réputation dans le monde des Lettres et aussi dans le grand monde où, si on ne lisait guère, on s'intéressait du moins à la vie privée des écrivains, ne serait-ce que pour y trouver une motif de scandale. Ainsi que l'écrivait Mme de Staël : « On est toujours bien aise d'être moral contre quelqu'un. » Un des rares écrivains reçus dans le monde, et spécialement dans le faubourg Saint-Germain, est le romancier Paul Bourget dont la médiocrité de style et l'élégance empruntée, faussement britannique, rassurent les belles âmes. « Il a la passion de la convenance », dira de lui Léon Daudet. S'il pense bien, il écrit mal et, en matière de religion, il en remontrerait au pape, à qui le Faubourg ne pardonne pas sa mansuétude à l'égard de la République. L'abbé Mugnier n'apprécie guère l'écrivain dont le catholicisme exacerbé l'agace et un soir, dans un dîner, alors que Paul Bourget se pose en défenseur intransigeant de certains dogmes, il le coupe en lui décochant :

— Monsieur Bourget, j'ai deux soutanes, en voulez-vous une ?

Malgre son peu de sympathie pour le personnage, il a un point commun avec lui ayant été, à son instar, une victime de Léon Bloy. Huysmans a essuyé lui aussi la vindicte de ce pamphlétaire enragé qui dans ses *Quatre Ans de captivité à Cochons-sur-Marne* avait donné son opinion sur *La Cathédrale* : « Entrepris la lecture de *La Cathédrale* de Huysmans. Répugnante, mais nécessaire. Qui dirait la vérité sur Huysmans converti, si je ne la disais pas ? [...] Rien ne peut égaler l'inintelligence et l'ânerie somptueuse de ce livre, si ce n'est la bassesse de cœur, le manque absolu de générosité qui caractérise l'auteur. » Et six mois plus tard, il notait derechef : « Achevé, avec un grand soupir, 488 pages sans rencontrer une idée, c'est atterrant. Ah ! son succès s'explique ! Mais je pense qu'on l'achète par mode, par snobisme, pour ne pas le lire. Il faut être, comme moi, un galérien de la critique pour avaler cela[1]. »

Huysmans a pu déguster le venin de son jugement avant sa mort, comme celui d'une autre appréciation de Bloy sur lui dans *Les Dernières Colonnes de l'Eglise*, ouvrage édité en 1903 et dont un chapitre lui était entièrement consacré, avec des commentaires de ce genre : « Il a connu enfin le bonheur des boutiquiers qui font leur caisse, la journée finie. Au point de vue strictement catholique, son métier actuel est de jeter du pain aux chiens et de dégoûter les âmes. » Et comme un de ses lecteurs le trouvait bien sévère à l'égard de Huysmans, il lui avait répondu : « Etant son juge, sinon devant les hommes, du moins devant Dieu, il ne m'appartient pas de lui pardonner. C'est à lui de me pardonner ma misère qui est en grande partie son ouvrage et la célèbre droiture de mes sentiments et de mes doctrines. Mais cela, il ne le fera jamais[2]. »

L'abbé Mugnier ne pourra donc se plaindre de n'avoir pas été prévenu lorsque entraîné par un saint zèle, il s'est jeté dans la gueule du loup en allant rendre visite à Léon Bloy.

*

Il est intéressant de s'arrêter un moment sur la personnalité de Léon Bloy, vivante antithèse de l'abbé Mugnier, car leurs conceptions du catholicisme sont diamétralement contraires, au point qu'on pourrait penser qu'ils n'ont pas le même Dieu. Bloy, sans être célèbre, est connu, moins par ses livres qui ne se vendent pas que par sa réputation de pamphlétaire et surtout de « tapeur » professionnel. Il appartient à cette race de convertis qui entrent en religion comme des cambrioleurs

1. L. Bloy, *Journal 1892-1907*, tome I, 14 janvier et 19 juillet 1903.
2. L. Bloy, *op. cit.*, tome I, p. 419.

dans une banque ou, du moins, voient dans le catholicisme un fonds de commerce où leurs clients ont d'ailleurs tout à perdre.

Venu tout jeune à Paris, de Périgueux où il est né, il a occupé divers emplois de scribe et a rapidement jugé tout travail régulier indigne de lui. Aussi a-t-il quitté la bureaucratie en claquant la porte, espérant pouvoir vivre uniquement de sa plume. A peine entré à *L'Univers*, il s'est brouillé avec Louis Veuillot, comme il le fera d'ailleurs avec la plupart des directeurs de journaux, pour devenir secrétaire de Barbey d'Aurevilly qui, à défaut de le payer, l'a ramené à la foi de son enfance, en lui donnant de surcroît le goût d'un certain mysticisme. Il a multiplié les retraites à La Salette, à la Grande Chartreuse, y trouvant moins des secours spirituels qu'une table gratuite. Entre deux retraites, il collabore à divers journaux dont les directeurs l'ont promptement remercié, car ses articles au vitriol leur attiraient trop d'ennuis. L'un d'eux, le directeur du *Gil Blas*, a même été obligé de se battre en duel à sa place, Bloy ayant refusé d'assumer ses responsabilités.

Alors qu'il a tout juste de quoi ne pas mourir de faim, il s'est acoquiné avec une série de prostituées ou de pauvres filles en lesquelles il voit autant de pécheresses rédimées par lui. Leur sauvetage est une noble entreprise et s'il fornique, c'est saintement, pour la plus grande gloire de Dieu. L'une d'elles a des visions dont il se sert pour étayer certaines de ses propositions théologiques. Ce délire érotico-mystique finit par l'internement à Sainte-Anne pour l'une, et la mort à l'hôpital pour une autre. Au lieu de se sentir responsable de ces catastrophes, ou de déplorer ses mauvais choix, il y voit seulement une conjuration du monde entier contre lui et il en veut haineusement à ce monde, impitoyable aux pauvres, alors qu'il l'est surtout aux imbéciles.

Faisant de sa pauvreté une enseigne, il s'établit pauvre officiel, image incarnée du Christ, le pauvre par excellence, et depuis il tient boutique, en tendant la main, mais en mordant celle qui le nourrit : « Je reconnais un ami, dit-il, à ce qu'il me donne de l'argent. » En l'art de s'en faire donner, il est passé maître, exploitant cyniquement son entourage et faisant comprendre à ceux qui lui envoient cent francs que cinq cents eussent mieux fait l'affaire, à ceux qui lui donnent cinq cents qu'il en attendait mille. Tout lui est bon, et il accepte avec générosité d'humbles offrandes de vingt francs que de plus pauvres que lui, touchés par ses jérémiades, lui adressent en se privant du nécessaire. Il connaît son Evangile et sait que l'obole de la veuve est toujours bienvenue.

Dans ce rôle de pauvre à patente, il atteint les sommets de la malhonnêteté intellectuelle et va au-delà de l'escroquerie vulgaire. On le voit non seulement quémander, mais se livrer à des opérations plus que déloyales, suppliant ses relations de lui acheter ses manuscrits, puis, quelques années plus tard, leur reprochant d'avoir abusé de sa misère en les acquérant à bon compte. On le voit aussi écrire à des gens connus des lettres injurieuses qu'il ne leur envoie pas, mais qu'il vend pour que le public apprenne ainsi comme il traite les grands de ce monde... Toutes ses lettres s'achèvent automatiquement par un appel au secours, et celles qui n'en comportent pas seront plus tard des raretés, recherchées par les amateurs d'autographes. Aucun écrivain, aucun artiste, aucune personnalité un peu connue n'est à l'abri de ses sollicitations impérieuses, si bien que la liste de ses bienfaiteurs volontaires ou contraints égale au moins celle de ses lecteurs. Il sollicite jusqu'aux morts, s'autorisant ainsi de ses liens avec l'abbé Jean Tardif de Moidrey pour tenter d'obtenir du frère de celui-ci une partie de son héritage en prétendant qu'à son lit de mort l'abbé avait voulu lui faire un legs important dans un testament qu'il n'avait pas eu le temps de rédiger.

Non content de solliciter, il lève un tribut sur ses amis, se montrant aussi tatillon que le fisc, aussi brutal qu'un soldat en maraude. Un jour que Barbey d'Aurevilly, fort pauvre lui-même, avait reçu un mandat, il en avait exigé la moitié, ce dont l'écrivain, qui avait cédé par faiblesse, s'était consolé en disant : « Il déshonore la pauvreté. » Bloy, lui, se croit volé lorsqu'on ne lui accorde pas ce qu'il réclame. Si l'ami sollicité ne peut vraiment rien donner, il doit se transformer lui-même en mendiant et faire la tournée de ses connaissances pour les attendrir sur le cas de Léon Bloy, qui meurt de faim par amour du Christ.

Pour justifier l'odieux de cette conduite, il explique avec gravité qu'il souffre pour les autres, assurant ainsi leur salut, et qu'il est juste en compensation de lui verser un salaire. Ce qu'il y a de plus déplaisant, c'est qu'il exige en plus de ses bienfaiteurs leur conversion ou leur retour à la foi, les obligeant à toute sorte de pratiques religieuses, de la communion quotidienne à la méditation, exercices auxquels il ne se plie pas lui-même aussi souvent qu'il le dit.

Cet imprécateur qui, s'il le pouvait, excommunierait toute l'humanité pour rester le seul Juste aux yeux de Dieu, ne connaît qu'un sentiment à l'égard de ceux qui viennent à son secours : l'ingratitude, et ce n'est pas sans raison qu'avec une totale impudeur il a baptisé un tome de son Journal *Le Mendiant ingrat.* Devançant les affronts, les avanies et surtout les refus opposés à ses demandes, il se venge par anticipation, attaquant ceux qu'il veut « taper », puis s'indignant s'ils se dérobent. Ceux qui cèdent par crainte ou par pitié, il les méprise et leur consacre dans son Journal des pages haineuses, estimant ainsi en être quitte avec eux. C'est ce qui est arrivé à Huysmans et Paul Bourget qui, malgré tout, par esprit de charité, continuent de le secourir, mais anonymement.

Si l'on additionne toutes les sommes ainsi extorquées aux uns et aux autres, et dont il tient la comptabilité dans son fameux Journal, sans parler de celles qu'il n'a pas mentionnées, on s'aperçoit qu'il gagne autant qu'un ingénieur, soit environ 1 500 francs par mois... Il est vrai qu'il tient à ses aises, à ses plaisirs de petit bourgeois frileux, aimant chaque soir aller boire son absinthe au café, en prenant d'ailleurs plus qu'une, y jouant aux cartes ou au billard, ce qui lui coûte autant parfois que le salaire journalier d'un ouvrier. S'il a connu des chambres louées au mois, des galetas, des appartements étriqués, il a eu aussi pendant certaines périodes de sa vie des installations confortables, des pavillons avec jardin, souvent une bonne ou deux et jamais moins d'une femme de ménage, en général au rabais, s'indignant d'ailleurs de la voracité de tous ces gens, comme si lui seul avait le droit d'avoir faim.

De vivre ainsi de la charité publique ne l'empêche aucunement de vomir les riches et d'éructer contre eux de sanglants anathèmes, embellis par sa fertile imagination, car il y a du communard et même du Ravachol dans ce saint moderne : « Le riche est une brute inexorable qu'on est forcé d'arrêter avec une faux ou un paquet de mitraille dans le ventre », écrit-il, et ce n'est là qu'un mince échantillon de sa perpétuelle vocifération contre les possédants, dont il vit. A l'égard des propriétaires d'immeubles, il nourrit une haine viscérale au point de voir dans le Christ une sorte de législateur qui défend de payer les loyers. Il ne se fait pas faute d'honorer ce onzième commandement, déménageant à la cloche de bois ou bien menaçant des pires représailles les propriétaires qui osent lui réclamer par voie d'huissier les termes impayés, alors que si le monde était bien fait, ces propriétaires devraient plutôt verser une rente à leurs locataires...

Ce chrétien qui fait du calice une sébile et n'attend pas qu'on le frappe à la joue pour gifler l'adversaire, est, comme beaucoup de convertis, un féroce ennemi des catholiques en général et du clergé en particulier : « Le mur de soutènement du clergé, masse étonnamment friable de médiocrité, de bassesse et d'infamie, rendue moins consistante encore par le mélange de quelques rares silex du Verbe », écrivait-il dans un de ses articles du *Pal*, revue éphémère où il avait réussi à caser sa prose empoisonnée. Cela ne l'empêche pas de s'étonner que l'Eglise l'ignore et ne se décide pas à utiliser sa plume pour défendre une religion dont lui-même offre une bien rébarbative image. En fait, il portera de rudes coups à la maison de Dieu et laissera le soin de fignoler l'ouvrage à une nouvelle génération de *modernistes*, plus proches de Marx que du Christ.

Il connaît, certes, les textes sacrés, mais il en fait une lecture appropriée à ses desseins, en les interprétant de manière à justifier ses démonstrations hasardeuses où sa mauvaise foi croit venir au secours de la vraie Foi. On peut aussi douter de sa conception du catholicisme en lisant qu'à son avis « le Pharisien représente Jésus et le publicain le Saint-Esprit », car « le premier dit *ce qu'il n'est pas* NON SUM, tandis que le second affirme, en demandant grâce, qu'il est un pécheur[1] ». Loin d'être un serviteur de Dieu, il a enrégimenté Dieu à son service afin d'en faire une arme pour son combat personnel. « Je n'écris que pour Dieu », affirme-t-il en guettant avidement les articles de journaux signalant ses livres et en se plaignant du silence à peu près constant de la presse à son égard.

1. L. Bloy, *op. cit.*, tome I, p. 36.

Persuadé qu'il est le plus grand écrivain du siècle, il le proclame sans vergogne, étonné, scandalisé, furieux, de n'être pas reconnu comme tel. Aussi exige-t-il de son entourage une admiration sans mélange, un respect sans faille, alors que lui n'en témoigne à personne.

Ce qui domine en lui, éclipsant tout autre sentiment, est la haine, une haine sanguinaire, exigeant des victimes. Haïr l'humanité devient pour lui la seule et vraie façon d'aimer Dieu : « Lorsqu'il vomit sur un contemporain, écrit Henry de Groux dans son Journal, c'est, infiniment et exactement, comme s'il chantait la gloire de Dieu. » Il hait l'homme, et aussi la femme, à l'exception de quelques créatures déplorables et de la très respectable et guindée fille d'un pasteur luthérien danois qu'il a épousée. Alors que l'abbé Mugnier aime les humains en dépit de leurs faiblesses et de leurs vices, sachant toujours découvrir quelque chose de bon chez le plus grand pécheur, Bloy déteste en eux les qualités qu'il n'a pas, regardant comme une injustice à son endroit tout ce qui le dépasse en intelligence, en cœur, en talent et surtout en succès. Bien qu'ayant beaucoup lu, il a peu de jugement et s'est trompé sur la plupart des écrivains de son temps, persuadé que Maupassant, sitôt mort, sera oublié, mais admirant Paul Adam, polygraphe obscur, sans doute parce que celui-ci ne lui porte pas ombrage. Il déplore la « médiocrité intellectuelle de Napoléon », et trouve « Balzac vide ». Dans sa haine de l'humanité, il s'est réjoui de l'incendie du Bazar de la Charité, écrivant sur cette tragédie des pages odieuses. Un peu plus tard, il applaudit à l'incendie d'un théâtre à Chicago, car rien n'est plus doux à son cœur qu'« une incinération de propriétaires ». Sa fille Véronique a fait sa première communion le jour même où l'éruption de la montage Pelée détruisait la ville de Saint-Pierre, à la Martinique, et il s'est émerveillé de cette miraculeuse coïncidence : « Trente mille morts en quelques secondes, écrit-il, *à l'heure précise de la première communion de Véronique*. Le hasard n'existant pas, cette extermination était indispensable pour que fût contrebalancé dans l'infaillible Main, l'acte prodigieux de notre enfant. Il ne fallait pas une victime de moins à cette innocence et le volcan depuis des siècles attendait son signe[1]. »

---

1. Cité par Maurice Bardèche, *Léon Bloy*, p. 335.

Rêvant d'une destruction apocalyptique de cet univers dans lequel on lui refuse une place à la mesure de son ambition, cet « entrepreneur de démolitions », comme il s'intitule, attaque tout et tous avec une espèce de furie qui tient du numéro de cirque et du délire sacré. Injuste, injurieux, violent jusqu'à la névrose, il écrit n'importe quoi pour le plaisir d'exhaler sa rage et d'attirer l'attention sur soi, ne réussissant d'ailleurs qu'à créer autour de lui un grand silence, à peine troublé par les gémissements de quelques-unes de ses victimes que, dans ce cas, il achève en leur assenant un dernier article, encore plus meurtrier que le précédent. Il est servi en cela, il faut l'avouer, par une verve diabolique et un certain bonheur d'expression faisant le malheur de ceux qu'il a pris pour cible. Cette colonne de l'Eglise, ainsi qu'il croit l'être, est un pilori auquel il attache, en les désignant à l'indignation ou à la risée de ses lecteurs, peu nombreux encore, il est vrai, tous ceux qui ont eu le courage – ou la faiblesse – d'entrer en relation avec lui, sans compter des inconnus qui lui sont naturellement odieux en raison de leur fortune ou de leur talent. Après avoir constaté l'échec de tous ses livres, il s'est aperçu que le récit de ses démêlés avec ses semblables était mieux fait pour piquer la curiosité d'un public aimant le scandale et, sans aucun scrupule, il publie ainsi, dans son Journal, la copie de lettres qu'il adresse à des personnalités, lettres d'injures, évidemment, et parfois leurs réponses. Son Journal est ainsi la chronique de ses incessants conflits avec les mauvais riches – tous sont mauvais à ses yeux – pour leur soutirer cet argent dont ils sont les dépositaires infidèles alors que leur premier devoir serait de s'en dépouiller en sa faveur. Il s'est brouillé avec tous ses amis de jeunesse, de Paul Bourget à Huysmans, de Georges Landry au peintre Henry de Groux, éliminant peu à peu tous les hommes de talent de son entourage afin de pouvoir se présenter comme l'Etre unique, l'Incompris, l'Inconsolé, bref, Dieu en personne.

Ce misanthrope a un seul amour, en dehors de celui qu'il porte à sa femme et à ses enfants, car il est prouvé que les hyènes ne dévorent pas leurs petits : la France. Il la voit d'ailleurs sous un jour singulier : « La France, écrit-il, est tellement le premier des peuples que tous les autres, quels qu'ils soient, doivent s'estimer honorablement partagés lorsqu'ils sont admis à manger le pain de ses chiens. Quand elle est heureuse, le reste du monde est suffisamment heureux, dût-il payer ce bonheur de la servitude et de l'extermination. Mais quand elle souffre, c'est *Dieu qui souffre*, c'est le Dieu terrible qui agonise pour toute la terre, en *suant le sang.* » La France, apprend-on en lisant sa *Jeanne d'Arc*, « est nécessaire à Dieu, parce que sans elle, il n'eût pas été complètement Dieu ».

Bien entendu, cet amour de la France a pour contrepartie obligée l'exécration de l'Allemagne, haine à laquelle il a donné libre cours, et de façon presque bestiale, dans ses contes *Sueurs de sang*, épisodes imaginés de la guerre de 1870. Il ne s'est pas contenté d'attribuer gratuitement à l'ennemi toute sorte d'atrocités, il l'a ridiculisé, rabaissé constamment, sans paraître un instant se douter qu'il était peu flatteur pour les Français d'avoir été vaincus par de tels imbéciles.

A Léon Bloy, il faut reconnaître un mérite au moins : celui de n'avoir jamais rien caché de son ignominie, de l'avoir au contraire étalée complaisamment dans son Journal et d'avoir ainsi fourni à ses adversaires autant d'armes à retourner contre lui. Bref, pour conclure, on peut dire que si l'abbé Mugnier, suivant l'expression de celui-ci, est « l'agneau de Dieu », Léon Bloy en est l'abattoir.

*

Tel est l'aimable personnage, ou plutôt le fauve enragé auquel, le 17 juin 1904 l'abbé Mugnier était allé rendre visite dans sa tanière, à Montmartre, en dépit des avertissements de Huysmans qui, cruellement étrillé par le pamphlétaire, n'augurait rien de bon de cette démarche. Mais l'abbé, curieux de nature, avait négligé cette mise en garde.

Accompagné d'un ami commun, Georges Desvallières, un peintre, il avait trouvé Bloy dans son repaire où il lui avait chanté son couplet habituel : « Bloy m'a crié sa misère, un peu trop peut-être, écrit-il le soir dans son Journal. Il a conscience de son talent, trop peut-être. Il vocifère contre les catholiques qui ne l'ont pas utilisé, contre les Pères de l'Assomption, en particulier. Ce *moi* du mendiant choque les délicats... Il ne croit pas aux douleurs des riches. Pour Bloy, il n'y a qu'une douleur, c'est de manquer d'argent. Il écrira un livre sur l'argent qu'il intitulera *Le Sang des pauvres*[1]. »

Lorsqu'il avait confié sa déception à Huysmans, celui-ci lui avait répondu :

— Je vous l'avais bien dit !

En le raccompagnant, Léon Bloy lui avait déclaré, narquois, après l'avoir remercié de sa visite :

— C'est courageux de votre part, car on n'a généralement pas lieu de se féliciter d'être venu me voir !

En effet, dès que l'abbé eut tourné les talons, Bloy écrivit dans son propre Journal : « Visite de l'abbé Mugnier, prêtre mondain, vicaire à Sainte-Clotilde, admirateur et propagateur de Huysmans. Que vient faire chez moi cet admirateur de Mammon, à figure de vieux renard qui retrousserait sa soutane pour entrer dans l'étable de Bethléem ? Ai-je donc mérité l'opprobre de cette bienveillance ? Jamais entrevue n'a pu être plus vaine. Sentant l'espion, je me suis fait impénétrable, et le domestique des esclaves du Démon, désorienté dans mon pauvre gîte, a bafouillé lamentablement. Qu'il retourne à ses chiennes de Sainte-Clotilde ! Sa place n'est pas parmi les chrétiens[2]. »

Cela ne l'avait pas empêché de lui adresser, le mois suivant, un de ses livres, aimablement dédicacé, puis de le relancer, au mois de janvier 1905, pour savoir si l'abbé avait pu lui obtenir le secours qu'il lui avait laissé entrevoir. La lettre vaut d'être citée : « Monsieur l'Abbé, lui écrivait-il, je vous ai envoyé, en juillet, un exemplaire de mon dernier livre, *Mon Journal*, et je ne sais encore si vous l'avez reçu. Je vous serais reconnaissant de m'en informer, quand vous n'aurez absolument rien à faire. J'ajoute que ma conscience me presse de vous délivrer d'un souci. Le jour où vous m'honorâtes de votre visite, 17 juin, veille de Waterloo, amené par mon ami Georges Desvallières, vous fûtes assez charitable – sur l'aveu de ma détresse – pour me donner l'espérance de certaines démarches qui pourraient m'être profitables. Mon vieil ami défunt, Barbey d'Aurevilly, disait que l'espérance est un ser-

1. A. Mugnier, Journal, 17 juin 1904.
2. L. Bloy, *Journal 1892-1907*, tome I, p. 544.

pent qu'on a dans le cœur, un serpent d'airain. Je profite du Jour de l'An pour vous restituer ce bijou, *en vous délivrant de votre parole* qui vous gêne peut-être, quelquefois, dans la pratique de vos œuvres de charité, et qui vous gênerait bien davantage si vous appreniez, par exemple, que je suis mort de froid avec ma femme et mes deux enfants. Je vous offre, monsieur l'abbé, l'expression de mon respect[1]. »

Un peu plus tard, feuilletant sous les galeries de l'Odéon un exemplaire du dernier Journal de Bloy, publié sous le nom bien choisi de *L'Invendable* et déjà mis à l'étal des bouquinistes, l'abbé Mugnier eut le désagrément d'y lire le récit de sa visite au mois de juin 1904. Il s'était consolé de cette basse attaque en notant dans son Journal : « Ah ! l'ignominie de cet homme ! Et il cite toute la lettre à laquelle je n'ai pas répondu. Ah ! que j'ai bien fait ! Il me qualifie de prêtre mondain. Flot d'injures, passez, passez[2] ! »

*

Il y a toujours du danger à fréquenter, même occasionnellement, des hommes de cette sorte et le trop confiant abbé va bientôt faire, à cet égard, une bien plus cuisante expérience avec l'ancien Père Loyson, un prêtre défroqué, brebis égarée qu'il aimerait ramener dans le droit chemin. Là encore, au souci de sauver la brebis perdue, s'est ajouté le désir de mieux connaître un homme admiré pour son indépendance d'esprit, et l'intrépidité avec laquelle il a bravé les lois de l'Eglise ainsi que les préjugés du monde.

Si « l'affaire Loyson », dans laquelle il sera fâcheusement compromis, éclate en 1909, elle commence en 1907. Ainsi que pour Léon Bloy, il convient de situer l'ex-Père Loyson afin de comprendre à quel singulier personnage l'abbé Mugnier avait affaire et avec quelle innocence il s'est jeté, une nouvelle fois, dans la gueule du loup.

Cet ecclésiastique encombrant, perpétuel sujet pour l'Eglise de scandales et de difficultés, se croyait né pour la régénérer,

1. L. Bloy, *op. cit.*, tome I, p. 554. Léon Bloy, en reproduisant cette lettre, a précisé : « Sans réponse, bien entendu. »
2. A. Mugnier, Journal, 18 juillet 1909.

car dès sa jeunesse, il se posait en réformateur. Il était venu au monde en 1827, dans un milieu plutôt clérical, mais avec ce qu'il y a de plus dangereux pour un futur prêtre : l'inquiétude morale, inquiétude qui n'allait pas, néanmoins, jusqu'à douter de soi. Doté d'une foi robuste en son intelligence ainsi que dans son jugement, il lutta toute sa vie pour convertir les catholiques à sa propre idée du christianisme, c'est-à-dire une sorte de déisme empruntant des éléments à d'autres religions. Alors qu'il était supérieur du Carmel de Paris, il ne craignait pas d'affirmer dans son Journal, le 27 décembre 1868 : « Je sens que je porte dans mon cœur, non seulement l'*avenir* de l'Eglise, mais son présent et que nul ne peut m'arracher à l'Eglise, pas même le pape. Le pape n'est pas le maître de l'Eglise et des âmes, mais leur serviteur. » Sous une apparence bénigne, il y avait du Luther en lui et un orgueil démesuré, au point que l'autorité du pape semblait lui porter ombrage. Aussi s'était-il vivement opposé à la proclamation du dogme de l'infaillibilité pontificale et, comme il ne pouvait rien faire en silence, il avait pris le public à témoin de ses états d'âme en annonçant, par lettre ouverte aux journaux, sa décision de quitter l'Eglise romaine. En se mariant, il avait ajouté le scandale à la rupture.

Il avait rencontré une Américaine, veuve d'un certain capitaine Merriman, et l'avait épousée en 1872. A ses yeux, elle était d'essence divine : « Emilie est pour moi, en un sens, ce que Jésus-Christ a été pour les premiers chrétiens écrit-il vers 1910. La révélation m'est venue par Elle depuis quarante ans, plus complète et plus progressive que celle qui leur est venue par Lui. Elle est ma prophétesse et ma médiatrice. » Après son mariage, il avait multiplié les « essais de culte », créant à Genève une église pour catholiques réformés, interdite aussitôt par Mgr Mermillod, puis un « culte libre », établi au Casino Saint-Pierre, après quoi il avait regagné Paris pour y fonder en 1878 une « église catholique gallicane » établie rue Rochechouart et appelée à durer une quinzaine d'années avant d'être reprise par l'archevêché d'Utrecht. A l'occasion d'une tournée de conférences en Algérie, il y avait découvert le Coran, tel du moins qu'il était observé par les indigènes, et s'en était enthousiasmé : « Par l'alliance politique de la France avec l'Islam, écrivait-il alors, nous créerons une puissance militaire avec laquelle le monde devra compter ; par l'alliance religieuse de l'Evangile avec le Coran, nous ferons briller pour les âmes une lumière qu'elles n'ont pas vue encore[1]. » Et il concluait ainsi une de ses conférences sur ce thème en disant : « Soyons des chrétiens de l'Islam et des musulmans de l'Evangile. »

Un autre voyage, en Palestine, avait ouvert ses yeux au judaïsme et il s'était aussitôt enflammé : « L'Eglise et la Synagogue doivent disparaître ou se convertir mutuellement : une nouvelle ère religieuse doit commencer et commence à Jérusalem. » Quelques mois plus tard, il déclarait au journal *Le Temps* : « Les grands monothéistes, Moïse, Socrate, Mahomet avaient le dieu vivant. » On remarqua qu'il oubliait le Christ, sans doute à dessein, car pour lui toutes les religions étaient bonnes, hormis le catholicisme romain, et il en venait même, en vieillissant, à préférer le paganisme à tous les cultes : « C'est peut-être parmi ceux que nous nommons païens que se trouvent les hommes les plus près de la Nature et de Dieu », écrivait-il dans son Journal le 4 mai 1904 et il s'y montrait impressionné par le Grand Esprit des Indiens d'Amérique du Nord.

*

Tel est le singulier réformateur que l'abbé Mugnier s'est montré curieux de connaître ou plutôt de revoir, car ils se sont déjà rencontrés une fois à un déjeuner chez M. Ledrain, ancien prêtre de l'Oratoire, ayant lui aussi jeté sa soutane aux orties et devenu conservateur au Louvre, ainsi que « positiviste » affirmé. Dans son Journal, l'abbé Mugnier avait alors donné le compte rendu de ce déjeuner, les propos de Loyson et notamment cet étrange aveu de l'archevêque de Paris, Mgr Darboy, qui loin de condamner les idées avancées de Loyson, lui aurait dit qu'il les approuvait, les partageait, en ajoutant prudemment : « Mais elles conduisent au bûcher de Savonarole et je ne veux pas y aller[2]. »

L'abbé Mugnier n'avait jamais caché sa sympathie pour le

1. L. Portier, *Le Dossier Hyacinthe Loyson 1827-1912*, p. 28.
2. A. Mugnier, Journal, 4 juillet 1904.

renégat, voire son admiration, et même en 1909, alors que la polémique entre eux a déjà commencé, il ne craindra pas de le lui dire : « Je vous ai écrit, en 1908, que je vous admire et vous vénère depuis longtemps. C'est qu'en effet j'étais bien jeune lorsque vous occupiez la chaire de Notre-Dame. Oh ! comme j'admirais votre éloquence ! Comme je saluais en vous le continuateur de Père Lacordaire ! Puis s'est accomplie votre rupture avec l'Eglise romaine, et je me vois encore pleurant toutes les larmes de mes yeux à la pensée que vous ne seriez plus au milieu de nous. Mais je priais et j'espérais toujours [...]. Il est clair que je ne pouvais vous suivre sur le terrain des réformes que vous proposiez à l'Eglise et je dois reconnaître que vous ne me l'avez pas demandé. Mais là où je devais être d'accord avec vous, je l'étais pleinement ! Avec quelle vigueur vous condamniez le matérialisme moderne qui est le principal de nos maux, car c'est aussi la source de l'indifférence religieuse. Mais j'ajoutais qu'hélas ! le malade, c'est-à-dire le pays, ne veut guérir d'aucune manière, car la France n'accepte ni vos remèdes, ni les miens[1]. »

Depuis le déjeuner chez M. Ledrain, l'abbé avait voulu renouer des relations avec l'ex-Père Loyson, lui écrivant au début de l'année 1907 pour lui demander la permission d'aller le voir, en ajoutant, toujours avec la même naïve imprudence : « Il faut que vous sachiez bien que depuis trente-sept ans, votre nom m'émeut plus que tout autre et que j'ai gardé, dans le secret de mon cœur, une profonde vénération pour vous[2]. »

A sa décharge, il faut préciser qu'il est poussé dans cette voie par Mme de Fallois Saint-Germain, une amie commune qui joue entre eux les bons offices. En vérité, elle aussi paraît pour l'abbé Mugnier une relation douteuse, étant donné que depuis 1905 elle a rompu avec l'Eglise romaine, scandalisée par les réactions des paroissiens au moment des Inventaires au point que désormais elle refuse de verser son denier du culte au curé de Sainte-Clotilde. Elle semble aussi avoir été dégoûtée de la religion par un mari assez fantasque et tombé dans la dévotion, multipliant les pèlerinages, se signant avec exagération en passant devant les calvaires, allumant des cierges au pied de tous les autels, et, avec cela, l'homme le plus égoïste du monde,

1. Lettre de l'abbé Mugnier à Hyacinthe Loyson, 16 juin 1909. Fonds privé.
2. A. Houtin, *Autour d'Un prêtre marié, p. 307.*

étroit d'esprit, voire mesquin. Elle apprécie justement chez l'abbé son libéralisme et son souci de se tenir au-dessus de ces misérables questions matérielles. Elle est persuadée que l'ex-Père Loyson et l'abbé Mugnier sont deux belles âmes, bien faites pour s'entendre, et elle aplanit le terrain pour favoriser leur rencontre, écrivant par exemple au prêtre défroqué : « J'aurais dû, l'autre jour, vous redire un mot de l'abbé Mugnier qui m'est allé droit au cœur : "Je voudrais, m'a-t-il dit, être le pape pendant cinq minutes pour ouvrir mes bras au Père Hyacinthe [1] et lui dire : 'Sans condition, mon fils, sans examen de ce que vous croyez ou de ce que vous ne croyez pas, je vous rends votre place. Vous ne nous avez jamais quittés, vous serez éternellement nôtre, puisque vous avez l'amour de la Vérité' [2]." »

Mme de Fallois Saint-Germain fait mieux, ou pire, en provoquant une nouvelle entrevue et en demandant à l'abbé Mugnier d'ouvrir ses bras au pécheur. Comme elle niera plus tard avoir chargé l'abbé de ramener l'ex-Père Hyacinthe dans le giron de l'Eglise, il est bon de citer intégralement le texte de ce mot du 25 janvier 1907 dont elle contestera plus tard les termes, ainsi que leur interprétation : « Voici, monsieur l'abbé, l'enfant terrible, soyez-lui miséricordieux... Le Père H., assez souffrant et que je n'ai pu voir hier, m'a écrit les lignes ci-jointes que je trouve si belles et si tristes que je ne puis m'empêcher de vous les communiquer confidentiellement. Est-ce que vous ne trouverez pas le moyen de faire rentrer au vieux bercail – si démodé, si secoué par toutes les tempêtes qu'il soit – le pasteur errant qui souffre si cruellement d'être sans troupeau ? Comme moi, vous lirez entre les lignes tout ce qui n'est pas écrit. Il y a des souffrances grandes comme l'infini... A vous de tout cœur [3]. »

L'abbé Mugnier jette donc son filet pour ramener le pécheur et l'invite chez lui à déjeuner, avec sa femme, le

1. L'ex-Père Loyson avait choisi, pour prêcher, le nom de Père Hyacinthe et il était connu sous les deux noms, employés indifféremment par ses amis ou par ses adversaires.

2. A. Houtin, *op. cit.*, p. 296.

3. Carte de correspondance du 25 janvier 1907. Fonds privé. La lettre du Père Loyson, jointe à cette carte, a été retournée par l'abbé Mugnier à Mme de Fallois Saint-Germain.

12 février 1907, déjeuner que Hyacinthe Loyson, flatté, accepte avec empressement, mais il viendra seul. En revanche, Mme de Fallois Saint-Germain est de la partie, qui, un peu plus tard, note dans son Journal : « Je veux dire un mot de notre déjeuner chez l'abbé Mugnier, le mardi 12. Mme Loyson, fortement grippée, n'avait pu venir. Il y avait là le Père Hyacinthe, un aimable abbé qui se nomme+++[1], le maître de maison et moi. Déjeuner exquis, cordialité d'une note très particulière tout à la fois très simple, très admirative et presque émue. Tout ce qu'a dit l'abbé Mugnier, en se tenant dans l'orthodoxie sur les bords glissants de l'hérésie où l'entraînait parfois la parole libre du Père Hyacinthe, a été d'un tact merveilleux[2]. »

Ce certificat d'orthodoxie rassure un peu, mais l'abbé joue avec le feu et ne paraît pas s'en rendre compte. Il continue d'aller rendre visite à l'ex-Père Loyson, échangeant avec lui des lettres aimables, trop aimables, lui écrivant notamment le 15 mai 1907 : « En venant me voir la semaine dernière, vous m'avez donné une grande joie. Je retiens toutes vos paroles. Elles sont lumière et flamme. » L'année suivante, il lui écrit, le 7 janvier 1908, pour déplorer son absence de Paris : « Quelle déception pour ceux qui vous aiment, qui auraient toujours voulu vous connaître, et qui trouvent en votre parole un réconfort religieux ! Je lis, pour me consoler un peu, les pages éloquentes que *Le Siècle* fait paraître et que vous avez eu la bonté de m'envoyer[3]. »

Or, pour apprécier la saveur de cet imprudent compliment, il faut rappeler que ces articles du Père Hyacinthe Loyson sont une série de diatribes contre l'Eglise catholique officielle et particulièrement contre les évêques qualifiés de « préfets violets, délégués révocables du pape Pie X et son secrétaire d'Etat, Mgr Merry del Val », ainsi que contre le pape, qu'il qualifie de « Grand Lama du Vatican », l'accusant d'avoir tué l'Eglise. Il est vrai que l'abbé Mugnier, tout en lui faisant

1. Il s'agit de l'abbé Houtin, du diocèse d'Angers, auteur de la brochure sur l'abbé Perraud dont le publication, par les remous qu'elle provoquera, entraînera la disgrâce de l'abbé Mugnier. L'abbé Houtin, mourra en 1926, après avoir quitté l'Eglise, et aura un enterrement civil.

2. A. Houtin, *Autour d'*Un prêtre marié *: histoire d'une polémique*, p. 314.

3. A. Houtin, *op. cit.*, p. 309.

compliment de ces articles lui dit les lire « en cherchant d'instinct tout ce qui rapproche, en laissant de côté tout ce qui divise »

Leurs relations se poursuivent ainsi pendant deux ans sur un mode amical et même affectueux. « Vous m'avez écrit une bien belle lettre, qui m'a fait du bien, avouait l'ex-Père Loyson le 7 janvier 1909. Vous savez qu'en me séparant de l'Eglise romaine, comme ma conscience m'y obligeait, je n'ai pas cessé de l'aimer, et d'aimer dans son sein beaucoup de choses et beaucoup de personnes. Vous êtes au monde de ces personnes et parmi les meilleures[1]. »

*

Un des sujets abordés pendant les visites qu'ils se font au cours de l'année 1907 est l'opportunité de publier une brochure de l'abbé Houtin dont le titre à lui seul, emprunté d'ailleurs à Barbey d'Aurevilly, constitue un scandale : *Un prêtre marié : l'abbé Charles Perraud.* Cet ecclésiastique était mort en 1892. L'abbé Mugnier l'avait beaucoup fréquenté, l'estimait autant que le faisait d'ailleurs son sévère ami, l'abbé Frémont. Celui-ci voyait en Charles Perraud un des apôtres de la conversion de la démocratie au catholicisme et « l'un des initiateurs possibles de l'avenir politique et religieux de la France[2] ». Aussi l'abbé Mugnier n'avait-il pas hésité, pour le premier anniversaire de sa mort, en 1893, à lui rendre un bel hommage en prononçant, dans la chapelle des Frères de Saint-Jean de Dieu, rue Oudinot, l'allocution rituelle. En l'écrivant, il a reçu un avis qui paraîtra plus tard prémonitoire et qu'il négligera, bien qu'il l'ait consigné dans son Journal : « Le curé Bernard m'a recommandé de ne pas forcer la note en écrivant sur l'abbé Charles Perraud, car, a-t-il ajouté, Le Père Loyson est capable de tout. Il m'a trahi, et il a trompé l'abbé Michaud lui-même[3]. »

Dans une biographie publiée rapidement après sa mort, le

1. Fonds privé.
2. A. Siegfried, *L'Abbé Frémont*, tome I, p. 464.
3. A. Mugnier, Journal inédit, 8 février 1892. Le curé Bernard est celui de Saint-Jacques du Haut-Pas.

Père Largent avait fait de l'abbé Perraud un saint de vitrail, ce qui avait indigné un de ses anciens confrères, l'abbé Houtin. Celui-ci, en délicatesse avec sa hiérarchie, mais sans éclat – il ne défroquera qu'en 1912 –, maraudait autour de l'Eglise en publiant régulièrement des ouvrages sur certaines de ses figures ou sur les grands problèmes qui l'avaient troublée, ouvrages pour la plupart édités à compte d'auteur, ce qui en limitait leur diffusion. L'abbé Houtin, qui avait entendu certaines rumeurs sur la vie privée de l'abbé Charles Perraud et connaissait bien l'ex-Père Loyson, avait trouvé dans les papiers de ce dernier des lettres de Charles Perraud prouvant que ce saint homme avait en fait vécu maritalement avec sa gouvernante, une certaine Mme Duval, mais que n'ayant pas eu d'enfant et, surtout, ne voulant pas nuire à la réputation de son frère, le cardinal Perraud, il avait renoncé à régulariser cette liaison, qu'il qualifiait d'« union mystique ». Epris de vérité, l'abbé Houtin voulait donc publier une mise au point, infirmant les dires édifiants du Père Largent.

Les rapports de l'abbé Perraud avec Mme Duval semblent avoir été pour son entourage un secret de Polichinelle, mais il ne serait pas bon, pour l'honneur de l'Eglise, de l'éventer davantage. Aussi l'abbé Mugnier se montre-t-il hostile à cette publication et l'ex-Père Loyson, bien qu'il n'ait plus rien à perdre, ayant proclamé son mariage à la face du monde, y est, pour sa part, également opposé : « Malgré la pluie, écrit-il le 5 juin 1907, j'ai été voir l'abbé Mugnier qui pense comme moi sur la vie de Charles Perraud par l'abbé Houtin et en déconseille la publication, tout au moins avant ma mort. » Loyson fait donc part de leur avis commun à l'auteur et, avant de l'envoyer, il lit sa lettre à l'abbé, venu le voir, notant dans son Journal le commentaire de son visiteur : « Vous êtes plus prêtre que nous, m'a-t-il dit ; qu'est-ce que les formules ? le vent de la mort les emporte comme des feuilles sèches ! »

Malgré les avis contraires de Loyson et de l'abbé Mugnier, l'abbé Houtin s'obstine et entreprend de faire imprimer sa brochure, ainsi que Mme de Fallois Saint Germain en avise l'abbé Mugnier le 29 septembre 1908 en lui précisant qu'elle ignorait elle-même le revirement de l'auteur qui ne l'avait pas tenue au courant. Ayant eu vent de l'imminence de cette publication, l'évêque d'Autun essaie, par respect pour la mémoire du cardinal Perraud, son prédécesseur sur ce siège épiscopal, d'empêcher la sortie de cette brochure, offrant à l'abbé Houtin de lui rembourser les frais de composition.

De son côté, l'évêque de Nevers, Mgr Gauthey, légataire universel du cardinal Perraud et possesseur en cette qualité des papiers de l'abbé Perraud appartenant à son frère, s'oppose à son tour à cette publication et saisit les tribunaux. « Il faut que l'évêque d'Autun soit bien dépourvu d'intelligence pour faire un procès à Houtin, écrit Mme de Fallois Saint-Germain à l'abbé le 3 novembre 1908. Je pense que celui-ci est au comble de ses vœux et qu'aucun de ses livres ne se vendra mieux que ce petit livre qui eût peut-être passé inaperçu sans cette réclame inespérée[1]. » Elle a raison, car la brochure, à peine sortie des presses, provoque aussitôt des remous dans le monde catholique en apportant des arguments aux anticléricaux. Alors que Mme de Fallois Saint-Germain, assez exaltée, bien qu'ayant cessé de croire, assure que la « souffrance des martyrs allait enfin servir », l'abbé Mugnier lui répond, non sans bon sens : « La souffrance des martyrs, comme vous dites, servira... contre eux. Vous verrez ceux-là *seuls* triompheront qu'on appelle les catholiques intransigeants. Ils crieront plus que jamais contre les libéraux. On enveloppera dans un même discrédit les Montalembert, les Gratry et les Perraud. »

La brochure[2], objet de tout ce bruit, est surtout composée de lettres de l'abbé Perraud à Hyacinthe Loyson et de la correspondance échangée après la mort de Charles Perraud entre l'ex-Père Loyson et le cardinal Perraud à propos du mariage secret de son frère. On peut trouver à ces lettres une certaine ambiguïté en ce sens que l'abbé Perraud n'évoque jamais cette union, mystique ou non, avec Mme Duval, mais parle d'elle et de lui comme d'un couple étranger, désigné par les initiales X... et Z..., couple ami dont il donne des nouvelles à son correspondant. Sagesse élémentaire au cas où ses lettres tomberaient entre de « mauvaises » mains et qui permet en fait, comme en droit, de nier le mariage. *Un prêtre marié* fait

1. Lettre de Mme de Fallois Saint-Germain à l'abbé Mugnier. Fonds privé.
2. A. Houtin, *Un prêtre marié : l'abbé Charles Perraud, chanoine honoraire d'Autun, 1831-1892,* 1909.

scandale et le tirage, mille exemplaires, est si vite épuisé que son auteur le réédite un mois plus tard, en tirant cette fois à deux mille.

Un moment déconcertée par cette révélation, la hiérarchie réagit avec vigueur et maladresse en faisant publier chez Bloud, l'éditeur catholique, une contre-attaque : *Réponse à MM. Loyson et Houtin – Charles Perraud, Perreyve et Gratry, par quelques témoins de leur vie.* Les noms de l'abbé Perreyve et du Père Gratry sont là seulement parce que, dans sa brochure, l'abbé Houtin a soutenu que l'un et l'autre avaient eu des amours de tête, impossibles à réaliser, notamment l'abbé Perreyve avec Marie Ozanam, et qu'ils avaient beaucoup souffert du célibat imposé par l'Eglise.

Pour enfoncer le clou, le bouillant Mgr Baudrillart, recteur de l'Institut catholique de Paris, rend compte de la *Réponse à MM. Loyson et Houtin* dans un long article que *L'Univers* publie le 23 mai 1909. Il nie absolument le mariage de l'abbé Perraud et ne voit dans Mme Duval, ancienne domestique de la mère de l'abbé, veuve de surcroît d'un charcutier, qu'une simple gouvernante. On devine, à le lire, que pour lui la qualité ancillaire de la dame est un suffisant obstacle à tout mariage. Il convient d'ailleurs de remarquer à ce propos qu'en l'absence de tout acte officiel, civil ou religieux, il est curieux de voir partisans et adversaires s'affronter en parlant d'un *mariage* alors que le mot *concubinage* apparaîtrait comme plus judicieux, mais peut-être hésitait-on alors, par pudeur, à l'employer. L'abbé Houtin réplique avec ses arguments, mais sa réponse est publiée le 4 juin par *L'Univers* en même temps que la réfutation vengeresse de Mgr Baudrillart. Houtin ne s'avoue pas battu et revient à la charge avec une deuxième réponse, elle aussi publiée par *L'Univers*, mais en même temps que le troisième article de Mgr Baudrillart, aussi copieux que les précédents et s'achevant par ces lignes : « En fait de témoignages externes, toutes les personnes qui ont vécu dans l'intimité de Charles Perraud ou de son frère, personnes qui ont été consultées lorsque fut rédigée la brochure dont j'ai rendu compte, toutes ces personnes vous disent qu'elles n'ont pas cru au caractère coupable de ses relations avec Mme Duval, ou qu'elles n'en ont même pas entendu parler, toutes, que ce soit Mgr Gauthey, l'abbé Planus, l'abbé

Mugnier, le Père Largent, le Père Lescœur, le Père Nouvelle, le frère Apollinaire, la marquise d'Autichamp, la comtesse Zamoïska et bien d'autres, sans compter les morts, comme l'abbé Bernard. » Et Mgr Baudrillart d'accuser l'ex-Père Loyson soit d'avoir falsifié son Journal, soit d'avoir rapporté avec un certain retard des événements ou des propos, ce qui n'en garantit pas l'exactitude.

Avant de citer le nom de l'abbé Mugnier, Mgr Baudrillart a pris la précaution d'aller le voir pour lui demander l'autorisation de le faire et l'abbé la lui a donnée sans prévoir où cela le mènerait. En effet, son nom, cité par Mgr Baudrillart comme témoin à décharge, étonne assez naturellement l'ex-Père Loyson qui, au lieu de lui écrire, se contente de lui envoyer un extrait des lettres que l'abbé lui a naguère adressées dans l'intention soit de lui rafraîchir la mémoire, soit de lui montrer qu'il avait des armes contre lui et pouvait les employer. Choqué du procédé, l'abbé Mugnier lui adresse une longue lettre en lui rappelant d'abord l'admiration qu'il avait toujours eue pour lui, puis le rôle de Mme de Falllois Saint-Germain, avant de s'étonner à son tour qu'il ait changé d'avis et autorisé l'abbé Houtin à publier cette brochure livrant à la publicité le secret de sa correspondance avec l'abbé Perraud : « J'aurais pu me plaindre de n'avoir pas été au moins averti. Je ne l'ai pas fait. J'ai même poussé la délicatesse jusqu'à ne pas faire allusion à ce livre dans ma lettre du Jour de l'An. Dans une lettre récente de Mgr Baudrillart, mon nom a été cité parmi les témoins qui ont été interrogés. Sachant en effet que j'avais connu et aimé l'abbé Perraud, on m'a fait cette question : "Avez-vous vu ou su, dans vos rapports avec lui, quoi que ce soit qui ait pu vous faire croire à un mariage avec Mme Duval ?" J'ai répondu "Non", car je n'ai rien vu en effet. Songez que je n'ai jamais parlé à Mme Duval, que je ne l'ai aperçue qu'un soir, dans la rue, à distance. Je savais qu'elle avait été très dévouée à l'abbé Charles, et c'est tout. Ainsi je n'ai jamais dit que vous fussiez un imposteur et un faussaire, car tout le monde peut se tromper sans mentir. Mais combien je regrette que vous n'ayez pas tenu la bonne promesse que vous m'aviez faite ! Je voulais vous épargner toute polémique dont le résultat est pénible. Ce sont là les explications que vous m'avez demandées. Je vous les donne loyalement. M. votre fils m'a écrit une lettre un peu vive. Il ne me connaît pas. Et maintenant, daignez lire cette lettre avec votre cœur, comme je l'ai écrite avec le mien. Je suis un tendre et un pacifique. Je crois voir partout des feux mal éteints et des roseaux penchés. Aussi je m'applique à marcher le plus doucement possible pour ne pas éteindre ou froisser davantage. J'ai tellement peur de faire du mal à une âme [1] ! »

Furieux du témoignage apporté par l'abbé Mugnier, l'abbé Houtin écrit derechef à *L'Univers* pour préciser que l'abbé – qu'il ne nomme pas expressément – ne pouvait ignorer ce mariage, ou du moins sa supposition, puisque, dix-sept mois plus tôt, il avait lu le manuscrit de sa brochure et en avait, à cause de cela, déconseillé la publication. Cette protestation est publiée le 14 juillet 1909 dans *L'Univers*. Entre-temps, il lui a écrit pour s'étonner qu'il ait approuvé la réfutation d'*Un prêtre marié* et lui rappeler que s'il lui avait proposé de lire son manuscrit, c'était parce que l'on avait longuement parlé du mariage de l'abbé Perraud lors de ce déjeuner de février 1907, chez lui, avec le Père Loyson et Mme de Fallois Saint-Germain.

Fort ennuyé, l'abbé Mugnier va voir le 4 juillet l'abbé Houtin pour s'expliquer avec lui et, en revenant de cette visite, il note dans son Journal d'avoir à être « ultra-prudent avec Mme de St-G. le P. H. et M.H. [2] qui tirent à eux toute la couverture », et il prend, mais un peu tard, la résolution de ne plus rien écrire. Il a vraisemblablement demandé à l'abbé Houtin de le tenir en dehors de ce débat, mais l'abbé Houtin ne s'est pas laissé fléchir. Il est d'autant plus déterminé à maintenir sa position que Paul Loyson, le fils de l'ex-Père Loyson, a fort mal pris l'insinuation de Mgr Baudrillart accusant son père de mémoire défaillante ou de mauvaise foi.

Le 11 juillet, Paul Loyson écrit assez cavalièrement à l'abbé Mugnier : « Monsieur, c'est la guerre. Je le regrette. Mais on nous la fait si déloyale que je la ferai, moi, sans merci. Après avoir comblé mon père, jusque en ces tout derniers temps, des marques les plus vives et les plus touchantes de votre affection, vénération et approbation, je ne puis

1. Lettre de l'abbé Mugnier du 16 juin 1909. Fonds privé.
2. Mme de Fallois Saint-Germain, l'ex-Père Hyacinthe Loyson, l'abbé Houtin.

admettre que vous apportiez tout à coup votre témoignage public à ceux qui l'accusent d'être un imposteur et un faussaire professionnel. Il me répugnerait de vous perdre, car à votre espoir d'ajouter un jour la conversion la plus insigne de Hyacinthe Loyson à celle de ces deux dégénérés que furent Huysmans et Coppée, se mêlait sans doute une sympathie vraie pour mon père qui *n'a pas cessé de vous la rendre.* Je vous invite donc à sauver l'honneur et l'amitié en adressant à *L'Univers* une lettre ouverte où, laissant de côté la discussion de l'affaire Perraud sur laquelle votre opinion est libre, vous expliquerez votre adhésion à la liste de M. Baudrillart et déclarerez tenir mon père pour *incapable de tout mensonge.* A défaut de quoi, et sans abuser du secret de vos lettres, je n'aurais pas de difficultés à démontrer publiquement quels sont vos sentiments intimes à l'égard de l'homme que vous venez d'aider à diffamer[1]... »

Absent de Paris lors de l'arrivée de cette lettre de chantage, l'abbé Mugnier y répond le 16 juillet, en protestant de sa bonne foi et dans des termes à peu près identiques à ceux employés lorsqu'il avait écrit à l'ex-Père Loyson un mois plus tôt, répétant qu'il n'a jamais dit que celui-ci fût un imposteur et un faussaire. Afin d'apaiser Paul Loyson, il envoie à *L'Univers* la rectification demandée, mais dans une forme assez molle et ambiguë, peu faite pour donner satisfaction aux Loyson, père et fils :

Monsieur le Directeur,

M. Paul Hyacinthe-Loyson désire savoir pourquoi mon nom figure dans une lettre de Mgr Baudrillart relative à l'abbé Charles Perraud et publiée dans L'Univers. *Sachant que j'ai connu et aimé l'abbé Charles Perraud, on m'a demandé si j'avais su quoi que ce soit qui pût faire croire à un « mariage » avec Mme Duval. J'ai répondu catégoriquement « non ». Mais je n'ai jamais dit que M. Hyacinthe-Loyson fût « un imposteur et un faussaire professionnel ». Je crois, avec le monde entier, qu'on peut se tromper sans mentir. Veuillez agréer...*

1. Journal *L'Exode*, 25 juillet 1909.

Exaspéré d'un démenti aussi vague et peu convaincant, Paul Loyson réagit vigoureusement en adressant à l'abbé Mugnier, de Coppet où il habite, une longue lettre d'environ mille sept cents mots dans laquelle il stigmatise sa dérobade et lui administre, hélas ! il faut le reconnaître, une volée de bois vert. Il s'y trouve en particulier ce passage embarrassant, car non dépourvu de vérité : « Ah ! monsieur l'abbé, combien, votre cas est douloureux ! Votre main est prise entre l'arbre et l'écorce, l'arbre de vos sympathies intimes, l'écorce de votre orthodoxie de surface... Pour se tirer de là, voyez-vous, il n'y a que l'héroïque parti, celui de Lamennais, du Père Hyacinthe, d'Alfred Loisy, de Marcel Hébert : laisser dans la tenaille un morceau de sa chair pour sauver intacte sa conscience ! Vous n'êtes pas, hélas ! près de l'adopter. Au contraire, vos récentes lettres, écrites en surcharge des précédentes afin d'effacer vos hardiesses d'antan, quels vertueux efforts pour la blanchir votre orthodoxie bigarrée ! Mais aussi, quelle gageure, je vous demande un peu ; quel somptueux paradoxe de décadence, qui eût émerveillé Huysmans lui-même, quelle page pour l'histoire catholique de la foi au XIXe siècle qu'un prêtre agnostique comme vous, monsieur, qui “admettez les dogmes, mais qui ne pensez à aucun [1]”, entreprenant de convertir à l'obédience de Pie X un saint homme de Dieu comme mon père, mille et mille fois plus croyant que vous [2]. »

Et il continue ainsi longtemps sur ce ton, ce qui sera fort nuisible à l'abbé Mugnier lorsque Paul Loyson publiera leur correspondance et que l'abbé Houtin la reproduira dans son livre sur la polémique autour de sa brochure.

L'ex-Père Loyson, lui, ne demeure pas en reste et appuie son fils, adressant à l'abbé Mugnier une lettre, identique sur le fond, mais plus policée dans sa forme : « Monsieur, je vous croyais un ami, et vous n'êtes pas un honnête homme. Vous venez d'écrire à *L'Univers* une lettre cyniquement hypocrite. Je dis *cyniquement hypocrite*, ne pouvant dire autrement, puisque j'ai entre les mains, vous le savez, les preuves écrites et signées de vous de l'absolue fausseté de vos allégations. Je

1. Citation exacte, empruntée à une lettre de l'abbé Mugnier à l'ex-Père Loyson.
2. Lettre publiée dans le journal *L'Exode* le 25 juillet 1909.

livre ces documents à mon fils ; vous m'y contraignez par vos mensonges, et je le laisse libre d'en faire l'usage qui lui semblera bon pour défendre l'honneur de son père et, ce qui est en dessus, les intérêts de la vérité. Je ne vous garde point rancune, mais j'ai grand pitié pour le prêtre qui monte à sa chaire et à l'autel avec une telle conscience, et je prie Dieu de vous pardonner comme je vous pardonne[1]. »

*

La polémique étalée dans *L'Univers* a déjà fort agité Paris, mais la crise atteint son paroxysme avec la parution du n° 14-15 de *L'Exode*, organe du mouvement Hors de Rome, qui titre en première page : UNE SUITE IMPREVUE DE L'AFFAIRE PERRAUD, et, en caractères plus gros encore : LE CAS DE M. L'ABBE MUGNIER. Cette feuille est peu lue, certes, mais pour remédier à cette lacune, on en distribue des centaines d'exemplaires à la sortie de Sainte-Clotilde afin que nul n'en ignore... Ainsi le lecteur peut-il prendre connaissance, *in extenso*, de toutes les correspondances échangées entre les intéressés. Heureusement, les lettres de Mme de Fallois Saint-Germain à l'abbé Mugnier et les réponses de celui-ci échappent à cette publicité fâcheuse. Mme de Fallois Saint-Germain, à qui l'abbé Mugnier a envoyé copie de sa carte du mois de février 1907 lui demandant de ramener au bercail la brebis perdue, prétend maintenant que l'abbé a mal interprété sa pensée, qu'elle n'entendait aucunement faire rentrer le Père Loyson dans le giron de l'Eglise alors qu'elle-même en était séparée, mais qu'elle avait souhaité un rapprochement du vieil homme avec le monde catholique afin que celui-ci pût profiter de ses lumières... Elle aussi avait été choquée par les qualificatifs de faussaire et d'imposteur appliqués à l'ex-Père Loyson, mais elle n'en rendait pas l'abbé responsable, déplorant seulement son approbation d'un texte où ces termes injurieux figuraient, regrettant également qu'il ait cru bon de dire : « Tout le monde peut se tromper... »

Après avoir reçu de Paul Loyson, au début du mois d'août une lettre assez virulente, elle l'avait transmise à l'abbé

1. Lettre du 27 août 1909. Fonds privé.

Mugnier, en précisant qu'elle estimait elle aussi « qu'ayant écrit les années précédentes au Père Hyacinthe ce que vous lui aviez écrit, vous lui deviez de ne pas permettre à ses ennemis de se servir de votre nom pour appuyer leurs injures. Une stricte neutralité en cette circonstance si délicate était, sinon preuve d'amitié, du moins acte de prudence qui vous aurait été pardonné et qui vous mettait à l'abri des horions actuels [1]. » A cette lettre, l'abbé avait hâtivement répondu en reprenant son seul argument, c'est-à-dire sa bonne foi et la liberté pour chacun de pouvoir se tromper, ce qui lui arrivait souvent personnellement, ajoutait-il. Cette misérable affaire en était bien la preuve...

De plus en plus marri par la tournure des événements, l'abbé Mugnier adresse le 25 août, à deux grands journaux catholiques, *L'Univers* et *La Croix*, une lettre expliquant comment il s'était fourré dans ce guêpier :

Monsieur le Directeur,

Il y a un peu plus de deux ans, une personne qui connaît bien M. Hyacinthe Loyson me suppliait de « trouver un moyen de faire rentrer au vieux bercail » ce pasteur errant et malheureux. J'eus la simplicité de croire qu'on peut essayer de faire un peu de bien, même à un renégat. Mon accueil a été d'autant plus compatissant que je pouvais m'imaginer que l'âge et de douloureuses expériences lui avaient enfin ouvert les yeux. Il se disait si profondément découragé ! Il aimait à entrer dans nos églises, à y rencontrer des prêtres qu'il avait connus. Je l'ai écouté, en cherchant d'instinct tout ce qui rapproche, et par une délicatesse imprudente dont il se prévaut, pour m'en blâmer ensuite, ne soulignant que ce qui divise. Ajoutez-y des politesses que je reconnais aujourd'hui avoir été excessives.

J'ai voulu aussi, et surtout, l'empêcher de commettre un crime de lèse-amitié et de provoquer un scandale en laissant publier la correspondance de l'abbé Charles Perraud. J'avais d'ailleurs déclaré, à lui et à d'autres, que cette correspon-

1. Lettre de Fallois Saint-Germain à l'abbé Mugnier du 6 août 1909. Fonds privé.

dance ne contenait pas la preuve de la faute dont on osait charger la mémoire de son ancien ami. Sur mes instances, il avait renoncé. Pourquoi, dix-sept mois après, est-il revenu sur sa décision ?

Pour me remercier et me punir tout ensemble, M. Hyacinthe Loyson, qui ne respecte ni les vivants ni les morts, me prête un langage contre lequel je proteste énergiquement. Pour ceux qui me connaissent, mon ministère, si humble qu'il soit, vaut mieux que toutes les paroles. Pour les autres et pour tous, voici ma seule et unique déclaration : j'accepte, sans réserve, tous les dogmes de la sainte Eglise catholique, apostolique et romaine, et je leur donne la pleine adhésion de mon esprit, de mon cœur et de ma vie.

Veuillez agréer, Monsieur le Directeur[1]*...*

Lettre éminemment maladroite et qui ne peut que jeter de l'huile sur le feu. Maladroite en y traitant Loyson de « renégat », au lieu d'employer une périphrase, maladroite en impliquant dans le débat Mme de Fallois Saint-Germain dont il sait les réticences et la position. Bien entendu cette déclaration n'apaise en rien les Loyson, père et fils, tandis qu'elle lui vaut une lettre indignée de « la personne qui connaît bien M. Loyson », c'est-à-dire Mme de Fallois Saint-Germain. Elle veut, elle aussi, répliquer par lettre ouverte dans *L'Univers*, mais François Veuillot, tirant argument du fait qu'elle n'est pas nommée dans la déclaration de l'abbé Mugnier, lui refuse le droit de réponse. Elle s'en vengera en ne cachant pas ses sentiments sur « la vilaine petite comédie ecclésiastique jouée par l'abbé, par ordre supérieur », veut-elle bien croire.

*

L'affaire est évidemment la fable du Tout-Paris bien-pensant qui, tout en déplorant les imprudences de langage et de plume de l'abbé Mugnier, prend son parti et le défend contre les rigueurs de l'Archevêché. Mgr Foucault, la comtesse Greffulhe, Denys Cochin plaident sa cause auprès de Mgr Amette, mais l'archevêque veut faire un exemple et donner satisfaction

---

1. Cité par A. Houtin, *Autour d'un prêtre marié*, p. 299.

à son clergé. « On me reproche surtout le déjeuner Loyson et d'avoir invité la femme, note avec mélancolie l'abbé dans son Journal. Le verre d'eau donné à un hérétique n'est pas dans l'Evangile. » Il oublie qu'il n'avait pas offert seulement un verre d'eau et que le déjeuner, au dire de Mme de Fallois Saint-Germain, avait été « exquis ». Il oublie aussi qu'à cette époque où, dans la bonne société, on ne recevait pas les divorcés remariés, même appartenant à sa propre famille, *a fortiori* un prêtre en exercice était mal fondé à recevoir à sa table un prêtre, non seulement défroqué, mais marié.

Les interventions de femmes du monde en sa faveur impressionnent peu l'archevêque et produisent, semble-t-il, un effet contraire à celui recherché, car elles confirment la frivolité de ses relations mondaines. Mgr Amette lui reproche, entre autres griefs, de voir trop fréquemment une jeune veuve, Mme de Contades, qui cherche auprès de lui appui et consolation.

Le 12 octobre 1909, le conseil archiépiscopal de Paris « examine la situation faite à M. Mugnier par la publicité de ses relations et sa correspondance avec M. Loyson », ainsi que le dit sèchement le procès-verbal de la séance et le couperet tombe : « On estime que M. Mugnier ne peut demeurer dans les fonctions qu'il occupe à Sainte-Clotilde et qu'il y a lieu de l'inviter à prendre un congé qui se transformera en démission définitive[1]... »

Le 27 octobre, *Le Gaulois*, ainsi que *La Croix* annoncent en gros titre :

DEMISSION DU PREMIER VICAIRE DE SAINTE-CLOTILDE

C'est une nouvelle publicité dont l'abbé se passerait bien. Cette démission est saluée par une lettre assez désagréable de Paul Loyson dans le journal anticlérical *Le Siècle* du 30 octobre tandis que son père écrit personnellement une lettre assez perfide à Mgr Amette en y disant notamment, à propos de l'intention de l'abbé de le ramener dans le sein de l'Eglise : « Jusqu'à cette subite volte-face qui lui fut suggérée,

1. Archives de l'Archevêché de Paris, registre n° 8.

sinon commandée, M. Mugnier s'était montré mon ami le plus dévoué, je dirai même le plus enthousiaste. Je crois qu'il l'a été autant que sa nature lui permettait de l'être. Mais je crois aussi qu'il se calomnie, quand il prétend avoir simplement entrepris ma "conversion". *Il feint aujourd'hui d'avoir feint.* Il était trop intelligent pour avoir pensé un seul instant que tout ce qu'il me disait ou m'écrivait au sujet de l'Eglise catholique romaine était fait pour me réconcilier avec elle. M. Mugnier subit extérieurement un système ecclésiastique qu'il n'aime pas et auquel il ne croit pas... » Il y a du vrai dans cette flèche du Parthe envoyée par le vieil homme qui signe assez ridiculement « Hyacinthe-Loyson, prêtre octogénaire et honnête homme. »

A celui qu'il accable ainsi, il avait écrit le 3 octobre pour justifier les représailles exercées par son fils en rejetant d'ailleurs la faute sur l'abbé : « Il n'avait d'autres armes que celles que vous lui aviez fournies vous-mêmes, vos conversations et vos lettres. » Et dans cette lettre, qui fut la dernière, il assurait l'abbé de son attachement : « J'ai beaucoup souffert de cette controverse, parce que je vous ai aimé, et que *je vous aime encore*, je puis le dire, malgré votre inconcevable conduite à mon égard. Au fond de votre cœur, vous valez mieux, j'en suis sûr, que de tels procédés, et mieux aussi que le système ecclésiastique que vous subissez sans y croire et sans l'aimer. Le vent de la mort, comme vous me le disiez un jour, emportera ces feuilles sèches – et j'ajoute, empoisonnées. Alors, nous nous retrouverons dans l'éternelle Vérité, qui est aussi l'éternelle miséricorde et l'éternel Amour[1]. »

Mme de Fallois Saint-Germain, vengée, mande à l'ex-père Loyson : « J'ai su par une lettre de Paris que M. l'abbé M. a trouvé son congé en rentrant de Venise : l'histoire de la démission n'a été inventée que pour les journaux de la bonne presse. L'émoi a été très grand dans la paroisse et plus encore dans le clergé. Tous les vicaires sont changés. Je crois, à vrai dire, que la poire était mûre et que depuis longtemps l'archevêque accumulait de sérieux griefs contre le premier vicaire et ses collègues[2]. » Il y a effectivement beaucoup de vrai dans

1. Lettre de Hyacinthe Loyson à l'abbé Mugnier, 3 octobre 1909. Fonds privé.
2. Cité par L. Portier, *Le Dossier Hyacinthe Loyson 1827-1912*, p. 96-98.

cette remarque et l'on faisait ainsi payer à l'abbé Mugnier non seulement ses relations coupables avec des schismatiques ou des illuminés, mais aussi ses trop belles relations dans le faubourg Saint-Germain.

Longtemps le curé de Sainte-Clotilde le poursuivra de sa vindicte en lui interdisant l'entrée de son église. En 1913, lorsque le comte Wladimir d'Ormesson épousera Conchita Guzman sœur de la comtesse François de Castries, l'abbé Mugnier, malgré son intimité avec celle-ci, se verra proscrit de la cérémonie par le curé, M. Gardey. Il lui faudra attendre le remplacement de celui-ci par l'abbé Verdie pour être autorisé à célébrer des mariages dans la basilique.

Il faudra également des années pour que l'on rende un peu justice aux bonnes intentions de l'abbé ; en 1924, le cardinal Dubois lui confiera qu'il serait peut-être arrivé à quelque chose avec le Père Loyson, sans l'entourage de celui-ci, ce qui est possible, et Mgr Baudrillart, reconnaissant tardivement qu'il a été en partie l'auteur involontaire de sa disgrâce, interviendra auprès de l'archevêque afin de lui accorder une compensation en lui donnant le titre de chanoine honoraire du chapitre de Notre-Dame de Paris. Il sera également chanoine honoraire du chapitre d'Autun et de ceux de Digne et Saint-Dié, de Tarbes et de Lourdes. Ces honneurs le laisseront indifférent. Ferdinand Bac le montre, un jour de 1919, transportant avec lui une grosse serviette de cuir noir, comme en ont les clercs de notaire. Intrigué, il lui demande ce qu'il a mis dedans :

— Ce sont mes vains oripeaux de chanoine, lui répond l'abbé qui a dû s'en revêtir pour assister le matin même à la consécration de la basilique du Sacré-Cœur de Montmartre.

Et comme Bac se montre curieux de les voir, ils s'asseyent sur une marche de l'escalier de M. Foulon de Vaulx, chez qui tous deux viennent de déjeuner, pour faire l'inventaire de la serviette, au grand ébahissement d'un voisin qui, descendant l'escalier, doit enjamber la marche où s'étalent en désordre surplis de dentelles, camail, mantelet à capuchon [1]...

En attendant cette réparation, le plus amer pour lui sera de

1. Ferdinand Bac, *Livre-Journal 1919*, 16 octobre 1919.

L'abbé Mugnier. Huile sur toile d'Edmée de Fels,
duchesse de La Rochefoucauld, Paris, musée Carnavalet.

Château de Lubersac à l'époque où y naquit l'abbé Mugnier.
Huile sur toile d'Ernest de Lubersac. © Collection particulière

Le seul portrait de jeunesse
de l'abbé Mugnier
par Maurice Lauth, 1899.
© Maison de George Sand à Nohant

Dessin de Philippe Jullian. *De gauche à droite*: abbé Mugnier, Maurice Barrès, Anna de Noailles, Colette. © Collection G. de Diesbach

La Trappe d'Igny où l'abbé Mugnier faisait des retraites et où il envoya Huysmans.© Collection particulière

L'abbé Mugnier par Ferdinand Bac.
© Collection G. de Diesbach

Dessin représentant M. Boutron, beau-père de l'abbé Mugnier.
© Collection particulière

1914. Marthe Bibesco assiste à l'arrivée de la famille impériale russe à Constantza.
© Collection particulière

L'abbé Mugnier à Calaoutca,
chez la comtesse de Castries.

La comtesse François de Castries
à Calaoutca.

L'abbé Mugnier, crayon de Marie Scheikévitch.

Abbé Mugnier, anonyme.

L'abbé Mugnier et la comtesse de Noailles à la Vallée-aux-Loups.

La Vallée-aux-Loups. *A gauche,* le Dr Le Savoureux, la comtesse de Noailles (*2e à gauche*), l'abbé Mugnier (*à droite*).

La comtesse
de Durfort,
née Chateaubriand
et l'abbé Mugnier
à Combourg.
© Collection de la Maison
Chateaubriand à la Vallée-aux-Loups

L'abbé Mugnier
sur la terrasse des Madères,
chez le professeur Debré.
© Collection de la Maison
Chateaubriand à la Vallée-aux-Loups

se voir vertement tancé par son cher ami, l'abbé Georges Frémont qui, absent lors du déroulement de l'affaire, en a recueilli les échos et lui envoie le 27 mai 1910 une mercuriale assez bien sentie : « [...] Vous avez agi, en finale, à l'égard du Père Hyacinthe de la façon *la plus sotte*. Lié avec lui comme vous l'étiez déjà, lui ayant écrit des lettres aussi hyperboliques que celles qu'il vous a fait ensuite jeter à la tête par son fils – comment l'avez-vous appelé ? Renégat... etc. etc. – vous vous êtes attiré l'abominable indiscrétion de la comtesse de Saint-Germain sur le célibat des prêtres... Ah ! mon bien-aimé frère, vous auriez été *plus* intelligent en n'écrivant pas au fils d'Hyacinthe, *en allant voir Hyacinthe lui-même et en réglant à l'amiable votre cas.* Vous vous êtes conduit comme un bébé. Vous n'en êtes que plus naïf et charmant [1] », concède l'inflexible Frémont, en ajoutant que le grand public en juge autrement.

C'est la voix du bon sens même. Hélas ! cet avis salutaire arrive trop tard. Il apprécie moins encore que l'abbé Frémont, deux ans plus tard, saisissant l'occasion que lui offre la mort de l'ex-Père Hyacinthe, revienne sur le sujet, remuant ainsi le couteau dans la plaie : « Le Père Hyacinthe vous a trahi bassement, comme il avait trahi l'Eglise pour Mme Merriman, et notre bon Charles Perraud pour la justification de son mariage personnel. C'est pourquoi je suis heureux de vous dire qu'en 1869 – j'avais alors dix-sept ans (j'ai mon cahier-journal sous les yeux) je n'appréciais guère ce faux bonhomme. C'est pourquoi plus tard j'étais si inquiet de vous voir fréquenter *cet esprit d'élite.* »

Et l'abbé ayant dû se défendre contre cette accusation, il récidive un peu plus tard : « Vous m'avez écrit, lors de la mort du pauvre Père Hyacinthe, une lettre bien *piètre* ! Vous m'avez dit : *Pauvres égarés !* Eh ! oui, certes, ils le sont, mais vous ne m'avez pas expliqué pourquoi vous vous êtes *égaré* à leur suite et surtout, ce que je ne vous pardonne pas, comment vous avez lâché le Père Hyacinthe si *atrocement* après l'avoir flatté si *publiquement*. Jamais, à votre place, je n'aurais agi ainsi. J'aurais pu aimer le Père Hyacinthe : soit !

1. Lettre de l'abbé Frémont, 27 mai 1910. Fonds privé.

(je l'ai toujours tenu pour un faux bonhomme), mais si je l'avais aimé et si je lui avais écrit les lettres aussi enthousiastes qu'il a reçues de vous et qu'il a eu la lâcheté de publier, j'aurais eu la grandeur d'âme de garder le silence, de *l'aller voir*, et de ne rien livrer au public. »

Puis, faisant allusion à la fameuse déclaration qui avait mis le feu aux poudres, il poursuit : « Mgr Amette vous a demandé *d'écrire*. Il fallait lui dire : *Je ne le peux et je ne le ferai pas.* Vous avez plié, dans l'espérance de conserver votre poste et votre honneur, et vous avez publié la lettre qu'on vous demandait. Et vous avez perdu et votre *poste* et votre *honneur*. Ah ! que vous avez donc manœuvré misérablement[1] ! »

Mécontent de ce ton, l'abbé Mugnier doit le lui dire assez fraîchement, en précisant un peu perfidement qu'il est de taille à lui rendre la pareille. Aussitôt, l'abbé Frémont se hérisse, en lui demandant à quoi il fait allusion et il lui rappelle, en termes véhéments, comment il a su se blanchir de toutes les calomnies accumulées contre lui, réussissant même à confondre le cardinal Richard qui se servait de tous les prétextes pour lui faire payer chèrement ses idées politiques avancées. On ne sait ce qu'a pu lui répondre l'abbé Mugnier, mais l'abbé Frémont, comprenant qu'il est allé trop loin, accepte enfin d'enterrer cette hache de guerre.

Malgré les apparences, c'est finalement l'abbé Mugnier qui a le dernier mot, un de ses plus célèbres. Avant la conclusion de cette triste affaire, envenimée par l'agressivité de Paul Loyson, il avait dit : « Vraiment, l'Eglise a bien raison d'interdire le mariage aux prêtres : leurs enfants sont trop mal élevés ! »

*

Pour faire oublier toute cette affaire, ou du moins en adoucir les répercussions, l'abbé Mugnier imita le héros de *L'Education sentimentale* : il voyagea.

1. Lettre de l'abbé Frémont, 24 mars 1912. Fonds privé.

LE PRÊTRE DES NOCES DE CANA

1910-1914

Brutalement congédié de Sainte-Clotilde, et prié de se faire oublier en prenant de longues vacances, l'abbé Mugnier abandonne son appartement rue Las-Cases, entrepose son mobilier dans un garde-meubles et part pour la Grèce afin de connaître ces lieux mythiques, cette Acropole, objet des adorations païennes de Renan. Malgré la perspective de voir enfin ces pays dont il rêvait depuis son adolescence, il est fort mélancolique en se trouvant seul, le 1er novembre, dans un petit hôtel près de la gare de Lyon. Pensant à la fête des Morts, le lendemain, il constate amèrement : « *Les Morts.* J'en suis. »

Il faudra le dépaysement, le plaisir de la découverte aussi, pour lui faire oublier qu'il est plus un exilé qu'un touriste. On ne sait dans quelles conditions il a voyagé – de façon spartiate, assurément – ni quelles furent ses enthousiasmes et ses déceptions, car la Grèce qu'il visite rappelle assez peu celle chantée par les poètes. Il s'est embarqué à Brindisi pour Corfou, puis Athènes, voyageant avec un patriarche orthodoxe qui gémit de concert avec lui sur l'avenir du christianisme. Le malheur des temps les a rapprochés. Sur l'Acropole, il a retrouvé le journaliste Jules Bois, correspondant du journal *Le Temps*, accompagné d'Alexandre Singer, sans doute un fils ou un neveu de Mme Singer, née Ratisbonne, et appartenant à cette famille qui avait donné à l'Eglise un prédicateur fameux. Comme il n'a pas de projet bien défini, il accepte avec plaisir l'offre de Jules Bois de les accompagner, Singer et lui, en Crète et ils s'embarquent tous trois sur l'*Ettore*, un paquebot italien. Ce qui l'aura le plus étonné en Crète fut, en achetant un *Télémaque* à la fille d'un épicier qui tenait dans la boutique un petit rayon de livres, d'entendre celle-ci lui demander s'il connaissait Mme de Noailles et, sur sa réponse négative, lui réciter un de ses poèmes, en lui confiant que les deux écrivains français qu'elle admirait le plus étaient la comtesse et... Paul Bourget. Lorsque Anna de Noailles apprendra l'histoire, par un de ses familiers, intime aussi de l'abbé, elle s'imaginera « que toutes le bergères de la Crète la célébraient du matin au soir et elle dit aussitôt à son ami : Je veux, je veux connaître l'abbé Mugnier[1] ».

Cette demoiselle Galathée, si férue de littérature, est d'ailleurs fiancée à un jeune écrivain du pays, Nikos Kazantzakis, auteur d'un roman « réaliste et pessimiste », note-t-il. Le jeune homme offre de les guider dans leur périple en Crète et sans doute ont-ils beaucoup parlé pendant ces longues heures passées ensemble car, bien plus tard, Kazantzakis, devenu célèbre, écrira en 1930 à l'abbé pour lui dire qu'il a eu, sans le savoir, de l'influence sur lui...

Après cette incursion en Crète, il a regagné Athènes où il est allé rendre visite à l'archevêque, puis, seul cette fois, il s'est embarqué sur l'*Ismaïlia* pour Alexandrie. Il passe tout le mois de janvier en Egypte, en remontant le Nil jusqu'à Louxor et Karnak, puis, par Port-Saïd il gagne la Palestine et la Syrie, afin de visiter les Lieux saints, hébergé dans des couvents ou de petits hôtels, acceptant d'un cœur égal l'inconfort, la chaleur, la poussière, ainsi que les nuées de mouches ou de mendiants. Alors qu'il lisait *Anthinéa* de Maurras au pied de l'Acropole il parcourt la Palestine avec à la main le *Voyage en Orient* de Lamartine et note en passant à Nazareth : « Lamartine n'a pas bien parlé des Franciscains qui ne l'ont pas oublié[2]. » Un jour, errant dans la campagne, aux environs de Jérusalem, il est attaqué par un taureau qui le blesse à la jambe. Au lieu de se faire soigner, il panse la plaie avec son mouchoir et attend stoïquement qu'elle se cicatrise, au mépris de toute hygiène et de toute prudence. Heureusement sa robuste constitution lui permet de tout supporter sans paraître

1. Princesse Bibesco, *La Vie d'une amitié*, tome III, p. 522.
2. « Paperolles » de l'abbé Mugnier.

en souffrir. De Jérusalem, il écrit à Georges Landry : « Si vous m'aviez aperçu, dans une cellule des Franciscaines, lisant la Bible entière, pendant que le fils du concierge jouait de la mandoline – tout ce qui reste de la harpe de David – peut-être m'auriez-vous envié [1]... » De ce pèlerinage, il gardera des visions, certaines enchanteresses, et qu'il décrira plus tard à la princesse Bibesco lorsque celle-ci visitera la Terre sainte, dont elle rapportera un livre *Croisade pour l'Anémone.* Une des lettres qui composent ce recueil sera dédiée à l'abbé Mugnier. Néanmoins, lorsqu'à son retour de Terre sainte on lui demandera son impression sur la Palestine, il se contentera de répondre sobrement :

— Des pierres, rien que des pierres !

En regagnant Paris, il s'arrête à Rome au moment de la Semaine sainte et il y retrouve des amis, entre autres J. Ph. Heuzey-Goyau, Mlle Duchesne-Fournet, qui deviendra Mme Sadi-Carnot. Avec eux, il va revoir les Catacombes, le Colisée, le Forum, Saint-Pierre, tous ces monuments de la grandeur qu'il englobe dans le même culte, celui du passé, qui réconcilie tout. Peut-être est-ce à Rome qu'il a retrouvé cette année-là également Ferdinand Bac qu'il avait connu chez Marie de Rohan, alors princesse Lucien Murat. Les deux hommes s'étaient aussitôt pris l'un pour l'autre d'une vive sympathie, voire d'une affection, née de leur goût commun de la Vieille Allemagne et du passé, du même culte à l'égard de Goethe. Ils étaient devenus si intimes que l'abbé disait en riant : « Je confesse tout Paris, mais, moi, je me confesse à M. Bac ! »

Tous deux voyagent en amateurs curieux de ce que les guides officiels ne mentionnent pas, des lieux négligés des touristes, de ces quartiers populaires et pittoresques où la vie jaillit, aussi vivace que les mauvaises herbes dans les ruines. Un jour qu'ils s'émeuvent devant l'état de déréliction de certaines églises, gardées par de vieilles femmes qui ont l'air de sorcières, Ferdinand Bac déplore hautement cet état des lieux sacrés, qui semblent presque profanés, mais l'abbé en voit aussitôt l'« humanité » :

1. L. Deffoux, « Le chanoine Mugnier, aumônier des Lettres », in *France, Revue de l'Etat nouveau*, mai 1944.

— Non, non, tout cela est beau. Si le chrétien devait s'effrayer de la laideur, il faudrait d'abord qu'il effaçât les cortèges de démoniaques et de déshérités qui, en Palestine, se portaient sur les bords des routes à la rencontre de Jésus-Christ. Et puis, voyez-vous, un peu d'Enfer sous le toit de Dieu, cela ne me déplaît pas. Le satanique est noué à notre destin comme les dix doigts de nos mains jointes. Il nous pénètre comme l'air, s'insinue partout, comme l'eau filtre par les moindres fissures...

Et, tout excité par ce paradoxe, il continue sur sa lancée :

— C'est le combat éternel du Beau et du Laid sur notre terre, pour nous si imparfaite. Ainsi, croyez-moi ! Ne maudissons pas la sorcière des chapelles, l'air malsain, les figures grimaçantes qui peuplent nos églises, qui nous accueillent à leur seuil et nous accompagnent dans nos recueillements, debout derrière nos corps prosternés. Je les tiens pour des éléments nécessaires, compensateurs, et vous serez le premier à me dire : « Dans une de nos belles églises neuves et propres où tout est astiqué et *comme il faut*, mondain et décent, bien lavé, bien doré, il manque quelque chose ! » Vous ne sentez rien de comparable à l'émotion qui vous étreint là où des millions d'êtres de toute condition ont, depuis des siècles, exhalé un peu de leur âme, noble et ignoble, ont déposés leurs premiers-nés, et leurs morts, le fardeau de leurs misères et de leurs confessions, leurs hontes et leurs silences, leurs armures et leurs étendards [1]...

Et Ferdinand Bac de conclure après ce plaidoyer :

— Qui dira après cela que vous êtes un prêtre tiède !

*

A son retour, après dix mois d'errance, il se trouve à la fois sans affectation et sans logis. Avant d'en chercher un, il faut d'abord savoir ce que ses supérieurs veulent faire de lui. Sans doute espéraient-ils que, goûtant à une liberté passagère en vagabondant ainsi dans le Proche-Orient, il y prendrait goût et ne songerait pas à retrouver d'autres fonctions, allant rejoindre ainsi la masse des prêtres qui, à l'instar d'un Houtin

1. Ferdinand Bac, *L'Aventure italienne*, p. 60-61.

ou d'un Loyson, vivent en marge de l'Eglise ou bien, restant dans le droit chemin, qu'il se réfugierait dans quelque château où, comme tant de ses prédécesseurs, il serait à la fois chapelain, lecteur et confident, faisant le soir un partenaire aux cartes.

Dans son malheur, il a au moins la consolation de voir ses amis lui rester fidèles et ceux qui étaient intervenus en sa faveur l'année précédente reviennent à la charge auprès de l'Archevêché pour que soit trouvée une solution qui ménage à la fois les intérêts de l'Eglise et son amour-propre. Alors qu'il est encore à Monabri, chez la princesse de Sayn-Wittgenstein, la comtesse Greffulhe et Denys Cochin se rendent auprès de Mgr Amette et de certains curés, qu'ils lui savent hostiles, en plaidant sa cause. Aucun de ces curés ne veut l'accepter dans sa paroisse et tous s'étonnent même qu'on le leur demande. « On dit toujours l'Archevêque bien disposé, note-t-il ; s'il ne l'était pas, que serait-ce donc ? Si on me donne une situation inférieure à celle que j'avais, il faudra que je me contienne, que je reste digne [1]. » Enfin, il est averti que l'archevêque est prêt à le recevoir pour parler avec lui de sa future position et il regagne Paris. L'entrevue a lieu le 12 août 1910. Le prélat se montre assez aimable, peut-être aussi parce que l'abbé Frémont est intervenu en sa faveur. Il lui dit qu'il avait d'abord songé à lui confier une sinécure, le poste d'aumônier des Sœurs de Saint-Joseph de Cluny, puis qu'il a jugé plus digne de lui celui de vicaire à Saint-Charles de Monceau, paroisse à cheval entre le riche XVIIe arrondissement et un quartier populaire. Il lui avoue, au cours de leur entretien, que les intervention d'aristocrates comme la comtesse Greffulhe et Denys Cochin ne font pas toujours bonne impression auprès des curés qui, justement, lui reprochent, en raison de semblables relations, d'être « dédaigneux » et surtout de se montrer trop humain, pas assez « surnaturel ».

L'abbé Cosse, le curé de Saint-Charles de Monceau, n'est manifestement pas enchanté d'accueillir dans sa paroisse un homme qui a tant fait parler de lui, craignant que la polémique, un moment apaisée, ne reprenne une fois l'abbé dans

1. A. Mugnier, Journal, 7 août 1910.

la place. Dans sa crainte, il trace à l'abbé un tableau de sa paroisse propre à en dégoûter celui-ci, puis craignant qu'il n'accepte en dépit de cette peinture, il court à l'Archevêché supplier Mgr Amette d'éloigner de lui ce calice d'amertume. Invité derechef à se rendre à l'Archevêché, l'abbé Mugnier s'y fait tancer par Mgr Amette qui l'accuse à son tour de manquer d'humilité. « Il aurait donc fallu me traîner à genoux devant le curé de Saint-Charles ! » note l'abbé, révolté. Finalement, Mgr Amette en revient à sa première idée : le poste d'aumônier des Sœurs de Saint-Joseph de Cluny, rue Méchain. On sent l'archevêque irrité, désireux d'en finir et de ne plus entendre parler de ce prêtre à problèmes. Il ne reste plus qu'à se soumettre et accepter de s'enterrer dans ce quartier lointain, avec un casuel de trois mille francs par an, auquel, par bonté d'âme, on ajoute mille francs. « Me voilà bien enterré, enfoui », écrit l'abbé au soir de ce qu'il appelle « une journée de dupe ». « J'y vivrai sobrement, solitairement. C'est fini ! Les misérables ! Et cet archevêque qui s'est joué de moi ! » Il se considère comme deux fois victime, de « la bande Loyson » d'abord, et de ses supérieurs ensuite, qui ne l'ont pas défendu, trop heureux, semble-t-il, de le voir déchu de la position qu'il s'était créée.

En tant que prêtre, il devrait savoir que les voies de la Providence sont impénétrables et il ne se doute guère alors que ce qui lui paraît un autre exil, dans un humble ministère et loin du monde, va être au contraire sa libération, en ouvrant une voie nouvelle à son apostolat auprès des heureux de ce monde et, surtout, en lui permettant de suivre enfin sa véritable vocation, celle des Lettres.

Les Sœurs de Cluny ne sont pas un ordre élégant et mondain comme les Dames du Sacré-Cœur ou celles de Sion. Cet ordre a été fondé dans une grange, au temps de la Terreur, par un jeune paysanne bourguignonne, Anne Javouhey, dite Nanette. En 1802, grâce au Concordat, elle avait pu établir sa communauté en territoire cistercien et l'acte consacrant cet établissement avait été signé par l'Empereur lui-même, en 1806, au camp de Posen. Depuis cette époque héroïque, l'ordre avait prospéré, avec des maisons dans le monde entier. On voyait souvent, dans l'entrée du couvent, des sœurs encombrées de bagages arrivant des antipodes ou se préparant à y partir, si bien, notait avec amusement un visiteur, que ce porche avait l'air du hall d'un grand hôtel. Tout à leurs tâches, en général matérielles, ces saintes filles n'ont guère de préoccupations littéraires et sont peu faites pour devenir des interlocutrices de leur nouvel aumônier. Un jour que l'abbé demandera le nom d'un joli arbuste à une sœur tourière, celle-ci lui répondra qu'elle l'ignore. Elle n'avait même jamais regardé l'arbuste...

Chaque année une procession se déroule au milieu du jardin avant qu'il ne soit partiellement loti et l'abbé, voyant les sœurs les plus âgées s'incliner l'une vers l'autre sous le poids des ans, fera remarquer à un ami :

— Elles sont ogivales [1]...

Vingt ans plus tard, il éprouvera quelque remords à l'égard de ces religieuses qu'il a côtoyées sans chercher à les connaître un peu mieux et il écrira : « J'ai juxtaposé à mes devoirs professionnels des lectures, des relations, toute une existence tellement différente de celle qui se déroulait sous mes yeux ! Je n'ai su ni observer de près ces âmes de saintes femmes, ni m'attendrir sur elles. Et je n'ai eu qu'à me louer d'elles, tant leur bienveillance à mon égard a été aveugle [2] ! »

*

Nommé aumônier du couvent, l'abbé Mugnier doit se loger à proximité pour y remplir plus facilement ses fonctions. Mme Octave Deschamps, une de ses anciennes paroissiennes de Saint-Thomas-d'Aquin, lui offre alors un appartement dans un immeuble de rapport, 7, rue Méchain, qui lui appartient. Il était lié depuis longtemps avec la comtesse Bartholoni, fille de Frisell, l'ami américain de Chateaubriand, et filleule de l'écrivain. Il avait d'ailleurs marié en 1901 sa fille Eugénie à Octave Deschamps. C'est à elle qu'il laissera ses « paperolles » où l'on trouve maintes anecdotes qu'il n'a pas jugé bon d'inclure dans son Journal.

Certes, la rue Méchain, située derrière l'Observatoire et donnant sur la rue de la Santé, ne rappelle en rien les nobles

1. G. de Lauris, *Souvenirs*, p. 200.
2. A. Mugnier, Journal, 11 novembre 1928.

artères du Faubourg. Elle est calme, un peu triste, égayée seulement par les chants d'oiseaux des jardins de couvents, notamment celui des Sœurs de Saint-Joseph de Cluny. On se croirait en province, illusion renforcée par l'absence presque totale de circulation et la rareté des passants. L'immeuble est banal, construit sous le règne de Louis-Philippe et sans vain souci de luxe et d'ornementation : une longue façade grise, anonyme, avec cet aspect à la fois respectable et ennuyeux des établissements ecclésiastiques. En dépit de cette apparence, on y verra de bien curieux personnages, et singulièrement profanes, de Georges Valois, un des fondateurs de l'Action française, à Edmond Jaloux, le futur critique et romancier, de l'abbé Bremond à André Suarès, sans oublier Gaston Gallimard, à ses débuts. Contrairement à une légende bien ancrée, Lénine, alors en exil, n'y a pas habité. Il y venait seulement voir des compatriotes et l'abbé le saluait lorsqu'il le croisait dans l'escalier. « Il était bien gentil... », dit-il un jour à Ferdinand Bac en évoquant ces fugitives rencontres. L'appartement assez vaste pour un homme seul, avec une vieille servante, est vite envahi par les livres au point qu'on en voit partout, même sur les chaises.

Le 29 août, l'abbé pousse un soupir de soulagement, sinon de satisfaction : « Me voilà enfin emménagé 7, rue Méchain. Emménagé, c'est-à-dire qu'on a transporté ici mes meubles et livres qui dormaient depuis dix mois dans un dépôt. Et je suis dans un désordre inexprimable. » Cinq jours plus tard, le désordre est à peu près toujours le même, l'abbé Mugnier étant de ces hommes qui, au moment de placer un livre sur un rayon, ne peuvent s'empêcher de l'ouvrir et se plongent dans leur lecture, oubliant tout le reste.

En essayant ainsi de ranger son appartement, l'abbé s'efforce aussi de faire la même opération dans son existence après cette épreuve : « Ranger, mettre de l'ordre dans tout ce qui a occupé à tort ou à raison mon *moi*, telle doit être ma tâche présente, écrit-il le 6 septembre 1910. Nous verrons ensuite le parti qu'on doit en tirer, si parti il y a. Ma vie a été jusqu'ici un éparpillement dans tous les sens du mot. Me défaire de ce qui ne peut pas m'être utile, car à l'éparpillement s'ajoute l'encombrement. Ces bulletins, ces revues, ces feuilles publiques auxquels on a collaboré un jour et qui n'ont pas duré ! ! Quelle misère ! »

L'abbé ne paraît pas avoir beaucoup trié, ni beaucoup jeté, car l'appartement, au dire de tous les contemporains, sera toujours un étonnant capharnaüm.

A gauche, en entrant, se trouve un bureau, entièrement garni de rayons où s'entassent des livres, et meublé seulement d'une table de travail. Dans la salle à manger, où l'abbé se tiendra l'hiver, près d'un feu de charbon, trône un portrait de Barbey d'Aurevilly par Valadon, flanqué d'une étude au burin du *Bon Samaritain* par Bresdin, héritée de Huysmans, et, plus tard, d'un *Christ entre les deux larrons*, cadeau d'Anatole France, cet athée aux manières ecclésiastiques. Le mobilier doit provenir de l'appartement de sa mère : un buffet comme on en voit dans toutes les familles bourgeoises, une crédence et une table ovale. En décrivant cet appartement dans son roman *Les Renards*, Abel Hermant écrira : « L'on devine que l'abbé a dû les choisir, en même temps qu'on ne doute point qu'il les ait hérités de sa mère, malgré les révoltes de son goût[1]. » Et de déplorer, les canapés, les fauteuils revêtus de housses en toile de Jouy, « bêtement rangés le long des murs, ainsi que dans un parloir de presbytère ou de couvent ». Là aussi, les livres envahiront tout, montant à l'assaut des meubles comme une marée irréversible. Quant au salon, il est le musée personnel de l'abbé, réceptacle indéfiniment extensible d'objets dont il héritera, de souvenirs rapportés de ses voyages. On y verra même un phonographe, offert par Coco Chanel, pour se faire excuser de lui avoir dit que la messe l'ennuyait beaucoup. Elle y avait joint toute une série d'enregistrements des opéras de Wagner, sachant son goût pour le maître de Bayreuth. Par ses deux fenêtres, ce salon donne sur un jardin encore assez vaste et qui sera sacrifié après la Grande Guerre afin de faire place à un immeuble en béton. On n'en sauvera qu'un arbre de Judée, seul témoin d'un monde effacé. Le montrant un jour à un visiteur, l'abbé Mugnier soupirera :

— Il mourra... S'il a un peu d'amour-propre !

Les murs du salon sont aussi tapissés de gravures ou de

1. A. Hermant, *Les Renards*, p. 262.

portraits que les galeries de Chantilly. Pas un pouce entre les cadres, et beaucoup de tableaux n'ayant pu trouver place sur les murs, on les voit entassés par terre ou bien accumulés sur des meubles. Sur la cheminée, un buste de Goethe, en bronze, d'après l'original en marbre de Christian Daniel Rauch, au musée de Weimar, buste que n'aimait pas Huysmans qui lui disait, chaque fois qu'il le voyait : « Quand donc, l'abbé, allez-vous nous débarrasser de ce notaire ? » De Goethe également le masque, par Carl Gottlieb Weisser, seul moulage effectué du visage du poète et homme d'Etat. Une chaise sert de chevalet à la grande photographie achetée par Huysmans à Francfort et qu'il a baptisée *La Démone*. En bas du tirage, Huysmans a écrit cette dédicace assez banale : « Souvenir du compagnon de Francfort », alors qu'Anatole France avait écrit au bas de la gravure du Christ : « A l'abbé Mugnier, en attendant que nous nous réveillions au son de la trompette. »

Un grand portrait de Huysmans, par le photographe Taponier, jette une note assez sinistre dans la pièce. L'illustre écrivain, représenté debout sous un crucifix, comme un traître attaché à un poteau devant le peloton d'exécution, ressemble, écrit un visiteur « à une réduction de Lucifer, vêtu d'un veston de confection ». Près de ce portrait, une gravure en couleurs de *Goethe dans la campagne romaine*, d'après le fameux tableau de Tischbein. L'abbé explique aux curieux qu'il a mis Goethe auprès de Huysmans pour que celui-ci fasse pénitence. Au hasard, dans toute la pièce, un fouillis hétéroclite de souvenirs : le moulage de la main de Victor Hugo, et celui également de la main de Goethe ; un portrait de Wagner, et un Chateaubriand « fait du vivant de l'écrivain », précise-t-il toujours ; une image de saint Maurice offerte à Eugénie de Guérin par son frère, une plume d'oie de Barbey d'Aurevilly ; un « canon » de l'Eglise de la main de Mme de Lamartine, ou plutôt, vraisemblablement, de celle de sa nièce, ainsi qu'une infinité de ces bibelots achetés en voyage et rapportés pour en conserver le souvenir. Il y en a partout, mêlés à des cadeaux offerts par des âmes pieuses, offrandes naïves et touchantes, conservées parce que l'on n'a pas le courage de s'en débarrasser, mais aussi des autographes ou des statuettes de personnages illustres, évoquant ce passé dans lequel l'abbé aime à revivre afin d'oublier ses déconvenues. Dans sa chambre, un Christ, venant du général de Lamoricière, un ancien officier d'Algérie, passé au service du pape, et une vue du château de Lubersac, un double souvenir puisqu'il s'agit d'un tableau peint par son frère Paul.

Un Anglo-Saxon, venu le voir à la fin de la guerre de 1914, aura un haut-le-corps devant cet appartement qu'il qualifiera de « hideux, avec un affreux mobilier, ramas bizarre de vieux bouquins et des images pieuses modernes », ajoutant néanmoins, admiratif car il est assez snob : « Mais à la porte, il y a une queue de princesses pour le voir[1]. » On y voit même des souverains, tel le roi Manuel de Portugal, exilé de son pays, qui vient parfois fumer une cigarette avec lui, puis se confesse. Un jour, il se frappe le front et dit à l'abbé :

— Ah ! Mon Dieu, j'ai oublié que la reine est en bas ! Nous allons la faire monter. Il faut qu'elle se confesse aussi...

Et l'on trouve la reine Amélie dans la loge, en train de bavarder avec la concierge...

Devant cette porte, un cordon de sonnette, terminé par un gland d'acajou et que l'abbé exigera de conserver lorsque, après la modernisation de l'immeuble, on voudra lui imposer une sonnerie électrique avec un simple bouton. Il acceptera plus tard, en revanche, l'installation du téléphone, en maugréant un peu :

— C'est quand même bien commode, avouera-t-il, mais c'est bien gênant aussi, bien indiscret.

C'est dans cet appartement, de plus en plus encombré au fil du temps qu'il demeurera pendant plus de trente ans et qu'il finira ses jours, regrettant parfois son éloignement du centre de la ville et de ses mondanités, ce qui le ruine en fiacres, puis en taxis. Cet éloignement, en revanche, ne lui épargne pas les visites, de plus en plus nombreuses au fur et à mesure que grandit sa réputation mondaine et il a toutes les peines du monde à les écourter, ou, mieux, à les éconduire. Il usera pour cela d'un stratagème efficace. Lorsqu'il est seul et entend sonner, il va ouvrir avec son chapeau et son parapluie à la main :

— Je me disposais à sortir..., dit-il, et suivant l'intérêt

1. Sir Henry Channon, *The Diaries*, 5 mai 1918.

offert par le visiteur il renonce à sa fausse sortie ou bien le prie de repasser plus tard.

*

A l'automne, enfin établi dans ses meubles, l'abbé Mugnier se déclare habitué à son nouvel état, voire plus satisfait qu'il ne l'espérait : « Tout mon ministère consiste à donner la communion, à dire des chapelets, à bénir avec l'ostensoir. N'importe quel prêtre pourrait en faire autant. Le moindre coin de nature, les arbres moussus de l'avenue de l'Observatoire me semblent plus près de Dieu. Je devrais être heureux de n'être plus dans les sacristies et hors de griffes des dévotes. A bien y réfléchir, aucun regret n'est possible [1]. » Néanmoins, pendant quelques années, il en aura, regrets venant peut-être moins de la perte de son ministère paroissial que de la manière dont il l'a perdu. Il semble avoir gardé un certain temps l'espoir d'être « réhabilité » et de se voir offrir, en réparation, une paroisse, un poste honorifique à l'archevêché. Le 10 janvier 1912, il notera dans son Journal : « Il faut que j'en prenne bien mon parti. Mon ministère est fini. Le confesseur, le catéchiste n'existent plus ou presque plus. Je ne parle pas du prédicateur ou du conférencier plus morts encore » et le 23 juin de la même année, sentant les atteintes de l'âge, il ajoutera : « Oui, vraiment, il vaut mieux que je ne rentre plus dans le ministère. Il m'achèverait, ce genre de situation me convient mieux. »

Et à ce côté positif s'en ajoute un autre, encore plus agréable. Il a désormais du temps pour lire, écrire, et aller dans le monde où, malgré les ennuis qu'il a connus, les calomnies dont il a été victime, il est de plus en plus réclamé.

Si certaines douairières, dévotes à l'esprit étroit, lui reprochent de pardonner trop facilement, la plupart des femmes qui constituent sa clientèle mondaine apprécient en revanche cette indulgence et font de plus en plus appel à lui pour résoudre leurs cas de conscience. Ainsi Mme Arman de Caillavet, la célèbre égérie d'Anatole France, éplorée de l'abandon de celui-ci. L'abbé Mugnier était devenu vers 1908 un familier

1. A. Mugnier, Journal, 14 octobre 1910

de l'avenue Hoche où Mme Arman de Caillavet recevait ce que le monde littéraire et politique offrait alors de mieux. On voyait de tout chez elle et craignant que son éclectisme choquât l'abbé Mugnier, elle le prévenait des rencontres qu'il risquait de faire avenue Hoche. Ainsi, l'invitant à déjeuner elle l'avertissait qu'il se trouverait avec l'actrice Réjane, à quoi l'abbé avait répondu : « Quant à Réjane, l'Evangile ne me défend pas de la rencontrer ni de l'admirer. Loin de là. *Tous* vos convives me sont d'avance très sympathiques[1]. » Ainsi d'Anatole France, dont il admire le talent, tout en déplorant l'athéisme et même un anticléricalisme auquel seule une exquise courtoisie met un frein. Entre les deux hommes, il y a cet accord que crée une communauté de culture et de goût, la même admiration pour le génie grec et l'Antiquité, mais l'abbé sait qu'il est vain d'entreprendre Anatole France sur le sujet du catholicisme et il ne songe pas à le prêcher. Anatole France a d'ailleurs pris les devants pour prévenir toute offensive de l'abbé :

— Je ne désire pas croire, lui a-t-il dit fermement. Tout ce qu'on me promet comme récompense ou punition dans l'autre vie ne me touche pas. C'est disproportionné. Je ne mérite pas tant[2].

Les deux hommes se contentent d'échanger des politesses, souvent par l'intermédiaire de Mme de Caillavet : « Je vous adresse un exemplaire des *Pingouins*[3] qui ne porte pas de dédicace parce que l'auteur a jugé qu'il manquerait au respect dû à votre caractère sacré en écrivant votre nom sur un volume qui contient autant d'impiétés[4]... »

De jolie femme, Mme Arman de Caillavet était devenue, prétendait une de ses rivales, « un vieux petit Jésus », mais sans la foi dont elle n'avait aucune idée, n'ayant jamais cru qu'en soi et aussi, pour son malheur, en Anatole France. Au bout de tant d'années d'un joug trop lourd, car elle le contraignait sans pitié à écrire, à toujours écrire, au besoin en l'y aidant, l'écrivain s'était révolté. Il avait profité d'une série de

1. Lettre à Mme de Caillavet, 1909. Archives du docteur Robert Naquet.
2. « Paperolles » de l'abbé Mugnier, 2 mars-18 avril 1912.
3. *L'île des Pingouins*, roman d'Anatole France.
4. Lettre du 27 octobre 1908. Fonds privé.

conférences en Amérique du Sud pour nouer une liaison avec une passagère rencontrée à bord du bateau et avait cessé de donner de ses nouvelles. Hélas ! Mme de Caillavet en recevait malgré tout par le valet de chambre placé près de lui pour le surveiller, ce qui lui permettait de tout savoir sur les étapes du maître et les péripéties de cet amour d'automne. Effondrée, elle avait confié ses tourments à l'abbé Mugnier qui lui avait prodigué les consolations d'usage. Or, Mme de Caillavet ne voulait pas seulement être consolée ; elle voulait récupérer le fugitif, renouer cette liaison, si flatteuse pour elle et si fructueuse pour le traître qui, tout énamouré, n'écrivait plus. L'abbé n'était pas un sorcier pouvant lui donner un philtre d'amour ou bien jeter un sort sur France. A la fin, Mme de Caillavet lui avait proposé un marché :

— Voulez-vous que je communie pour que M. France me revienne ?

A quoi l'abbé avait judicieusement répondu :

— Brisez des liens que l'Eglise réprouve et vous irez ensuite à l'autel. Il y a des mélanges qui ne sont pas permis.

Une autre fois, de plus en plus abattue, elle avait envisagé de se suicider et l'abbé avait réussi à l'en dissuader[1].

Dans l'état d'esprit où elle se trouvait, il lui arrivait de douter de tout et même de l'abbé, lui écrivant par exemple : « Il m'a semblé, monsieur l'abbé, qu'au moment où vous m'avez quittée hier, une nuance d'ironie flottait sur vos lèvres d'ordinaire si indulgentes. Comme je vous trouve infiniment de tact, d'esprit et de goût, je serais désolée de vous paraître ridicule. Je ne suis pas Calypso, je vous assure[2]... »

André Germain, toujours critique, mais lucide, observera que le succès de l'abbé auprès d'une femme aussi dépourvue de religion que Mme de Caillavet vient de ce qu'il sait toucher les cœurs par des voies imprévues, empruntant les chemins fleuris des Lettres au lieu de la voie ardue menant au Calvaire : « Enivré de Rousseau et de Chateaubriand, l'abbé savait faire la moitié du chemin pour appeler au Christ ces

---

1. M. Maurois, *Les Cendres brûlantes*, p. 85. Le témoignage de l'abbé Mugnier, tel que cité plus haut, provient d'une lettre de celui-ci à Mme Maurice Pouquet, du 3 décembre 1925 dont Michelle Maurois s'était servie, en remplaçant la proposition de communion par celle de simple pratique religieuse.

2. Lettre du 3 juillet, sans doute de 1909. Fonds privé.

pauvres femmes intoxiquées de littérature qu'étaient Mme de Noailles, Mme de Caillavet. Un prêtre moins cultivé les eût effarouchées. Et lui seul pouvait obtenir ce qu'il réalisa par son entremise : amener aux derniers sacrements une irréductible positiviste, fille de Mme d'Agoult, l'âme la plus haute que j'ai connue, ma vieille amie, Mme de Charnacé[1]. »

Finalement, Mme Arman de Caillavet meurt à la fin de l'année 1910 de cette passion qui l'a consumée. L'abbé Mugnier est alors absent et Mme Gaston de Caillavet, sa belle-fille, lui racontera ses derniers moments, la confession que la mourante lui a faite, ce qui a provoqué d'ailleurs un rapprochement entre les deux femmes, trop différentes de caractères et de tempéraments pour s'apprécier. Anatole France est venu faire à Mme Gaston de Caillavet une visite de condoléances au cours de laquelle il a reconnu ses torts, avouant qu'il a été « faible et lâche », mais reprochant à son ancienne amie « l'élan religieux » de ses derniers mois, démenti de sa vie entière. En dépit de la disparition de Mme de Caillavet, l'abbé Mugnier conservera des liens avec sa famille et on le verra non seulement diriger l'instruction religieuse de Simone de Caillavet, la fille de Gaston, mais il bénira plus tard son union avec André Maurois. C'est d'elle qu'il aurait dit, charmé par sa vivacité d'esprit comme par ses aptitudes littéraires : « Simone a de l'encre dans le sang », mot que Michelle Maurois reprendra pour le donner comme titre à un de ses livres évoquant le milieu dans lequel a vécu sa belle-mère.

Lorsque la veuve de Gaston de Caillavet, remariée à son cousin Maurice Pouquet, écrira l'histoire du salon de sa belle-mère, elle aura recours à l'abbé Mugnier, lui soumettant les pages concernant la fin de Mme Arman de Caillavet : « Pour en venir à votre livre, qui exige évidemment la discrétion, lui écrit-il, je n'écrirais pas : “Mme de C.[aillavet] *n'avait aucune religion.*” C'est trop absolu. Je dirais plutôt : “Sans être fidèle à la pratique religieuse, elle ne tournait jamais en raillerie ceux qui était plus fervents qu'elle.” Puis la phrase sur *Le Lys rouge* et je terminerais : “Et pourtant, dans les derniers mois de sa vie, quand elle était si triste, si inquiète et déjà si

1. A. Germain, *Les Clefs de Proust*, p. 219.

malade, elle demandait souvent à M. l'abbé Mugnier les moyens de se rapprocher de Dieu." De ceci, je me porte garant, car ce fut l'objet de beaucoup d'entretiens[1]. » Lorsque le livre paraîtra, l'année suivante, l'abbé Mugnier enverra une lettre de félicitations à son auteur : « J'ai lu ces pages avec admiration. Le note y est infiniment juste. Les deux figures, les deux âmes, se détachent avec tout ce qui les rend pareilles et si différentes. Mme de Caillavet tout à fait supérieure à France ! Elle a tout donné. Je l'avais bien senti dans mes rapports avec elle, surtout à l'heure de l'épreuve. En ce qui me concerne, religieusement parlant, vous dites toute la vérité avec beaucoup de délicatesse... Madame votre belle-mère aura été une noble victime de plus[2]. »

*

A peine Mme Arman de Caillavet est-elle sortie de sa vie que la comtesse de Noailles y entre, à grand fracas. Lecteur plus amusé qu'admiratif de son dernier livre, *Le Visage émerveillé*, il notait « Mme de Noailles a renchéri sur saint François d'Assise : elle se penche encore plus bas. Elle dit au melon blanc :"Vous êtes mon frère", à la framboise : "Vous êtes ma sœur !". » Quand l'a-t-il connue ? On peut supposer qu'il l'avait déjà entrevue lorsqu'elle était encore jeune fille car en apprenant la nouvelle de ses fiançailles, il s'était écrié : « Dites qu'il y a promesse de mariage entre Mlle de Brancovan et l'air, le feu, le vent, un élément ! mais pas avec un pauvre homme ! » Il n'avait pas tort et Mathieu de Noailles n'avait pas tardé à s'apercevoir qu'il était malaisé d'être le mari d'une fée. Un jour il dira n'avoir été heureux qu'un mois dans sa vie et l'abbé Mugnier, en rapportant cet aveu, d'ajouter non sans malice « mais il n'a pas dit si c'était avec elle ».

En tout cas, c'est en 1910 qu'il est amené chez elle par Pierre Hepp et la trouve au lit, « un lit sans rideaux, une chambre sans luxe ». Mme de Noailles, fort exaltée, ne lui laisse pas placer un mot, parlant tout le temps et, bien

1. Lettre à Mme Maurice Pouquet du 8 août 1925. Archives du docteur Robert Naquet.
2. Lettre à Mme Maurice Pouquet, non datée. Archives du docteur Robert Naquet.

entendu, ne parlant que de soi, de son génie, de son malheur d'être ainsi trop douée pour être entendue des humains : « Impossible de raconter cette conversation ou ce monologue pour toute sorte de motifs, écrit-il en rentrant chez lui. Une volubilité d'esprit et de paroles qui ne me permettait pas toujours de la suivre... Mme de Noailles s'est confessée tout haut. Elle est gênée maintenant parce qu'elle a moins de défauts. Ses défauts, c'était autrefois de "vouloir le succès immédiatement", tout le succès possible, de vouloir être la première, d'être contente quand les poésies qu'elle lisait lui semblaient inférieures aux siennes [1]. »

Mme de Noailles, en cette année 1910, c'est la sainte Thérèse du Bernin, en moins pulpeuse et en plus bavarde, une Sainte Thérèse en extase devant elle-même, à la fois bacchante et pythie. Roumaine, et même un peu turque, elle est animée de ce besoin de dominer, propre aux Roumains, et de se prosterner devant le pouvoir, comme une femme du sérail, craignant toujours, si elle perd la faveur du sultan, d'être étranglée, fourrée dans un sac et jetée dans le Bosphore. N'aimant que l'avenir, et craignant la mort, elle croit conjurer celle-ci en l'invoquant sans cesse et elle essaie de l'apprivoiser en célébrant les merveilles de la vie. Non sans justesse, l'abbé Mugnier dira de sa poésie : « Une jérémiade dans un jardin qui peut se résumer dans ce mot : Moi, pas mourir ! » Le sentiment de sa propre divinité l'enivre au point qu'elle est, dans les affres de l'enfantement poétique, une demi-morte, et, l'effort accompli, elle ressuscite en Christ glorieux. Toujours en scène, elle écrit ou parle en poète et se plaint comme un forçat des chaînes qu'elle s'est forgées en écrivant, en assumant une personnalité bien différente de la vraie. Mais qu'y a-t-il de vrai chez elle, hormis le besoin d'être applaudie, célébrée, encensée ? Pour cela, elle est prête à tout, même à renier sa classe et son milieu. Elle s'est passionnée pour Dreyfus, proclamant son innocence et brisant des lances à ce sujet avec toute son illustre parenté, mais à défaut de Dreyfus elle aurait choisi toute autre victime, obsédée qu'elle est par le besoin, telle une abeille enivrée, de se heurter à la paroi du monde officiel, voire judiciaire et carcéral, pour avoir le droit

1. A. Mugnier, Journal, 2 décembre 1910.

de se plaindre, à titre personnel de souffrances ou d'humiliations endurées par d'autres. Autre paradoxe étonnant chez cette femme : elle écrit sur la nature un peu comme écrit sur le grand monde un Proust reclus dans sa chambre. En effet, elle déteste la campagne et n'aime la nature qu'en exil, comme elle, à Paris. Sa conversation évoque une averse en pays tropical ou un nuage de sauterelles s'abattant sur une contrée dont il ne reste pas grand chose une fois le nuage envolé : réputation, aspect physique ou talent, rien n'est épargné. Paul Valéry, qui l'a surnommée « Notre-Dame du battage », la définit alors comme « une petite fille vicieuse, non pas au point de vue charnel, mais pour la perversité de détruire, de déchirer ceux qui l'admirent[1] ».

Ce qu'il y a de plus frappant chez elle est son intrépidité à proclamer son génie, une intrépidité propre à effrayer des Huns et à dompter Attila. Un jour elle confie à l'abbé Mugnier :

— Personne n'est mieux douée que moi, je suis le plus grand écrivain...

Sans préciser, par modestie, si elle se considère comme le plus grand écrivain du monde, ou seulement de France. Une autre fois, alors qu'il s'inquiète de sa vie intérieure et lui demande de quoi elle vit, elle lui répond :

— De mon génie, de l'inspiration, des torrents de poésie qui sont en moi !

Et elle s'affirme hardiment « une mystique sans Dieu ». Son seul sentiment religieux, avoue-t-elle, a été sa passion pour Barrès :

— Quand je l'ai aimé, confiera-t-elle en 1929 à l'abbé Mugnier, j'ai reçu la prêtrise. J'étais comme une religieuse devant un évêque, un *surévêque.*

Son génie la rend volontiers agressive et elle sait rabattre le caquet de ceux qui ne lui rendent pas suffisamment hommage. Ainsi répond-elle à Francis de Croisset lui disant qu'elle a connu de bonne heure la célébrité :

— Je n'ai jamais connu la célébrité, j'ai connu la gloire !

Et à une dame évoquant devant elle un poète indien qui fait

1. « Paperolles » de l'abbé Mugnier.

de « tout petits vers », elle lance, agacée par ce qu'elle considère comme un blâme implicite :

— Il distille de la rosée au compte-gouttes, moi j'en ai inondé le monde !

Paul Bourget, outré de cette impudeur, observe un jour : « Je voudrais que vous soyez intelligente » et il verra en elle un des trois grands mystificateurs du siècle avec Proust et Claudel. Ne supportant aucune concurrence, elle juge les vivants et les morts – les auteurs s'entend – avec sévérité, s'attirant un jour cette apostrophe de Jules Lemaître avec qui elle parlait de Chateaubriand :

— Votre punition eût été de le connaître[1] !

Si elle n'a pas réussi à vaincre les préventions à son égard des Noailles, choqués par la hardiesse de ses propos et sa mauvaise éducation, elle a inculqué à son fils, Anne-Jules, le devoir d'admiration sans réserve :

— J'aime bien mon fils, dit-elle à l'abbé, car il est pénétré de la supériorité de sa mère.

Et à Marthe Bibesco, lui demandant si Anne-Jules connaît sa valeur, elle répond fièrement :

— Je la lui ai inculquée dès l'enfance.

Sa royauté dans Paris s'exerce avec tyrannie car elle a pour ses rivaux le regard d'Hérode et les ferait volontiers jeter, eux, dans le Bosphore. Lorsque Gabriele D'Annunzio fait irruption sur la scène parisienne, elle affecte d'admirer le grand poète italien, mais s'en méfie. Lorsqu'on voudra les réunir, elle montrera peu d'enthousiasme et dira :

— Qu'est-ce qu'on espère de cette réunion ? Une race d'ægypans ?

La rencontre a eu lieu, chacun se tenant sur ses gardes et calculant ce qu'il pourra tirer, pour la sienne, de la réputation de l'autre. Un jour qu'ils se trouveront tous deux dans la même voiture, à Gabriele D'Annunzio lui demandant ce qu'elle éprouve à côté de lui elle répondra : « Une déplorable fraternité[2]. » Un peu plus tard, lorsqu'elle aura l'intention de

1. « Paperolles » de l'abbé Mugnier, juillet-octobre 1912.
2. « Paperolles » de l'abbé Mugnier.

faire une pièce sur Phèdre, en demandant à D'Annunzio des conseils pour sa construction, celui-ci lui répondra :

— J'en ai fait une et elle suffit. Vous devriez la traduire !

Elle manquera s'en étouffer de fureur.

Depuis des années, elle défraie la chronique par sa liaison avec Maurice Barrès, liaison tumultueuse ainsi que le prouvent les centaines de lettres échangées, car ces amants célèbres sont plus liés par les liens de l'esprit que par ceux de la chair. Dans ses « paperolles » qui servent de base à son Journal, l'abbé note à la fin de l'année 1913 : « Mme de Noailles m'a parlé de Barrès qui n'a pas été son amant, mais qui l'a embrassée. Elle n'a pas voulu être davantage parce qu'elle avait peur des maladies. Il y avait dans cette affection une "parcelle d'infini", malgré ce qui manquait... Barrès avait le vocabulaire de l'infini et elle versait des larmes sacrées. Cela dura cinq ans. Elle dit elle-même qu'elle est pudibonde. Elle conçoit les choses et c'est tout. » En fait, ils sont surtout épris d'eux-mêmes et ce sont deux nihilistes attendant chacun que l'autre meure d'amour pour s'en faire un piédestal et avoir la satisfaction de posséder dans la mort ce que la vie leur a refusé, ou ce qu'ils ont refusé, surtout Mme de Noailles, peu encline, ainsi qu'elle l'a confié à l'abbé, aux plaisirs de la chair. A lire leurs lettres, on croit d'ailleurs à la chasteté de cette liaison qui semblerait plutôt celle d'un frère et d'une sœur. Pour Barrès, Mme de Noailles, c'est le rêve enfin réalisé, non d'une maîtresse, mais d'une sœur d'élection. Il est un nouveau Chateaubriand, que n'est-elle à son tour une nouvelle Lucile ! Il est difficile aujourd'hui de démêler dans cet imbroglio sentimental la part de la comédie jouée pour le public et celle de la sincérité. Philippe Barrès confiera en 1927 à l'abbé Mugnier, en évoquant cette liaison célèbre :

— Mon père la méprisait, mais c'était un thème[1]...

Mme de Noailles, de son côté, aime en lui l'admiration qu'il a pour elle, acceptant les rebuffades ou les cruautés qu'elle préfère à l'indifférence :

— Le poison et le venin qu'il m'apportait, dira-t-elle à l'abbé en 1912, je les transformais en encens[2].

1. « Paperolles » de l'abbé Mugnier, janvier-février 1927.
2. « Paperolles » de l'abbé Mugnier, janvier-mars 1912.

A propos de cette liaison bizarre, l'abbé Mugnier aura le mot juste en disant d'eux : « Ils font avec leur tête, ce que d'autres font avec leur corps. »

Cette liaison à épisodes, car entrecoupée de brouilles et de réconciliations, est arrivée à son terme avec l'affaire Demange à laquelle est tardivement mêlé l'abbé Mugnier.

*

Charles Demange était le neveu de Barrès, fils de sa sœur, un jeune homme à l'imagination ardente, aux aspirations littéraires, en admiration devant son oncle et soucieux de marcher sur ses traces. Il faisait partie de cette cohorte de jeunes gens que Mme de Noailles attache à son char et il souhaitait en être distingué, devenir l'Elu. Il avait suivi Mme de Noailles lors d'un voyage en Sicile et s'était peut-être alors fait des illusions sur les sentiments qu'elle nourrissait à son égard, les croyant aussi fervents que les siens. Avait-il pris au pied de la lettre les effusions dont elle était coutumière et avait-il cru voir dans ce lyrisme un écho à ses désirs ? A en croire l'abbé Mugnier, dans ses Paperolles, elle éprouvait à l'égard de Charles Demange une certaine répugnance physique et avait été très surprise d'apprendre qu'il n'était pas vierge, ainsi qu'elle le croyait, mais qu'il avait une maîtresse à Nancy. Alors qu'elle se trouvait en Alsace afin d'y travailler à un nouveau livre, elle n'avait pu le voir, comme il le souhaitait, et lui avait donné rendez-vous, par télégramme, en gare de Nancy. Il la rejoignit dans son compartiment, roula en sa compagnie jusqu'à Sarrebourg et la quitta en voyant qu'elle n'avait aucunement l'intention de l'enlever comme il se l'était imaginé. Aussi avait-il regagné Nancy où, trois jours plus tard, le 21 août 1909, il se tirait une balle de revolver, après avoir écrit plusieurs lettres d'adieu, dont une à Mme de Noailles pour lui exprimer « son amour et sa reconnaissance ». La nouvelle connue, ç'avait été un déchaînement contre Mme de Noailles, accusée d'avoir manqué de cœur, d'avoir cruellement déçu ce jeune homme et d'avoir joué avec ses sentiments. Les amis de Charles Demange avaient commencé alors une campagne contre elle, en insinuant qu'elle s'était vengée sur le jeune homme des trahisons de son oncle.

En cette année 1911, ils ont l'intention de publier un recueil d'hommages à Charles Demange, où le rôle néfaste de Mme de Noailles sera souligné. La famille Noailles, en particulier son mari, et la princesse de Chimay, sa sœur, lui ont conseillé de ne plus répondre aux lettres des amis de Charles Demange et de laisser l'affaire s'assoupir, mais devant la menace d'une publication imminente, Mme de Noailles veut se justifier. Elle a conservé les lettres de Charles Demange et menace à son tour de les publier afin de prouver qu'il n'y avait jamais eu entre eux autre chose qu'une simple amitié, comme avec tant d'autres jeunes gens, notamment ceux qui l'attaquaient ainsi. Elle rompt le silence qu'elle observait depuis longtemps à l'égard de Barrès pour lui annoncer sa résolution, puis, avec un certain courage, après avoir eu d'ailleurs, le 2 avril 1911, de longues explications avec les amis de Charles Demange, elle se rend le 9 chez la mère de celui-ci, assez décontenancée par cette visite et refusant de l'entendre. C'est alors qu'elle songe au rôle de médiateur que pourrait jouer l'abbé Mugnier. Elle le convoque rue Scheffer, lui explique ce qu'elle attend de lui : qu'il aille voir Mme Demange, la justifie à ses yeux et négocie habilement pour qu'elle ne soit pas éclaboussée par la publication de l'hommage à son fils. Mission délicate et dont l'abbé se charge avec scepticisme. C'est le 14 avril, un vendredi, et de surcroît le Vendredi saint, ce que Mme Demange souligne en remarquant : « Elle a bien choisi le jour... » Au début de leur entretien, Mme Demange ne veut pas l'écouter, sachant qu'il est l'envoyé de la comtesse « une coquette qui se livre puis se refuse », affirme-t-elle et lui répétant qu'il « plaidait une mauvaise cause ». Il parvient néanmoins à la calmer et tous deux cherchent, dans le manuscrit du livre, le passage assassin sur Mme de Noailles. En lui laissant entrevoir que ce passage pourrait provoquer des réactions vengeresses de Mme de Noailles, il réussit à en obtenir la suppression. Il a su sans doute employer les mots qu'il fallait, car Mme Demange, apaisée, accepte enfin de recevoir la comtesse de Noailles et de parler avec elle.

Cette mission est finalement une réussite et, ravi de son succès, l'abbé note le soir dans son Journal : « Quelle chose étonnante d'être ainsi mêlé à des coins d'histoire littéraire et amoureuse qui avaient tant excité ma curiosité ! Comme j'ai été mené à ce que j'aime ! » De son côté Mme de Noailles lui exprime sa reconnaissance pour l'avoir si heureusement tirée de ce mauvais pas : « J'ai vu le lieutenant Bernardin et Mme Demange ; dans ces heures douloureuses où nous nous sommes trouvés hier ensemble, la paix, le pieux accord se sont faits. Je vous dirai de vive voix un jour où vous serez libre à la fin de la semaine, toute ma gratitude pour votre amitié. Je vous prie de garder sur l'entrevue que vous avez eue comme sur celle que j'ai eue hier, et surtout sur ce que je vous ai confié, l'absolu silence[1]. »

En réalité, l'abbé ne va pas en être quitte à si bon compte et l'affaire, arrangée officiellement, va se poursuivre en coulisses, exigeant de lui des trésors de patience et de diplomatie. Comme Mme de Noailles date rarement ses lettres et que l'abbé n'en a pas conservé les enveloppes, il est malaisé de situer précisément un nouvel incident, mais il précède ou suit de peu l'entrevue du 14 avril. « J'ajoute ceci à mon pneumatique, lui écrit Anna de Noailles : voulez-vous dire à Mme Demange qu'habituée à des procédés courtois, je n'accepte pas les lettres qui ne me sont pas adressées. Le mot ci-joint, ayant été adressé par lui à elle, il lui avait permis, si telle est son humeur, de ne pas le décacheter et de le mettre au feu, mais non de me le retourner. Ayez la bonté, cher monsieur l'abbé, *de le lui remettre ou de le brûler devant elle de ma part, tout en lui disant que vu de pareils procédés* je pourrais lui demander de me faire remettre *les lettres qui en effet me reviennent de droit* et que je n'avais consenti à lui laisser, qu'en égard aux bons sentiments qu'elle me témoignait. Quant au mot ci-inclus, que vous pouvez lire, je le refuse naturellement. Ah ! cher monsieur l'abbé, quelle chose que le manque d'un cœur simple ! Bien à vous – de cœur reconnaissant et simple, Dieu merci[2]. »

Après avoir réconcilié, ou du moins concilié Mme de Noailles et Mme Demange, il lui faut s'entremettre afin de réconcilier cette dernière avec le lieutenant Bernardin, intime ami de son fils et à qui elle reproche de l'avoir trahie. Sa

1. Lettre de Mme de Noailles du 17 avril 1911. Fonds privé.
2. Lettre de Mme de Noailles. Fonds privé.

démarche en ce sens est d'abord mal accueillie et lui vaut des lettres, un peu incohérentes, mais véhémentes, de Mme Demange lui demandant notamment : « *Croyez-vous, monsieur l'abbé, que la charité chrétienne m'oblige à un tel effort ?* » L'abbé fait donc la navette entre le lieutenant et la mère éplorée qui, depuis le suicide de son fils a voué au lieutenant un sentiment quasi maternel. Sans doute réussit-il dans cette nouvelle mission, car Mme Demange continuera longtemps de lui écrire et de se lamenter auprès de lui, surtout lorsque l'inconduite de son gendre, un certain Boppe, lui fera obligation de s'occuper de ses petits-enfants.

Il sera également, à la fin de l'année 1929, investi de la confiance de Philippe Barrès pour enquêter discrètement sur les agissements de sa femme, qui s'est enfuie du domicile conjugal, et pour savoir si elle ne s'est pas réfugiée dans un hôtel du Midi.

De son côté, Mme de Noailles, envahissante et facilement agitée, va le prendre, sinon pour confesseur, du moins pour confident. Elle regarde un peu l'abbé comme un factotum, chargé de toutes les missions délicates. Déjà son mari, Mathieu de Noailles, est venu le trouver pour lui demander son appui auprès des gens du monde afin de trouver les deux millions nécessaires pour fonder une banque. Elle a besoin d'assurances contre la vieillesse et la mort. Comme l'écrira plus tard la princesse Bibesco « une secrète jalousie l'éloignait du Dieu unique et si elle appelait parfois l'abbé Mugnier auprès d'elle, c'était pour l'entretenir, avec la verve que lui inspirait son génie comique, de l'amour qu'on avait pour elle – amour qu'elle partageait – et des complications surgies à la suite des rivalités qu'elle faisait naître [1] ». Dans ces occasions, pour bien faire comprendre à l'abbé qu'elle avait besoin de ses conseils, voire de ses louanges et de son approbation, mais non de son ministère, elle ajoutait cavalièrement : « Venez, mais sans votre trousse ! » Elle va désormais s'épancher auprès de lui de toutes ses peines réelles ou imaginaires, et lui demandant d'intervenir comme arbitre ou négociateur dans ses conflits avec ses contemporains, de Barrès à sa cousine

1. Princesse Bibesco, *La Vie d'une amitié*, tome I, p. 87.

Marthe Bibesco dont l'apparition sur la scène parisienne a justement suscité sa méfiance avant d'éveiller sa jalousie.

*

C'est le mois suivant qu'il rencontre, sa cousine et rivale, Marthe Lahovary, princesse Bibesco. Là aussi, la Providence agit en sa faveur. Elle lui a donné une « nièce d'élection » en la personne de la comtesse de Castries ; elle va lui en donner une seconde avec Marthe Bibesco qui, moins modeste que la première, aura toujours à cœur de se servir de l'abbé comme un miroir réfléchissant sa propre image au point de faire de leur correspondance une sorte d'autobiographie.

Leur première rencontre a eu lieu sous l'égide de la comtesse Joachim Murat, une dame ayant le visage, la voix et les façons d'une poissarde et rachetant sa vulgarité foncière en se proclamant royaliste, encore qu'elle descende d'un régicide, le peintre David. Elle se dit également philosophe et déclare ainsi devant l'abbé médusé : « Je m'enivre de Pythagore... » Elle a peu d'idées, mais les crie sur les toits ; peu d'amis sincères, mais elle a su capter Maurras et faire d'Abel Bonnard un homme entièrement à sa dévotion. Malgré l'antipathie que la dame lui inspire, Marthe Bibesco avait accepté d'elle une invitation à déjeuner. A table, elle a pour voisin l'abbé Mugnier : « Lui non plus, écrit-elle dans son Journal, je n'avais pas voulu le connaître à cause des choses niaises et hyperboliques qu'Elisabeth Greffulhe et Elaine de Guiche disaient de lui. J'avais tort : il est charmant. C'est l'abbé Huber, du pastel de La Tour. L'air d'un vieux petit loriot, les mouvements vifs de cet oiseau, l'esprit le plus naturel qui soit, et il aime les *Mémoires d'outre-tombe*[1]... »

Marthe Lahovary, princesse Bibesco, est alors une jeune femme étonnant la société par son élégance et sa beauté, très préoccupée par son souci d'effacer la mauvaise impression laissée par le retentissant divorce de sa belle-mère, Valentine de Caraman-Chimay, remariée au prince Bibesco, très soucieuse aussi de faire oublier la consonance de ce nom de Bibesco qui, pour ces Français moqueurs, prête un peu à rire.

1. Princesse Bibesco, Journal, 24 novembre 1908.

Ah ! quel bonheur ce serait pour elle de porter un de ces vieux noms qui résument à eux seuls dix siècles d'histoire de France alors que celui de Bibesco n'a percé qu'au XIXe siècle et en Roumanie seulement... Elle a justement rencontré un de ces Français porteurs d'un grand nom, prince également, possesseur d'un château admirable et fort séduisant, mais sans grand caractère et qui n'est pas hanté par l'ambition d'égaler ses ancêtres. Or, elle veut tout, le grand nom, l'homme en vue, l'amant audacieux, l'esprit assez brillant pour égaler le sien tout en lui laissant un léger avantage, et bien entendu la fortune, indispensable au train de vie qu'elle est en droit d'exiger. Le prince de Beauvau-Craon ne répond pas à toutes ces conditions, mais il a le mérite d'être fort épris. Il est tenu en tutelle par sa mère, la princesse douairière, qui ne veut à aucun prix entendre parler d'un mariage avec une orthodoxe et, de surcroît, ayant l'intention de divorcer pour épouser son fils. Elle est insensible à l'attrait qu'exerce cette jeune femme alors que l'abbé Mugnier est bientôt séduit par elle : « Hier soir, note-t-il le 1er mai 1911, dîné chez le duc de Guiche. J'ai été tout à fait, et trop peut-être, sous le charme de la Princesse Bibesco... Bref, j'étais envoûté par cette jeune Roumaine, d'aspect fort agréable et dont la conversation était pour moi fraîche et brûlante, rosée et feu. Le duc de Guiche me disait, au haut de l'escalier, qu'il ne lui croyait pas de cœur, qu'elle n'était pas très bien pour son mari [1]... »

Bien entendu, elle soutient le contraire, accusant son mari de tout ce qu'un bel homme adulé des femmes peut faire à la sienne en multipliant les liaisons alors qu'elle, au moins, montre de la fidélité en s'attachant au seul Beauvau. C'est ce qu'elle explique à l'abbé venu la voir quinze jours plus tard. Ils en parlent pendant plus de trois heures et l'abbé, définitivement conquis, note : « Légèrement décolletée, elle a les traits frais et fins, quelque chose d'un garçon, d'un bel adolescent. » Ecrit-il cela pour repousser la tentation ? Ils se sont découvert une passion commune, Chateaubriand, et chacun de raconter à l'autre comment il a découvert l'Enchanteur. Du coup, l'abbé devient un familier du pied-à-terre où la princesse Bibesco reçoit ses amis pendant ses brefs séjours à Paris. L'abbé est

---

1. A. Mugnier, Journal, 1er mai 1911.

de plus en plus sous le charme et prêt à tout pour plaire à cette nouvelle Circé : « Ah ! que de jolis mots tombés de cette bouche fine et qui m'échappent, et qui n'auraient pas dû m'échapper ! Je garde de ces entrevues une vision et une musique[1]. » Il est non seulement conquis, mais troublé, cela est manifeste.

« Dès son premier regard, devait écrire André Germain, l'abbé spiritualisa le trouble et y ajouta de la poésie. De cette sirène fameuse, qui tient tant d'hommes en son pouvoir, il reçut un coup de foudre que devait toujours préserver son imagination fidèle. Dans une vie batailleuse et réaliste, dont la volonté se concentrait sur la volonté de devenir une égérie politique, il eut la part la plus désintéressée, celle des entretiens subtils [...] où la belle guerrière des cénacles et des salons déposait son armure pour rêver à Juliette, Lucile et Velléda[2]. »

Malgré la mise en garde du mari, qui lui assure qu'elle a un caractère infernal, il reste ébloui et, les Bibesco repartis pour la Roumanie, il se met en campagne afin de voir quelle solution il pourrait trouver, quels accommodements avec le Ciel il faudrait envisager pour rompre des liens déjà fort relâchés, en former d'autres plus durables. Ses premières démarches lui montrent la difficulté de la tâche. En effet, le faubourg Saint-Germain dresse aussitôt des barricades afin d'empêcher la réalisation d'un tel projet. Certes, étant mariée selon le rite orthodoxe, la princesse Bibesco peut divorcer, puis se remarier religieusement en France, mais cette comédie ne dupera personne et aux yeux du Faubourg, elle restera une « divorcée », disgrâce ineffaçable et surtout fort nuisible au point de vue mondain.

L'abbé s'en rend compte en tâtant le terrain. La comtesse Armand lui affirme que si la chose se faisait, la princesse douairière de Beauvau en mourrait de chagrin et, résumant l'opinion générale, plus indulgente à l'adultère qu'au mauvais mariage, elle déclare : « Qu'il soit plutôt son amant ! » En épousant Beauvau, elle ne ferait que renouveler le scandale du divorce et du remariage de sa belle-mère, Valentine de

1. A. Mugnier, Journal, 25 mai 1911.
2. A. Germain, *Les Clefs de Proust*, p. 224.

Caraman-Chimay, qui en a été sévèrement punie, car elle n'est pas *reçue* à Paris, encore moins à Vienne, et Marthe ne le serait pas davantage. Pour une jeune femme ambitionnant une grande position mondaine, un tel ostracisme a de quoi faire réfléchir... Elle y réfléchit en effet dans sa campagne roumaine, où Beauvau veut la rejoindre et où l'abbé Mugnier lui écrit régulièrement pour lui donner le courage de résister, prélude à cette correspondance qui va se prolonger pendant trente ans.

Devant l'insistance de Beauvau, elle accepte une entrevue, mais en terrain neutre, à Lemberg, en Pologne autrichienne, où il plaide en vain sa cause, en imaginant les solutions les plus extravagantes auxquelles le simple bon sens interdit de se rallier. N'avait-il pas imaginé de se marier pour engendrer l'héritier nécessaire à la survie du nom, puis de s'enfuir avec Marthe en abandonnant tout, fortune et position ? Il avait quelque temps plus tôt menacé de se suicider s'il n'arrivait pas à ses fins, mais l'abbé avait rassuré la princesse : « N'oubliez pas que M. de Beauvau est français : *il ne fera rien.* » Depuis l'affaire Demange, il est moins affirmatif, car Beauvau est aussi lorrain, comme l'était le neveu de Barrès. Après une autre entrevue à Graz, la princesse Bibesco choisit, comme Napoléon, la seule solution dans des cas semblables : la fuite. Elle va se réfugier au Carmel d'Alger dont la supérieure est une des cousines de son mari, Jeanne Bibesco, personne assez bizarre, et même un peu folle, entrée dans les ordres sans vocation et qui, après avoir apprivoisé le ministre des Cultes, Emile Combes, pour sauver son couvent, jettera sa robe aux orties et finira sa misérable existence en disant la bonne aventure.

A son arrivée au Carmel d'Alger, la jeune femme apprend que sa cousine vient de l'abandonner. Il ne lui reste plus qu'à retourner à Paris où faute d'épouser Beauvau, elle franchit du moins une étape dans sa « francisation » en se convertissant à la religion catholique. Elle abjure, avec discrétion, le 18 avril 1912, à la chapelle des Sœurs de Saint-Joseph de Cluny et l'abbé Mugnier, après avoir reçu sa confession générale, lui donne la communion. Il fait un temps superbe en ce matin d'avril et l'abbé, aussi sensible à la beauté de la Nature qu'à celle de sa pénitente, écrit le soir dans son Journal : « Les giroflées, les myosotis et les pâquerettes souriaient aux portes de la chapelle [...] La princesse est venue ensuite chez moi boire une goutte de thé. Nous avons causé un peu... Pendant qu'elle me parlait, elle avait des yeux charmants. La lèvre supérieure était fine. La lèvre inférieure est plus épanouie et rose. » Et il ajoute à cette description ce curieux jugement qui montre à quel point il connaît peu sa nouvelle recrue : « La princesse Bibesco me paraît simple, droite, plutôt candide[1]. »

*

L'habileté dont il a fait preuve en désarmant le ressentiment de Mme Demange et en résolvant le problème du divorce de la princesse Bibesco, la conversion de celle-ci au catholicisme ont achevé de faire à l'abbé une réputation de diplomate heureux. Les familles ont de plus en plus recours à lui pour apaiser des différends, empêcher une folie, réconforter un désespéré. Il sait faire face aux situations les plus difficiles, les plus imprévues, voire les plus scandaleuses. C'est ainsi qu'il est appelé en consultation par la famille Daudet pour donner son avis sur le cas épineux de Lucien Daudet, sombré dans un abîme de mélancolie.

Lucien Daudet, fils d'un illustre écrivain et frère d'un aîné qui l'écrasait de sa personnalité tonitruante, asservi par sa mère et souffrant d'être ainsi le canard couvé par tant de cygnes, blancs ou noirs, est, lui aussi, un curieux personnage. Extrêmement beau, d'une beauté persane et peu virile, il s'était insinué dans les bonnes grâces de l'impératrice Eugénie qui en avait fait une sorte de fils adoptif en même temps qu'un chambellan dévoué. Doué d'un talent de peintre et d'écrivain, il ne pouvait guère développer l'un ou l'autre, écrasé entre le génie paternel et le fracas de son frère, auteur lui-même et publiant sans trêve autant de livres qu'il lui était possible d'écrire entre ses multiples occupations de journaliste en vogue. Alors que Lucien était bonapartiste, Léon, d'abord républicain lorsqu'il avait épousé la petite-fille de Victor Hugo, était devenu royaliste et l'un des militants les plus virulents de l'Action française.

1. A. Mugnier, Journal, 18 avril 1912.

Bien que brutal et violent, aimant les ripailles et les grosses farces, Léon, malgré son physique de portefaix, était un être attentionné, aimant sa famille et, à l'occasion, plein de délicatesse. Il avait perçu chez son cadet les signes d'un si profond désarroi qu'il l'avait pressé de questions et Lucien, capitulant devant cette offensive, avait avoué la cause de ses tourments : il était amoureux. Cela n'était rien et Léon en aurait ri, si le malheureux Lucien n'avait révélé que l'objet de cet amour était un jeune ouvrier, diront les uns, le capitaine du petit bateau à vapeur faisant la liaison entre Paris et Nogent assureront les autres, enfin prétendront d'autres encore, un jeune artilleur. Quoi qu'il en fût, c'était un homme, et, pis encore, un homme du peuple. Léon Daudet, aucunement préparé à recevoir pareille confidence et, bien qu'il eût été médecin, nullement familiarisé avec ce genre de problème, en éprouva un tel choc qu'il pleura pendant trois jours. « Après quoi, dit son beau-frère, André Germain, comme il était homme d'action, il convoqua une sorte de conseil de conscience et de famille » auquel furent priés, en plus d'André Germain, l'abbé Mugnier, chez qui se serait tenu ce conseil, ainsi qu'un médecin, le docteur Vivier. Celui-ci fut catégorique et rendit son verdict : il fallait envoyer Lucien à la Trappe :

— C'est ce que j'ai fait dans trois cas analogues, dit-il fièrement. Ces trois malheureux se sont soumis et depuis ils m'ont écrit pour me remercier.

« Je n'oublierai jamais, raconte André Germain, la mine mi-ironique, mi-effrayée, dont l'abbé Mugnier, si chargé d'expérience, suivait les démonstrations de ce docteur moyenâgeux qui, puisque il ne pouvait plus allumer de bûchers, disposait allégrement des Trappes et de leurs pénitences. Très large d'idées, quoique sincèrement pieux, l'abbé semblait me dire : "Il y a trois cents ans, ce gaillard-là n'aurait pas respecté ma soutane et, comme on fit d'Urbain Grandier, m'aurait brûlé." »

Après avoir écouté le docteur Vivier préconiser ce radical et saint remède, on écouta Léon Daudet vanter l'efficacité d'un sanatorium autrichien où les patients, pour leur donner le goût des femmes, étaient servis et soignés par d'accortes créatures du beau sexe. Enfin, on passa la parole à l'abbé Mugnier :

— Vous me paraissez, dit-il au docteur Vivier, connaître mal les couvents, leur sage atmosphère, leur extrême prudence. Ils se défendent constamment contre les souffles du dehors... Dans le cas qui nous préoccupe, je ne préconiserais aucune mesure extrême. Contentons-nous d'obtenir de légers progrès. Si nous pouvions obtenir de ce cher enfant qu'au lieu d'errer chaque nuit dans Paris jusqu'à trois heures du matin, ce qui le soumet à beaucoup de tentations et de fatigues, il se contentait de se promener jusqu'à minuit, ce serait déjà beaucoup. Et pourquoi ne l'enverrions-nous pas passer trois semaines en Forêt-Noire, dans une pension de famille déjà fréquentée par des fils d'académiciens et où on est servi par des religieuses [1]. »

*

Lié avec les Daudet, l'abbé Mugnier l'est aussi avec les Germain, que leur fortune a mis au pinacle de la société parisienne. Henri Germain, le fondateur du Crédit lyonnais, était mort en 1905, en laissant à la postérité cette parole mémorable « Je regretterai toute ma vie l'emprunt russe. » On avait appelé l'abbé pour lui administrer les derniers sacrements, mais il avait été prévenu trop tard et s'était contenté de bénir le corps en notant, le soir de ce jour, que « l'abbé Noirot, avec sa philosophie religieuse, avait plutôt tué sa foi [2] ». Si cette disparition a créé un vide dans le monde de la finance, on s'en est à peine aperçu dans la société tant sa femme tient de place et fait parler d'elle. On l'a surnommée « La Palatine de la IIIe République », en raison de son intelligence et aussi de sa verdeur de langage, ainsi que de sa franchise qui consiste à réfléchir tout haut et à dire sans se gêner ce qu'elle pense des hommes ou des événements, assurée que personne n'osera la démentir. Elle a peu de religion, juste ce qu'il faut pour ne pas effaroucher les gens du monde, et peu de considération pour le clergé, qu'elle traite avec désinvolture. Ainsi, lorsqu'il est prié chez elle à dîner, l'abbé Mugnier se voit toujours

1. A. Germain, *Les Clefs de Proust*, p. 165-168.
2. A. Mugnier, Journal inédit, 2 février 1905.

placé à sa gauche, alors que la place de droite est réservée à un « officiel » du régime. « On ne ferait pas cela dans l'aristocratie », observe-t-il.

Un an après la mort de son père, André Germain, que tourmentait l'ambition de se faire un nom dans les Lettres, épousait en grande pompe à Sainte-Clotilde, la fille d'Alphonse Daudet, grand mariage auquel l'abbé Mugnier assistait s'il ne l'a béni lui-même. Huysmans, qui connaissait fort bien les Daudet, avait alors dit à l'abbé, en apprenant les fiançailles du dauphin du Crédit lyonnais avec l'innocente Edmée, habilement chapitrée par sa mère et ses frères :

— Je le plains de tomber entre les mains des Carthaginois...

Anna de Noailles, qui assistait à la bénédiction-sacrifice où André Germain figurait la victime, en avait fait une description piquante à Barrès : « La cérémonie du mariage prêtait à rire, mais ensuite chez Julia [1], ce fut assez touchant. Edmée teinte en blond de feu (exigence de Germain qui dit qu'une brune lui fait peur) pleurait. Charles Daudet, fils de Léon, en faisait autant et le bon Léon le consolait et lui disait "Voyons, Charles, tu as pourtant vu des mariages, ah ! là ! là ! tu m'as marié [2], tu as marié ta mère [3], etc., etc."Lucien quoique triste, me disait de l'air de quelqu'un qui va pouvoir enfin se reposer : "Enfin, ça y est" ! et la mère Germain était toute mélancolique entre son fils et Réjane. Seule Julia était pimpante et parfaitement heureuse [4]. »

Corroborant ce témoignage, André Germain, racontera que Mme Daudet, « en signe de liesse, avait cru pouvoir arborer, une extraordinaire coiffure [...] un immense papillon noir, aux ailes audacieuses. Cela tenait à la fois de la mère d'actrice et de la veuve du Diable », ajoutant que sa mère, à la vue de ce papillon, posé sur les cheveux artificiellement blonds de la dame, « oublia son émotion dans un inextinguible fou rire [5] ».

1. Mme Alphonse Daudet, 31, rue de Bellechasse.

2. Léon Daudet, divorcé de Jeanne Hugo, avait épousé en secondes noces sa cousine Marthe Allard.

3. Jeanne Hugo devait se remarier d'abord à Jean Charcot, puis à Michel Negroponte.

4. C. Mignot-Ogliastri, *Correspondance Barrès-Noailles*, Lettre d'Anna de Noailles du 11 octobre 1906.

5. A. Germain, *La bourgeoisie qui brûle*, p. 65.

Familier des Germain comme des Daudet, l'abbé Mugnier les voit beaucoup, s'exposant ainsi au regard acéré, derrière un face-à-main de dame à monture en or, du jeune marié qui a la langue et la plume aussi pointues. De tous les contemporains de l'abbé, il est certainement celui qui l'a le mieux compris, qui a le mieux deviné sa vraie nature et ses méthodes, sans lui épargner certaines de ces flèches. De même qu'une grande dame expliquait le succès de Gabriel-Louis Pringué en disant : « Il est breton, il a la foi, il prend chaque duchesse pour la Sainte Vierge », André Germain trouve à l'abbé les mêmes vertus : « Dans un monde usé, blasé, il apportait l'enthousiasme d'un cœur éternellement jeune et que tout émerveillait. Il était sensible sans excès à l'exquisité des mets, à l'élégance du décor ; mais, surtout, quelque chose de subtil et d'érudit le menait plus loin que les comtesses assemblées, toujours un peu trop les mêmes, jusqu'à leurs grand-mères, embellies par l'éloignement, qui avaient été les adversaires de Napoléon ou les amies de Chateaubriand. Enfin, si sa gaieté approbatrice rendait une vigueur et ajoutait un lustre nouveau aux charmes un peu usés du décor mondain, l'heureuse pente de sa nature expansive et sans malice inclinait les conversations vers quelque chose d'innocent et d'ailé qu'elles n'eussent pas connu. Il évitait ainsi, à ses hôtesses et à leurs amis, bien des péchés et tout ce qu'a de regrettable l'inutile méchanceté des milieux élégants. [1] »

Il s'agit là d'un hommage un peu tardif, un repentir, car en ces années 1900, André Germain voit l'abbé d'un œil plus critique et trace de lui, en 1912, un portrait qui sera publié six ans plus tard dans un recueil, *Portraits parisiens*, et qui n'a certainement pas fait plaisir au modèle. A commencer par le titre de cette eau-forte : *Les douceurs du dilettantisme ecclésiastique.* André Germain lui reconnaît « un rôle subtil dans l'histoire littéraire des trente dernières années », mais ne craint pas de déclarer : « Ce qu'il y a de moins frappant en lui, c'est le prêtre. Fixé de bonne heure dans les obligations ecclésiastiques, il s'y est maintenu par une conciliation où n'entraient ni les inquiétudes aiguës du cœur, ni les débats

1. A. Germain, *Les Clefs de Proust*, p. 221.

profonds de l'esprit. Agréablement audacieux dans ses paroles, mais soumis dans ses actes, tout à tour ironique et bénissant, l'abbé Mugnier répond admirablement au besoin très français de critiquer ce qu'on accepte. Il satisfait ainsi la double tradition, frondeuse et orthodoxe, gauloise et ultramontaine. » Et André Germain de se dire « étourdi par ce mélange d'érudition et frivolité, par cet affinement de formules uni à l'effacement de la pensée » pour conclure la première partie de son essai par cette flèche du Parthe : « Il me semble que dans son geste prestigieux, l'abbé Mugnier nous ouvre une fenêtre et que c'est sur un ciel peint. » Laissant là le prêtre, à moitié assommé par ce verdict, il passe au causeur et à son succès dans le monde : « On rencontre partout l'abbé Mugnier, mais au lieu de ressembler à un inévitable figurant, il est toujours délassant et nouveau. La plupart des gens vont dans le Monde par intérêt, par intrigue ou par morne devoir ; lui, il s'y rend par plaisir. Là est le secret de son charme et de son succès. » Et après avoir décrit l'accueil fait au charmeur, il ajoute : « Cet homme austère, à cause même de la sévérité de sa vie, trouve une joie naïve et presque collégienne à des divertissements qui accablent leurs officiels dispensateurs. Et parce que dans un tel milieu il ne s'ennuie pas, tous vont à lui. » Et après avoir peint le prêtre et le mondain, il entame le troisième volet de son triptyque en évoquant le lettré, louant son goût de la Littérature, son culte à l'égard de grands auteurs, ses pèlerinages à leurs demeures ou à leurs tombeaux, mais comme il est la perfidie même il ne peut achever cet hommage sans lui décocher une autre flèche, assez venimeuse : « Cet amour sincère des lettres, ce dévouement au Passé, cette piété érudite et artiste envers leurs essentiels chefs-d'œuvre, c'est ce qu'il y a de plus sympathique et de plus rare chez l'abbé Mugnier ; j'ajouterai : c'est ce qu'il y a en lui de plus religieux [1]. »

Ce qu'André Germain ne paraît pas soupçonner, c'est que l'abbé, loin d'être abusé par la splendeur du décor ou l'éclat des noms, juge aussi sévèrement que lui ce milieu dans lequel il évolue désormais avec tant d'aisance et où il y a moins à glaner pour son Journal qu'auprès de ses amis littéraires dont

1. A. Germain, *Portraits parisiens*, p. 57-66.

il préfère, et de beaucoup, les propos, si risqués sont-ils souvent. « Que cette aristocratie est peu cultivée et d'une conversation restreinte ! soupire-t-il un jour. En quittant le faubourg Saint-Germain[1], j'ai peu à regretter intellectuellement. Les petits événements de leur famille, voilà leur horizon. Ils ne lisent pas ou presque pas. S'ils avaient de l'esprit, cela suffirait. Mais ni esprit ni lectures. Et ce sont des braves gens qui soutiennent la religion et ses ministres[2]. »

Sentiment qu'il résumera un jour par cette formule en regardant l'ordonnance des hôtels particuliers de la rue de Varenne :

— Tant de beauté, tant de luxe et pas un livre !

Une autre fois, agacé par l'étalage que faisait une dame de ses ancêtres, il a ce mot :

— Ah ! Madame, les généalogies que l'on vénère en bas ne correspondent pas à celles que l'on verra là-haut !

*

Aussi n'a-t-il pas limité ses relations au faubourg Saint-Germain et s'assied-t-il volontiers à la table, autrement garnie d'ailleurs, de grands bourgeois libres penseurs, de ministres anticléricaux qui, curieusement, le traitent avec plus de cérémonie que les aristocrates habitués à l'appeler cavalièrement « l'abbé », croyant par là imiter leurs aïeux du temps de la Régence. Ainsi Abel Hermant, le rival de Paul Bourget dans l'étude de la société contemporaine, en fait-il, sans guère le déguiser, un des *types* de son roman de mœurs, *Les Renards*, publié en 1911. Dès les premières pages, il est impossible de ne pas le reconnaître en l'abbé Sauvage « qui fréquente assez volontiers les mécréants, et qui met une sorte de malice à les convertir. Il a de plus infiniment d'esprit, ce qui lui permet de penser ce qu'il veut, et même de le dire, sans se faire traiter de franc-maçon par ses ouailles[3]. »

L'abbé Sauvage est un familier des Durand de Lectoure. Lui est un notable avantageux de cette République honnie du

1. Pour s'installer rue Méchain où il craignait alors d'être oublié.
2. A. Mugnier, Journal, 16 novembre 1910.
3. A. Hermant, *Les Renards*, p. 17.

noble Faubourg. Sa femme a un salon dont le plus bel ornement est un homme de lettres assez vulgaire, un certain Maubru. Le couple a une fille, Catherine, une émancipée, déjà mariée trois fois et chaque fois civilement. L'abbé, aucunement effarouché par la liberté de mœurs, et de ton, de la jeune Catherine, dite Loulotte, a pour triple ambition de la marier enfin religieusement après lui avoir fait faire sa première communion et l'avoir baptisée au préalable, car ses parents, qui ne croient qu'à la République, ont négligé ce détail. Or, cette fille, ayant secoué le joug familial en ouvrant une maison de couture, invite à l'inauguration de celle-ci l'abbé Sauvage, un peu dépaysé au milieu d'un défilé de mannequins portant des toilettes à la bayadère, des pantalons à l'orientale ou des jupes-culottes de bicyclistes. « Les badauds, riant de voir un abbé dans cette assemblée de femmes, observaient, non sans esprit, qu'il n'y avait que sa soutane qui fût une robe à proprement parler. » A son amant Duval, qui lui demande alors si elle songe encore au baptême, elle répond :

— Oui, je tiens surtout à m'assurer la clientèle du Faubourg.

L'abbé Sauvage est donc chargé de baptiser Catherine et de lui faire faire en même temps sa première communion, occasion pour elle de créer une toilette invraisemblable, avec un chapeau qui tient à la fois du bonnet de nourrisson et du cabriolet des aïeules au temps de Louis-Philippe. Quant à son chapelet, il est si long qu'elle le porte en partie sur l'épaule...

C'est l'année des Ballets russes et aussi de la représentation du drame de D'Annunzio, *Le Martyre de saint Sébastien*, avec un travesti, Ida Rubinstein, dans le rôle de l'officier romain deux fois martyrisé. C'est là qu'Abel Hermant lance à son tour ses flèches sur l'abbé en le montrant user avec brio d'un double langage, ainsi que l'en avait accusé Mme de Fallois Saint-Germain : « Il déclare qu'il n'irait point voir *Le Martyre de saint Sébastien* pour deux raisons : savoir, la première, qu'il n'avait pas accoutumé de fréquenter les salles de spectacles, et la seconde, que Mgr l'Archevêque de Paris l'avait particulièrement défendu cette fois. Il entreprit alors de justifier la décision archiépiscopale et le fit avec tant de finesse que personne ne doutât plus qu'il la désapprouvait entièrement : son esprit de discipline et d'humilité, son orthodoxie bien connue le pouvaient seuls déterminer à dire juste le contraire de ce qu'il pensait [1]. »

Le roman, fort amusant d'ailleurs, tourne au vaudeville en une scène extrêmement « enlevée », montrant tous les protagonistes du drame se retrouvant à leur insu chez l'abbé Sauvage afin de solliciter ses conseils ou son entremise et chacun, pour éviter d'être vu, se cachant dans une des pièces de l'appartement de la rue Méchain, qui devient une sorte de théâtre auquel ne manque qu'un public pour applaudir à ces tours de passe-passe.

L'abbé Mugnier ne semble avoir rien noté dans son Journal de ce qu'il a pensé de ce roman lu, comme les précédents, par le Tout-Paris. Il y est présenté sous un jour aimable et l'auteur y rend hommage à son libéralisme, à son esprit, mais l'on peut penser qu'à l'Archevêché on a peu apprécié qu'un prêtre, qui a déjà beaucoup fait parler de lui, recommence en servant de modèle à un romancier à la mode et fréquente des milieux aussi notoirement anticléricaux.

*

Dans cette société qui le choie, c'est à lui d'insuffler l'esprit qui manque et il le fait avec adresse, en se gardant de jamais blesser quelqu'un, mais de donner à sourire, voire à réfléchir sans mettre en cause l'interlocuteur. Il a la repartie prompte, il sait frapper juste et mettre les rieurs de son côté. Ses mots, recueillis, répétés, courent à travers les salons et lui font une réputation d'homme d'esprit, une manière de Chamfort ou de Rivarol, sans véritable acidité. Chez lui, l'esprit est une façon d'esquiver un coup plutôt que d'en porter un, retournant ainsi la flèche contre celui qui l'a lancée, une manière aussi de manifester sa désapprobation sans blâmer, tel ce jour où, donnant la bénédiction du mariage à un couple ayant défrayé la chronique avec une longue liaison, il se contente de susurrer, au début de son homélie :

— Enfin, vous voici au pied des autels...

Quelques années plus tard, mariant le chanteur mondain Jean de Reszké à sa maîtresse, il variera la formule, en disant

1. A. Hermant, *op. cit.*, p. 247.

que « la consécration religieuse allait leur donner pleine conscience d'un bonheur qu'ils connaissaient déjà ». « Et depuis plus de vingt ans », précisera Paul Morand en rapportant l'anecdote [1].

Lorsque le comte de L... épouse une jeune fille du meilleur monde, ayant elle aussi défrayé la chronique par ses aventures galantes, il constate que, sans vergogne, elle est arrivée à l'église en blanc, couronnée de fleurs d'oranger, symbole d'une virginité depuis longtemps perdue. Comme après la cérémonie des bonnes âmes s'étonnent, non sans raison, de cette effronterie, et répètent, scandalisées : « Des fleurs d'oranger ! », l'abbé observe :

— Oui, des fleurs de pêcher eussent mieux convenu...

Naguère encore, c'était au confessionnal qu'il avait l'occasion de faire des mots, rabattant ainsi la vanité d'un pénitent qui croyait le scandaliser en lui avouant des perversions rares :

— Mon cher enfant, lui avait-il dit paisiblement, vous n'êtes pas le seul...

Et à Robert de Montesquiou, qui est à la noblesse ce qu'un mauvais prêtre est au clergé, refusant de se confesser à lui parce que, prétendait-il, ses péchés ne l'étonneraient pas assez, il s'était contenté de répondre :

— Monsieur, vous m'étonnez !

A une dame se plaignant de l'ennui de sa vie conjugale avec un mari qui est « un parfait imbécile », il apporte cette consolation inattendue :

— Oh ! madame, la perfection n'est pas de ce monde !

Le cœur féminin a pour lui peu de mystère et s'il peut éprouver parfois le regret de son célibat, il s'en console en songeant à tous les aveux qu'il a recueillis, à ce besoin de dominer, voire d'étouffer l'homme qu'il a diagnostiqué chez beaucoup de ses pénitentes : « Comme vous, écrira-t-il un jour à Ferdinand Bac, je suis persuadé que l'être féminin est le sphinx dévorant, s'il n'est pas dévoré [2]. » Un jour, à propos d'une coquette essayant par tous moyens de capturer un de ses amis, l'abbé Mugnier, constate : « La fable a dû se tromper : Protée était femme. »

1. P. Morand, *Journal d'un attaché d'ambassade*, p. 191.
2. Lettre du 21 décembre 1915, Bibliothèque de l'Arsenal, MS. 14.193.

Bien des mots qu'on lui attribue sur les femmes, et surtout les coquettes vieillissantes, ne sont pas toujours de lui, mais de Mgr Duchêne ; il est vrai qu'on ne prête qu'aux riches. Il est peu probable, étant trop poli pour cela, qu'il ait répondu à Cécile Sorel lui demandant si c'est un péché de se trouver belle en se contemplant devant une glace : « Non, madame, c'est une erreur... »

En revanche, il a bien déclaré, un soir, à une voisine de table lui faisant remarquer le généreux décolleté de quelques beautés sur le retour et lui demandant comment il considérait ces nudités : « Comme des reliques ! » Une autre fois, invité à donner son avis sur une toile où une jeune femme montrait une gorge à peine voilée d'une gaze, il laissa tomber :

— Voilà un sein à qui je prêcherais volontiers la retraite...

Ce qui ne l'empêche pas d'éprouver pour les poitrines féminines une attirance elle aussi à peine voilée. C'est pour lui l'essence même de la féminité. Il est ainsi fort intrigué par la poitrine opulente de la baronne Deslandes, une poitrine assez disproportionnée, car la baronne a la minceur et la flexibilité d'une liane. Il n'est pas le seul à s'en émouvoir. André Germain, s'en montre également curieux. Tous deux en parlent, échangent leurs observations :

— Elle semble constamment, dit l'abbé, retenir contre elle un petit animal prêt à s'échapper...

Pour mieux en juger, André Germain invite l'abbé à dîner avec elle. En arrivant, la baronne, qui a déjà épousé le comte Fleury, puis le prince Robert de Broglie, essaie de se justifier auprès de l'abbé :

— Monsieur l'abbé, je sais que vous êtes un ami intime de mon ex-famille, des Broglie. Quel mal vous avez dû entendre dire de moi !

Et l'abbé, au lieu de se répandre en protestations polies, de l'interrompre en lui disant, d'un « air mi-distrait, mi-cavalier » :

— A tout péché miséricorde !

Lui qui préfère les vraies pécheresses aux fausses dévotes est toujours gêné lorsque des femmes du monde, ayant déjà un confesseur, veulent le prendre, ainsi que c'était l'usage alors, comme directeur de conscience :

— Diriger, diriger ! maugrée-t-il un jour, on ne dirige jamais rien ! j'essaie de comprendre et c'est déjà assez difficile !

Psychologue averti, il sait ce que valent certains aveux et à propos d'une de ses pénitentes qui s'accusait avec trop de véhémence d'une de ses faiblesses, il remarque :

— Elle s'en accuse avec l'espoir de ne pas en guérir !

Les confessions, écoutées pendant tant d'années de ministère dans diverses paroisses, ont emporté beaucoup de ses illusions : « La confession d'un catholique pratiquant ? Que c'est lourd à porter dans la mémoire d'un prêtre... », aime-t-il à dire, en sachant parfaitement qu'un prêtre en sait moins sur la nature humaine qu'un notaire ou un banquier le seul à qui on ose tout dire, car il s'agit alors de ce qu'il y a plus sacré au monde : l'argent. Et une autre fois, il avoue en soupirant :

— On ne se confesse jamais de ses vraies fautes...

Dans les péchés qu'il est accoutumé d'entendre, il distingue avec humour « les péchés de gare », ceux, explique-t-il, que l'on commet lorsque ayant raté le dernier train, on cherche l'aventure. Une année que, séjournant à la campagne, il annonce son départ pour Paris, il ajoute en souriant :

— Je suis rappelé par les adultères d'automne...

Un jour que chez la comtesse Joachim Murat on parlait de l'amour, la comtesse de Noailles, qui en disputait avec l'abbé Mugnier lui lance :

— Vous autres, prêtres, vous ne connaissez rien à l'amour !

— Oh ! madame, lui réplique-t-il, vous oubliez que nous avons le confessionnal !

— Oui, mais vous êtes du côté où il ne se passe rien.

A quoi l'abbé, après un silence, élève la voix et répond doucement :

— Il y a du vrai dans ce que vous dites, madame, nous connaissons parfois les crépuscules de l'amour ; on ne vient jamais nous raconter les aubes [1].

Son indulgence est proverbiale, expliquant son succès comme confesseur. Un soir que, dans un dîner, sa voisine lui

1. M. Paléologue, *Journal 1913-1914*, p. 73.

demande s'il refuse parfois son absolution à de belles dames, il lui répond, ce qui est vrai :

— Je ne refuse jamais l'absolution.

Mais l'autre insiste :

— Et si une belle dame ne renonce pas définitivement à son péché ?

— Oh ! madame, s'exclame alors l'abbé Mugnier, d'un ton faussement scandalisé, je ne connais pas de nos jours de femmes qui restent fidèles, même à leurs péchés...

Comme son ami l'abbé Frémont, il ne croit pas à l'Enfer, tel que l'ont décrit Dante et plus récemment Gustave Doré, un gouffre de feu où rôtissent de mauvais chrétiens que des diables triturent de leurs fourches pour qu'ils soient bien grillés de tous les côtés. Si l'Enfer existe, il n'y a personne dedans, affirme-t-il, ce qui rassure. En revanche, il ne va pas aussi loin que Renan qui, à une question sur le péché dans le christianisme avait répondu : « Moi, je le supprime ! »

— Et vous, monsieur l'abbé, demande quelqu'un alors qu'on venait de rappeler ce mot.

— Moi, répond-il, je crois bien que je le garde pour moi.

Des positions si peu conventionnelles en matière de religion choquent bien des esprits qui les lui reprochent, certains non sans grossièreté, comme cet individu qui, croyant retrouver le ton des grands seigneurs du XVIIIe siècle, lui dit un jour :

— L'abbé, vous sentez le fagot !

— Vraiment ? lui répond-il en prenant un air naïf. Moi, je ne sens rien. Il est vrai que je viens de m'enrhumer dans mon confessionnal...

Plus poli, le marquis de Pomereu lui décoche un jour :

— Vous n'êtes pas le Bonaparte de la confession !

Aux anticléricaux, il montre une indulgence désarmante, effarouché plutôt par le ton de leurs propos que par le fond de leur pensée. Il se méfiait de Paul Souday, critique littéraire alors redouté de tous les écrivains, surtout les débutants dont leur avenir dépendait. Un jour qu'il doit le rencontrer, il s'inquiète :

— Est-ce que votre ami Paul Souday n'a pas un peu tendance à manger du curé ?

— Mais non ! Mais non ! C'est mal le connaître...

— Ah ! Tout de même, vous n'allez pas me faire croire qu'il est toujours à jeun[1] !

Ces prises de position, qui lui ont valu déjà tant d'ennuis, ne sont pas toujours très orthodoxes, il faut le reconnaître, et André Germain se fait l'interprète du sentiment d'une partie de la société mondaine, à cheval sur les principes, en écrivant : « Aux tables que dominait sa brillante conversation, la théologie d'oiseau qu'il nous distribuait me choquait parfois. Nourri de Renan, aussi bien que d'autres négateurs, il connaissait toutes les objections qui se présentent à des esprits très modernes et pourtant désireux de croire. Ces objections il ne savait ni les discuter, ni les résoudre. De son élan d'oiseau, il les survolait. Les formules qu'il laissait tomber sur nous étaient diaprées ; elles éclairaient, n'expliquaient rien. Elles nous secouaient, nous étonnaient, nous amusaient ; en nos cœurs troublés, elles n'amenaient aucune lueur. Elles étaient des arabesques en marge du catéchisme, ou bien une fronde en dentelles ; elles n'étaient jamais le cri qui terrasse et qui réconcilie[2]... »

L'abbé n'a rien d'un théologien et, comme il l'avait imprudemment écrit à l'ex-Père Loyson, il lui suffit de respecter les dogmes sans y penser. Il révère Dieu en sa création, admirant son œuvre et prônant l'Evangile, en s'efforçant d'en appliquer les préceptes, sans se soucier de querelles d'exégètes et de clercs qui secouent l'Eglise. « On ne tient tant aux dogmes chez les catholiques, écrit-il, que pour avoir une solide raison de se cogner les uns sur les autres[3]. » En fait, il y a chez lui une sorte de fraîcheur ingénue, un paganisme innocent, une nostalgie de tout ce que le monde antique avait encore à donner aux hommes avant que le christianisme ne vînt renverser les faux dieux antiques et reléguer leurs statues dans les musées. Disciple de Lucrèce et de Virgile autant que de Lamartine et de Chateaubriand, il est chrétien par vocation

1. L. Deffoux, « Le Chanoine Mugnier, aumônier des Lettres », in *France Vichy*, mai 1944.

2. A. Germain, *Les Clefs de Proust*, p. 220.

3. A. Mugnier, Journal, 6 février 1912.

poétique, si l'on peut dire, et voit dans *Le Génie du christianisme* un livre aussi important que l'*Imitation de Jésus-Christ.* A l'encontre de la plupart de ses confrères, il ne tient pas, lorsqu'il dîne en ville, à être entretenu par ses hôtes de seuls sujets religieux, cédant de bonne grâce s'ils viennent sur le tapis, mais préférant de beaucoup parler d'histoire ou de littérature. Il n'a pas non plus, dans sa façon de s'exprimer cette onction ecclésiastique un peu pompeuse et souvent ennuyeuse. Vif d'esprit, il l'est aussi en paroles, usant de petites phrases rapides, lapidaires, débitées d'un ton léger. Il a la riposte prompte et répond ainsi à un quidam enchanté de sa conversation au point qu'il voudrait passer tous les jours deux heures à parler avec lui :

— Deux heures ! Ce serait trop... pour vous, monsieur !

Sa conversation est en effet un pétillement narquois, joyeux, comme une allumette qu'on craque et qui brièvement illumine un visage. Il sait qu'il amuse et instruit en même temps, mais il sait aussi qu'il est critiqué. On lui reproche sa rusticité d'allure et son négligé, ce dont il se moque.

Son aspect par trop modeste suscite parfois des méprises. Invité un soir chez un baron de Rothschild, mais retenu par quelque obligation pieuse, il arrive en retard pour le dîner. Le valet de chambre qui lui ouvre la porte, croit qu'il s'agit d'un ecclésiastique venu quêter pour sa paroisse ou une bonne œuvre et lui dit, d'un ton respectueux :

— Ah ! monsieur l'abbé, je suis désolé, mais à cette heure Monsieur est à table avec ses invités. Revenez un autre jour.

— Mais pas du tout, lui répond l'abbé, je viens pour dîner [1]...

*

En dépit des attaques sournoises dont il est parfois l'objet dans ces milieux, où l'on cherche à le prendre en défaut, il les préfère au monde ecclésiastique, où il se sent gêné, emprunté. Bien des années plus tôt, assistant à l'Archevêché de Paris à la cérémonie des vœux de Nouvel An, il notait : « Que mon âme se trouve dépaysée dans ce monde de souta-

1. P. Léautaud, *Journal littéraire*, tome II, p. 503-504.

nes ! *J'aime ailleurs.* En me donnant l'accolade, l'archevêque ne m'a rien dit de particulier. Ces supérieurs-là ne soupçonnent pas votre existence[1]. » En faisant, cette même année 1900, une sorte d'examen de conscience, il reconnaissait qu'il devait à l'Eglise son pain quotidien et une place distinguée dans la société : « Si je n'avais pas été à Saint-Sulpice, j'aurais dû travailler misérablement pour vivre. Quelle existence eût été la mienne... »

Depuis son installation rue Méchain, sa vie est définitivement orientée vers un apostolat mondain, sans négliger pour cela ses visites de charité à des malades ou des vieillards isolés pour lesquels il escalade un nombre infini d'étages, ni sa charge auprès des Sœurs de Saint-Joseph de Cluny, dont il s'acquitte avec ponctualité, tout en trouvant ces saintes filles bien terre à terre. Ses journées sont fort remplies et culminent avec ces dîners en ville où il se rend presque chaque soir. « Ah ! quelle vie est la mienne ! Une vie de voitures et de pneumatiques, gémit-il. Une vie de déjeuners et de dîners. » Les dîners succèdent en effet aux déjeuners, et à ceux-ci il est prié à d'autres déjeuners, d'autres dîners sans guère oser refuser, sauf lorsqu'une obligation de son état – baptême, première communion, mariage ou enterrement – le contraint à décliner l'invitation, mais chacune de ces obligations pieuses est assortie elle aussi d'un repas... Moins d'un an après son retour d'exil, il note, épuisé, le 29 janvier 1911 : « Jamais prêtre ne mangea plus en ville que moi. Je dissipe mon âme à pleine assiette. » Au fil des pages de son Journal, qu'il écrit chaque soir, éreinté, se retrouvent ces plaintes de forçat du monde, obligé de courir là où on l'appelle et rentrant chez lui à des heures tardives, convaincu qu'il a perdu son temps. Puis, se rappelant combien il était malheureux lorsqu'il s'étiolait dans une sacristie, où « logent la routine, l'arrivisme et l'envie », il apprécie sa liberté, le plaisir d'avoir un bureau donnant sur un jardin, de pouvoir entendre chanter les coqs, s'égosiller les oiseaux. « Ces vents qui font rage autour de la chapelle et que j'entends dans ma cheminée me ravissent, note-t-il un jour de mars 1913. Le vent, c'est du romantisme. Comme il a pris de l'importance, dans la littérature, avec Cha-

1. A. Mugnier, Journal inédit, 2 janvier 1900.

teaubriand. Il y a dans le vent qui souffle une intensité de désirs et d'angoisses[1]. »

Autre leitmotiv de ce Journal auquel il se confie presque chaque jour : sa crainte, accrue chaque année, de perdre la vue. Il n'a jamais eu de bons yeux et les a usés prématurément, dans sa jeunesse, à copier le soir, à la lueur d'une bougie, des passages de ses auteurs favoris. Il y voit de moins en moins bien en dépit de ses lunettes et doit, depuis longtemps déjà, ménager sa vue, abréger ses lectures. Il vit dès lors dans la hantise de devenir un jour aveugle en dépit des oracles rassurants des spécialistes qu'il consulte régulièrement. Dîner en ville lui évite la tentation de rester chez lui à lire au coin du feu et ainsi est-il un des rares amateurs de littérature à rencontrer plus d'écrivains qu'il ne lit de livres.

A cet égard, il reste un privilégié, si l'on songe au nombre de jeunes gens ambitieux et de femmes inoccupées qui rêvent de rencontrer un jour ces auteurs à la mode avec lesquels il converse aussi familièrement, bien que parfois il se sente un peu dépassé. Ainsi, déjeunant chez Lucien Descaves avec Francois de Curel, Georges Courteline et Fernand Vandérem qui tient la vedette en parlant du théâtre et de ses mœurs, de la scélératesse des directeurs, il constate en rentrant chez lui : « Je me sentais dépaysé dans ce monde dramatique et cependant tous mes goûts sont là[2]. »

Malgré sa curiosité prudente, un peu effarouchée parfois, des milieux littéraires ou théâtraux, il est plus à son aise, et à sa place, dans le faubourg Saint-Germain, bien qu'il en connaisse les limites. « Je n'ai vraiment eu quelques relations qu'à partir de l'âge de quarante ans », dira-t-il un jour à Marthe Bibesco, mais il s'est bien rattrapé depuis, connaissant tout l'armorial de France et nombre de familles de grande noblesse étrangère. Son carnet d'adresses est aussi élégant que le cimetière de Picpus, où sont enterrés les plus grands noms de l'aristocratie, guillotinés sous la Terreur. Et dans ce carnet figurent les noms de bien des gens qui auraient volontiers envoyé leurs ancêtres à l'échafaud pour la satisfaction de voir

1. A. Mugnier, Journal, 16 mars 1913.
2. A. Mugnier, Journal, 17 décembre 1913.

leur patronyme orner les pierres tombales de cet aristocratique enclos.

Il était loin de s'imaginer, lorsque enfant il lui arrivait d'entrer dans le château de Lubersac, qu'un jour il vivrait dans la familiarité de cette haute noblesse alors inaccessible et il se rappelait en souriant cette recommandation de sa mère à ses débuts dans le monde : « Si on t'invite une fois à déjeuner, il faut refuser. Si on t'invite une deuxième fois, il faut attendre encore. Si on t'invite une troisième fois, alors il faut accepter[1]. » Le plus difficile pour lui est de trouver le temps de se rendre à toutes les invitations et de ne froisser personne en refusant trop souvent un déjeuner ou un dîner. De sa minuscule écriture, au graphisme échevelé, il expédie chaque jour plusieurs pneumatiques pour accepter, refuser, décommander. C'est un lourd travail de secrétariat auquel il doit se plier quotidiennement et auquel s'ajoutent les réponses à des lettres de pénitents ou de savants s'intéressant comme lui à certains points d'histoire, les lettres de remerciements pour des livres qu'on lui envoie et qu'en général il n'a pas le temps de lire. Il est alors au zénith de sa carrière mondaine et dix ans plus tôt il gémissait déjà sur ce fardeau que représentait cette correspondance quotidienne qu'il regarde comme un élément de son sacerdoce : « Quand je suis en règle pour ma correspondance, j'éprouve un soulagement dont rien ne saurait donner l'idée. C'est la sensation du devoir social, amical, religieux, accompli. Je me sens alors en paix avec mes frères. Et quelque chose de mon âme s'est répandu, s'est communiqué au loin. Qui donc n'a pas éprouvé ce besoin de projection spirituelle ? L'apostolat, la presse, la correspondance, autant d'effets de la même cause[2]. »

---

1. Princesse Bibesco, *La Vie d'une amitié*, tome I, p. 74.
2. A. Mugnier, Journal inédit, 19 septembre 1894.

UN NOUVEAU MONDE

1915-1928

Pour l'abbé Mugnier, si pacifique et disposé à bénir indistinctement toutes les créatures de Dieu, des coccinelles aux artilleurs, la guerre est l'écroulement du monde aimable et civilisé dans lequel il vivait depuis tant d'années. Pasteur qui a pris l'Evangile au pied de la lettre, il a toujours cru à l'amour du prochain et l'a montré, voyant pendant la guerre de 1870 des hommes dans les Prussiens, des êtres humains aussi dans les pires communards pour lesquels il n'a cessé de prier lors de la répression menée par Thiers et Galliffet. Il a eu la même attitude au temps de l'affaire Dreyfus, refusant de s'engager dans cette querelle nationale et reprochant à Drumont d'ameuter « toute une partie du pays contre l'autre » faisant « dévier les catholiques vers la haine et le fanatisme ». Une fois de plus, l'Evangile était méconnu. Pendant ce nouveau conflit, il aura la même attitude évangélique au point qu'il s'attirera des mises en garde. Sans doute était-il allé voir, à l'occasion d'un voyage en Suisse, le vieux prince Clovis de Hohenlohe, l'ancien statthalter d'Alsace-Lorraine, car il notera en décembre 1915 : « Mme de Béarn me parle d'un article à propos de ma visite à Hohenlohe et me conseille d'être prudent[1]. »

Le conflit entre l'Allemagne et la France, annoncé par tant d'esprits clairvoyants, mais dénoncé par d'autres, non moins lucides, comme un fléau pour l'Europe, l'affecte d'autant plus qu'il n'a jamais caché sa prédilection pour l'Allemagne où il

1. « Paperolles » de l'abbé Mugnier, décembre 1915.

a tant séjourné. Pour lui, elle est, au même titre que la France, un berceau des arts, une terre incroyablement féconde en grands esprits, en artistes et en écrivains. Une guerre entre les deux pays représente un suicide et, acculé au choix que l'opinion publique impose, il se refuse à s'engager, s'efforçant de rester, comme le fera Romain Rolland, « au-dessus de la mêlée », tout en évitant de manifester trop clairement des sentiments qu'il gardera pour son Journal.

Certes, il ne va pas si loin que cette vieille parente de la duchesse de Clermont-Tonnerre qui, se rappelant la courtoisie des officiers prussiens en 1870, déclare : « Si les Allemands viennent à Paris, il faut être gentil pour eux [1]... », mais il n'entend pas brûler ce qu'il a aimé, cacher son buste de Goethe et renier ses amitiés germaniques. Il ne veut pas non plus épouser les sentiments de tant de chrétiens qui voient dans la guerre un châtiment mérité, comme le lui dit la comtesse Armand, et il s'étonne, ainsi qu'il l'avait fait après l'incendie du Bazar de la Charité, de « ce besoin de châtier qui est dans le sang des croyants ». Selon Marthe Bibesco, il aurait alors dit que s'il avait été le pape, il aurait revêtu ses habits sacerdotaux et se serait interposé entre les ennemis, sur la tranchée, quitte à se faire tuer [2].

Les premières nouvelles arrivées du front l'atterrent tandis que les déclamations de journalistes, qui, eux, ne sont pas sur le front, l'indignent : « On est si sévère contre l'homicide – *non occides* ! Et puis on trouve tout naturel de tuer des milliers de personnes ! Oui, mais c'est pour une juste cause. Il n'y a pas une cause assez juste, écrit-il, pour valoir tant de sang répandu. Ah ! comme on fait bon marché de la morale, quand on le veut ! Et vos congrès eucharistiques ont-ils rapproché les peuples ? Ils ont eu lieu à Vienne, en Allemagne, en Angleterre, en France. La religion et la vie suivent des marches parallèles. Jamais ou presque jamais de confluent [3]. » Un article haineux de Léon Daudet, accusant les Allemands des pires atrocités, réclamant que « le porc allemand soit saigné sans merci » lui paraît d'aussi mauvais goût que celui

1. E. de Gramont, *Clair de Lune et taxi-auto*, p. 55.
2. Princesse Bibesco, *La Vie d'une amitié*, tome III, p. 4.
3. A. Mugnier, Journal, 11 août 1914.

de Barrès dans *L'Echo de Paris* décrivant les Allemands comme des « gens qui veulent nous marcher dessus » avec de « lourdes bottes, mais remplies de crottin ». On sent dans ces lignes l'aigreur de la défaite, en se vengeant par l'insulte, et l'abbé de conclure en remarquant : « Quelques victoires feraient bien mieux que ces phrases-là et je renverrais leur auteur au *Jardin de Bérénice* qui sentait meilleur[1]. »

Alors que le gouvernement a quitté Paris et que beaucoup de notables, effrayés moins par la possible entrée des Allemands que par une résurgence de la Commune, ont fait de même, il est resté rue Méchain, se contentant de déjeuner ou de dîner en ville, recueillant les échos du front que Jean Cocteau lui distille et communiant avec lui dans la détestation de Barrès, ce Chateaubriand en toc. La société à laquelle il est habitué se montre abattue, inquiète. La comtesse Robert de Fitz-James, Autrichienne de naissance, est désormais privée de ses revenus viennois :

— Je vais être ruinée, dit-elle à l'abbé. Je n'existe que par mon argent. Plus personne ne viendra me voir, sauf les Vogüé, Laborde et vous[2]...

Dès les premiers jours de la mobilisation, il a repris son rôle de confesseur, officiant à la gare du Nord ou à celle de l'Est. Alors que rue Méchain tout est paisible et désert, aux environs des deux gares roule un flot humain qui gronde et s'étourdit de chants patriotiques en célébrant par anticipation l'entrée victorieuse dans Berlin. Beaucoup de soldats quittent pour la première fois champs, usines ou ateliers et se grisent autant de liberté que de vin rouge. C'est un flot humain qui charrie des femmes en pleurs et des hommes la fleur au fusil. « Cela tient à la fois de l'émeute, du Mardi gras et d'un départ général pour les grandes vacances[3] », remarque Elisabeth de Gramont. Beaucoup de soldats veulent se mettre en règle avec Dieu avant de comparaître devant lui tandis que d'autres, rangés en file, attendent de filles accourues pour « l'abattage », un plaisir qu'ils ne pourront pas goûter avant longtemps.

---

1. A. Mugnier, Journal, 30 août 1914.
2. « Paperolles » de l'abbé Mugnier, août-septembre 1914.
3. E. de Gramont, *Clair de lune et taxi-auto*, p. 34.

Pendant toute la durée des hostilités, l'abbé Mugnier s'efforcera de se rendre utile, allant lui aussi au chevet des soldats, confessant, donnant la communion. « Je vais de blessé en blessé, blessés du corps, blessés de l'âme, ces derniers, même en temps de guerre, les plus nombreux », écrira-t-il à Ferdinand Bac le 11 mars 1915.

*

Si, pour le commun des mortels, une guerre est une lutte à mort entre deux pays, avec pour objectif l'anéantissement de l'un des deux, pour une certaine partie de la société, surtout à Paris, elle est l'opportunité à saisir d'un bouleversement social, le moyen de franchir des barrières et de passer d'une classe à l'autre en se servant pour cela d'un levier tout-puissant : le patriotisme. Bien des auteurs le noteront, et surtout Marcel Proust qui décrira magistralement dans *A la recherche du temps perdu* les métamorphoses dues à la guerre avec l'ascension de petites bourgeoises, assoiffées du sang de l'ennemi et se faufilant, grâce aux ambulances et à la Croix-Rouge dans un milieu où elles n'avaient jamais rêvé de pénétrer. Certaines dames, au début de la guerre il est vrai, lorsque les barrières tiennent encore, essaient d'endiguer le flot des arrivistes et veillent au recrutement du personnel soignant avec autant de soin qu'à la sélection des blessés.

Ainsi Mme de Croisset, la fille de la comtesse de Chevigné, a-t-elle donné l'exemple en organisant un comité de secours qui paraît plus fait pour décerner un prix d'élégance que pour nourrir des réfugiés faméliques. Catherine Pozzi, qui se rend alors place des Etats-Unis, admire le faste de l'accueil, la présidente, à l'entrée des salons en robe de réception, « perles, peignes bleus dans les cheveux » tandis que dans la salle à manger « trente dames en atours, taffetas, aigrettes, bijoux », forment le comité. Ce jour-là le beau docteur Pozzi, coqueluche de ces dames, prononce une conférence « qu'interrompt, sans aucune logique, Mme de Noailles ». Et Catherine Pozzi, choquée par ce déploiement de luxe, d'ajouter : « Ces personnes bien ornées, les orangeades, la hauteur des plafonds, les boiseries, l'air somptueux et de haute naissance, la file des autos splendides à la porte, les perles, tout ça comme champ ;

enfermant les quarante Alsaciens-Lorrains qui n'ont rien à manger, ces quarante qu'on a trouvés à grand-peine et qui sont le but loqueteux de cette exquise réunion[1]... »

L'abbé Mugnier observera aussi ce phénomène et en consignera maints exemples, relevant tristement les ridicules et les outrances de ce patriotisme de salon, si contraire à une charité chrétienne élémentaire. Ainsi une dame venue le voir commence à gémir avec lui sur l'horreur de ce conflit :

— Ah ! monsieur l'abbé, il faut s'aimer les uns les autres. Ce n'est pas comme cela que notre pauvre monde peut être sauvé.

Il approuve et la dame, au cours de la conversation, s'anime, égrenant des jugements bien peu chrétiens : « Ces sales Boches que je hais... Ces immondes Juifs que je ne peux pas supporter... » Et l'abbé, de dire à Jean Hugo, témoin de la scène :

— Eh bien, mon cher ami, quand un de leurs amis chrétiens était mourant, les Rothschild m'envoyaient chercher dans leur voiture pour tenter de lui administrer les derniers sacrements. Dites, est-ce que beaucoup de chrétiens feraient cela[2] ?

Le mot « boche » employé par tant de gens et même par des femmes de la haute société, le scandalise autant qu'il choque Laurent Tailhade qui remarque assez justement « Quand ils ont dit Les *Bôôôches* ils croient avoir remporté une victoire. » A l'instar d'Elisabeth de Gramont, l'abbé divise en trois grandes fractions les gens de l'« arrière » : ceux qui souffrent, ceux qui parlent, ceux qui profitent.

Dans ceux qui profitent, tout en parlant beaucoup, il faut ranger bon nombre de femmes du monde, empressées de « servir » la patrie et surtout de se distraire en dirigeant des ambulances ou en y travaillant. Il y a tant de bonnes volontés qu'il faut refuser des candidates qui s'en montrent piquées. Chacune veut avoir *son* ambulance et *ses* blessés. Elisabeth de Gramont qui ne participe guère à cette curée, voit dans cet empressement, non de la charité en action, mais des motifs moins avouables, écrivant par exemple « Il y eut une descente

1. C. Pozzi, *Journal 1913-1934*, 26 août 1914.
2. J. Hugo, *Le Regard de la mémoire*, p. 488.

de rombières attirées par la chair fraîche ; elles se ruèrent sur ces jeunes hommes qu'elles pouvaient honnêtement tripoter à leur aise[1]. » L'abbé enregistre avec consternation les propos de ces dames, exigeant des blessés chez les Français pour les soigner, des morts chez les Allemands pour les venger. Il ne fait d'exception que pour la comtesse de Durfort qu'il a enfin connue un peu avant la guerre et qu'il révère. Héritière de Combourg, Sibylle de Chateaubriand, a été touchée du culte voué par l'abbé au grand homme et l'a invité à Combourg où il fera désormais un séjour chaque année, jamais lassé d'évoquer *René* promenant sa mélancolie hautaine à travers les salles du château, errant, précocement désenchanté, dans la campagne environnante. A son propos, il a une phrase qui en dit long sur la mentalité de ces ambulancières. La comtesse a installé une ambulance à Combourg où elle a eu jusqu'à trente-quatre blessés. Toutes les demoiselles du pays sont accourues pour les soigner, voire aussi flirter avec eux : « La comtesse ne fait pas de pansements, pour qu'il n'y ait pas de jalousie, mais elle se réserve les massages[2]. »

Parfois ces dames, du moins celles qui sont encore prudes, entendent de la part des blessés des réflexions qui leur font dresser les cheveux sur la tête ou bien elles s'exposent à des commentaires piquants, comme l'abbé en fera un jour l'expérience en allant voir Guillaume Apollinaire, soigné à l'hôpital de la duchesse de Camastra. Sa fiancée, venue elle aussi à son chevet, déplore sa solitude en disant à la duchesse éberluée :

— J'ai froid depuis que je couche toute seule !

*

C'est une de ces ambulances improvisées dans un vieil hôtel de la rue Saint-Guillaume qui sert de cadre au roman que Paul Bourget a mis en chantier dès les premières semaines des hostilités, car il le publiera dans la presse en feuilleton avant de le faire paraître chez Plon au cours de l'année 1915. Il a fait de l'abbé Mugnier un de ses personnages, épisodique, il est vrai, mais suffisamment décrit pour être aisément

1. E. de Gramont, *Clair de lune et taxi-auto*, p. 49.
2. A. Mugnier, Journal, 13 février 1915.

reconnaissable et lui en a demandé d'ailleurs la permission. En effet, comment ne pas reconnaître en l'abbé Courmont l'abbé Mugnier ? Paul Bourget, qui n'a pas le don du trait comme Paul Morand ou Marthe Bibesco, se contente de photographier l'abbé au lieu de le peindre en quelques coups de pinceau vigoureux : « L'abbé Courmont était un petit homme de soixante ans, très petit et très mince ; avec un visage tout frais, tout rose qu'éclairaient des yeux bleus d'une fraîcheur enfantine derrière des lunettes cerclées d'or. Ses cheveux blonds, à peine grisonnants, couronnaient comme d'une flamme son visage qu'animait un enthousiasme toujours exalté. La finesse ecclésiastique corrigeait le caractère candide de cette physionomie par des clignements des coins des paupières qui prouvaient un esprit très perspicace et une immense bonté. » Craignant sans doute que le portrait ne fût pas suffisamment exact, Paul Bourget avait précisé, pour être sûr de *ne pas le rater* : « Il était connu du clergé de Paris pour un libéralisme qui lui avait coûté son poste de vicaire à Notre-Dame des Champs[1]. » Cette indication, inexacte en ce qui concerne la paroisse, était fâcheuse, car elle rappelait une affaire que l'on avait commencé d'oublier.

Dans ce roman mélodramatique, aux personnages peu nuancés, aux sentiments dictés toujours par le sublime et la situation, bref, dans ce roman médiocre et parfaitement conventionnel, l'abbé Mugnier, *alias* Courmont, visite les blessés de la clinique du professeur Michel Ortègue, « prince de la Science vivant princièrement », mais libre penseur, ne croyant qu'à la Science et tenant Dieu pour un conte de bonne femme, ou, pis, un criminel coupable de laisser s'accomplir les atrocités de cette guerre. Une discussion oppose à un moment le professeur, gravement atteint d'un cancer du pancréas, et l'abbé Courmont, discussion, dans laquelle on retrouve un instant le véritable esprit de l'abbé Mugnier. Etonné que l'abbé défende le principe de la patrie en danger, justifiant le sacrifice de tant d'hommes jeunes pour la défendre, le professeur lui rappelle la parole de l'Evangile :

« Heureux les pacifiques, parce qu'ils seront appelés fils de Dieu. Ce n'est pas le texte ? lui demande-t-il ironiquement.

1. P. Bourget, *Le Sens de la mort*, p. 183.

« Mais, riposte l'abbé, il y a aussi le centurion, un lieutenant comme M. Le Gallic, dont Notre Seigneur guérit le domestique et qu'il admira pour sa foi [...]. Remarquez bien, il a dit au riche : "Quittez vos richesses". Il n'a pas dit au centurion : "Quittez votre régiment". Et c'est le centurion qui a marqué la messe de *Domine, non sum dignus*... La parole du militaire, le prêtre la répète tous les jours à l'autel, avant la communion. C'est l'Armée qui a le dernier mot au Saint Sacrifice [1]. »

Mais dans le livre de Bourget, ce n'est pas l'abbé Courmont qui a le dernier mot, car il ne réussit pas à empêcher le professeur Ortègue de se suicider. Ce n'est pas lui non plus, mais le lieutenant Le Gallic, fervent chrétien qui, avant de mourir, convainc la femme du professeur de renoncer à se suicider elle aussi pour se consacrer au soulagement de la misère humaine. La religion triomphe, certes, mais sans le concours du clergé. L'abbé Courmont continuera donc de visiter les blessés, de leur distribuer sa morphine morale « plus abrutissante que l'autre » ainsi que le disait sarcastiquement le professeur Ortègue au début du roman. Il n'en aura été qu'une pieuse image et non un des protagonistes. On ne sait ce que l'abbé Mugnier a pensé de ce livre, écrit par souci de l'actualité, oublié la guerre finie.

*

Dans Paris, en état de siège moral, les mondanités, un instant freinées lors de l'offensive allemande au début des hostilités, ont repris une fois l'ennemi arrêté sur la Marne. En période de crise, il faut se voir pour se rassurer ou bien, plus agréable encore, échanger des propos pessimistes qui provoquent de petits frissons de peur, dissipés miraculeusement lorsque le maître d'hôtel annonce : « Madame la duchesse est servie ! » ce qui prouve qu'en attendant la catastrophe finale le monde va toujours son train. Le seul changement apporté, c'est que le maître d'hôtel est très vieux et que la plupart des jeunes valets de pied ont été raflés par la conscription. Aussi les maîtresses de maison ont-elles décidé de recevoir plus

1. Paul Bourget, *op. cit.*, p. 185.

simplement, mais déjeuners et dîners demeurent en général exquis et l'abbé les apprécie, surtout en comparaison des repas qu'il prend seul, au restaurant, lorsque par hasard il n'est pas invité. « Ces déjeuners dans les restaurants sont sans saveur et sans charme, écrit-il un jour. Je parle de ceux que je fréquente seul, aux environs de la gare Montparnasse, ou de l'avenue de l'Observatoire [1]. »

Ceux que la princesse Dimitri Soutzo donne au Ritz sont bien préférables et lui font connaître un grand nombre de jeunes écrivains, espoirs des Lettres. C'est à l'issue d'un de ces dîners qu'une invitée lui ayant proposé en riant de l'accompagner le lendemain aux Folies-Bergère il lui répond, l'air navré :

— Hélas, non, demain je confesse : ce sont mes Folies-brebis...

Les dîners d'Hélène Soutzo lui offrent un nouveau champ d'observation, grâce auquel il enrichit son Journal. En relisant parfois celui-ci, en revenant sur son passé, il s'est aperçu qu'il y parlait trop de lui, s'apitoyait trop sur son sort de vicaire incompris de ses supérieurs et que sa vocation véritable avait été ainsi étouffée. Il est un témoin de son temps et doit remplir ce rôle en rapportant scrupuleusement toutes ces confessions qui, dans le feu de la conversation, échappent à ses interlocuteurs. Non sans finesse, il a compris que la littérature de la fin du XIXe siècle agonisait et que la guerre allait lui porter le coup de grâce. Un autre monde allait surgir du chaos et, sans croire aux aubes radieuses, l'abbé s'intéresse aux talents nouveaux comme ceux de Cocteau, de Jean Giraudoux, d'André Suarès, de Bergson, de Paul Morand, de Marcel Proust dont vraisemblablement il ne lira jamais une ligne, de Ramon Fernandez, de Paul Claudel, de Guillaume Apollinaire et même de Gabriele D'Annunzio, qui bien que célèbre avant 1914, est homme à toujours se renouveler, ne serait-ce que pour mieux occuper la scène. Cocteau, lui, l'enchante et l'on peut se demander si l'abbé, en écoutant ce jeune homme étonnant, sachant tout sans étaler son savoir, mais le laissant fuser en formules audacieuses, en raccourcis frappants, ne représente pas pour lui l'adolescent qu'il aurait voulu être. Il s'est lié

1. A. Mugnier, Journal, 18 février 1917.

non seulement avec lui, mais avec sa mère, accompagnant parfois celle-ci dans ses déjeuners en ville. Il participe ainsi, de dîners en dîners, au grand mouvement littéraire en gestation, écoutant de toutes ses oreilles les propos échangés, rapportant les répliques des uns, les jugements des autres, jugeant rarement lui-même et accumulant sur tous ces écrivains des notes précieuses pour leurs futurs biographes, mais qui, connues alors des intéressés, auraient brouillé la moitié du Tout-Paris avec l'autre. Altruiste et habitué à confesser, il sait faire parler ses voisins de table que la qualité de la chère, en dépit des restrictions, et celle des vins, rend loquaces, voire naïfs si leur vanité s'en mêle. Ainsi Cocteau critique Anna de Noailles et Barrès, approuvé en cela par André Suarès qui déteste la poétesse et celle-ci, à son tour, ne peut se retenir d'accabler de traits piquants tous ses rivaux, voire ses amis, ceux-ci lui offrant une cible plus rapprochée. Elle se dit perpétuellement mourante, affirmant sans rire qu'elle meurt de cette guerre, et ressuscite en un clin d'œil pour démolir une réputation, se moquer de quelqu'un, prenant ainsi plaisir dans un dîner à tourner en dérision la reine de Portugal, à qui elle trouve l'air d'un buste de Marianne dans une mairie ou d'un percheron de renfort, ces lourds chevaux que l'on ajoutait à un attelage pour gravir une côte. Il est vrai que l'abbé, sans approuver cette diatribe, écrit de son côté que malgré les affreux malheurs qui ont accablé cette « auguste victime », il ne s'est pas senti ému en lui serrant la main : « Les d'Orléans ne m'ont jamais fait vibrer », avoue ce légitimiste attardé, qui recueille avec piété les souvenirs de la comtesse de Chevigné au temps où son mari était chambellan du comte de Chambord à Frohsdorf.

Pour fréquenter tous ces écrivains, tous ces artistes, il faut passer par les fourches caudines de certaines maîtresses de maison particulièrement odieuses et même assez vulgaires. En lisant les commentaires de leurs invités sur celles-ci, on peut se demander pourquoi, huit jours plus tard, ils acceptent d'y retourner, sachant d'avance qu'il leur faudra subir l'insupportable bavardage de la dame, enivrée de son importance mondaine et imposant ses opinions comme un despote oriental ses oukases.

A cet égard, la comtesse Joachim Murat est sans rivale,

invitant artistes, écrivains et gens du monde afin d'expliquer l'art aux premiers, la littérature aux seconds, sans oublier de montrer aux gens du monde en quelle piètre estime elle les tient. Elle se considère au-dessus des usages de la politesse et des niaiseries de la bienséance, imposant silence à Cocteau, coupant la parole à Mme de Noailles afin d'être seule à parler, pour dire en général des sottises ou des pauvretés. Elle a enchaîné à son char Abel Bonnard et surtout Maurras, mais il est vrai que celui-ci est sourd...

Comme la comtesse Murat, plus Verdurin que celle de Proust, la plupart de ces dames voient dans la guerre, lorsqu'elles n'y participent pas en qualité d'ambulancières, « une grande ennuyeuse », qui les prive de société masculine. Ainsi que l'écrit Elisabeth de Gramont, leur désespoir est phallique. A défaut de « servir » en conduisant des automobiles sur le front, elles s'occupent de stratégie, se penchent sur des cartes, organisent des offensives et prodiguent leurs conseils aux officiers en permission qu'elles sont parvenues à réquisitionner pour un de leurs thés. Mais surtout elles parlent, elles parlent et disent beaucoup de bêtises, à l'instar de Mme de Noailles qui, n'ayant aucune religion, voit en Foch une divinité à révérer : « Il est divin, proclame-t-elle. On se sent près de Dieu avec lui, on est dans une chapelle[1]... » Elles font des assauts de patriotisme à mourir de rire, si justement l'objet n'en était pas risible. Il s'agit de la vie de millions d'hommes et ces stratèges de salon en font bon marché. Le principal est de remporter la victoire, à n'importe quel prix ! L'abbé Mugnier, si pacifique, est horrifié par ces surenchères patriotiques et sanglantes. « Le patriotisme est aujourd'hui plus que la religion, note-t-il dans son Journal le 8 octobre 1915. On place l'humanité au-dessous de la patrie, ce qui est naturel au-dessous de l'artificiel. C'est que le patriotisme permet la haine et l'humanité, non. On veut pouvoir détester, haïr. On est français contre ceux qui ne le sont pas. L'Evangile subit un nouveau recul. Mais l'Eglise n'y gagnera rien. »

L'Eglise y gagne, à jouer ce jeu, un regain de considération auprès du gouvernement républicain qui apprécie le courage des prêtres-soldats, le dévouement des aumôniers militaires.

1. « Paperolles » de l'abbé Mugnier.

Il n'est plus question de noter défavorablement les officiers qui vont à la messe et Clemenceau lui-même, anticlérical féroce, avoue qu'on ne saurait reprocher à un général sa piété : « Elle lui réussit... », constate-t-il. Il y aura des conversions, dues autant à l'exemple donné par les aumôniers qu'à ces retours sur soi-même effectués dans les périodes de crise où l'on s'aperçoit que tout ce à quoi on tenait représente bien peu de chose. Un des plus célèbres de ces convertis sera plus tard le maréchal Joffre, enterré fort chrétiennement. Interrogé un jour sur ce retour à Dieu, l'abbé Mugnier se contentera de répondre au docteur Le Savoureux, voulant savoir si cette conversion était sincère :

« Mon Dieu, vous savez, Joffre était un général (une finesse de dedans dans ce mot !), c'était un militaire. Il est allé à Dieu en militaire, une consigne, les yeux fermés, sans réfléchir. On a dit aussi qu'il avait été impressionné par les obsèques religieuses du général X..., un camarade. Il y a eu aussi Mme Joffre. Enfin ! tout a été très bien [1]... »

Ce que l'abbé Mugnier reproche aussi à ses compatriotes est leur conformisme. Ils sont incapables de juger par eux-mêmes, et ne pensent qu'en fonction de la presse et de l'opinion publique. « Qu'est-ce qu'on pensera de moi après la guerre, si je ne me suis pas battu pendant ? Que pensera-t-on de mon fils, si mon fils ne se bat pas ? » J'ai vu ce sentiment exprimé partout depuis que la guerre a été déclarée. Est-ce le patriotisme ou l'opinion des autres qui nous guide ? O Panurge sur le front ! O Panurge dans les tranchées [2] ! » Il est un peu dur de reprocher aux « poilus » de suivre ainsi le mouvement général, car on ne voit pas comment les malheureux pourraient faire autrement et lorsqu'ils se mutineront, la gendarmerie saura les remettre au pas.

Il déplore aussi l'escalade dans la destruction, cette fuite en avant qui consiste à tuer toujours plus, comme si la victoire était affaire de chiffres, attribuée à celui qui aurait fait tuer le plus d'êtres humains, militaires ou civils. « Le côté épouvantable de cette guerre, écrit-il le 28 mars 1918, c'est que non seulement on tue le plus possible, mais que si on pouvait

1. P. Léautaud, *Journal littéraire*, tome II, 18 janvier 1931.
2. A. Mugnier, Journal, 7 mars 1915.

découvrir un moyen encore plus meurtrier, vite on s'en servirait. Sauvagerie humaine ! Et vous parlez de la civilisation, et vous osez vous dire, hommes et chrétiens... Je devrais être plus impressionné, plus hanté. Et je trouve le temps et la force de songer à autre chose. » A la même époque, il écrit à son vieil ami Ferdinand Bac « Emigrons, émigrons au pays des souvenirs, des rêves. Il y a encore des Paradis terrestres et des lacs de Génésareth ; ils sont en nous [1] », et un peu plus tard, à propos des oliviers, ces arbres symboles de la paix, il lui confiera : « Mon rêve serait après la guerre de m'étendre sous l'un d'eux, là-bas, là-bas, en Italie, pendant une semaine au moins. Etre le prêtre au bois dormant [2] ! »

L'année précédente, il avait été tenu au courant par Boni de Castellane des tentatives de paix séparée avec l'Autriche à l'initiative de l'empereur Charles ainsi que de la perte de la correspondance chiffrée de l'impératrice Zita que celle-ci avait confiée pour la remettre au roi d'Espagne à un jeune diplomate français qui l'avait oubliée dans une voiture.

Ainsi qu'il le reconnaîtra honnêtement un peu plus tard, l'abbé ne se fait pas une idée suffisamment précise de la situation, vivant trop en marge du monde réel, isolé qu'il est par sa position d'ecclésiastique âgé déjà et vivant désormais dans une société de femmes du monde, elles-mêmes incapables de juger sainement des choses. « Un jour viendra, écrit-il le 1er mars 1916, où je me dirai en toute sincérité : dans les années historiques de 1914, 1915, 1916, je n'avais pas une conscience suffisante de la tragédie mondiale. J'ai besoin, en effet, que les faits revêtent le prestige du passé. »

Il est néanmoins mieux placé que la plupart des Français pour être au courant de la situation générale étant si souvent convié à des dîners où il se retrouve avec des ministres, des ambassadeurs, des gens du Quai d'Orsay, voire avec des généraux venus discuter de la situation à Paris où l'on a de telles lumières sur ce qui se passe au front, où l'on croit savoir ce qui se trame à Vienne ou à Berlin. Par ses brillantes relations, il est amené à rencontrer nombre d'étrangers, de pas-

1. Bibliothèque de l'Arsenal, Fonds F. Bac, MS 14.193.
2. *Idem.*

sage à Paris, qui ont joué un rôle ou en jouent encore un dans l'histoire contemporaine. Après la révolution d'Octobre en Russie, il rencontre un certain nombre d'émigrés russes, ceux de la première vague, avant qu'une autre, charriant des éléments moins intéressants, ne déferle sur l'Europe occidentale. Ainsi a-t-il l'occasion de voir Kerenski, victime à son tour des événements qu'il avait cru pouvoir diriger : « J'ai pris le thé avec Kerenski que toutes nos dames veulent approcher, écrit-il à Ferdinand Bac. Il m'a fait l'effet tout d'abord de quelque Camille Desmoulins des steppes. C'est un jeune homme pâle, nerveux, et qui tâche de parler français. Il m'a dit le passé ; il a esquissé l'avenir. Comment un grand pays peut-il être dominé, ne fût-ce que sur huit mois, par un agitateur qui n'est ni César, ni même Mirabeau[1] ? » Un peu plus tard, il note les propos d'une dame russe, familière de Raspoutine au point qu'elle affirmait l'avoir vu faire l'amour pendant quarante-trois minutes :

— Il y eut des odeurs divines, et c'est un saint homme, je vous le dis !

Ce qu'entendant, Barrès conclut :

— C'est la démission de Judith[2] !

Cette révolution en Russie enthousiasme la comtesse de Noailles qui, lorsqu'on veut lui en montrer l'horreur, avec ses massacres et ses spoliations, se contente de sourire en affirmant :

— Le vin du sang a besoin d'être décanté[3]...

Ce n'est pas des propos de ce genre qu'il risque d'entendre de la bouche de la princesse Dimitri Soutzo qui a le sens des réalités, celui de la fortune aussi. Séparée de son mari, un général roumain, elle ne cache en rien sa liaison avec un jeune et brillant attaché d'ambassade, Paul Morand, qu'elle épousera d'ailleurs en 1927, « après un long noviciat » comme il l'avait dit à propos d'un autre couple. Invité par elle à déjeuner ou dîner au Ritz, c'est là qu'il fait la connaissance de Marcel Proust dont deux de ses plus grands amis, Paul

1. Bibliothèque de l'Arsenal, Fonds F. Bac MS 14.193.
2. « Paperolles » de l'abbé Mugnier, juillet 1918.
3. « Paperolles » de l'abbé Mugnier, juillet 1918.

Morand et Jean Cocteau, lui ont beaucoup parlé, avec certains détails sur sa façon de vivre et ses manies bien propres à piquer sa curiosité. Il le rencontre enfin le 23 avril 1917 et le juge « plutôt distingué ». Habile à capter les sympathies, Proust a su trouver aussitôt un sujet de conversation de nature à intéresser son interlocuteur – les cathédrales – sans se douter que l'abbé a autant de goût que lui pour tous ces petits détails de la vie privée qui aident à tisser la trame romanesque des uns et des autres. Ils s'entendent assez vite et se reverront à plusieurs reprises, échangeant des lettres entre-temps. Ainsi, le 14 février 1918, Marcel Proust, charmé que l'abbé apprécie également les modestes aubépines, a cherché pour le lui envoyer l'article qu'il avait écrit sur ce sujet pour *Le Figaro*, l'emportant avec lui chaque fois qu'il pensait le retrouver à un dîner : « Mais arrivaient Mme de Béarn, Mme Rehbinder et d'autres. Point d'abbé. Et comme le personnage de Labiche, je remportais mes aubépines. L'autre soir, c'est ma femme de chambre qui a oublié de les glisser dans ma pelisse[1]. » A plusieurs reprises Marcel Proust, qui dispose en permanence d'un taxi, reconduit l'abbé jusqu'à sa lointaine rue Méchain et un soir qu'il n'a pu le faire, il s'inquiète de savoir comment il aura pu rentrer dans ce Paris nocturne et privé d'éclairage. Il est séduit par la personnalité de l'abbé, sa largeur d'esprit, son indulgence et se réjouit d'apprendre de sa bouche que si l'Enfer existe, il est vraisemblablement vide en raison de l'infinie bonté de Dieu, plus grande encore que celle de l'abbé qui, déjà, pardonne tout. Lorsque, au mois de décembre 1919, Proust recevra le prix Goncourt pour *A l'ombre des jeunes filles en fleurs*, l'abbé Mugnier, apprenant la nouvelle avant qu'elle ne soit connue par Lucien Descaves, membre du jury, s'empressera de féliciter le lauréat qui lui répondra par une lettre aimable, en dépit d'une pointe à l'égard de Descaves : « En tout cas, je regrette que vous l'ayez appris par M. Descaves, car il a dû accompagner cette bien petite nouvelle de commentaires désobligeants. Il a fait en effet campagne contre moi et annoncé le résultat dans ces termes : "M. Proust a le prix. M. Dorgelès l'originalité du talent et la jeunesse. On ne

1. Ph. Kolb, *Correspondance de Marcel Proust*, tome XVII, lettre 37.

peut pas tout avoir[1]". » En revanche, dans une lettre à son cousin et banquier Lionel Hauser, il se permettra une petite irrévérence à l'égard de l'abbé, écrivant à propos de son futur *Sodome et Gommorhe* : « Les membres du Conseil peuvent croire qu'il s'agit de livres prosodomistes et progomorrhéens, comme le croyaient Barrès et l'abbé Mugnier qui ont été un peu déçus d'apprendre qu'ils étaient au contraire antisodomistes et antigomorrhéens[2]. »

C'est à l'abbé Mugnier que Proust demandera, non de lui apporter les derniers sacrements, mais seulement de bénir sa dépouille après sa mort.

Malgré certaines restrictions, en dépit de la menace constante pesant sur Paris en cas de nouveaux succès des Allemands, il continue de mener la même existence qu'avant 1914, fidèle à ses pèlerinages littéraires et sentimentaux. Elisabeth de Gramont le retrouve à Saint-Point en 1915, chez M. de Montherot, excédé d'ailleurs de ces disciples posthumes de son grand-oncle. « Fatigué de lyrisme et de montrer aux visiteurs, le mouchoir de Graziella ou le chêne sous lequel Lamartine écrivit *Jocelyn*, M. de Montherot, petit-neveu du poète et châtelain de Saint-Point, tournait des vers libertins... Sa femme et sa fille en étaient fort choquées, mais rien n'arrêtait la muse vengeresse de cet homme excédé d'idéal[3]. » Chaque année, il séjourne également à Combourg chez Mme de Durfort pour y retrouver son cher Chateaubriand à qui, d'ailleurs la châtelaine ressemble un peu de profil. Une autre année, il va voir à La Béchellerie Anatole France, avec qui, naguère, il avait eu tant de discussions littéraires, à propos notamment de Voltaire et de Rousseau. « Vous devez, comme prêtre, préférer Rousseau ? » lui avait dit alors France, « moi, c'est le contraire ! » Et il le prouvait en imitant son style. Allant le revoir un peu plus tard, à la villa Saïd, il le trouvera d'un autre avis, préférant Rousseau à Voltaire. Entre-temps, il avait, comme Rousseau, fait un mariage ancillaire en épousant Emma Laprévotte, ancienne femme de chambre de

1. Ph. Kolb, *Correspondance de Marcel Proust*, tome XVIII, lettre 333.
2 Ph. Kolb, *Correspondance de Marcel Proust*, tome XIX, lettre 229.
3. E. de Gramont, *Clair de Lune et taxi-auto*, p. 111.

Mme Arman de Caillavet, et il avait désormais, lui aussi, une Thérèse Levasseur. Il essaiera de justifier cette union qui est regardée par beaucoup comme une injure à la mémoire de Mme Arman de Caillavet, une seconde trahison de son Egérie en disant à l'abbé :

— J'ai trouvé un chapeau dans les cartons de Mme de Caillavet. A contre-jour, on dirait une figure... J'ai voulu faire le bonheur de quelqu'un et j'ai pris le bien le plus facile à faire[1].

Lorsque Anatole France mourra, sans s'être réconcilié avec l'Eglise, il répondra paisiblement à une dame assez scandalisée du remariage de l'écrivain avec une ancienne domestique :

— Il est dit dans les Ecritures : Vous serez précédés dans le royaume des Cieux par des filles publiques... précédés ou accompagnés !

Parfois il lui vient un certain remords de vivre aussi paisiblement alors qu'une partie de l'Europe est à feu et à sang : « Comment ai-je pu me promener, errer en Bretagne et en Touraine quand cette boucherie continue ? Comment ai-je pu m'intéresser à de tout petits détails littéraires ou autres quand ce grand drame se déroule[2] ? »

Il ne renonce pas moins à ces villégiatures d'été, allant ainsi au mois de septembre 1918 à Nohant pour y retrouver le souvenir des ivresses de sa jeunesse et celui de son premier séjour au sein de la famille Lauth. Après quatre ans de guerre, on ne voyage plus en France aussi commodément que jadis : « Saleté, désordre des gares, attentes indéfinies des trains. A Châteauroux, la consigne est suspendue. Les Américains nombreux, bruyants et partout. C'en est fait de la Vieille France[3] ! »

Il pourrait ajouter : et de la Vieille Europe ! En apprenant qu'en réponse à l'ultimatum de Wilson, l'Allemagne était prête à restituer les territoires envahis, l'abbé Mugnier avait pressenti l'effondrement de l'Empire. L'admirateur de Goethe et le chrétien charitable a une pensée émue pour le vaincu :

1. « Paperolles » de l'abbé Mugnier, juin-juillet 1923.
2. A. Mugnier, Journal, 3 octobre 1916.
3. A. Mugnier, Journal, 26 septembre 1918.

« Quelle humiliation pour ce grand pays et son empereur ! », écrit-il mélancoliquement et d'imaginer l'avenir, rêvant d'un retour au passé, à cette Vieille Allemagne joviale et poétique, sentimentale et laborieuse, à cette Germanie des petites principautés cultivant les belles-lettres et les arts, élevant des statues à ses philosophes et des temples à l'Amitié. Ce n'est pas l'ambition de Clemenceau qui, dans son combat militant contre le catholicisme, a décidé d'anéantir l'Autriche et, au lieu de morceler l'Allemagne en ressuscitant le Saint-Empire, il va consacrer son unité par le traité de Versailles. En 1917 déjà, prévoyant les futurs bouleversements de l'Europe, Jules Cambon lui avait dit : « Après la guerre il y aura des révolutions telles que nous la regretterons. »

Comme si elle n'avait pu survivre à l'effondrement de cette Vieille Europe dont elle était l'incarnation, la princesse de Sayn-Wittgenstein, sa plus vieille amie et protectrice, s'est éteinte à Monabri, près de Lausanne, le 1er février 1918, âgée de cent deux ans. Il l'avait revue au mois d'octobre 1915, ayant eu l'autorisation de se rendre à Lausanne. Hélas ! pour son centenaire, le 9 mai 1916, événement réunissant des membres de la famille appartenant à toutes les nations en guerre, il avait, faute de pouvoir se rendre en Suisse, adressé le texte d'une allocution lue pendant la cérémonie[1]. Il lui est impossible également de se rendre à son enterrement auquel ont assisté deux soldats français internés en Suisse. Une amie de l'abbé a entendu un des soldats dire en sortant de l'église :

— Cent deux ans ! Elle exagérait...

A quoi son camarade avait répliqué :

— Le curé aussi, il exagérait : il a dit que c'est la guerre qui l'a tuée...

Au seuil du monde nouveau qui va sortir du conflit, l'abbé Mugnier se demande « quelles seront la philosophie, la poésie, la musique qui vont surgir de ces tranchées, descendre de ses avions, résulter de ces quatre années de guerre en terre française. Nous aurons peut-être une conception nouvelle des choses, un chant d'un autre accent. Vaincus, les Germains se

1. A. Mugnier, *Le Centenaire de Madame la princesse Léonille de Sayn-Wittgenstein*, Plon-Nourrit, 1918.

replieront sur eux-mêmes, et la vie intérieure, alimentée par les larmes, sera féconde. Sinon, pourquoi s'est-on battu ? Seule l'idée m'intéresse et les diverses expressions qu'on lui donne [1]. »

Quelques jours avant le 11 novembre, il rencontre un soldat américain qui lui annonce l'imminence de l'armistice et, en guise de rameau d'olivier, lui donne une tablette de chocolat. Si les cloches de toutes les églises de Paris, annonçant l'armistice, déchaînent un fol enthousiasme, pour lui, vieil homme ayant l'expérience de l'Histoire et le souvenir de 1870, les lendemains se révéleront moins radieux. Et lorsque la paix sera signée, l'année suivante, il pourra constater que rien n'a changé, que l'homme, au lieu de s'améliorer dans l'épreuve, a plutôt subi une dégradation nouvelle. En apprenant certaines circonstances de la cérémonie de signature, à Versailles, il écrira le 29 juin 1919 : « En songeant à ces grands Allemands, je souffrais de certaines mufleries dont un peuple qui se dit chevaleresque doit s'abstenir. Il y a eu, en effet, dans notre attitude envers l'ennemi à la veille de signer ou signant, des détails qui m'ont choqué. On ne refuse pas le verre d'eau froide. Comme elle doit s'abîmer encore dans les rêveries tristes la *Melancholia* d'Albrecht Dürer ! Si jamais, dans l'avenir, nous tombions dans les griffes d'Outre-Rhin, comment serions-nous traités ? Il ont été barbares, soit. Faut-il que nous le soyons aussi ? L'Ancien Testament l'emporte. »

Et, songeant à toutes les tragédies, toutes les morts, toutes les ruines accumulées pendant ces quatre années de conflit, il se déclare pacifiste : « Je ne veux plus être qu'humain ; individuellement humain, écrit-il dans son Journal le 24 avril 1919. Le Christ a dit : “Tous frères”. Et le monde appartient à tous. Toute nationalité est une limite anti-évangélique. Un seul troupeau ! C'est le rêve. Mais c'est rêver que de vouloir ce rêve ! » Il oublie que c'est aussi le rêve des mauvais bergers... et quelques jours plus tard, il voit d'un autre œil le troupeau des grévistes qui défile le 1er mai : « Le prolétariat s'affirme par un chômage général. L'état social finira par devenir odieux ».

1. A. Mugnier, Journal, 13 octobre 1918.

*

Au milieu de l'allégresse générale de l'armistice, une mort inopinée projette une ombre funèbre. Atteint de la grippe espagnole, qui tuera presque autant de monde que la guerre elle-même, Edmond Rostand est au plus mal. Son propriétaire, aux aguets, commente ainsi ses bulletins de santé pour l'information des autres habitants de l'immeuble :

— Hier, il allait mieux, c'était Verdun presque repris. Aujourd'hui, d'après les docteurs, c'est Douaumont perdu[1].

Le 1er décembre 1918, un chauffeur, envoyé par Mme de Noailles, arrive avec un mot pressant de celle-ci pour l'abbé, le conjurant de se rendre au chevet du poète. Il y est, dit-elle, expressément réclamé. Lorsqu'il arrive, il trouve auprès de Rostand sa maîtresse éplorée, Mary Marquet, tandis que Mme Edmond Rostand et son fils Maurice, attendent dans une autre pièce l'autorisation d'entrer. Avant d'administrer le poète, il a pour lui des paroles réconfortantes et lui parle avec à propos d'une de ses œuvres, *La Samaritaine*. Edmond Rostand mourra le lendemain. Mme de Noailles qui a eu, semble-t-il, une faiblesse pour lui, à la grande fureur de Barrès, son amant mystique, enterre ainsi Rostand et son œuvre :

— Rostand, c'est l'écume sur le vin. Moi, je suis le fond du verre[2].

Après un conflit qui a coûté la vie à plusieurs millions d'hommes, les survivants éprouvent une frénétique envie de vivre et c'est, aussitôt l'armistice enfin signé, une floraison de mariages, que l'abbé Mugnier se voit invité à bénir. A ce sujet, il aime à conter cette anecdote, celle d'un poilu qui, désespérant d'obtenir une permission pour se marier, s'était résigné à un mariage par procuration. Or, la veille de la cérémonie, il avait pu quitter son unité et se marier en personne. Hélas ! les formalités étant déjà faites, le maire n'avait rien voulu entendre et il avait dû assister en témoin à ses propres noces ! Un mariage est le repos du guerrier ; un beau mariage

1. R. de Saint Jean, *Journal d'un journaliste*, p. 47.
2. « Paperolles » de l'abbé Mugnier, 1924.

est sa récompense, et parfois un trophée. Dès 1918, bien des jeunes filles de bonne famille, affolées par la crainte de ne pas trouver de maris, se jettent sur les revenants du front, quel que soit leur état. On voit ainsi des vierges s'unir à des mutilés, toutes glorieuses de se sacrifier sur l'autel de la Patrie, puis s'en repentant lorsque l'époux se révélera difficile à supporter. Comme aime à le répéter l'abbé : « Mieux vaut un mauvais mariage que pas de mariage du tout... »

Il était devenu le célébrant obligé de tous les grands mariages dans la haute noblesse et la grande bourgeoisie, fonction qu'il remplissait déjà depuis des années, mais c'était le mariage d'Elaine Greffulhe avec le duc de Guiche, en 1904, qui l'avait consacré dans ce rôle officiel.

Il avait déjà marié un peu avant la fin de la guerre, le duc de Montmorency, veuf d'Anne de Rohan-Chabot, avec Cecilie Ulman, veuve de Ferdinand Blumenthal, dont le fils, d'ailleurs épousera une nièce du pape Léon XIII. Ce qui prouve que les Blumenthal sont gens de bonne compagnie ou qu'ils ont beaucoup d'argent. A ceux qui s'étonnent de le voir bénir cette union où le snobisme et l'intérêt paraissent en l'occurrence les sentiments les plus sincères, il répond d'un air fin :

— Le Christ a bien mangé avec les péagers...

Au mois de juin 1918, il a béni, à Ussé, le mariage de Louis de Blacas et d'Alyette de Dreux-Brézé, puis, le 28 janvier 1919, il marie à Saint-Philippe du Roule la veuve de Gaston de Caillavet avec son cousin Maurice Pouquet, union jugée par certains un peu trop rapide et qui exige, pour l'allocution qu'il prononce, infiniment de tact et d'esprit. « Voici enfin deux êtres auxquels l'expérience va profiter ! » s'écrie-t-il et, les félicitant qu'aucune réalité ne les ait déçus, en les félicitant aussi de se ressembler jusque dans leur passé, puisqu'ils sont cousins, et il poursuit avec une discrète allusion au premier mari, Gaston de Caillavet, « celui dont l'esprit enchantait ses contemporains par de perpétuels jaillissements sur la scène et ailleurs » qui aurait certainement ratifié ce choix de sa veuve : « Si vous aviez pu avoir quelque doute à cet égard, il n'eût pas tardé à se dissiper... »

En revanche, il refuse à Mme Scheikévitch, divorcée du fils de Carolus Duran, de donner un semblant de religion à son remariage avec un certain M. Vidal en lui accordant au moins une sorte de bénédiction. D'après René Boylesve, elle avait en effet envoyé à certains amis un télégramme enthousiaste annonçant qu'elle avait un amant et qu'elle était à Caen pour l'*essayer*[1]... On comprend que l'abbé Mugnier ait refusé de se compromettre[2].

Il marie ainsi à tour de bras, si l'on peut dire et soupire, au printemps de 1920 : « Encore une allocution de mariage à préparer ; jamais, jamais de repos et je suis fait cependant pour une paresse intelligente[3]. » En 1922, il célèbre les noces d'or du comte d'Hinnisdaël et, en 1926, il bénira le mariage d'André Maurois avec Simone de Caillavet, la fille de Gaston. Cette union posera bien des problèmes, et il faudra d'interminables conciliabules entre le curé de la paroisse d'Excideuil, les Pouquet, un de leurs cousins, l'abbé Borie et l'évêque de Périgueux afin d'arriver à un compromis. André Maurois n'étant pas converti au catholicisme, en dépit de ses sympathies pour celui-ci, il faudra se contenter de la sacristie et surtout se garder de prononcer un discours officiel. L'abbé Mugnier n'aura donc pas à en préparer un. Le plus curieux, c'est que ces vexations ne décourageront pas la famille, animée d'un grand zèle religieux. « Depuis que Simone doit épouser ce cher et charmant André elle ne quitte pas les églises ! écrira Mme Pouquet à l'abbé. Elle va à tous les pèlerinages locaux et même lointains avec cette gentille enfant[4] qui lui impose gentiment beaucoup de messes, de vêpres et de processions ! La vie est tout le temps inattendue[5] ! »

Le marié a pour témoins l'historien Gabriel Hanotaux et Robert de Flers, l'auteur dramatique. L'abbé Mugnier dit une messe et laisse ensuite aux deux académiciens le soin de faire les discours, après le déjeuner.

1. R. Boylesve, *Feuilles tombées*, 22 décembre 1919.
2. Sans doute est-ce pour cela que, dans ses *Souvenirs d'un temps disparu*, Marie Scheikévitch ne consacre pas une ligne à l'abbé Mugnier, tout en y reproduisant le portrait au crayon qu'elle avait fait de lui.
3. A. Mugnier, Journal, 6 juin 1920.
4. Sa future belle-fille, Michelle Maurois.
5. Lettre de Mme Maurice Pouquet du 19 août 1926. Fonds privé.

Après avoir marié Jeanne de Caillavet à son cousin Maurice Pouquet, puis Simone de Caillavet à André Maurois, l'abbé Mugnier interviendra une dernière fois, en 1938, pour marier Michelle Maurois à Serge de Kap-Herr, en l'église Saint-Pierre de Neuilly et prononcera une de ses dernières homélies.

Entre-temps parmi les nombreuses unions qu'il a bénies, il faut mentionner, en 1927, celle de Paul Rouart avec Agathe Valéry, la fille du poète. Il a même été sollicité, cette année-là, pour accomplir une mission délicate en allant voir Mme Paul Valéry pour la pacifier après l'orageuse entrevue qu'elle avait eue avec Catherine Pozzi, venue lui révéler sa liaison avec l'écrivain et sollicitant son aide auprès de lui. L'entrevue avait tourné au drame et Mme Valéry avait interdit aux amants de se revoir. Il fallait que Catherine Pozzi fût aux abois pour avoir chargé l'abbé, qu'elle n'aimait pas, de cette singulière démarche. On ignore s'il a bien voulu l'accepter. Il lui arrivera également d'intervenir pour empêcher des mariages, tel celui de Stanislas de la Rochefoucauld avec Alice Cocéa, mais sans succès. « La chère duchesse ne méritait pas ce chagrin », écrira-t-il en 1926 à la comtesse de Durfort.

Au soir de sa vie, ayant beaucoup marié, beaucoup entendu de confessions et surpris beaucoup de drames intimes, il aura sur le mariage cette réflexion désabusée : « L'amour réciproque dans le mariage, oui, oui, oui, c'est l'idéal, mais je dois avouer [...] que j'ai vu plus d'amour en dehors du mariage, d'amour lyrique, de cet amour qui est "le frémissement de l'homme, et celui de la femme, sa meilleure part", comme dit Goethe[1]. »

S'il marie, il enterre aussi. Après avoir été au lit de mort du marquis de Castellane à la fin de l'année 1917, avoir donné l'absoute à l'enterrement du comte Clary en 1918, administré Rostand la même année, puis l'actrice Réjane en 1920, il devrait se trouver à celui de Marcel Proust, qui tout en refusant les derniers sacrements avait demandé qu'il vînt prier devant sa dépouille. Indisposé ce jour-là, il ne peut déférer à ce vœu, mais il célébrera plusieurs fois, en sa mémoire, une

1. A. Mugnier, Journal, 9 août 1934.

messe anniversaire à l'église Saint-Pierre de Chaillot. Le 6 décembre 1923, il est appelé pour bénir le corps de Maurice Barrès, qui vient de mourir subitement. Il avait toujours éprouvé pour Barrès des sentiments mêlés, lui reprochant non seulement un nationalisme étroit, trop rigoureux, mais un orgueil démesuré : « Il avait voulu être Pascal, Napoléon, Chateaubriand et... Mme de Castiglione », écrivait-il le 3 mars 1914 à Marthe Bibesco. Oubliant qu'il avait beaucoup critiqué ses positions bellicistes et déploré quelques mois plus tôt, après un déjeuner avec lui, ses dédains, son manque d'ouverture d'esprit à certaines admirations, il écrit après cette dernière visite à l'écrivain : « J'ai beaucoup admiré Barrès. C'est un des hommes que j'aurais le plus voulu être. J'avais de bons rapports avec lui, mais pas d'intimité. Combien je le regrette ! Il m'en imposait d'ailleurs. Je ne me sentais pas très à l'aise avec lui, mais comme sa destinée me paraissait enviable ! Sa gloire littéraire surtout, car j'aurais fait bon marché de sa carrière politique. Il m'aidait puissamment à rêver, me rendait la Lorraine plus poétique, plus intime[1]. » Un service grandiose à Notre-Dame de Paris est organisé auquel la famille Barrès ne veut pas voir la comtesse de Noailles se pavaner au premier rang, réclamant pour elle tous les honneurs et toutes les larmes. Philippe Barrès est dépêché par sa mère auprès de la poétesse afin de l'informer qu'elle devra se contenter d'une place moindre. Furieuse, Anna de Noailles lui lance :

— Votre père vous détestait et votre mère a fait le malheur de sa vie[2] !

L'abbé Mugnier assiste à la cérémonie en songeant à tout ce qui l'avait empêché d'avoir un destin semblable à celui de ce « grand styliste », avouant que son seul désir « le plus ancien et le plus profond, eût été d'avoir du talent, le talent de la plume ». Il accompagne ensuite le cercueil à la gare de l'Est et récite un *De Profundis* devant le wagon mortuaire. « Il vous aimait tant ! » lui avait murmuré Mme Barrès lorsqu'il avait défilé pour les condoléances et avait été tout ému de recevoir une lettre de la princesse Lucien Murat lui disant

1. A. Mugnier, Journal, 6 décembre 1923.
2. « Paperolles » de l'abbé Mugnier, décembre 1930.

que Barrès avait aimé en lui sa bonté. « Il s'est donc trompé, lui aussi, écrit-il modestement. Hélas ! je suis devenu plus égoïste que vraiment bon. On me croit aussi un apôtre. Ah ! que je suis loin de l'être ! On s'imagine encore que j'ai une certaine valeur intellectuelle, quelle illusion[1]. » Rien ne prédispose autant à l'apitoiement sur soi-même que d'assister à un enterrement, malgré la joie de survivre.

Rien de plus mélancolique aussi que de survivre à un tout jeune homme et c'est ce qui se produit avec la mort inopinée de Raymond Radiguet. Le 12 décembre, il va prodiguer ses consolations à Cocteau, effondré, puis se rend le 14 à Saint-Honoré d'Eylau pour l'enterrement à l'issue duquel le père de Radiguet lui dit que son fils lui avait beaucoup parlé de lui...

En revanche, il arrache à la mort, semble-t-il, Marie Rouget, plus connue sous le nom de Marie Noël, dont elle signera bientôt ses recueils de poésie. Elle est soignée pour troubles nerveux dans une maison de santé de Saint-Cloud, s'y mourant d'anorexie. Son médecin, désespérant de la sauver, fait appel à l'abbé Mugnier qui non seulement la convainc de s'alimenter, mais lui redonne le goût de vivre et l'encourage à publier ses poèmes, dont elle lui dédiera l'un d'eux, *Jugement*, pour lui témoigner sa reconnaissance. Sur un autre de ses recueils, elle écrira cette dédicace : « A M. l'abbé Mugnier, le Bon Pasteur, sa chèvre reconnaissante. »

Trois ans plus tard, en 1925, il assiste à son lit de mort Georges Hugo, le petit-fils de celui dont il avait vu passer le char funèbre en regrettant qu'aucun prêtre n'ait osé forcer la consigne afin de lui apporter la bénédiction de l'Eglise. Il a été prévenu de l'état de Georges Hugo par son fils, Jean, qu'il avait rencontré chez Cocteau. Jean Hugo vient le chercher rue Méchain, à l'aube, et l'abbé sachant qu'il n'y a pas de temps à perdre, renonce à dire sa messe pour courir au Sporting Club, dans une chambre duquel agonise Georges Hugo :

— Je viens à vous, lui dit l'abbé Mugnier, qui a lu *Les Misérables*, comme l'eût fait Mgr Myriel.

— Mgr de Miollis, rectifie Georges Hugo, qui a toute sa tête encore, et ajoute, je veux passer humblement par l'Eglise.

1. A. Mugnier, Journal, 9 décembre 1923.

Bien qu'à la dernière extrémité, son agonie se prolonge pendant quatre jours et il ne meurt que le 5 février 1925. L'abbé revient réciter un *De Profundis* devant son lit de mort. Le 1er février, après sa première visite au mourant, l'abbé avait noté dans son Journal, non sans un certain sentiment de triomphe : « 1885-1925 : les spectacles sont différents et l'on voit le petit-fils redemander les prières dont le grand-père ne voulait pas. Je trouve que les quelques minutes que je viens de vivre sont la récompense de mes enthousiasmes d'autrefois et de toujours. »

Le mois ne s'est pas achevé qu'il se retrouve au chevet d'Erik Satie, lui prodiguant les mêmes paroles de paix qu'il essaie vainement de faire entendre aux vivants. Au mois de janvier 1926, il assistera René Boylesve, agonisant dans une clinique entre sa femme et sa maîtresse, et désespéré d'avoir écrit *L'Enfant à la balustrade* ou *Le Parfum des îles Borromées*, alors qu'il aurait dû laisser une œuvre analogue à la *Recherche du temps perdu*, dont il avait eu l'intuition.

Si l'on est fort renseigné sur les nombreux mariages bénis par l'abbé Mugnier, on connaît moins les baptêmes pour lesquels il a été requis, mais ils sont tout aussi nombreux. Un des rares signalés dans son Journal est celui, clandestin, de la petite-fille de Rochefort, le pamphlétaire, en 1892. L'enfant, une fille née à Alger deux ans plus tôt, lui avait été amenée en secret pour que le directeur de L'*Intransigeant* n'en sût rien. Il pratique aussi à l'occasion des « baptêmes d'affaires », permettant de se marier dans la haute noblesse à des enfants d'Israël jusqu'au jour où ceux-ci s'apercevront que la restauration des châteaux revient cher et que leur argent pourrait être mieux placé.

S'il baptise et préside à des premières communions, marie et enterre, il continue aussi de confesser, de conseiller aussi. Un soir qu'il converse avec André Maurois, il lui dit que, contrairement à une croyance assez répandue, l'âge est loin d'apporter l'apaisement du désir, même chez les hommes les plus respectables, comme les membres de l'Institut.

— Ces vieux messieurs, roses et courtois, sont dévorés par les passions, lui dit-il, ils vont jusqu'à en mourir...

— Et comment lutter contre les désirs, monsieur l'abbé ? interroge André Maurois songeant peut-être à ses futurs vieux jours.

— J'ai souvent conseillé de les écrire, en prévoyant ce qui suivrait leur accomplissement.

— Par exemple ?

— Eh bien ! par exemple : « Je la désire, je l'ai : elle téléphone tout le jour ; elle dévore mon temps ; elle est jalouse ; elle écarte mes amis ; elle dit toujours la même chose ; elle écrit trop ; elle écrit mal ; elle m'ennuie... » Et cætera.

— Oui, Monsieur l'abbé, conclut Maurois, c'est l'histoire de notre Swann.... : « J'ai gâché toute ma vie pour une femme qui n'était pas mon genre[1]... »

*

Le « nouveau monde » attendu si fiévreusement au lendemain du conflit tarde à venir et l'on retrouve au contraire l'ancien, mais en pire, avec tous ses poisons, ses rivalités, ses haines et ses préjugés, auxquels s'en ajoutent de nouveaux. La guerre, avec sa fraternité née de la nécessité, n'a été qu'une trêve. Maurice Donnay, déjeunant avec le Père Sertillanges et l'abbé Mugnier, chez Mlle Zanta, une belle âme, ardente féministe, note le pessimisme de l'abbé et relève un de ses propos :

— Jamais je n'ai trouvé le monde aussi tumultueux, aussi déraisonnable. La pénitence que donnent les prêtres, deux *Pater*, trois *Ave*, un acte de contrition, c'est pour rien. Il faudrait ordonner le désert, la thébaïde[2].

Cette thébaïde, il faut de nouveau la créer en soi, comme il l'avait fait pendant la guerre et, certains jours, moins pessimiste, il prend le parti de s'accommoder du train dont vont les choses. Un après-midi, chez Mme de Fitz-James, alors que chacun gémit sur la dureté des temps, la hausse des prix, l'insolence aigrie des classes inférieures, l'abbé déclare :

— Je suis philosophe avec Henri de Régnier : en somme, dans la vie, tout est admirablement arrangé.

1. A. Maurois, *Choses nues*, p. 45.
2. M. Donnay, *Mon Journal*, 2 janvier 1919.

— Vous croyez, monsieur l'abbé ? hasarde Mme Fabre-Luce.

— Oui, tout est préparé pour la catastrophe. Alors, il faut être heureux avant, et après[1].

Dans ce nouveau monde où tout est bouleversé, des classes sociales aux notions de morale, il essaie de trouver sa place, ondoyant entre la courtisane devenue respectable en se dévouant à la Croix-Rouge et le gratin dévergondé, ces jeunes filles de bonne famille émancipées en conduisant leurs ambulances sur le front. Beaucoup de gens s'érigent en censeurs de sa mondanité, lui reprochant son excessive indulgence et des fréquentations incompatibles avec la dignité de son état. Catherine Pozzi, mal placée pour se poser en défenseur de la morale, écrit ainsi dans son Journal, le 8 mai 1921 : « Il n'y a pas trois poules qui picorent à l'esprit sans que l'abbé Mugnier soit au milieu. Sa robe ne se gêne pas de frôler les peaux de ces dames, sentant si bon, roses encore de leurs messieurs. Mugnier fait la table des adultères et fait XVIIIe chez les amateurs du vivre ; on invite Mugnier dès qu'une princesse papoue passe. J'ai répondu à Mugnier que, si j'étais Dieu, je ne voudrais pas d'un retour pareil. »

Il est de fait qu'avec l'après-guerre apparaît partout un relâchement non seulement dans les mœurs, mais dans la tenue comme dans les propos. Déjà, peu avant 1914, un vent d'émancipation avait soufflé, venu d'Argentine avec le tango, dont la comtesse de Pourtalès, intriguée, avait demandé si cela se dansait debout. Un jeune couple, affolé de cette mode avait alors demandé à l'abbé Mugnier si cette danse érotique encourait la réprobation de l'Eglise et l'abbé avait murmuré :

— Ce que je voudrais savoir c'est quand ça commence et quand ça finit...

Désormais, il est de bon ton pour les femmes émancipées de se couper les cheveux, de fumer, de dire un peu n'importe quoi et d'afficher des opinions de gauche. En dînant chez Jacques Porel à côté de Colette, alors Mme Henry de Jouvenel (sans Ursins), il s'étonne à bon droit des allures de l'écrivain : « Vêtue de blanc, en crêpe marocain, elle a l'air d'une enfant

1. Lettre de Mme Fabre-Luce à Ferdinand Bac, de mars 1921, Bibliothèque de l'Arsenal, Fonds Ferdinand Bac MS 14.173.

qui n'a pas été élevée, qui ne sait pas se tenir, et [elle] est amusante quand même et peut-être au fond, bonne fille... Drôle de personne ! Si son mari tient au décorum, je le plains. Après le dîner, causant avec Mme Bernstein, elle lui tâtait les seins en la félicitant de sa santé [1]. » Le mari, d'ailleurs, se séparera d'elle l'année suivante et tombera dans les filets de Marthe Bibesco.

*

Avec la fin des hostilités, l'heure du règlement des comptes a sonné pour certains. La première victime en est précisément Marthe Bibesco à qui ses liens, plus affichés que profonds, avec le Kronprinz d'Allemagne avaient déjà coûté quelques-unes de ses relations en France, horrifiées de son intimité avec l'ennemi. Dès 1915, un trio de dames, semblable à celui des Parques, avait résolu de trancher le fil de sa carrière en accréditant les rumeurs malveillantes dont elle était l'objet. La duchesse de Clermont-Tonnerre, Hélène Vacaresco et Anna de Noailles, pour des raisons différentes, voulaient écarter Marthe Bibesco de la voie des honneurs et du succès, rivalisant d'invention pour mieux la perdre. Il n'y avait pas jusqu'à la comtesse de Chevigné qui ne joignît sa voix aux leurs, confiant par exemple à l'abbé Mugnier qu'elle trouvait à Marthe toutes sortes de défauts, mais quelle n'admettrait pas que l'on dise qu'elle a reçu chez elle une espionne... On lui reprochait aussi la neutralité de la Roumanie qui hésitait, à juste titre, à se jeter dans la bataille. Hélène Vacaresco, à qui on aurait pu adresser le même reproche, avait pris les devants en annonçant fièrement qu'elle avait « divorcé d'avec Goethe » et proclamant : « Moi, je marche ! » ce qui voulait dire qu'elle faisait la guerre à titre individuel. En raison de sa corpulence, elle aurait pu porter un canon, plutôt qu'un fusil... La duchesse de Clermont-Tonnerre, en faisant allusion à cette campagne contre la princesse, avait eu ce mot : « Il n'y a plus que l'abbé Mugnier à la défendre » et celui-ci, à qui le mot avait été rapporté, écrivait dans son Journal : « Et je continuerai à la défendre... »

1. A. Mugnier, Journal, 21 juin 1922.

Il avait eu fort à faire en ce sens, car le rôle assumé par la princesse lors de l'occupation de Bucarest par les Allemands avait suscité des commentaires assez désobligeants qui avaient trouvé des oreilles complaisantes autant auprès de la cour de Roumanie, réfugiée à Jassy, que dans la société parisienne. On la déchirait à belles dents, et il y avait effectivement du courage à la défendre, car les faits et gestes de Marthe Bibesco en Roumanie – où, vaillamment, elle avait dirigé un hôpital militaire en sachant à l'occasion négocier avec les Allemands – avaient été rapportés avec malignité à Paris. Hélène Vacaresco et Anna de Noailles se déchaînaient contre « la charmeuse de Boches », alors que placées dans les mêmes conditions, elles auraient vraisemblablement eu un comportement moins digne. Comme la princesse, exilée en Suisse, manifestait l'intention de venir à Paris, l'abbé l'avait mise en garde : « Si vous limitez les visites, comme vous en avez l'intention, les langues se tairont peut-être. Je dis *peut-être*, car il faudrait un miracle pour les réduire ». En effet les langues vont bon train. Un soir que la princesse, de passage à Paris, où Mata-Hari venait d'être fusillée comme espionne, était apparue dans un salon avec l'abbé Mugnier comme protecteur, quelqu'un avait dit : « Voici Marthe avec son confesseur... » et un invité s'était écrié :

— Il ne manque plus que le peloton d'exécution !

Au retour de Marthe Bibesco à Paris, la cabale a repris avec plus de vigueur que jamais et l'abbé se trouve en position fort embarrassante entre les deux cousines, chacune essayant de l'enrôler dans son camp. Anna de Noailles est déchaînée, allant jusque à dire un jour, devant des invités célébrant la beauté de Marthe :

— Un cou... un port... une tête... Ah ! et des yeux ! Mais la bouche... la bouche, une atrocité allemande !

Une réconciliation, du bout des lèvres, a enfin lieu, mais bien incertaine et Mme de Noailles saisit tous les prétextes de prendre sa cousine et rivale en défaut. Lorsque celle-ci, en 1924, subit une grave opération à la clinique de la rue Bizet, Mme de Noailles s'apaise un peu, écrivant à l'abbé : « C'est votre extrême bonté qui vous fait appeler d'"adorables avances" la promesse que j'avais faite à vous et à ma cousine de la voir dès son retour à Paris. Comment serais-je restée insensible à l'émouvante insistance qu'elle mit à souhaiter notre rencontre, dont vous vous fîtes pendant tant de semaines le précieux et zélé interprète ! J'ai d'autant plus voulu tenir la parole que je vous avais donnée de revoir ma cousine que son cruel état de santé m'a inspiré aussitôt la plus vive compassion, vous le savez puisque je vous ai adressé un pneumatique où ma tristesse pour elle se mêlait à mon chagrin de vous savoir affecté dans votre amitié. Dans la lettre que ma cousine m'a écrite à la suite de celle où je la remerciais du *Perroquet*[1], elle a bien compris votre noble rôle auprès de nous deux[2]... »

*

En cette année 1924, l'abbé Mugnier, après un séjour à Combourg, effectue un long périple en France allant visiter de nouveau les Vosges, l'Alsace, pour revenir par l'Auvergne et le Limousin, avec des arrêts çà et là dans des châteaux amis, notamment chez les Polignac, à La Voulte, et chez les Bourbon-Busset, près de Vichy. Racontant les étapes de ce voyage à Mme de Durfort, et l'accueil reçu, il conclut : « On croit vivre dans des milieux différents et même hostiles. Il y a des âmes timides, effacées, qui cachent le meilleur d'elles-mêmes. C'est pourquoi l'indulgence et la bienveillance sont la plus sûre règle de vie. Je me suis trompé moi-même si souvent[3] ! »

A Paris, il reprend ce ministère informel qui fait de lui le prêtre le plus demandé. S'il s'en plaint parfois, il n'est pas prêt à l'abandonner, aimant cet apostolat mondain et hostile à tout enrégimentement par l'autorité ecclésiastique qui aurait souhaité le « récupérer ». En 1920, il avait déjeuné chez la comtesse de Fitz-James avec Mgr Lemaistre, coadjuteur de l'évêque de Carthage, qui avait imaginé de créer des sections de gens du monde afin d'exercer leur influence dans le sens chrétien. « Il a parlé avec insistance, et [avec] un langage qui tient tout à la fois du clergé et de la presse », avait écrit l'abbé,

1. *Le Perroquet vert*, roman publié par Marthe Bibesco chez Grasset en 1924.
2. Lettre non datée, mais de 1924, puisque Mme de Noailles y fait allusion au *Perroquet vert*. Fonds privé.
3. Lettre du 22 octobre 1924 à la comtesse de Durfort. Archives de Combourg.

qui avait ajouté : « Le jour où l'on appliquerait ce programme, adieu à nos charmants déjeuners ou dîners où l'on cause de tout librement ! Autant rentrer dans une sacristie ! [...] Je ne crois à l'apostolat dans le monde que sous une forme homéopathique. La leçon chrétienne doit être donnée ainsi et pas autrement ; sans cela on devient un prédicateur ou un bedeau [1]. »

Il est donc sans cesse appelé pour baptiser les enfants des grandes familles, leur faire faire leur première communion, les marier, puis donner l'extrême-onction à leurs parents ou grands-parents avant de les enterrer. Il court d'une église à l'autre, du chevet de l'accouchée à celui du mourant. A la fin du mois de janvier 1926, il bénit le mariage de Suzy Proust, la nièce de Marcel Proust, avec Gérard Mante, fils de la sœur d'Edmond Rostand. « Il y avait beaucoup de jeunes filles en fleur, avec ou sans ombre, écrit-il le 26 janvier à Marthe Bibesco. Mme de Noailles était présente, et j'ai dit à l'assistance que j'avais rencontré Rostand le première fois chez *une femme de génie* ». Il n'en pas fallu moins pour rasséréner Anna de Noailles, toujours mécontente d'une cérémonie dont elle n'est pas le centre et l'attraction.

Il n'a pas de semaine, sauf en carême et l'été, où il n'unit pas quelque couple aristocratique ou de grande bourgeoisie en lui souhaitant tout le bonheur possible et sans beaucoup compter que le bonheur sera au rendez-vous. Il ne croit guère à la pérennité des vœux prononcés, ayant vu trop de dissentiments familiaux, mais il ne faut désespérer personne et comme il le dit un jour à Marthe Bibesco, en se promenant avec elle au Père-Lachaise :

— Des mariages, il y en aura toujours ! On se mariera jusqu'à la fin du monde ! le malheur des uns ne sert pas à empêcher le malheur des autres...

Puis, regardant le moutonnement des tombes, il soupire avec résignation :

— Enfin, il faut des mariages... Ça alimente le Père-Lachaise...

Et un jour que Montherlant disait devant lui, pensivement :

1. A. Mugnier, Journal, 13 juillet 1920.

« Je me demande pourquoi les hommes se marient... » l'abbé de répliquer : « Par goût de la catastrophe ! »

*

Un des nombreux rôles de l'abbé auprès de Marthe Bibesco est de lui servir de conseiller littéraire ; il a du goût, et surtout du bon sens. Il s'en sert pour l'empêcher de se laisser aller à cette exaltation de soi qui agace aussi prodigieusement Anna de Noailles. Après la mort d'Anatole France, en 1924, il lui déconseille de publier sur celui-ci un hommage qui était surtout un dithyrambe à sa propre personne en insérant dans ce texte les éloges qu'Anatole France et Mme Arman de Caillavet lui avaient prodigués. « Transformer tout de suite ces deux morts en thuriféraires, s'enivrer de cet encens d'outre-tombe ne me paraissait pas habile, écrit-il dans son Journal le 23 octobre 1924. Elle n'avait pas l'air de sentir cette absence réelle de pudeur... Elle manque vraiment d'ironie fine et de discrétion... Je n'ai pas osé lui dire que Mme de Noailles, qui parle toujours de son génie, impose à sa plume la prudence nécessaire. » Qu'aurait-il dit, s'il n'était pas mort avant la parution de *La Nymphe Europe* ? Ce « grand œuvre », comme elle l'appelle, est le récit de ses vies antérieures, fresque historique qui doit assurer son immortalité littéraire et dont elle l'entretiendra quelques années plus tard en le lui décrivant comme « plus long que *la Divine Comédie*, à peine plus court que l'*Enéide* ou plus amusant que *La Henriade* et les romans d'Honoré d'Urfé ». Ce livre, dont un tome seulement verra le jour, est l'occasion pour elle de se décerner des certificats qui épouvanteraient l'abbé s'il pouvait lire par-dessus l'épaule de Marthe en train de tenir son propre Journal : « En écrivant *La Nymphe Europe*, avoue-t-elle sans vergogne, c'est comme si je goûtais ma délicieuse intelligence, l'ayant longtemps distillée... Je jouis d'une intelligence presque douloureuse par son acuité[1]. » En ce domaine, Mme de Noailles a trouvé son maître.

Il est certain que, malgré ses réserves, il est fasciné par Marthe Bibesco, car il ne sait rien lui refuser, à commencer

1. Princesse Bibesco, Journal, 11 juin 1935.

par l'absolution et en terminant par des complaisances un peu étonnantes de la part d'un prêtre. Il avait accepté déjà en 1919 de lui servir de chaperon alors qu'elle séjournait en Bretagne, à Trestrignel, avec son amant, le colonel Christopher Birdwood Thomson, bientôt créé Lord Thomson of Cardington, au grand soulagement de Marthe qui n'aime que les gens titrés. En 1926, alors qu'elle a délaissé le pauvre Thomson, toujours amoureux, pour Henri de Jouvenel, une sorte de Bel-Ami, couvert de femmes et de dettes, il l'accompagne à Castel Novel, chez Jouvenel, toujours pour lui servir de caution morale aux yeux du monde. En 1927, c'est seul avec elle, qu'il part pour la Grande-Bretagne, à la recherche des fantômes de Shakespeare et de Chateaubriand. L'abbé, qui n'avait jamais pu ou voulu se rendre en Roumanie où la princesse voulait lui faire admirer le palais de Mogosoëa qu'elle avait somptueusement restauré, avait accepté ce voyage à Londres et en Ecosse. Il savait que sa vue déclinait rapidement et il voulait faire ce dernier pèlerinage littéraire avant de la perdre complètement.

Tous deux s'embarquent à Calais le 9 septembre 1927, sur la malle de Douvres. Appuyé au bastingage, l'abbé contemple l'horizon marin et déclare en voyant le va-et-vient des passagers, l'affairement des marins :

— Il n'y a que la vie qui m'intéresse ! Il n'y a que la vie qui vaille d'être contée. Tenez, s'il y avait un journal rédigé par les monstres de la mer, je l'achèterais pour savoir ce qu'ils mangent, ce qu'ils sentent, ce qu'ils sont[1]...

Et Marthe Bibesco, douée d'une mémoire royale, de réciter à mi-voix un sonnet d'Henry Céard, ce familier de Huysmans, devenu membre de l'académie Goncourt :

Poisson et crustacé, dans l'Océan natal,
Fatigués de ronger mousses et capitaines,
Tendent, l'un son ouïe, et l'autre ses antennes
Sur le câble tressé de chanvre et de métal.

Ils apprennent ainsi ce qu'on fait au Natal ;
Et la mine tuant des hommes par centaines,
Et la guerre – et les cours qu'en des Bourses lointaines
Atteignent l'indigo, le sucre et le santal.

1. Princesse Bibesco, *La Vie d'une amitié*, tome I, p. 138.

Soles, congres, turbots, le dauphin et le morse
Ecoutent au tic-tac du téléphone Morse
Le nom du criminel, celui du décoré ;

Surprenant les secrets des humaines cervelles,
Dans le fond de la mer, par un truc ignoré,
Sans lire le journal, ils savent les nouvelles.

Le 10, ils visitent Canterbury, sous la pluie, puis gagnent Londres. Dûment stylé par Marthe, il sait qu'il faut prononcer « Sœur », en s'adressant à un homme de la société et non « Sire ». Il pleut toujours, mais il s'en accommode avec bonne humeur, admirant aussi bien les statues des grands hommes britanniques, ornant les squares et les rues, que les policemen qui lui paraissent aussi superbes que jadis les Bavarois bivouaquant place de la Concorde. Habitués à ne s'étonner de rien, les Londoniens n'ont pas un regard pour ce vieil homme en soutane et cette grande femme au port majestueux qui lui sert d'Antigone. Avec Philip Sassoon comme guide, ils visitent Westminster Abbey, nécropole aristocratique où au moins il ne pleut pas, puis, après deux jours passés à voir les autres curiosités de Londres, entre autres les lieux que hanta Chateaubriand, misérable et affamé, ils partent pour l'Ecosse en compagnie du romancier de talent Maurice Baring, qu'André Maurois lui avait fait connaître. Baring est aussi un original, bien fait pour l'enchanter par ses extravagances. Chaque année, pour célébrer son anniversaire, il offre à ses amis un grand dîner à Brighton, puis, alors qu'on est en plein hiver, il va se jeter en habit dans la mer. Un jour, chez lui, pour ranimer une conversation languissante, il met le feu aux rideaux [1]. Cette fois, Maurice Baring, qui ne s'ennuie pas entre Marthe Bibesco et l'abbé Mugnier, ne tire pas la sonnette d'alarme en pleine campagne et les voyageurs arrivent sans encombre chez lord Lovat, chef du clan Fraser, à Beaufort Castle où l'on vit sur le même pied qu'un siècle auparavant. Le soir, maîtres et serviteurs se retrouvent dans la chapelle afin de dire les prières en commun. L'abbé Mugnier se montre impres-

1. A. Maurois, Mémoires, p. 153.

sionné par cette survivance des vieux liens féodaux et constate avec satisfaction :

— Puisqu'ils nous servent, on préfère, *pour eux*, qu'ils nous respectent. Servir des maîtres qu'on méprise, ce doit être l'enfer !

Le lendemain de son arrivée, il célèbre dans la chapelle du château une messe servie par le fils aîné de lord Lovat, un adolescent portant le kilt traditionnel et qui se rendra célèbre en faisant partie du commando anglo-canadien lors de sa tentative de débarquement à Dieppe, en 1943. Deux ans plus tard, Maurice Baring se convertira au catholicisme et dédiera son livre *La Tunique sans couture* à l'abbé Mugnier, peut-être l'instrument de cette conversion.

*

Si l'abbé Mugnier n'a jamais pu combler vraiment le fossé entre les deux cousines, du moins a-t-il réussi, un peu plus tôt, une conjonction délicate aussi à réaliser, celle de Mme de Castries avec Marthe Bibesco, ses deux « nièces d'élection ».

D'une famille ancienne et opulente, avec un père mexicain et une mère d'origine cubaine, Rosita Guzman est venue très tôt en France avec ses deux sœurs, mariées, l'une, Conchita, au comte Wladimir d'Ormesson, le futur ambassadeur, et l'autre, Marie-Louise, au comte Octave de Kergorlay. C'est l'abbé Mugnier qui avait béni le mariage de celle-ci en 1903. Elle-même a épousé le vicomte de Contades dont elle a eu deux enfants, un fils marié plus tard à une petite-fille de Ferdinand de Lesseps, et une fille au comte de Moustier. Précocement veuve, elle avait épousé en secondes noces le comte François de Castries dont elle avait eu une fille, future Mme Manuel de Yturbe. Entre son premier mariage et le second, elle s'était sentie très isolée dans cette société parisienne où elle venait d'entrer, dans ce noble Faubourg dont elle trouvait contraignants les usages érigés en principes. Une cousine lui avait alors fait rencontrer l'abbé Mugnier qui était devenu non seulement son confesseur, voire son directeur de conscience, mais un paternel ami, la conseillant dans ses lectures et lui révélant cette littérature contemporaine inconnue du Faubourg. Intelligente et déjà très cultivée, elle avait vite apprécié sa largeur d'esprit, son érudition, sa malice également et en avait fait, rue de Grenelle où elle habitait alors, un des commensaux les plus assidus. A Paris, comme à Calaoutça, la villa qu'elle possédait aux environs de Biarritz, elle aimait recevoir et pendant un demi-siècle il verra défiler chez elle des personnalités aussi variées que le prince Youssoupov, Ramon Fernandez, Marie Laurencin, Jean Hugo, le professeur Robert Debré, Francis Jammes, Blaise Cendrars, Marie-Laure de Noailles, le chirurgien Thierry de Martel, fils de Gyp, célèbre alors, Emilio Terry, Misia Sert, le peintre Drian, portraitiste officiel de la famille, etc. Très éclectique dans ses choix, elle a une prédilection pour les êtres beaux qui, sans être des artistes eux-mêmes, peuvent passer pour des œuvres d'art éphémères, et aussi pour tous ceux qui s'intéressent au surnaturel, aux problèmes psychiques et aux mystères de l'au-delà, que l'abbé ne peut suffire à résoudre. Artiste elle-même, avec un joli talent de peintre, elle se révèle inégalable dans l'art de recevoir, sachant à merveille organiser une fête, pour Noël ou pour Pâques par exemple, orner une table ou décorer une pièce. Elle enluminera plus tard pour chacun de ses petits-enfants des « livres de mariage », petits chefs-d'œuvre de goût et d'ingéniosité. C'est elle aussi qui a décoré l'intérieur de la chapelle où, lorsqu'il séjourne à Calaoutça, l'abbé Mugnier dit chaque matin la messe. Elle en a peint les scènes du chemin de Croix ainsi qu'un grand tableau représentent Notre-Dame de Guadalupe, au-dessus de l'autel. Pleine de vivacité, volontaire aussi, elle aime être entourée d'une cour qu'elle régente à son gré, ayant des antipathies aussi prononcées que ses sympathies et bien des fois l'abbé devra panser des amours-propres froissés, quand il n'est pas l'objet lui-même d'une de ses remarques piquantes, échappées à son impatience.

La frivolité de cette société cosmopolite, élégante, agitée, parfois médisante, expire aux portes de la chapelle et s'y expie. Par tradition hispanique, la religion tient une grande place à Calaoutça et y fait bon ménage avec le monde. Etonné de ce mélange, le peintre Adrien Oriant avait d'ailleurs baptisé la villa « Presbytère Palace » et Jean Tharaud, après un séjour avait dit : « C'est un monde pour des poupées, mais des poupées qui vont à la messe. »

Sans doute cette impression est-elle causée par Mme de Castries elle-même qui semble appartenir à un monde enchanté plutôt qu'à celui du commun des mortels : « Elle est toute petite, un personnage de conte des fées, écrit Marthe Bibesco après leur première entrevue. Elle portait un petit parapluie Tom Pouce qui avait l'air fait à sa taille... son visage est charmant, très difficile à définir ; il y a un jeu entre les yeux rieurs et les dents très blanches que le sourire découvre. Elle grisonne un peu, mais la jeunesse est dans son sourire. Son accent est étrange, plutôt légèrement anglais. Légère affectation, mais cette impression disparaît vite. Sa conversation est vive, attachante, une espèce de franchise, rare chez les femmes[1]... » C'était un peu ce qu'écrivait jadis Horace Walpole à propos de la duchesse de Choiseul, voyant en celle-ci « la plus aimable, la plus honnête petite créature qui soit jamais sortie de l'œuf d'une fée ».

Les deux femmes se ménageront, se lieront par affection de l'abbé, mais il n'y aura jamais de réelle intimité entre elles, étant de natures trop différentes pour s'entendre. A la comtesse de Castries, revient le rôle de Marthe, celle qui donne un foyer à l'homme vieillissant, l'entoure de son affection, veille à son bien-être, assure sa sécurité matérielle en organisant sa vie lorsqu'il deviendra complètement aveugle, alors que Marthe Bibesco a celui de Marie, parlant beaucoup à l'abbé lorsqu'elle le voit à Paris, mais surtout lui écrivant sans cesse et faisant de lui le support de cette correspondance inégale où ses lettres deviennent une sorte de fleuve, un Mississippi dans lequel sont emportés, comme de petits bateaux de papier, les brefs billets de l'abbé, débordé par ce flot. La comtesse François de Castries a la bonté active, énergique, vivifiante. Elle a aussi comme protégé Lucien Daudet, pessimiste entêté, pleurant sa jeunesse enfuie et envers qui elle montrera plus de patience et de dévouement que l'abbé Mugnier lui-même, agacé par les jérémiades de ce vieux jeune homme, éploré devant son miroir, à la contemplation duquel il l'a, de guerre lasse, abandonné.

A partir de la fin de la guerre, Calaoutça devient pour l'abbé Mugnier un de ses refuges où il a l'illusion du foyer

1. Princesse Bibesco, Journal, avril 1921.

qui lui a manqué, un ermitage où il peut à la fois s'isoler pour écrire ou lire, et un salon où briller s'il a envie de se mêler à la vie mondaine. Il se rend souvent à Biarritz, alors fréquenté par la haute société espagnole riche et la haute société russe, qui ne l'est plus, mais se souvient de l'avoir été, conservant la même élégance altière. Il lui arrive, à l'occasion, de célébrer la messe autre part qu'à Calaoutça et un dimanche, après avoir dite au quartier du Chélitz, il s'écrie devant le maigre produit de la quête : « Je vois où sont les pauvres, mais je ne sais pas où sont les riches. »

En dépit de ses succès de société, du sort fait à ses mots, il sent parfois tomber sur lui un grand voile de tristesse en songeant qu'il est sans doute à la fin de son existence et qu'il n'a pas fait de celle-ci ce qu'il en avait espéré. Déjà, en 1916, revenant sur toutes ses ambitions de jeunesse, il constatait que malgré sa réussite mondaine, il était passé à côté de bien des joies, certaines fort simples, et que lorsque ces joies lui étaient enfin données, comme celles d'un séjour à la campagne, au sein de la nature, elles arrivaient trop tard : « On est le Grouchy de tous les bonheurs », écrivait-il alors.

C'est précisément à Calaoutça, où il peut goûter l'agrément d'une vie de famille, entouré de l'affection de sa « nièce première » et de ses enfants, qu'il écrit ces lignes si mélancoliques et si mystérieuses aussi : « Ah ! que le crépuscule de la vie se fait sentir en moi ! Où est l'allégresse des matins, l'étourdissement des pleins midis ? Quelle déroute à moi seule connue, sous certaines apparences trompeuses ! Et dans les décombres que je promène, en les cachant, poussent et repoussent toutes les orties de tous les désirs [1]... ».

1. A. Mugnier, Journal, 17 septembre 1919.

L'AUMÔNIER DES LETTRES

1929-1939

Même s'il a parfois l'impression d'avoir manqué son destin, l'abbé Mugnier est trop intéressé par la vie des autres pour s'apitoyer désormais sur la sienne. En lui, le mémorialiste est toujours en éveil, aisément diverti de ses réflexions moroses, facilement amusé par les ridicules de ses contemporains, curieux surtout de ces particularités qui font de chaque homme un être unique, un échantillon d'humanité que jamais on ne reverra deux fois. « Je note toujours, écrivait-il le 6 août 1919. C'est l'une des formes de ma vie, peut-être la plus intéressante : non peut-être, mais certainement. J'y mets un maximum de sincérité qui est souvent plus que de l'indiscrétion. »

Depuis qu'il a rencontré Jean Cocteau, il est fasciné par ce jeune homme ambigu, si doué, parlant aussi brillamment qu'il écrit, bien que parfois l'abbé avoue ne pas comprendre grand-chose à cette littérature nouvelle. Au début de l'année, il a écouté la lecture à haute voix faite par l'auteur lui-même du *Cap de Bonne-Espérance.* Il a jugé l'œuvre « à peu près inintelligible » pour lui, ajoutant : « C'étaient des visions, des raccourcis, des éclairs de choses simultanées ou successives. Une décharge de mots. De l'inédit, oh ! oui, très inédit. Je me demandais si mes voisins et voisines comprenaient. Il faut le croire, puisqu'il y a, à certains moments, des signes évidents d'admiration[1]... »

Ce qu'il admire en Cocteau est une liberté d'esprit telle qu'il l'aurait souhaitée pour lui-même autrefois, un mélange

1. A. Mugnier, Journal, 27 janvier 1919.

heureux de génie et de cocasserie, le don de séduire et de frapper aussi les esprits les plus sérieux par d'éblouissantes formules qui, retranscrites, au lieu d'être la cendre de ses mots, en conservent encore une étincelle. Il sait à quel point ce jeune homme éblouissant n'est pas, en dépit de ses velléités de conversion, du bois dont on fait les bons chrétiens. Mme de Noailles, apprenant son retour à la foi s'était étonnée : « Comment sortira-t-il de Dieu ? C'est un labyrinthe infini... » En dépit de ses propres réserves, l'abbé, un jour de printemps de 1926, accepte de l'accompagner à Meudon chez les Maritain.

Ceux-ci font penser, dans le domaine de la religion, à ce que sont ces financiers parvenus qui, ayant marié leurs filles à de grands seigneurs, ne veulent plus recevoir que la haute aristocratie. Ces néo-chrétiens, venus l'un du protestantisme et l'autre du judaïsme, accueillent chez eux tout ce qui porte un nom ou est en voie de s'en faire un. Il n'y a jamais à leur table un pauvre diable affamé ou une humble âme en peine ayant besoin de réconfort. Qu'on se fasse connaître en littérature, en musique ou par le désordre éclatant de sa vie sexuelle et alors on pourra s'asseoir à leur foyer où l'on sera nourri de leur foi, abreuvé de leur mystique. Ils aiment les grands pécheurs, pour le plaisir de les repêcher de l'abîme, et non les petits, qui pataugent dans les mares de la médiocrité. Grâce à cela, en ne recevant que des gens célèbres, ou en voie de l'être, ils sont connus à leur tour. Raïssa rayonne, à l'apogée de cette gloire mondaine qu'elle regarde comme une revanche sur sa jeunesse obscure et besogneuse. Il faut ajouter que son mari, moins tourmenté par le besoin de paraître, est l'élément modérateur de cette thébaïde où, si l'on vit dans le sublime, on mange assez mal. « On croit prendre un repas chez les premiers chrétiens », dira Julien Green. Cocteau lui-même avouera quelque temps plus tard qu'il comprend mal ce « mélange de littérature et de religion. On a le Saint Sacrement chez soi, mais on ne manque pas un concert. On veut être de tout[1]. » Quant à Bergson le sage, il se contente d'observer

1. A. Mugnier, Journal, 18 janvier 1929.

narquoisement que depuis sa conversion Maritain est devenu très intolérant[1].

Cela est peu fait pour plaire à l'abbé Mugnier qui ne remettra pas les pieds à Meudon, trouvant sans doute Raïssa trop piquante et la nourriture trop fade.

En attendant, il écoute attentivement tout ce que Jean Cocteau lui confie, mais il partage un peu l'avis de Paul Valéry qui lui dit un jour, à propos de son protégé, mais aussi d'autres convertis de même plumage : « La religion est fichue, si les hommes de lettres se mettent dedans[2]. » Néanmoins, il ne décourage pas Cocteau, espérant qu'il s'assagira. Il lui fait confiance, en quoi il a tort : à cause de lui, il va se trouver une fois encore, et la dernière heureusement, entraîné par sa légèreté autant que sa bonté dans une affaire où sa réputation souffrira un peu.

*

Jean Desbordes, jeune écrivain protégé par Cocteau, vient de publier un livre, *J'adore*, objet, sitôt paru, d'une vive controverse. En 1920, Cocteau écrivait à l'abbé Mugnier : « Vous savez que je n'aime pas mettre un livre au monde sans le faire baptiser par vous[3]. » Il souhaiterait que l'abbé en fasse autant pour les livres de ses amis et leur donne aussi un certificat de bonne vie et mœurs, ce qui est fort risqué en ce qui concerne *J'adore.*

Un des premiers à l'avoir lu est Jacques Maritain qui en est révolté : « Je m'attendais à une extrême indécence, écrit-il à Cocteau. Je trouve bien autre chose encore : un intolérable mélange de religion et de délire sexuel [...]. Cette fois, c'est en Dieu même que vous m'atteignez. La peine est sans remède [...]. Vous ne me ferez pas croire que cette profanation des choses saintes faisait partie de la *matière* du livre. Par ce livre fait avec vous, préfacé par vous, lancé par vous, vous trahissez puérilement le Christ, comme un enfant égoïste commet un crime [...]. Vous ne vous êtes pas mis à l'école de

1. « Paperolles » de l'abbé Mugnier, avril-juin 1926.
2. « Paperolles » de l'abbé Mugnier, 8 mai 1926.
3. Lettre du 10 septembre 1920.

Dieu, vous avez voulu entraîner Dieu dans votre sillage [...]. Vous vous couvrez de ridicule en célébrant votre ami comme un Adam d'avant le mal en invitant la jeunesse à une nouvelle religion de l'amour[1]... » Outragé par cette mercuriale adressée à son protecteur, mais le visant personnellement, Jean Desbordes riposte en écrivant à Maritain : « Je suis sûr aujourd'hui que vous faites *mal*, parce que Dieu *m'a parlé en province*, m'a souri, m'a permis d'aimer dans son vrai royaume des arbres et des paysans[2]. » Il est de fait qu'il y a dans *J'adore* assez pour faire damner un saint et surtout effaroucher le pieux Maritain. Ne peut-on y lire, en effet, que « le dogme change. Dieu se porte serré, ensuite il se porte large, ensuite il se porte long, ensuite, il se porte tout court[3] ». Mais ce n'est pas le pire : on y trouve également certains détails d'une crudité et surtout d'un hétérodoxie choquantes : « Il s'agit de savoir, demande à Cocteau Maritain, si l'onanisme et l'amour pédérastique forment une châsse convenable pour les noms de Jésus, de la Vierge et des saints. Il faut avoir perdu la tête pour s'imaginer que je verrais cela sans indignation[4]. »

L'abbé Mugnier, qui voit de plus en plus mal, s'est contenté de feuilleter l'ouvrage, et a écrit à Cocteau une lettre enthousiaste, en le félicitant du talent de son disciple. Il connaît suffisamment la vanité des auteurs pour savoir que les compliments les plus exagérés suffisent à peine en l'occurrence et il a fait bonne mesure. Alors qu'une partie de la presse se déchaîne contre Jean Desbordes et l'impudente immoralité du livre, Cocteau, prenant fait et cause pour son protégé, descend dans l'arène et affronte ainsi *Les Nouvelles littéraires* qui ont lancé sur ce sujet une vaste enquête. Il crie au génie et proclame à qui veut l'entendre la *pureté* du jeune auteur : « D'une âme si belle, rien de mal ne peut sortir. » Sentant qu'il a besoin d'alliés, il cite, comme témoin à décharge, l'abbé Mugnier et sa lettre. A son tour, celui-ci doit

1. J. Cocteau, *Correspondance avec Jacques Maritain*. Lettre du 28 juin 1928.
2. J. Cocteau, *op. cit.* Lettre du 12 juillet 1928.
3. J. Desbordes, *J'adore*, p. 131.
4. J. Cocteau, *op. cit.* Lettre du 6 juillet 1928.

descendre dans l'arène et combattre, sinon pour le livre incriminé, du moins pour sauver sa réputation. A Maurice Martin du Gard, directeur des *Nouvelles littéraires*, il explique comment il s'est fourvoyé dans cette affaire :

— Ayant eu d'abord sous les yeux quelques passages de ce livre qui était plein de soleil, de fleurs et d'oiseaux, j'ai cru y surprendre un certain ton franciscain et c'est ce que j'ai dit à mon ami Cocteau. Mais après lecture complète de l'œuvre qu'il avait préfacée, j'ai senti que nous étions loin d'Assise et qu'un jugement rigoureux s'imposait. Je condamne donc sans hésiter tant de pages si gravement répréhensibles au point de vue de la foi et des mœurs. Et je souhaite de tout mon cœur que le jeune écrivain reconnaisse loyalement qu'il s'est trompé, qu'il brûle ce qu'il a adoré et qu'il nous prouve bientôt qu'il est capable de faire de son talent un emploi plus pur et meilleur[1]... »

Averti des embarras qu'il a ainsi causés à l'abbé, Cocteau devine que celui-ci sera obligé de céder à sa conscience ainsi qu'à la pression de l'opinion, écrivant à Maritain : « Mon pauvre cher abbé Mugnier a reçu la semonce des âmes nobles. Il se rétractera et cessera d'être noble sous l'œil de Dieu[2]. » Jugement sévère autant qu'injuste. Ayant été trompé ou plutôt s'étant trompé involontairement, l'abbé Mugnier ne peut que confesser son erreur et refuser d'apporter sa sanction à un livre aussi peu recommandable, en dépit du talent de son auteur.

Sa rétractation paraît donc dans *Les Nouvelles littéraires* du 11 août 1928, au grand soulagement de ses amis, mais la leçon a été rude, lui rappelant fâcheusement ses imprudences au temps de l'ex-Père Loyson. Il doit désormais se montrer plus prudent, ne pas se fier à de belles paroles et ne pas accorder trop de foi à ces conversions mondaines qui ne sont pour beaucoup qu'un jeu de société ou un moyen de parvenir. Il a déjà eu plusieurs expériences en ce domaine et commence à discerner que la véritable ambition de certains convertis est d'amener l'Eglise à légitimer leurs passions, admettre aussi leurs vices, bref de leur accorder, pour les récompenser de

1. M. Martin du Gard, *Les Mémorables*, tome II, p. 288.
2. J. Cocteau, *op. cit.* Lettre d'août 1928.

leur adhésion, non un pardon, mais une sorte de blanc-seing pour agir désormais à leur guise. Ces chrétiens d'un nouveau genre anticipent sur la sainteté à laquelle ils pensent accéder un jour, en se permettant bien des écarts qui apparaissent comme autant de chemins menant à leur salut. Ainsi beaucoup d'homosexuels des entours de Cocteau et de Maritain s'imaginent que, puisqu'ils sont devenus catholiques pratiquants, leur homosexualité, tel un hymne à Dieu, doit être triomphale et qu'il faut la crier aux carrefours comme une révélation divine. Ils sont un peu comme les premiers chrétiens sortant de la clandestinité pour proclamer leur foi. Max Jacob, autre converti de cette espèce, n'a pas craint d'écrire, à propos de *J'adore* : « Le génie est une intelligence directement divine... C'est de l'admirable Jean Desbordes que je parle. »

L'abbé Mugnier fait donc machine arrière et commence à regarder d'un autre œil tous ces convertis sémillants, bavards, agités qui bourdonnent autour de Cocteau et de Maritain. Lors de son entretien avec Maurice Martin du Gard pour expliquer son erreur et sa rétractation, il se laisse aller à dire ce qu'il pense au sujet de ces anges au trop joli plumage. Alors que beaucoup de gens ont cité ses mots, peu ont noté de lui une conversation suivie. Aussi est-il intéressant de citer, en dépit de sa longueur, ce monologue enregistré par la mémoire implacable du directeur des *Nouvelles littéraires* qui prépare en secret ses « dossiers » sur les plus éminents de ses contemporains.

— Ah ! Les petits malheureux, soupire-t-il, vous verrez qu'ils auront leur encyclique ! Cet excellent Maritain a été bien naïf. C'est Jésus-Christ, dites-vous, il lui ressemble physiquement ? Mais il en descend par Jules Favre ! Un philosophe n'est pas nécessairement un psychologue... Parce que, protestant, il s'était converti, et qu'il avait ensuite converti sa femme, une Juive, la fille d'un tailleur russe du boulevard Saint-Marcel..., oui... et il avait aussi converti sa belle-mère et sa belle-sœur, il a cru qu'avec Cocteau, ça irait tout seul...

Et faisant allusion à un autre converti, le Père Henrion, familier lui aussi des Maritain, il enchaîne :

— Au sortir de la table, à Meudon, chez les Maritain, comme cela ! Parce que Jean vient de dire qu'il aimait Dieu et qu'il allait lancer la mode du cœur : « Mettez-vous à genoux que je vous confesse ; dites-moi vos péchés, il ne faut plus fumer l'opium ! » Et voilà ! « Méfiez-vous, disait un jour Lacordaire, de la sublime magie du vice. » Mot admirable ! Il faudrait des confesseurs médecins. Dieu ! une drogue divine pour Cocteau. C'est intéressant, c'est flatteur, quand on arrive d'un peu loin, d'être bien reçu dans l'Eglise, mais le catholicisme, cela ne se passe pas seulement dans l'éther, il y a un support moral, les dogmes se continuent dans la morale traditionnelle. On ne peut pas accepter les dogmes, rêver d'avoir le Saint-Sacrement chez soi et vivre sa vie comme avant...

Comme Maurice Martin du Gard lui rappelle opportunément que son cher Chateaubriand est un peu responsable de ces déviations, ayant le premier mêlé la littérature et l'Eglise, l'abbé Mugnier observe que Bossuet, lui, ne les mêlait pas, Huysmans non plus, du moins au début, puis il revient à ses moutons, à ses moutons noirs :

— Et les nouvelles recrues de ce cher Jean, ce Maurice Sachs qui, de la tribu d'Israël, passa d'un seul coup au séminaire ! On l'autorisa même à prendre des vacances à Juan-les-Pins, une plage à la mode, où il se promène en maillot de bain, tenant un ami par la main, devant les Beaumont [1] et tous les Américains protestants snobs de la Côte qui trouvent cela très amusant. Malheur à celui par qui le scandale arrive ! Ce fut très vite un beau défroqué. Quelle imprudence ! Comme s'il ne suffisait pas à l'Eglise d'avoir déjà sur les bras les rebelles de l'Action française [2] !

*

Deux ans plus tard éclate un nouveau scandale, mais cette fois l'abbé Mugnier y échappe. Il était invité à dîner le 18 novembre 1930 chez le vicomte et la vicomtesse de Noailles pour assister ensuite à la projection, dans leur salle privée, d'un film important sur Cocteau, mais au moment de passer le film, on apprend qu'un incident technique est survenu qui fait remettre à plus tard cette projection. A la place, on passe

---

1. Le comte et la comtesse Etienne de Beaumont, fort répandus dans ce milieu qui, avec plus de goût, sera l'ancêtre de la *Café Society*.
2. M. Martin du Gard, *Les Mémorables*, tome II, p. 288-290.

un film qui lui paraît bien étrange : « Folles métamorphoses, des êtres, des mouvements, des créations imaginaires qui sortent les unes des autres, bondissant, tourbillonnant, que sais-je ? » note-t-il une fois rentré chez lui, ajoutant : « Je ne voyais pas très bien et je n'ai pas lieu de le regretter[1]. »

En fait, « le film important sur Cocteau », était *L'Age d'or*, commandé à Luis Buñuel et pour lequel le vicomte de Noailles avait déjà dépensé un million de francs. Ce film, qui agitait tout Paris, provoquant l'indignation des uns et l'aveugle admiration des autres, avait déjà été projeté en privé, puis le 22 octobre au cinéma Panthéon rive gauche, au grand scandale de la plupart des assistants. L'intention sacrilège était manifeste : sans parler d'évêques défenestrés, d'ostensoirs jetés à la rue, on y voyait un Christ emprunté aux *Cent Vingt Journées de Sodome*, sans doute afin de rappeler que la vicomtesse de Noailles comptait le marquis de Sade dans ses ancêtres. A la suite de cette projection, les Noailles avaient donné dans leur hôtel de la place des Etats-Unis une grande réception dont le scandale avait presque éclipsé celui du film. Un jeune surréaliste, André Thirion, avait insulté l'assistance et lancé la cristallerie du buffet contre les murs, brisant tout ce qui lui tombait sous la main. L'abbé Mugnier ne pouvait ignorer la chose et il était bien imprudent de sa part d'accepter cette invitation du 18 novembre, avec l'annonce d'un film après le dîner. On peut penser qu'à la dernière minute, un scrupule a saisi les maîtres de maison et qu'ils ont jugé de meilleur goût de remplacer *L'Age d'or*, par *Le Sang d'un poète*, effectivement consacré à Cocteau et commandé la même année par les Noailles, film qui d'ailleurs n'est pas exempt lui non plus de quelques scènes un peu choquantes. Ainsi que le lui dira quelques jours plus tard Lucien Daudet, cette projection n'a pas été supprimée à la dernière minute en raison d'un incident technique, mais par crainte d'un nouveau scandale : « Ma présence y a peut-être été pour quelque chose », note l'abbé.

Dans les semaines suivantes, il peut mesurer le danger auquel il a échappé, car l'affaire de *L'Age d'or* est loin de s'apaiser, bien au contraire. On en parle à l'Archevêché, on

1. A. Mugnier, Journal, 18 novembre 1930.

en discute au Jockey Club où certains souhaiteraient en voir exclure le vicomte de Noailles. Le 3 décembre, une manifestation de la Ligue des patriotes interrompt au Studio 28 la projection du film, quelque peu amendé pourtant. Le 10, la commission de Censure prononce enfin l'interdiction du film dont, le surlendemain, les copies sont saisies. *Le Figaro* mène campagne contre le film ; l'ambassade d'Italie proteste contre une série de scènes ayant Rome pour cadre et surtout contre l'image caricaturale donnée de ses souverains [1]. Bref, l'affaire emplit les colonnes des journaux et alimente toutes les conversations, surtout dans les salons aristocratiques où le nom de Noailles soulève un tollé, comme après le 4 août 1789, lorsque le vicomte de l'époque avait demandé l'abolition des privilèges. L'abbé Mugnier joue à la fois les informateurs et les arbitres, essayant de désarmer les foudres et de calmer les indignations. A ceux qui vitupèrent « le couple infernal », il lui cherche une excuse : « Ils ne savaient pas ce qu'ils faisaient... » Il va de déjeuner en dîner, expliquant, rassurant, prêchant l'indulgence et se félicitant *in petto* de n'avoir pas vu finalement ce film dont il s'est contenté de se faire expliquer les horreurs et les sacrilèges.

*

Les Noailles ne sont pas décidément de tout repos, ce que l'abbé peut vérifier dans ses rapports avec Anna de Noailles. Souffrant sans doute déjà du mal qui va l'emporter, mais ressentant aussi durement la désaffection du public à son égard, un public regardant désormais Paul Valéry comme le plus grand poète français, elle devient d'un commerce difficile. A un déjeuner à la Vallée-aux-Loups, en cette même année 1930, elle envahit tout de son verbe étourdissant, mais pour ne pas lâcher la parole et empêcher que quelqu'un la lui ravisse, elle dit n'importe quoi, parlant à tort et à travers de Chateaubriand, de Nietzsche et de Wagner de manière à per-

1. Pour « l'affaire » de *L'Age d'or*, consulter l'ouvrage de Laurence Benaïm, *Marie-Laure de Noailles, la vicomtesse du bizarre*, chap. VIII. A noter que, contrairement à une légende indestructible, le vicomte de Noailles ne fut pas exclu du Jockey Club et n'en démissionna pas non plus.

suader l'auditoire assourdi qu'elle les vaut bien. Et pour achever de le convaincre, elle reprend à son propre compte ce propos de Nietzsche : « Avec mes vertus, je marche au-dessus des hommes ; mais avec mes défauts, je marcherais encore au-dessus d'eux. » Du coup, l'abbé Mugnier sort enfin du silence auquel il se voyait condamné :

— Quel orgueil ! s'écrie-t-il.

— L'orgueil, lui réplique la poétesse, est la base des plus beaux sentiments : le courage, c'est de l'orgueil, et la pitié, c'est presque toujours une forme d'orgueil !

Comme l'abbé veut protester, elle le coupe d'un geste impérieux :

— Attendez, mon petit !

Les autres convives retiennent leur souffle, mais, raconte René Dumesnil, témoin de cette scène : « Elle dit "Mon petit" avec tant de gentillesse, tant de naturel, d'ingénuité qu'on fut à peine surpris de l'entendre appeler "Mon petit !" un prêtre octogénaire[1]. »

Après le déjeuner on se regroupe sur la pelouse afin que le docteur Le Savoureux puisse photographier ses invités. Anna de Noailles se glisse à côté de l'abbé qui a enlevé son chapeau :

— Non, non, remettez-le, lui ordonne-t-elle. Je vous aime mieux avec votre chapeau.

— Mais on ne verra pas vos traits ! dit le docteur Le Savoureux.

L'abbé veut alors se découvrir de nouveau, mais Mme de Noailles lui enfonce le chapeau sur l'arrière du crâne « avec le geste d'une nurse arrangeant le chapeau marin d'un enfant, ce qui fait rire tout le monde, y compris l'abbé », rapporte René Dumesnil. La comédie n'est pas finie pour autant, car soudain Mme de Noailles essaie d'attendrir la société sur son sort pitoyable :

— Je suis malade, j'ai toujours été malade... Depuis vingt ans je suis malade. Je devrais être dans mon lit : je ne me lève jamais avant six heures su soir. Et je vis dans un tout petit appartement. Que dis-je, un appartement ? Dans une

1. R. Dumesnil, *Le Rideau à l'italienne*, p. 93.

mansarde, une petite mansarde. Il me faut la solitude, le silence, et je vis toute seule...

A ce moment, on l'interrompt pour la prier de signer l'album des visiteurs. Elle cherche son stylo et s'aperçoit qu'elle a perdu son sac à main. Où peut-il être ? L'aurait-elle oublié ? Elle fait appeler son chauffeur qui lui dit qu'elle ne l'avait pas en partant.

— Que voulez-vous ? se lamente-t-elle en oubliant complètement la misère qu'elle avait décrite quelques minutes plus tôt. J'avais autour de moi, quand je suis partie, mes trois secrétaires, mon chauffeur, et cinq femmes de chambre, tout cela autour de ma petite personne que vous voyez là ! C'est bien certain que parmi tant de monde j'oublierais d'emporter une chose nécessaire [1]...

Elle ne vit que pour se donner en spectacle au monde et elle éprouve une cruelle déception lorsque, promue l'année suivante commandeur dans l'ordre de la Légion d'honneur, elle voit Bergson, chez qui était organisée la cérémonie, refuser l'entrée de son appartement aux photographes qu'elle avait convoqués.

Dans toutes épreuves imaginaires ou réelles qui l'accablent, elle a recours sans cesse à l'abbé Mugnier, factotum chargé par elle aussi bien de négocier avec Dieu qu'avec l'éditeur des *Cahiers* de Maurice Barrès, dont certains passages lui déplaisent. Il est, par elle, envoyé en mission auprès de parents ou d'amis récalcitrants, appelé à tout bout de champ, par des *petits bleus* implorants pour venir recueillir les plaintes de son cœur innombrable. Il faut admirer la patience angélique avec laquelle l'abbé sait écouter, s'entremettre, apaiser, redonner l'espoir de vivre à cette femme qui, ainsi qu'elle le proclame, meurt d'être elle-même. Il existe à cet égard une belle lettre, hélas non datée, dans laquelle Mme de Noailles exprime sa reconnaissance à l'abbé pour le soutien qu'il lui apporte : « Je ne sais quelle douceur, quelle allégresse sacrée vous accompagne ; ce n'est pas seulement la paix que vous apportez. Les cœurs braves ne pourraient pas l'accepter tout entière ; c'est surtout l'énergie, l'enthousiasme de l'âme, l'espérance, et, puisque vous aimez les Grecs, si je peux le

1. R. Dumesnil, *op. cit.*, p. 94-95.

dire, le vent clair et courageux qui soulève les Victoires antiques, qui ont des ailes comme les archanges. Ah ! Que je m'entends toujours bien avec vous[1]... »

Alors qu'elle va de plus en plus mal et ne quitte guère son lit, elle est toujours en guerre avec sa cousine Marthe Bibesco et ne désarme pas, prête à emporter au Ciel son ressentiment. Deux ans plus tôt, la princesse, embarrassée vraisemblablement pour la féliciter de son dernier ouvrage, *Exactitudes*, avait cru se tirer d'affaire en lui adressant un télégramme au lieu d'une longue lettre énumérant, comme le faisait Proust, toutes les raisons de regarder ce livre comme un chef-d'œuvre inégalable. Furieuse, Anna de Noailles avait aussitôt fait suivre à l'abbé le télégramme, accompagné d'une lettre véhémente : « Et d'abord, cher monsieur l'abbé, veuillez, je vous en prie, lui rendre de ma part ce pauvre chiffon de papier ; je ne l'admets pas : un écrivain dont le talent s'exerce avec une étincelante virtuosité quand il y a peu à dire, ne se permet pas ce modèle de concision disgracié envers ce qu'il faut bien appeler sa supérieure. Lorsque Marthe m'adresse un de ses volumes, je réponds avec prodigalité ; je fais de mon mieux. Quand elle ne m'adresse pas son ouvrage, je m'informe d'une inadvertance possible de la poste afin de maintenir la courtoisie si nécessaire quand on ignore le vrai visage d'un être [...]. Marthe, quand elle m'aperçoit chez François Le Grix[2] (il y a quinze jours) s'écrie avec extase : "Une flamme !"

« Quand elle est soucieuse de l'emploi que Proust a fait du nom de Bibesco dans les lettres qu'il m'a écrites, elle s'adresse à votre bonté et vous prie de venir en hâte me voir. Oh ! si un peu de désintéressement, de naturel, de vérité, habitait ce talent habile, séduisant, ses livres compteraient, alors qu'ils ne peuvent que plaire ! Trop de nationalisme français, exclusif, dur aux autres nations, *dur à l'Allemagne*. Pourquoi cette obstination, cette insistance chez elle ? "Vous êtes donc chauvine comme la princesse Bibesco ?" me disait avec reproche et naïvement un brave type de Locarno. J'ai pu

1. Lettre écrite vraisemblablement au début des années 1920. Fonds privé.
2. Directeur de la *Revue hebdomadaire.*

répondre, simplement, avec force : "Non, ce n'est pas la même chose."

« Voilà, cher monsieur l'abbé, le genre d'impairs, les maladresses du cœur, de l'esprit, que je lui ai connues depuis toujours, sur des points différents. Pourquoi m'écrire, au reçu d'une lettre de moi, louant son recueil *Les Quatre Portraits*[1], mais la priant de ne pas me l'adresser puisque je l'ai, et qu'elle ne me l'a pas adressé au début : "Je te l'envoie pour le plaisir de te l'envoyer !" puisque c'est un mensonge, seul volume reçu. Ah ! cher monsieur l'abbé, puisque Marthe sait ce qu'elle doit à votre tutélaire affection, puisqu'elle rend un juste hommage à votre parole et à votre immense appui, vous qui l'aimez, vous qui l'avez soutenue partout et toujours, usez auprès d'elle de votre voix, de votre poids de gloire, de cet *onus gloriae* qui vous vient d'en haut et de la noblesse de votre cœur, pour obtenir de cette personne qui vous est chère qu'elle apprenne à se connaître soi-même, à se juger, à ne pas irriter les nettes intelligences par des attitudes morales dont l'ingénuité n'est plus croyable[2]. »

En lisant de telles lettres, si révélatrices de l'incommensurable orgueil de leur auteur, orgueil qui ne le cède en rien à celui de Marthe Bibesco, l'abbé Mugnier doit penser, avec son bon sens un peu paysan que c'est bien l'hôpital qui se moque de la charité.

L'abbé multiplie ses visites au chevet de celle qui n'est plus qu'une mourante et commence à délirer, s'imaginant que son mari veut l'étrangler. Les médecins ne comprennent rien à son cas, mais elle est vraisemblablement atteinte d'une tumeur au cerveau. Lorsqu'il la voit le 15 avril 1933, pour la dernière fois, il ne lui propose pas de lui administrer les derniers sacrements, sachant qu'elle les refuserait. Combien de fois ne lui a-t-elle pas dit : « Venez, l'abbé, mais n'apportez pas votre trousse... » ? Ils se font des adieux poétiques. Elle le remercie de son amitié ; lui la remercie du bien que lui avaient fait ses beaux vers. Elle lui baise la main et lui, en retour, baise la sienne. Dans un passage de son Journal, mais écrit après la

1. En réalité, *Quatre Portraits*, publié en 1928.
2. Lettre du 7 avril 1930. Fonds privé.

mort de Mme de Noailles, l'abbé Mugnier déclare, en relatant cette dernière visite et en soulignant la phrase : « J'ai fait ce que je devais faire[1]. » Quatre ans plus tard, à Marie Noël, un autre poète de ses amis, il dira : « En me voyant, par trois fois, intelligiblement, avec une intensité croissante, elle prononça : "J'accepte, j'accepte, j'accepte", puis balbutia quelques mots brisés qui pouvaient être une confession. Comme prêtre et comme ami, je ne pouvais que prêter à ces mots leur sens le plus haut. Je levai la main sur elle et lui donnai l'absolution. Elle traça d'une main errante un lambeau de signe de croix. Puis elle reprit ma main, la baisa. Je baisai la sienne. Mais elle reprit ses deux mains et les joignit dans une attitude de prière[2]... »

Elle mourra quinze jours plus tard, le 30 avril, et sera enterrée le 5 mai, jour anniversaire de la mort de Napoléon, ce qui lui aurait fait plaisir si elle avait pu le prévoir.

A tous ceux qui l'assaillent de questions pour savoir si Anna de Noailles a fait ou non une fin chrétienne, l'abbé Mugnier se contente d'une version abrégée :

— Les choses qu'elles me disait étaient si belles ! Que voulez-vous ? j'ai *risqué* l'absolution[3]...

Mot recueilli par la comtesse Murat qui, de sa voix de poissarde, le corne aux oreilles du Tout-Paris.

*

Cette Société Chateaubriand où il retrouvait parfois Mme de Noailles venait d'être constituée. Ainsi que le rappellera la comtesse de Pange dans ses souvenirs : « L'œuvre de Chateaubriand n'était pas encore très étudiée et Sibylle de Durfort elle-même la connaissait peu. On considérait dans sa famille que c'était un grand-oncle qui avait mal tourné et les *Mémoires d'outre-tombe*, seul livre encore lu, ne passaient pas pour un chef-d'œuvre. C'était, disait-on, l'indiscret testament d'un orgueilleux[4]. » En 1923, il s'était rendu à la Vallée-

---

1. A. Mugnier, Journal, 10 mai 1933.
2. C. Mignot-Ogliastri, *Anna de Noailles*, p.384, mais le passage est emprunté au livre de Raymond Escholier, *Marie Noël*, p. 305-308.
3. Princesse Bibesco, *La Vie d'une amitié*, tome I, p. 88.
4. Comtesse de Pange, *Comment j'ai vu 1900*, tome III, p. 158.

aux-Loups avec la comtesse de Fels pour savoir ce que comptait en faire le nouveau propriétaire, le docteur Le Savoureux. Afin de mieux persuader celui-ci d'y conserver le souvenir de Chateaubriand, quelques admirateurs du vicomte avaient décidé de fonder une société dont le but aurait été non seulement d'entretenir le culte du grand homme, mais de l'alimenter en faisant mieux connaître son œuvre et sa vie. Alors que l'association devait s'appeler Société des amis de Chateaubriand, l'abbé Mugnier, avait fait observer, lors d'une des séances constitutives, que « la personnalité du maître rend[ait] inconvenante toute idée de familiarité et que nul ne [pouvait] se dire *ami de Chateaubriand* ». En quoi il avait raison et l'on s'était rangé à son avis en adoptant la simple dénomination de Société Chateaubriand. La suite avait été moins facile à réaliser qu'on aurait pu le croire en raison de rivalités, de jalousies et d'exclusives, que souvent l'abbé Mugnier, avait dû arbitrer.

Ainsi, à la fin de l'année 1929, il tâte le terrain auprès de la comtesse de Durfort qui, elle aussi, a ses opinions, voire ses préjugés, dont il faut tenir compte : « [...] la Société Chateaubriand se forme, ou plutôt s'ébauche. M. Le Savoureux vous enverra la liste des sociétaires et des adhérents. Le nombre des sociétaires est limité. Trouvez-vous bien que la princesse Bibesco fasse partie du comité, avec Mme Pailleron, Mme Durry ? C'est elle qui le demande. Mlle Vacaresco n'a pas donné signe de vie, mais on sera très heureux de la voir... à condition que les contacts ne seront pas trop rapprochés. Il faut d'ailleurs, je le crois du moins, quand on fonde une œuvre, non pour soi, mais pour de grands noms du passé, faire abstraction des sympathies et antipathies. Je vous ai dit que M. Guy La Chambre m'avait parlé de Combourg, c'est-à-dire de vous, en termes exquis. Faisons-lui crédit. Il se convertira aux idées saines, si on lui permet de garder un pied dans la bonne société [1]. » Lors des discussions qui ont précédé la constitution de la Société, l'abbé a dû se montrer plus libéral encore et c'est ce qui lui vaudra quelques années plus tard de féroces attaques d'un des membres du comité.

La candidature de la princesse Bibesco soulève une certaine opposition à en juger par cette lettre de l'abbé à la comtesse

1. Lettre de Noël 1929. Archives de Combourg.

de Durfort : « Le docteur Le Savoureux avait bien prononcé une ou plusieurs fois le nom de la princesse Bibesco en exprimant le désir de la voir faire partie d'un comité (qui n'est pas nécessairement composé d'amis) parce que son renom d'écrivain en France et à l'étranger pourrait nous rendre quelques services. Je sais bien que quelqu'un avait dit à notre première réunion : "A Combourg, on la déteste." A quoi j'avais répondu : "Non ! Mme la comtesse de Durfort ne la déteste pas. On peut avoir plus ou moins de sympathie, d'attirance pour quelqu'un sans pour cela le détester." J'ignorais alors totalement que vous lui aviez fait tant d'avances infructueuses. Devenue très timide de par les événements (et cela donne l'apparence d'être distante), elle n'avait pas osé franchir le seuil du château de Combourg malgré les bonnes paroles que vous aviez dites aux Tharaud. Cela lui coûtait, étant donné sa grande admiration pour Chateaubriand. Je l'en avais vivement blâmée, après vous avoir entendu dire à Combourg que vous l'auriez bien reçue. Elle commençait à se rassurer, et je l'avais convaincue que vous n'aviez aucun mauvais sentiment pour elle. L'entrée dans le comité en eût été une preuve nouvelle et décisive. Elle n'avait jamais songé à écarter Mlle Vacaresco, qui a fait une très belle conférence sur Chateaubriand, ni Mme Sand-Lauth, qui rallie tous les suffrages. Mais combien elle se réjouissait (je la connais assez pour le dire) à la pensée de travailler modestement avec nous sous la haute présidence de la nièce de Chateaubriand. Elle saura, s'il le faut, se priver de cette joie, car elle ne tient pas à être, à l'occasion d'un grand écrivain dont elle a le culte, un sujet de discorde et je ne doute pas qu'elle ne prenne d'elle-même la résolution qui simplifiera tout. Dans tous les cas, aucun membre du comité ne songera à vous faire de la peine et tout le monde s'inclinera devant votre décision[1]. »

Admirateur passionné de Chateaubriand, au point d'aborder les inconnus en leur demandant aussitôt s'ils aiment eux aussi son héros, l'abbé Mugnier est trop intelligent pour ignorer les défauts de son grand homme et les avoue en privé, ou dans son Journal, moins élogieux à cet égard que ses propos. Pendant toute son existence, il a interrogé ceux qui avaient connu

1. Lettre non datée. Archives de Combourg.

Chateaubriand, ou les descendants de ceux-ci, gardiens de la tradition orale et il a recueilli ainsi dans ses « paperolles » nombre d'anecdotes, certaines assez savoureuses comme celles-ci : lorsque Chateaubriand avait fait une fugue avec Mme de Castellane, Louis XVIII, remarquant son absence au Conseil, avait dit :

— Je crois que M. de Chateaubriand fait une retraite, non de pénitence, mais de péché.

Une autre fois, l'écrivain étant allé voir le roi, il avait dit à une duchesse, en sortant de l'audience :

— Le roi m'a traité en père...

— Est-ce qu'il vous a fouetté ? demanda la dame.

L'abbé convenait volontiers que chez tout autre écrivain, le côté pompeux de son grand homme lui aurait été insupportable. Il partageait un peu l'avis du marquis de Lubersac qui, à propos des lettres de Chateaubriand à Mme de Duras lui avait dit après en avoir lu devant lui certains passages : « Si on lisait cela chez un autre on n'y ferait pas attention[1]. » Il a mesuré son orgueil, et surtout sa vanité, son besoin d'être perpétuellement en scène et d'occuper le monde entier de sa personne ; il n'ignore en rien ses lacunes, certaines de ses naïvetés, lorsqu'il écrit par exemple que l'Eglise a condamné l'inceste afin d'éviter la concentration des grandes fortunes sur une seule tête, mais il a conservé le souvenir des enchantements de sa jeunesse et de l'illumination que fut pour lui la découverte des *Mémoires d'outre-tombe* : « [...] je resterai jusqu'au bout admirateur de René et je bénirai Dieu d'avoir eu une mère qui m'a légué les trois volumes qu'elle tenait de sa main. Personne n'a mieux compris l'histoire de son temps, jugé Napoléon, les derniers rois[2]. »

Un soir qu'il dînait chez Mme Alphonse Daudet, il avait dû entendre un réquisitoire de Jules Lemaître contre son héros, sans protester, mais lorsqu'un des convives lui avait demandé ce qu'il en pensait, il s'était contenté de répondre, en montrant Lemaître :

— Que peut ce rat contre cette porte de bronze ?

1. A. Mugnier, Journal, 24 janvier 1912.
2. Princesse Bibesco, *La Vie d'une amitié*, tome III, p. 529.

Il sait que les travaux de la Société Chateaubriand, tout en permettant de mieux connaître l'Enchanteur, ainsi qu'il l'appelle, auront peut-être, en révélant certains faits que le noble vicomte avait dissimulés, un effet nuisible. A l'une des réunions de la Société, le docteur Le Savoureux lui avait glissé dans le creux de l'oreille :

— Si Chateaubriand revenait parmi nous, ne croyez-vous pas qu'il empêcherait énergiquement que nous fassions connaître à nos réunions tout ce qui ravit nos sociétaires : révélations sur ses amours, sur sa famille, ses déboires politiques, ses humiliations pécuniaires ? Son retour sonnerait le glas de notre société !

Et l'abbé d'approuver :

— En effet, mon cher président, on parle toujours des bienfaits de la « présence réelle », mais, croyez moi l'« absence réelle » a aussi quelquefois du bon[1]...

Son admiration pour Chateaubriand, le zèle qu'il déploie pour le faire mieux connaître et, si possible aimer, l'a rendu aussi célèbre que son esprit dont la société colporte les mots, les enjolivant parfois ou lui en prêtant qu'il n'a pas prononcés. Il y a aussi des mots difficiles à goûter sans une certaine culture et c'est à l'une de ces reparties de l'abbé que Gide fait allusion dans son *Journal*, précisément à cette époque : « Cela me fait penser à une saillie de l'abbé Mugnier, exquise à mon sens, mais qu'il faut une certaine finesse d'esprit, je crois, pour entendre. Cela se passe à je ne sais quel dîner mondain.

— Pouvez-vous me dire, je vous en prie : qu'est-ce qu'on vient de nous servir ?

— Mais c'est un rôti de bœuf, cher abbé.

— Ah ! Dieu soit loué, je craignais que ce ne fût du chateaubriand[2].

En 1930, la Société Chateaubriand est enfin formée avec le docteur Le Savoureux comme président et l'historien Emmanuel Beau de Loménie comme secrétaire général. La comtesse

1. L. Deffoux, « Le Chanoine Mugnier, aumônier des Lettres », in *France, revue de l'Etat nouveau*, mai 1944.
2. A. Gide, *Journal*, p. 1135.

de Durfort préside le Comité d'honneur. Si l'abbé Mugnier a refusé tout poste honorifique, ne siégeant ni au Comité d'honneur, ni au Comité directeur, il n'en est pas moins un des personnages influents de la Société, car c'est lui qui parraine un certains nombre de sociétaires importants tels Maurice Bedel, Mme Aurore Lauth-Sand, André Maurois, Paul Morand, la comtesse de Pange, l'historien Louis Battifol, le duc de La Force, etc.

*

Depuis la fondation de la Société Chateaubriand, il se sent un peu chez lui à la Vallée-aux-Loups qui devient pour lui une maison de campagne aux portes de Paris. Il s'y rend fréquemment pour assister aux déjeuners que donne le docteur Le Savoureux avant d'y faire plus tard de longs séjours d'été ou d'automne. A la Vallée-aux-Loups, plus de que dans les salons parisiens, il peut donner sa mesure, ayant autour de lui des écrivains, des gens d'esprit, milieu que secrètement, il préfère au faubourg Saint-Germain.

C'est là qu'il est amené à rencontrer – et à fréquenter – Paul Léautaud, si misanthrope et grincheux. Malgré sa vue de plus en plus défaillante, l'abbé Mugnier a encore un coup d'œil assez juste pour jauger ce misanthrope : « C'est un homme qui, avec ses lunettes, sa figure maigre, sombre, mal rasée, sa voix et ses gestes de cabotin, ressemble ou à un prêtre défroqué ou à un homme de théâtre dans la débine. En réalité, un timide, un nerveux, un malheureux[1]. » Entre les deux hommes, qui tous deux tiennent un Journal, l'entente à été immédiate en dépit de leurs profondes différences de tempérament. C'est curieusement Paul Léautaud qui avait redouté cette première entrevue, craignant d'être gêné en présence du prêtre et le docteur Le Savoureux l'avait rassuré :

— Mais non, c'est lui qui sera gêné devant vous.

— Dame ! avait répliqué Léautaud, la vertu est toujours gênée devant le vice[2].

Quant à l'abbé, ignorant délibérément les amours sordides

1. A. Mugnier, Journal, 7 août 1930.
2. P. Léautaud, *Journal littéraire*, tome II, p. 497.

de Léautaud avec celle qu'il a surnommée « Le Fléau », il ne voit en lui qu'un ami des bêtes, et se déclare assuré de son salut : « Il sera sauvé, il sera sauvé. Il peut écrire et dire tout ce qu'il voudra, il sera sauvé. Au jour du Jugement dernier, il y aura tellement de chiens et de chats qui parleront pour lui qu'on lui ouvrira[1]. » Racontant plus tard cette première rencontre à Maurice Martin du Gard, le docteur Le Savoureux dira malicieusement : « Ils se sont fort bien entendus, et pour commencer sur l'inhumanité des prêtres à l'égard des bêtes. »

Chaque fois qu'ils se retrouvent, l'abbé, poliment, demande à Léautaud des nouvelles de ses pensionnaires : « Et comment vont les bêtes ? » A quoi Léautaud lui répond un jour :

— Hé, monsieur l'abbé, vous avez les vôtres !

« Il prend un visage de résignation plaisante, qui signifie presque : hélas ! », note Léautaud, mais celui-ci n'est pas dupe et sait que l'abbé se trouverait bien seul, bien malheureux sans ces dîners mondains dont il a fait son pain quotidien : « C'est mon repos, ces dîners, dit-il un jour. Je ne l'ai pas volé, il faut bien que je m'amuse un peu. »

Léautaud note également que l'abbé, même à la Vallée-aux-Loups, est invité à titre de curiosité, pour donner du piquant à ces agapes littéraires, pour conter ses souvenirs, pour servir de faire-valoir aux uns, de repoussoir aux autres. Ainsi le docteur Le Savoureux l'a-t-il un jour invité à déjeuner avec Céline. On s'attendait à quelque incident, ou du moins à une controverse entre eux. L'attente fut déçue. L'abbé apprivoise aussitôt l'auteur du *Voyage au bout de la nuit.* « Céline fut tout de suite simple, gentil, bon enfant avec moi », écrit le soir l'abbé, ajoutant néanmoins qu'il n'épargna pas ses oreilles de prêtre en faisant défiler dans la conversation tout un chapelet de mots ou d'expressions d'une parfaite obscénité. Le plus piquant de la chose est que le soir, en rentrant rue Méchain, l'abbé trouve à sa porte, attendant son retour, la reine Amélie du Portugal : « Ce sont vraiment les extrémités des choses humaines, le docteur Destouches, la reine Amélie de Portugal[2] ! »

Comme on peut s'y attendre, l'abbé préfère de beaucoup

1. P. Léautaud, *op. cit.*, tome II, p. 314.
2. A. Mugnier, Journal, 18 janvier 1933.

un écrivain sincère et brutal, parfois ordurier, comme Céline, à ceux qui ont mis la religion en littérature et tiennent boutiques de livres édifiants sur les marches du temple. André Gide est peu fait pour lui plaire et leurs deux tempéraments sont trop différents pour qu'une réelle sympathie naisse entre les deux hommes. Au début de l'année 1919, il notait dans ses « paperolles » : « Gide, avec son ton de voix tranchant, a je ne sais quoi d'un pasteur dogmatique, nerveux, ne tient pas en place. Je suis le premier prêtre à qui il ait parlé. Il a eu autrefois une grande ferveur. Après *La Porte étroite*, Claudel lui écrivait : "On voit bien que le livre est protestant. On y trouve la gratuité du bien. Or, les catholiques travaillent pour la récompense. Ils font un marché avec Dieu." »

De même qu'il appréciait peu Bourget, dont Forain disait que la plume semblait arrachée à un plumeau, il aime encore moins Henry Bordeaux, défenseur officiel de l'Eglise et de la famille, mais dont les manières cléricales l'agacent. Un jour qu'il déjeune avec Paul Valéry, l'historien Ferrero et l'auteur des *Roquevillard*, il s'étonne que celui-ci fasse un grand signe de croix avant de se mettre à table et n'y voit qu'un geste hypocrite. A l'égard de Bordeaux, il partage entièrement l'avis de son vieil ami Ferdinand Bac qui, lui aussi, n'aime pas le romancier. A un autre déjeuner à la Vallée-aux-Loups, Benda citera d'Henry Bordeaux des traits de vanité particulièrement piquants et l'abbé conclura :

— C'est un Bordeaux qui se boit lui-même [1] !

Il se méfie aussi de Mauriac, et la méfiance est réciproque. « Il est d'un catholicisme qui n'est pas le mien, notait-il déjà en 1923, car, si j'ai bien compris Blanche, Mauriac ne m'approuve pas. » Il a décelé chez Mauriac une « odeur de péché que n'arrive pas à dissiper la senteur des foins. Péché de chair sans doute, mais plus encore de gains malpropres [2] ». Il y a, chez Mauriac, et c'est ce qui ne lui plaît pas, de la complaisance dans la description du péché, un regret douloureux, amer, de ne pouvoir, par défaut de tempérament peut-être et

1. P. Léautaud, *Journal littéraire*, tome II, p. 1300.
2. A. Mugnier, Journal, 31 janvier 1936.

par respect humain aussi, s'y vautrer soi-même », ce qu'il résume en une formule ; « Son talent vient de ce qu'il a réfréné ses appétits. » Il est choqué par cette sensualité latente, inassouvie, ce besoin de se venger d'une vertu qui lui est utile au point de vue de sa carrière, mais insupportable, ajoutant foi à ce mot de Cocteau[1] qui prétend que Mauriac se serait converti pour échapper à l'Index dont il se sentait menacé. Il a repris à son compte un mot de Mme de Noailles disant de Mauriac : « Il tripote l'azur avec des mains de charbonnier » et dans ses « paperolles » il cite un aveu de l'écrivain : « La religion catholique me gêne et ne me console pas... »

A Maurice Martin du Gard, venu l'interroger pour *Les Nouvelles littéraires*, il avait dit un jour :

— Et notre Mauriac ! L'Eglise n'est pas seulement une mère, elle est femme, je veux dire qu'elle est aidée par la femme, par l'épouse. Heureusement qu'il est marié ! Il nous en veut de son adolescence flétrie dans les collèges... Sa bile est sacrée, son eau bénite terriblement amère. Il me fait penser aux derniers vers de Vigny :

A rêver, appuyée aux branches incertaines,
Pleurant comme Diane
Ton amour taciturne et toujours menacé.

Mais ce n'est pas toujours au bord de la fontaine qu'il rêve[2]...

En 1935, devenu complètement aveugle et se faisant lire *La Fin de la nuit*, du même Mauriac, il griffonnera dans son Journal : « Il excelle dans les monologues, ce monde de suppositions, d'hypothèses qu'on fait dans certaines circonstances. Et comme il est à l'aise quand il s'agit de rendre la tentation méchante, de raconter les conversations enfiellées. A certains moments, l'être qu'on croirait le meilleur fait sortir de sa bouche, de son cœur, des serpents entrelacés, des poisons mêlés, tous les bocaux, tous les flacons subitement et diaboliquement vidés. En veux-tu, en voilà ! On croirait que l'humanité a besoin de se purger de la sorte, au mépris de

1. Mauriac a été amputé de l'index.
2. M. Martin du Gard, *Les Mémorables*, p. 288-290.

l'amitié, du respect, de la tendresse, de tout ce qu'on doit à Dieu et aux hommes. Le génie de Mauriac est à l'aise dans cet ordre des choses. Voilà la "délivrance", non pas au sens goethéen, mais comme un démon pourrait la pratiquer. C'est cet homme que l'Evangile nous montre, qui se roule par terre, en proie aux puissances du Mal. Ce sont ces hommes transformés en pourceaux, tout ce troupeau qui se jette dans le lac. Adieu ! Adieu ! ne reparaissez plus [1]. »

Des *Anges noirs*, qu'il s'était fait lire, il écrira dans son Journal, « Ce livre pourra-t-il faire du bien ? je voudrais n'en pas douter. Toutefois l'onction, s'il y en a, est mêlée d'âcreté et l'on n'éprouve pas un seul instant de bienheureuse détente. On n'est pas sûr d'être sauvé, me dira l'auteur ; la vie du chrétien sera donc une poignante énigme, un perpétuel point d'interrogation ? je crois que ce défaut de détente n'est pas chrétien [2]. »

Moins chrétien encore est Claudel à ses yeux, Claudel appartenant à la race des convertis pleins de zèle et proclamant que s'il était Dieu, il rajouterait des fagots à l'Enfer. Rien n'est plus éloigné du tempérament de l'abbé, pacifique et indulgent, que celui de Claudel, qui s'est fait du catholicisme une espèce de château fort dont il est le seigneur, lançant des croisades contre les hérétiques, c'est-à-dire ceux qui ne pensent pas comme lui, fulminant des bulles et jetant des anathèmes. En règle générale, l'abbé a peu de sympathie envers les convertis dont les outrances l'agacent et lui paraissent bien peu chrétiennes. Ce n'est pas le Christ des Evangiles qui les inspire, mais Jéhovah, le dieu vengeur de l'Ancien Testament. A propos des conversions de Péguy, de Francis Jammes et de Claudel, il écrivait déjà en 1914, que tout cela ne lui paraissait pas sérieux et il déplore aujourd'hui l'apparition d'un nouveau catholicisme avec des convertis de fraîche date qui, à l'instar jadis de Bloy, entendent donner de la religion une interprétation personnelle et en tirent le maximum au point de vue réputation, argent, vie mondaine... Quant aux abbés démocrates, qui n'ont que le mot « peuple » à la

1. A. Mugnier, Journal, 2 février 1935.
2. A. Mugnier, Journal, 1er février 1936.

bouche, il a remarqué aussi que ce sont eux, épris de justice sociale et de fraternité, qui montrent le moins de cet esprit de charité dont ils se prévalent et font preuve à l'égard des *Gentils* de ce sectarisme qu'ils dénoncent. Leur amour des humbles, moins discret que le sien, est teinté chez eux de l'orgueil des conducteurs de peuples. Déjà, en 1916, il notait dans son Journal : « [l'abbé] Bremond me parlait des convertis, comme Péguy, et qui veulent nous apprendre ce qu'est l'Eglise... », et deux ans plus tard il citait à l'appui de ce jugement celui d'Apollinaire dénonçant le pharisaïsme de Claudel et Francis Jammes ayant l'air de dire : « Voyez ! Nous sommes les vrais catholiques[1] ! » Il a toujours fait des réserves sur le catholicisme de Péguy, dont les enfants ne sont pas baptisés, comme sur son esprit de charité, lui qui confiait à Julien Benda :

— Romain Rolland aime le peuple parce qu'il n'en est pas ; moi j'en suis, et je ne l'aime pas[2].

L'abbé Bremond vient justement de mourir, créant un grand vide pour l'abbé qui voisinait avec lui rue Méchain et s'entretenait souvent avec lui des problèmes de l'Eglise. En 1917, l'abbé Mugnier notait dans ses « paperolles » : « Si l'abbé Bremond recommençait sa vie en lui donnant une forme religieuse, c'est vers l'anglicanisme qu'il se tournerait[3]. » Alors qu'il écrivait l'*Histoire du sentiment religieux en France*, l'abbé Bremond ne pouvait qu'en déplorer la disparition, rejoint sur ce point par l'abbé Mugnier. Il va falloir le remplacer à l'Académie française et l'abbé use aussitôt de ses relations pour qu'il soit bien traité par son successeur lorsque celui-ci prononcera son éloge : « Depuis ma dernière lettre, écrit-il au frère de l'abbé Bremond, j'ai revu M. Chaumeix qui très probablement remplacera Henri de Régnier dans la réponse qu'il devait faire au discours de M. Bellessort. Je lui ai dit et répété qu'il ne fallait pas traiter légèrement le théologien qu'était Henri Bremond. J'ai bien insisté pour qu'on ne le livre pas aux *bêtes*, c'est-à-dire à ses ennemis qui

1. Paperolles, 1918.
2. Paperolles, 1928.
3. Paperolles, 1928.

n'attendaient qu'une occasion pour le dévorer. L'Académie le défendra parce qu'elle l'honorait, croyait en lui [1]. »

*

Dans les premiers jours de l'année 1935, l'abbé Mugnier éprouve un désagrément qui va l'affecter, malgré les soins de ses amis pour étouffer l'affaire. A quel propos, et quand s'est-il fait un ennemi de l'historien Emmanuel Beau de Loménie ? On ne sait et l'on peut supposer qu'un différend les aurait opposés lors de la création de la Société Chateaubriand dont tous deux sont membres. Dès 1931, Beau de Loménie qui en était le secrétaire général, avait critiqué l'action de la Société, sa gestion, sans doute aussi certains choix, et s'était mis à dos le Comité directeur qui, pour protester contre ses critiques, avait démissionné en bloc. Du coup Beau de Loménie avait démissionné de son poste et depuis l'on n'entendait plus parler de lui, mais il méditait sa vengeance.

Dans un petit roman, *L'Inauguration*, il attaque avec acrimonie la Société Chateaubriand, et fait un portrait si chargé de l'abbé Mugnier, mal déguisé en abbé Bornier, que l'on peut légitimement penser qu'il règle ainsi un compte avec lui. Comme Basile dans le grand air de la Calomnie, du *Barbier de Séville*, il attaque *piano*, par une évocation conforme à l'idée que tout le monde a de l'abbé : « Si distingué, si charmant, si fin, qui est célèbre pour avoir travaillé jadis à la conversion de Villiers de l'Isle-Adam [2], qui est l'ami de Mme de Noailles, de Paul Valéry, d'une foule d'hommes de lettres de valeur et qui, malgré son grand âge, a encore aujourd'hui tant d'esprit qu'on se l'arrache dans tous les salons, tout en restant d'ailleurs simple, pauvre et détaché de tout, comme un véritable saint [3]. »

Cette évocation lénifiante offre ainsi un plus violent contraste avec le portrait qu'en fait l'auteur lorsqu'il met son héros, un jeune bibliothécaire, en face de l'abbé : « Un vieux petit ecclésiastique, grêle avec des yeux rouges papillotant

1. Lettre du 15 août 1935. Archives de l'Archevêché.
2. En réalité Huysmans, mais aucun lecteur ne sera dupe de ce déguisement.
3. E. Beau de Loménie, *L'Inauguration*, p. 47.

derrière de grosses lunettes, un front dégarni au sommet duquel se dressait une étrange houppe de cheveux mal peignés, et qui, vêtu d'une soutane déteinte où s'étalaient d'énormes reprises effilochées, pétrissait un chapeau graisseux dans des mains noirâtres dont l'épiderme, sous l'effet de quelque maladie, s'en allait en plaques râpeuses[1]... »

Quant au fameux esprit de conversation de l'abbé, il en fait rapidement justice en le montrant au milieu de ses admiratrices mondaines : « A vrai dire, ses compliments manquaient de variété et se réduisaient pour la plupart à quelques exclamations entremêlées d'un certain nombre de superlatifs énoncés d'une voix bredouillante. Mais il n'en fallait pas plus pour les satisfaire. Toutes, comme si elles découvraient des sous-entendus à la moindre de ses paroles, le félicitaient à qui mieux mieux de son esprit et de sa galanterie avec des petits rires chatouillés, en cherchant à provoquer de lui quelque nouvelle réplique à laquelle sa qualité sacerdotale suffisait à donner pour elles un piquant qui les ravissait[2]. »

Malignement Beau de Loménie ne se contente pas d'attaquer l'abbé Mugnier sur son aspect physique, évidemment assez délabré à quatre-vingts ans. Il attaque aussi en lui le prêtre et la façon dont il comprend son sacerdoce, ainsi que l'honnête homme en le montrant capable des compromissions auxquelles il trouve un avantage. Ainsi, Mme de Pombasle explique à ses invités :

— Savez-vous comme l'abbé nous aime ? Pour pouvoir prendre son train le 15 août et arriver un jour plus tôt, il a écourté la moitié de l'office de l'Assomption qu'il devait célébrer dans le couvent où il est aumônier !

Beau de Loménie le montre aussi lisant avec délectation son bréviaire alors qu'il s'agit en réalité des *Mémoires d'outre-tombe*, reliés en cuir noir et professant pour son grand homme un culte à demi païen, fondé sur les amours de Chateaubriand plutôt que sur son talent. Pour l'abbé, l'écrivain est surtout « un grand anarchiste, un merveilleux dilettante. La politique n'était pour lui, comme l'amour du reste, qu'une chasse voluptueuse aux émotions sans espoir ».

1. E. Beau de Loménie, *op. cit.*, p. 59.
2. E. Beau de Loménie, *op. cit.*, p. 90.

— C'est bien pour cela, poursuit l'abbé, qu'il nous séduit et nous émeut toujours. C'est bien pour cela que nous l'aimons[1]...

Lorsque l'abbé Bornier apprend que le jeune bibliothécaire a l'intention d'exhumer un poète oublié, Albert de Senneville et de lui consacrer un gros livre, il s'écrie, tout excité :

— Dites-moi, dans le livre que vous préparez, y aura-t-il de la tendresse, beaucoup de tendresse[2] ?

Mais là où Beau de Loménie se fait plus féroce encore est dans le rôle équivoque attribué à l'abbé Bornier lorsque est décidée la fondation d'une Société des amis d'Albert de Senneville. On songe à en offrir la présidence à l'abbé qui se récrie, alléguant son grand âge et son caractère sacerdotal, mais il donne une liste de noms et conseille de choisir comme président le docteur Ledoux, en qui les contemporains ont reconnu le maire de Saint-Malo. Or, ce docteur, qui a créé un petit musée consacré à Senneville, passe pour un esprit fort, un homme sans Dieu, un arriviste prêt à tout pour parvenir à la députation. Un honnête homme, Lanteigne, avait mis en garde le bibliothécaire contre un tel choix, l'avertissant que Ledoux, suspect de liens avec la maçonnerie, les roulerait tous et se servirait de l'association comme d'un tremplin. Lorsque le bibliothécaire, un peu ennuyé, rapporte ces propos à l'abbé, celui-ci les dément avec vivacité insistant pour que l'on choisisse Ledoux, seul capable, en montrant les images de son musée, d'intéresser les femmes du monde qui se moquent bien de Chateaubriand dont elles n'ont pas lu la moindre ligne :

— Vous ne connaissez pas comme moi nos mondaines, lui dit-il, vous n'imaginez pas à quel point elles sont ignorantes et incultes...

Et, bon apôtre, il dénonce en Lanteigne un homme à écarter en raison même de sentiments et d'opinions qui devraient le lui faire agréer :

— Voyez-vous, cher monsieur, ce Lanteigne, est un clérical, un homme de sacristie et de bonnes œuvres. Eh bien, croyez-moi, ces hommes-là sont terribles et en proie à des obsessions qui les rendent prêts à toutes les calomnies.

---

1. E. Beau de Loménie, *op. cit.*, p. 64.
2. E. Beau de Loménie, *op. cit.*, p. 63.

Et pour achever de vaincre les réticences du jeune homme, il a ce mot :

— Les gens intelligents sont ceux qui capitulent[1].

Bien entendu, c'est Ledoux qui est choisi et se sert de l'association pour arriver à ses fins. Beau de Loménie trace un tableau assez drôle, il faut l'avouer, de l'inauguration – ce qui donne au livre son titre – d'un monument à la mémoire de Senneville, occasion de faire venir un ministre et toute sorte de notabilités, de prononcer des discours plus ou moins adaptés à la circonstance et d'égratigner aussi quelques confrères des Lettres, aisément reconnaissables sous les pseudonymes dont il les affuble, comme l'historien Robert Burnand, le duc de La Force, et Lucien Descaves, « ce soi-disant indépendant farouche [qui est] en réalité un habile d'une très adroite prudence ».

Après avoir lu ce livre dans lequel il est si cruellement malmené, l'abbé Mugnier rend ce verdict sur l'auteur :

— Ni Beau, ni Loménie.

En effet, Emmanuel Beau de Loménie était le fils d'Henri Beau qui avait épousé la fille de l'académicien Louis de Loménie et avait été autorisé par décret du 28 avril 1923 à relever le nom de Loménie. Bien entendu ces Loménie n'avaient aucune parenté, proche ou lointaine, avec les grands Loménie de Brienne, auxquels appartenait le cardinal, ministre de Louis XVI.

A Ferdinand Lot, venu l'interviewer, l'abbé Mugnier oppose un front serein et fait des réponses dilatoires, évitant ce sujet désagréable :

— On ne se connaît pas bien... Les écrivains nous révèlent à nous-mêmes. Ils m'ont confessé. C'est très hardi de confesser les autres, toute sa vie durant. Il faut bien leur permettre de vous confesser à leur tour ! Quant à moi je leur donne toujours l'absolution[2]...

*

La Société Chateaubriand est donc pour l'abbé un second

1. E. Beau de Loménie, *op. cit.*, p. 146.
2. Interview publiée dans *Toute l'Edition*, 19 janvier 1935.

foyer et il assiste avec régularité aux déjeuners de la Vallée-aux-Loups dont il est avec Paul Léautaud un des commensaux les plus assidus. Leur amitié paraît étrange à bien des gens et un des lecteurs du *Mercure de France*, ayant vu dans un journal littéraire une photographie de l'abbé Mugnier et de Paul Léautaud, bras dessus, bras dessous, avait dit à l'auteur du *Petit Ami* :

— Comment ne vous entendriez-vous pas, l'abbé et vous ? Vous êtes aussi indulgent aux vices des hommes l'un et l'autre...

— C'est vrai, avait reconnu Léautaud, mais l'abbé a une indulgence faite de bonté, et moi une indulgence faite de mépris [1]...

L'abbé Mugnier se rend d'autant plus volontiers à la Vallée-aux-Loups et, l'été, dans d'autres résidences, qu'il avait pris sa retraite en 1934. Il venait d'avoir quatre-vingts ans révolus et n'y voyait pratiquement plus. Sa vue, qui avait toujours été son principal souci, avait baissé régulièrement depuis des années et il sait qu'il finira par la perdre entièrement. Au lendemain d'une première opération de la cataracte, en 1932, il confiait à Lucien Descaves :

— J'ai fini ma journée. Voilà pour moi le crépuscule. Je ne vois plus que par les oreilles, c'est beaucoup ; c'est assez pour donner du prix à ce que j'entends. Une vie à la fois auditive et de souvenirs commence pour moi. J'ai prêché la résignation aux autres ; je prends leur place, voilà tout [2].

A un vieil ami, connu à Rome en 1910, et qui le plaignait de cette infirmité, il répondit un jour :

— A vingt-cinq ans, si j'étais devenu aveugle, j'aurais été désespéré ; à cinquante, j'aurais grogné ; à soixante-dix-huit, je remercie Dieu de m'avoir permis de voir tant de belles choses [3].

Et regardant désormais le monde extérieur en sachant que bientôt il ne le verra plus, il déclare à un journaliste :

---

1. P. Léautaud, *Journal littéraire*, tome II, p. 1347. A noter que Léautaud déniait avoir tenu ce propos.
2. L. Descaves, *J.-K. Huysmans et l'abbé Mugnier*, p. 154.
3. J.-Ph. Heuzey-Goyau, « L'Ame apostolique de l'abbé Mugnier », article paru dans *Voix françaises*, Bordeaux, 15 avril 1944.

— Je me suis mis à la fenêtre, tous les passants me semblaient beaux...

Il subira une deuxième opération en 1936, suivie d'une troisième quelques mois plus tard, à la clinique de la rue Bizet, mais aucune de ces interventions, réalisées par le docteur Lavagne, ne l'empêchera de perdre presque entièrement la vue.

Son anniversaire avait été marqué non seulement par une cérémonie au couvent dont il cessait d'être aumônier, mais par toute une série d'articles dans la presse, à commencer par une belle interview du journaliste Gaëtan Sanvoisin. *Le Journal des Débats*, comme *Le Figaro*, *Candide* et L'*Echo de Paris*, *L'Ordre*, *Les Ecoutes*, *La Revue hebdomadaire*, avaient signalé l'événement par quelques articles. Bien entendu, la presse catholique, en dépit de ce que la hiérarchie pouvait penser de l'abbé, avaient apporté sa contribution, notamment *La Vie catholique*, avec un bel article, et *La Croix*.

Cette retraite arrivait malheureusement trop tard pour lui :

— Je m'en étais réjoui longtemps à l'avance, disait-il à journaliste venu l'interroger ; je me disais : un jour viendra où je pourrai goûter quelques loisirs, où je disposerai de mon temps, où je pourrai relire tous les livres que je préfère, où je pourrai me tenir au courant des livres nouveaux qui paraissent. J'allais en jouir avec l'indépendance que donne la sérénité de l'âge, avec le recul des années, dans la paix de ma retraite. Lire enfin tout ce que je n'avais pas encore lu ! Songez donc ! Eh bien ! savez-vous ce que Dieu a fait pour moi, le jour de mes quatre-vingts ans ? je suis aveugle, monsieur ! Voilà ce que Dieu a fait pour moi !

Et levant les bras au ciel, il ajoute :

— Quel artiste[1] !

Il ne peut plus lire et Mme Gimonet, une secrétaire que Mme de Castries lui a trouvée, lui fait la lecture et prend son courrier sous sa dictée. Ses amis s'en réjouissent, car son écriture était devenue pratiquement indéchiffrable. Avec un certain cynisme, Ferdinand Bac note en marge d'une lettre de l'abbé dictée par celui-ci à Mme Gimonet : « C'est une chose

1. Princesse Bibesco, *La Vie d'une amitié*, tome II, p. 5.

pénible à dire, mais depuis qu'il est aveugle je peux enfin lire et déguster ses belles lettres. Avant, je ne le pouvais pas. J'en ai des centaines[1]. Les ai-je lues comme il le fallait ? » Il se contente de signer les lettres qu'elle a rédigées, ou celles prises par une bonne âme, lorsqu'elle n'est pas là. S'il ne peut plus lire, il distingue encore les silhouettes, dans une sorte de brouillard. A un déjeuner avec Paul Léautaud, voulant être aimable, il lui dit :

— Je vous trouve rajeuni.

— Je vois, lui réplique avec à-propos celui-ci, que vous êtes bien complètement aveugle[2].

Comme il l'est devenu peu à peu, il a eu le temps de s'y habituer et d'apprendre à se diriger avec une certaine aisance, avançant « comme porté par les ondes » et, dans une réception, saluant presque tous les invités de leurs noms pour leur faire croire qu'il les avait reconnus :

— J'entends mes voix ! Je suis un Jean d'Arc ! affirme-t-il en souriant.

Il a néanmoins accepté de suivre un traitement, mais il n'en attend aucune amélioration : « Ici, écrit-il à la comtesse de Durfort, je suis le conseil de mon médecin et de mon oculiste en circulant davantage. Ils me pressent de reprendre ma vie d'avant ma catastrophe. Je leurs obéis ponctuellement. Tout à l'heure je déjeunais avec le bâtonnier Aubépin, hier j'étais chez Philomène[3], l'adorable Philomène, avec Mme Wharton, etc. Puis j'ai mangé aussi avec Ben Gabrit, chef de la mosquée, chez les Barante... Le dimanche est consacré aux malades, j'en ai cinq actuellement. Je crois vous avoir dit que j'ai administré Mme de Chevigné la veille de mon départ pour Ussé. Paris est tour à tour inquiet et calme. Si nous devons mourir, nous mourrons comme nos pères. Pourquoi leur serions-nous supérieurs ? Mais, à vrai dire, je ne crois pas à la mort sanglante. Maurras est mon voisin rue de la Santé et ce soir je dînerai chez les Descaves, à quelques pas de lui[4]. »

1. En fait un peu moins de deux cents à cette époque.
2. P. Léautaud, *Journal littéraire*, tome II, p. 1493.
3. Philomène de Lévis-Mirepoix, comtesse de La Forest-Divonne, qui écrivait sous le pseudonyme de Claude Silve.
4. Lettre du 7 novembre 1936. Archives de Combourg.

*

Depuis le 6 février 1934 et les événements sanglants de la place de la Concorde, on vit à Paris dans la crainte ou l'espoir, selon les opinions, d'un coup de barre à droite, ou à gauche, avec peut-être une révolution. Il est vrai que trente ans plus tôt, l'on vivait aussi dans l'appréhension d'un grand bouleversement social et l'abbé Frémont notait dans son Journal que son cher Arthur croyait à une révolution imminente. En pacifiste qu'il est, l'abbé Mugnier n'a jamais approuvé ni les imprécations de Léon Daudet, ni les prises de position de Maurras et n'a jamais caché que, tout en appréciant le talent de ces polémistes, il était loin de partager leurs vues, déplorant d'ailleurs leur conception d'une religion enrôlée au service de l'Etat. « On n'imagine pas la grossièreté de *L'Action française*, écrivait-il dans son Journal le 28 avril 1925. Léon Daudet traite tout le monde d'assassins, d'abrutis, de péteux, etc. Et les suppositions les plus graves ! Et ça se dit chrétien ! Jugements téméraires, calomnies, tout est bon pour soutenir des idées politiques et satisfaire les passions de même ordre... Je trouve que la France périt de ses divisions, périt de sa presse, périt de ses parlementaires, de ses bavards, périt de son orgueil, périt de ses jérémiades perpétuelles. » Les événements lui avaient donné raison, mais en chrétien véritable il ne pouvait accepter de basses manœuvres pour discréditer Maurras et s'était entremis pour empêcher un chantage à son égard.

Cela s'était passé en 1927. Le ministre Louis Barthou s'était procuré, par l'intermédiaire de la police, une série de lettres adressés à Maurras par une jeune femme et les avait envoyées à *La Vie catholique*, dont l'abbé Bremond était un des plus notables collaborateurs. Maurras avait aussitôt fait savoir que si *La Vie catholique* publiait ces lettres, il attaquerait non seulement le journal, mais l'abbé Bremond, en dépit des bonnes relations qu'il entretenait avec lui. L'abbé Mugnier, très lié avec l'abbé Bremond, son voisin rue Méchain, ne pouvait malheureusement intervenir rapidement, car l'abbé Bremond se trouvait en vacances dans les Pyrénées. Il avait alors décidé d'aller trouver Francisque Gay, un des dirigeants de *La Vie catholique.* Celui-ci, mis au courant de l'affaire, avait accepté de rencontrer Maurras chez l'abbé Mugnier dès le lendemain, 14 juillet, jour qui devait, pour une fois, être bénéfique au chef du parti royaliste.

Francisque Gay avait dit n'avoir rien reçu, ajoutant que si jamais il recevait ces lettres, il les jetterait au feu et il avait ainsi rassuré Maurras, qui, adouci, avait accepté de lui serrer la main « comme à un Français ». Maurras parti, Gay avait alors avoué à l'abbé qu'il avait bien ces lettres, mais n'avait pas voulu les utiliser [1]. Il s'était conduit en honnête homme et Maurras, reconnaissant à l'abbé Mugnier de son intervention l'en avait remercié quelques jours plus tard en lui envoyant sa plaquette sur Anatole France, avec cette dédicace : « A Monsieur l'abbé Mugnier, aumônier général de nos Lettres », formule heureusement trouvée qui devait désormais s'appliquer couramment à l'abbé.

*

Les prévisions de Maurras, une nouvelle fois emprisonné, se sont confirmées. Il n'avait cessé de dénoncer le péril allemand et celui-ci se précise à nouveau. Lorsqu'un plébiscite est organisé en 1935 dans la Sarre, occupée depuis 1919 par la France, une forte majorité se prononce en faveur du retour à l'Allemagne :

— Ce que je regrette, constate l'abbé Mugnier, c'est que nous soyons restés quinze ans dans la Sarre sans réussir à nous faire aimer.

— Et nous, monsieur l'abbé, lui répond lord Lloyd, nous sommes depuis cinq siècles en Irlande et on nous déteste [2].

Les événements de 1936 l'inquiètent et il n'augure rien de bon de l'arrivée au pouvoir de Léon Blum. Il l'avait rencontré jadis chez le comte Primoli et tous deux avaient parlé de George Sand. « Ah ! Il s'agit bien de *François le Champi*

1. Version confirmée par Mgr Baudrillart dans ses *Carnets*, 6 janvier 1928.
2. Princessse Bibesco, Journal, 26 janvier 1935.

ou de *La Petite Fadette*, écrit-il à Ferdinand Bac ; nous nous trouvons au bord de *La Mare au diable*, dedans peut-être [1]. »

Et pour profiter des derniers beaux jours, avant les sombres lendemains qu'il appréhende, il entreprend un dernier pèlerinage aux lieux qui lui sont chers, à ces lieux, comme il le dit, « où il a gémi de sa jeunesse » : Nohant, Combourg, Montgraham, Ussé, avant d'aller passer l'automne à Calaoutça, chez Mme de Castries d'où l'on entend le canon de la guerre civile espagnole.

A Combourg, où il se trouve un peu chez lui, il brille de ses derniers feux, amusant fort les invités de la comtesse de Durfort par ses reparties, que l'on guette et que l'on colporte ensuite à travers tout le pays. Gabriel-Louis Pringué s'en fait l'écho, rapportant qu'après un déjeuner auquel la châtelaine avait convié un brave curé de campagne, qui s'était efforcé de se mettre à l'unisson des autres invités, elle avait demandé à l'abbé ce qu'il pensait de lui :

— Il a donné, fut la réponse, le maximum de son minimum.

Sans doute est-ce alors qu'il a confessé un jeune paysan qui lui avait avoué qu'à chacune de ses visites en ville il passait un moment dans une de ces maisons hospitalières que Marthe Richard ferait fermer au lendemain de la guerre. Il était fiancé, ce que sachant l'abbé l'avait doucement réprimandé :

— Mais j'ai payé ! s'était écrié le jeune homme étonné de cette mercuriale.

Pour ces déplacements, il lui a fallu s'habituer à voyager seul parfois. Des amis l'accompagnent au train, l'installent dans un compartiment et le recommandent aux bons soins du contrôleur ou d'un voyageur obligeant. Son âge et sa soutane inspirent le respect. Il n'a rien à craindre, mais les voyages sont longs, puisqu'il n'a pas la ressource de la lecture. A quelqu'un lui demandant comment il passe ces longues heures, il répond :

— Je songe à ma jeunesse, j'évoque mes souvenirs...

Il en a suffisamment pour traverser le pays de bout en bout

1. Bibliothèque de l'Arsenal, Fonds F. Bac, MS 14.193.

sans éprouver d'ennui. Sans doute aussi doit-il somnoler ou même dormir. A l'arrivée, d'autres amis sont là pour l'accueillir et il retrouve instantanément sa verve, ayant toujours un « mot » drôle à propos d'un incident quelconque ou une anecdote qu'il vient de se rappeler. Il reste, en dépit des ans, d'une vitalité qui surprend ses intimes et d'une curiosité qui les amuse. Aveugle, il vit désormais par l'oreille, aux aguets des bruits qui rythment le déroulement de la journée. L'existence a toujours pour lui de l'attrait :

— Je voudrais vivre toujours... je n'en ai pas moins de quatre-vingt-cinq ans ! dit-il en 1938 à Marthe Bibesco. Je remercie Dieu matin et soir de m'avoir fait homme. C'est si amusant de vivre ! Mais oui ! Songez donc : entendre la persienne qui s'ouvre le matin, ouvrir la porte, la refermer, faire deux pas en avant ! Autant de gestes, de petites choses qui me plaisent... et je ne me sens pas fatigué de pardonner, ni de me faire pardonner !

Il ne peut, malgré tout, s'illusionner sur sa longévité, sachant que désormais ses jours sont comptés. En 1938, lorsqu'il se rend comme chaque année à Nogent-le-Rotrou, il a le pressentiment que c'est son dernier pèlerinage aux lieux de son adolescence. Après le traditionnel déjeuner à l'hôtel du Dauphin, ils sont allés, Marthe Bibesco et lui, revoir la « dame verte », près du château de leurs amis de Leusse, cette « dame verte » qui avait été, comme pour Chateaubriand, la sylphide de son adolescence et, au retour, écrit Marthe Bibesco, « l'infinie tristesse du Mont des Oliviers nous a saisis pendant cette dernière promenade dans les bois de Montgraham ». L'abbé n'y reviendra jamais plus : c'est son adieu à sa jeunesse.

Il continue de confesser quelques âmes pieuses, quelques exaltées aussi. Un jour, une de ses pénitentes lui affirme avec conviction qu'elle est visitée chaque soir par saint Jean l'Evangéliste et qu'il faut vite informer l'Archevêché de ces apparitions. L'abbé se montre sceptique, mais elle insiste au point qu'excédé, il lui déclare, se rappelant sans doute que la plupart des apparitions ont toujours eu lieu dans de pauvres villages comme La Salette ou Pontmain, sans parler de Lourdes :

— C'est impossible, madame ! Saint Jean ne saurait apparaître dans une ville de plus de dix mille habitants !

CRÉPUSCULE EN DIEU

1940-1944

L'abbé Mugnier se trouve à Combourg lorsqu'il apprend, le 3 septembre 1939, la déclaration de guerre de la France à l'Allemagne : une troisième guerre franco-allemande en moins d'un siècle ! Il y a de quoi désespérer de la nature humaine et douter même de la Providence. Il se lamente, avec les accents de Jérémie :

— Nous avons entendu les discours de Daladier à la radio, dit-il à Marthe Bibesco, c'était absurde ! Il ne savait comment expliquer cela ! Aller déclarer la guerre à l'Allemagne, nous et ces pauvres Polonais ! Se jeter comme cela dans la gueule du loup ! Faire ce que les Allemands voulaient que nous fissions ! La guerre ! pour qu'il nous la fassent ! J'enrage ! J'enrage ! Enfin, je dois me taire ! Mme de Castries m'a bien recommandé de me taire ! Et voilà que je parle... Elle m'a dit que si je parlais comme cela de la guerre, j'allais me faire mettre en prison ! Et je suis trop vieux ! Je ne suis même plus bon à ça [1]...

L'année précédente, il s'était attendu au pire après *l'Anchluss* et le rapt de la catholique Autriche, ou du moins de ce qu'il en restait après les lamentables traités de Saint-Germain et de Trianon. « Il n'y a pas à dire, c'est Nietzsche qui triomphe, tout le surnaturel venu d'Orient est battu, dictait-il à sa secrétaire. Ce n'est même plus une religion substituée à une autre. C'est une absence de religion positive, avec les dieux du Walhalla pour s'occuper l'imagination. Du

1. Princesse Bibesco, *La Vie d'une amitié*, tome I, p. 198.

Nietzsche teinté de Wagner[1]... » Se souvient-alors de ses pèlerinages à Bayreuth, de sa ferveur wagnérienne et de sa visite à Nietzsche ? Pressent-il que tout va s'achever par un tragique *Crépuscule des dieux* ?

Il ne cesse de se désoler, de s'inquiéter, de maudire l'époque et la folie des hommes, ainsi que la sottise ou la naïveté des femmes qui croient tout arranger avec des prières ou certaines dévotions particulières opérant des miracles :

— L'homme est un tigre ! Un tigre en veston ! Et ces dames qui ne parlent que du Sacré-Cœur ! Parlons-en moins, du Sacré-Cœur ! Ayez donc un cœur humain, tout simplement... Et ces gens qui communient de grand matin parce qu'il y a la guerre ! Pour aimer Dieu, il leur faut la guerre ! Ils empoisonnent l'Infini... Et l'infini ne s'en plaint pas[2] !

Il a regagné Paris où, bien qu'aveugle, il reste un témoin clairvoyant des événements ou plutôt des non-événements de cette « drôle de guerre ». Il ne se passe en effet rien sur le front où les belligérants se regardent en chiens de faïence, aucun des deux n'osant déclencher une offensive. C'est à Paris seulement que l'on fait la guerre, et les dames s'en donnent à cœur joie en multipliant les œuvres et les comités destinés à soutenir l'effort de guerre. Il y a la *Lecture aux armées*, la *Radio aux armées*, le *Music-Hall aux armées*, le *Théâtre aux armées*, l'*Art aux armées*, le *Sport aux armées* si bien qu'une femme d'esprit, rapporte André Maurois dans ses Mémoires, suggère de créer l'œuvre de *La Guerre aux armées*[3]. En cas de bombardement de Paris, l'abbé a la consolation de penser qu'il pourrait peut-être aller se réfugier dans l'abri bétonné que le gouvernement a prévu, rue Méchain, pour le cardinal-archevêque et vingt personnes de ses bureaux.

*

L'hiver se passe ainsi, dans l'attente d'un déclenchement

1. A. Mugnier, Journal, 12 mars 1938.
2. Princesse Bibesco, *La Vie d'une amitié*, tome I, p. 198.
3. A. Maurois, *Mémoires*, p. 274.

des combats qui, pour le moment se déroulent en Norvège ou en Finlande, épargnant la France. Au printemps, Marthe Bibesco, revenue de Roumanie, vient rendre visite à son « bon oncle » et l'emmène un jour déjeuner au Park Hôtel, Rond-point des Champs-Elysées. L'abbé sent l'odeur des marronniers en fleurs, celles des magnolias. Emu par ce rappel de sa jeunesse enivrée de senteurs champêtres, il reste silencieux, puis, « de ses pauvres petits yeux myosotis aveugles, à l'abri de ses lunettes vertes, coulent deux larmes lentes, qu'il laisse tomber sur son rabat. Il soupire et s'écrie :

— Je ne suis qu'un impressionniste ! Je ne suis qu'un sensitif ! Dieu comprendra cette pauvre petite créature de rien du tout, qu'il a très peu dotée [1] !

Lorsqu'au mois de mai 1940 l'offensive à laquelle on ne croyait plus se déclenche enfin, que c'est un sauve-qui-peut général, une panique impossible à enrayer, d'autant plus que le gouvernement et les officiels sont les premiers à donner l'exemple. A la fin du mois de mai, cédant aux instances de Mme de Castries, l'abbé se décide à quitter Paris pour chercher refuge chez elle, à Calaoutça. « Mon voyage fut très difficile, écrit-il à Mme de Durfort. J'ai vraiment cru que je n'arriverais jamais. Il m'a fallu au moins dix jours pour me remettre. Mme de Castries va, vient, et dirige une lourde maison. On m'a installé dans le parc. C'est la villa *Aurore* d'où j'entends chanter le coq des victoires prochaines [2]. »

A Biarritz s'est retrouvée, comme en 1914, une partie de la société parisienne et, s'il ne sort pas de la propriété, l'abbé Mugnier ne manque pas de distractions mondaines. Il reçoit des visites, entre autres celles de la duchesse d'Uzès et de la comtesse Greffulhe, aussi belle encore à quatre-vingts ans qu'à vingt, lui affirme-t-on. A son propos, il écrit à Ferdinand Bac : « Le marbre de Paros, la sérénité faite femme. On pourrait se dispenser de l'écouter et pourtant je trouve qu'elle parle aussi bien, et même mieux qu'autrefois [3]. »

Il occupe ses journées en posant pour le peintre José C. de La Pena qui a voulu faire son portrait, – il en brosse même

1. Princesse Bibesco, *La Vie d'une amitié*, tome I, p. 203.
2. Lettre du 7 juin 1940. Archives de Combourg.
3. Lettre du 11 juin 1940, Bibliothèque de l'Arsenal, Fonds F. Bac, MS 14.193.

deux – mais n'y réussit guère, et, le trouvant mauvais, Mme de Castries le refuse. En dépit de cette désapprobation, le portrait sera exposé au Musée basque, à coté de ceux de Francis Jammes et de la comtesse Greffulhe. Il travaille autant qu'il le peut avec sa secrétaire, Mme Gimonet, qui « vient matin et soir mettre un intérêt rétrospectif dans [s]a triste vie » ainsi qu'il l'écrit à la comtesse de Durfort. Il met à profit cette retraite forcée pour réviser son Journal, dont il fait caviarder par Mme Gimonet certains passages désobligeants pour autrui, ou humiliants pour lui, car tout prêtre qu'il est, il reste un homme, avec sinon sa vanité, du moins sa pudeur. « Passages que ladite secrétaire doit retenir de mémoire et noter le soir sur des carnets à elle », espère Léautaud quand Lucien Descaves lui annonce cette mutilation du texte[1]. A ceux qui s'en inquiètent, déplorant ce que le Journal pourrait perdre en saveur et en piquant, notamment dans le récit de ses démêlés avec sa hiérarchie, il répond :

— Ah ! mes confrères seront bien joués s'ils attendent mon jugement définitif sur le clergé ; j'ai mieux à dire...

La veille de sa mort, revenant sur le sujet de ce fameux Journal, convoité déjà par bien des éditeurs, redouté par bien des Parisiens pour ses possibles indiscrétions, il rassurera ceux-ci en disant à sa secrétaire, Mme Gimonet :

— Je ne suis pas un saint, mais je n'ai pas été trop méchant pour cette pauvre humanité qui mérite toutes les indulgences. J'ai été un brave homme de prêtre...

Malgré les visites de femmes du monde et l'atmosphère familiale dans laquelle il vit, Paris lui manque et dès, le début du mois de septembre, il envisage d'y retourner, estimant que « la vie n'y sera pas plus sévère qu'en 1871, au lendemain du Siège ».

*

Il réintègre enfin la rue Méchain au mois d'octobre et continue de dire sa messe quotidienne au couvent des Sœurs de Saint-Joseph de Cluny, mais la célébration de l'office est devenue pour lui une épreuve et les trois degrés de l'autel un

1. P. Léautaud, *Journal littéraire*, tome III, p. 172.

véritable calvaire à gravir. « Ses mains, se rappellera René Dumesnil, avaient peine à saisir la buire, à verser dans le calice le vin et l'eau de la communion. Il ne voulait pas être assisté d'un servant... l'office, allongé par tous ces tâtonnements de pauvre prêtre, s'aggravait d'une mélancolique solennité : c'était son propre sacrifice qu'il offrait[1]. »

Pour se rendre chaque matin à la chapelle, il rase les murs, en tâtant d'une main la pierre pour guider sa marche et de l'autre explorant le sol avec sa canne. Il y va chaque matin, même au creux de l'hiver. « Dès qu'elle entend ma canne, écrit-il à Marthe Bibesco, une petite religieuse s'avance à ma rencontre et me voilà bientôt dans la sacristie où je m'habille pour dire la messe. Grâce au camouflage qui est de rigueur, on se croirait dans les Catacombes. Alors toutes ces vierges romaines surgissent devant moi et je suis ailleurs... Au-dehors, les arbres se dressent, dépouillés, cadavériques. Je gagne le réfectoire où un café de bonne volonté me restaure et la bonne sœur y ajoute une orange ou quelque autre fruit[2]. »

Parfois invité par des amis à partager quelques victuailles arrivées en fraude, il accepte de s'y rendre, acceptant occasionnellement d'être aidé par un passant charitable. « Quand il venait chez moi, dira René Dumesnil, je guettais son arrivée pour le guider. J'entendais comme un battement d'ailes, un froissement long, répété, sur les vantaux, et j'ouvrais avant qu'il n'eût atteint la sonnette. Mais une fois dans la maison, il redevenait tout pareil à lui-même, retrouvant sa liberté d'esprit, sa gaieté, son humour[3]. »

Malgré tout, il a beaucoup vieilli depuis quelque temps, un peu voûté ou plutôt, comme le note Jean Hugo avec son œil de peintre, enfoncé dans la terre, tassé, épaissi car revêtu, pour avoir moins froid en hiver, de plusieurs douillettes ou soutanes verdâtres, rapiécées au-delà du possible. Il se protège aussi du froid en portant une calotte d'où s'échappent quelques mèches blanches, restes de la fameuse houppe. Il se

1. R. Dumesnil, *Le Rideau à l'italienne*, p. 91.
2. Princesse Bibesco, *La Vie d'une amitié*, tome I.
3. Princesse, Bibesco, *op. cit.*, p. 92.

néglige un peu, oubliant de se raser, avec sur le visage une barbe de quelques jours. En dépit de cette diminution physique et de cette espèce d'engourdissement de l'âge, il demeure alerte d'esprit, attentif à ce qui se passe et continuant à communiquer avec le monde extérieur par les lettres qu'il reçoit, par celles qu'il dicte à Mme Gimonet ou à quelque dame complaisante. Lorsqu'on vient le voir, il accueille le visiteur avec joie, lève les bras au ciel en signe de joie puis, ne pouvant le voir distinctement, lui prend les mains et les garde dans les siennes afin de montrer qu'il établit ainsi le lien que le regard assurait autrefois. Il a conservé son étonnante mémoire, sans faille, mais ses visiteurs sentent qu'il s'intéresse en fait moins au présent qu'au passé dans lequel il se réfugie pour oublier les horreurs du siècle. Ainsi Alfred Fabre-Luce, venu le voir, le trouve « évadé de son époque » et lui annonçant, comme une nouvelle du jour :

— Aujourd'hui, Goethe est entré comme chambellan chez le duc de Weimar...

Toutefois, il a conservé son esprit de repartie, le don du mot qui fait flèche. Un jour que la gouvernante d'une petite fille de Mme de Castries déplore la coquetterie de cette enfant, prophétisant que si elle continue dans cette voie, elle finira par monter sur les planches, il lui réplique :

— Vous oubliez, mademoiselle, qu'il y a des planches de salut....

Il ne s'est jamais complètement résigné à son infirmité qu'il pallie dans la mesure du possible en se faisant lire ses auteurs préférés, Victor Hugo, George Sand, Chateaubriand dont il ne se lasse pas. Un jour que Paul Léautaud se rend à la Vallée-aux-Loups, il entend, de la chambre occupée par l'abbé, la voix de Mme Gimonet lui lisant les *Conversations de Goethe avec Eckermann*, et apprend qu'il se fait faire cette lecture chaque année. Comme les enfants, jamais il n'est las d'écouter les mêmes histoires et s'en explique ainsi dans une de ses dernières lettres à Marthe Bibesco : « Mme Gimonet me lit, ou plutôt me relit, car depuis mon jeune âge, j'ai toujours eu une préférence pour les secondes, troisièmes ou quatrièmes lectures ; même quand j'avais encore mes yeux, c'était une joie pour moi d'imiter la Sainte Eglise qui redit indéfiniment, et sans se lasser, les mêmes formules, les mêmes textes, les mêmes invocations. La vie n'est d'ailleurs qu'une répétition... Dans ces mêmes lectures répétées, je puise de nouveaux enthousiasmes. Je viens de vivre encore avec George Sand... Il y a aussi quelqu'un que j'ai toujours aimé, c'est Lamennais. Que de fois j'ai visité sa Chesnaie [1]... »

De ne plus pouvoir lire lui-même, il s'était déjà consolé avec philosophie quelques années plus tôt, avouant à Mme Fabre-Luce :

— J'ai trop lu. La lecture ne vaut pas la vie. Elle seule nous enseigne la vérité. J'ai plus appris en un jour en écoutant qu'en dix ans en lisant.

Sans doute exagérait-il un peu, mais il est certain qu'avoir entendu certaines confessions remplaçait avantageusement la lecture d'un roman de Balzac : « Si je n'étais pas rendu muet par le secret professionnel, avait-il dit un jour à Maurice Donnay, et si on savait ce qu'est vraiment la Société, on serait épouvanté [2] ! »

Ce qui l'affecte aussi est de ne plus pouvoir circuler comme autrefois :

— Je ne voyagerai plus maintenant, c'est fini, soupire-t-il, je ne découvrirai plus ni paysages ni tableaux pour m'enchanter...

Désormais, faute de séjourner à la belle saison dans divers châteaux, comme il en avait l'habitude, il passe chaque été deux mois à la Vallée-aux-Loups, accueilli et choyé par l'hospitalier docteur Le Savoureux : « Presque à la veille de quitter La Vallée après deux mois de séjour..., écrit-il le 22 septembre à la comtesse de Durfort. Nous avons eu plusieurs visites. Hier, c'était la délicieuse Mme d'Andlau qui a déjeuné avec nous...le docteur [Le Savoureux] m'a comblé de gentillesses [3]. »

*

Au début de l'année 1942, il a la joie de voir sa nièce

1. Princesse Bibesco, *op. cit.*, lettre du 6 mai 1942.
2. M. Donnay, *Mon journal*, 18 juillet 1922.
3. Archives de Combourg.

première, la comtesse François de Castries, regagner Paris et rouvrir son appartement de la place du Palais-Bourbon. Il retrouve chez elle ses habitudes et y va déjeuner le dimanche, amené par une antique voiture à cheval tenant lieu de taxi. Mme de Castries, dira son beau-frère, le comte Wladimir d'Ormesson, « a veillé sur sa vieillesse et l'a entouré de mille soins comme la plus attentionnée des filles », ce qui n'empêche pas qu'entre la comtesse et l'abbé s'échangent parfois des « piques ». Il raconte un peu trop les mêmes histoires et cela finit par agacer Mme de Castries, qui les a cent fois entendues. Elle lui reproche aussi de se négliger, de ne prendre aucun soin de lui, ce qui est peu agréable pour les autres. Elle le morigène et l'abbé fait la sourde oreille, attendant que l'orage s'éloigne. En réalité, ils ne peuvent guère se passer l'un de l'autre et trouvent presque un certain plaisir à ces disputes qui empêchent leur amitié de s'assoupir dans l'indifférence. Et l'abbé, loin de s'en montrer piqué, accepte ses remarques en songeant sans doute à cette pensée de Guizot, qu'il avait notée : « Les habitudes nées des affections sont encore un bonheur, même quand elles n'en apportent plus [1]. »

*

Cet été-là, il séjourne encore à la Vallée-aux-Loups et Paul Léautaud, venu un jour déjeuner, note dans son Journal : « Trouvé là l'abbé Mugnier, qui gémit évangéliquement sur la guerre et les Allemands et les persécutions juives, en attendant celles contre les catholiques », ajoutant en guise de commentaire sur ce dernier point : « En effet, on ne saurait jurer de rien [2]. » Un mois plus tard, Paul Léautaud, revenu à la Vallée-aux-Loups, y déjeune de nouveau avec l'abbé ce qui donne lieu à une scène relatée dans le fameux Journal du misanthrope : « L'abbé Mugnier, arrivé au milieu de cette conversation, et pour qui je m'étais levé de mon fauteuil, faisait des manières pour s'asseoir avant que je ne fusse assis, tous les deux nous faisant des protestations. On riait. Marie Dormoy s'écrie : "Vous avez l'air tous les deux de jouer une

1. Guizot, lettre du 9 juillet 1848 à Mme Le Normant.
2. P. Léautaud, *Journal littéraire*, tome III, 15 août 1942.

scène de Molière !" Je dis à l'abbé : "Vous entendez, monsieur l'abbé, on vous traite de personnage de Molière." Il est de fait qu'il l'est bien un peu [1]. »

Rien ne le rend plus heureux que de rester en relations avec tous ceux qu'il a connus, d'en recevoir désormais des nouvelles plus fréquentes et plus détaillées depuis la suppression de la ligne de démarcation. « Votre lettre m'a fait tant de plaisir, dit-il à Mme Maurice Pouquet, active épistolière et qui est à la tête d'un véritable réseau de correspondance entre tous ses amis dispersés. Elle réveillait en moi des souvenirs qui resteront l'honneur et la douceur de ma vie... J'évoque les personnages diversement curieux que vous m'avez fait connaître. Anatole [France] me hante. Que dirait-il de tout ce qui se passe ? Je soigne ma guérison à la Vallée-aux-Loups, sous les auspices de Chateaubriand. Merci, merci de ne pas m'oublier, pas plus que je ne vous oublie moi-même. Je vous dois tant, et tant [2]... »

Au mois de novembre 1943, il fête avec mélancolie ses quatre-vingt-dix ans, anniversaire qui sonne pour lui comme un glas :

— Quatre-vingt-dix ans aujourd'hui, soupire-t-il en remerciant ceux qui le félicitent, je ne suis plus bon à rien ; je ne suis utile à personne, ni à moi-même. Et je tiens encore à la vie : il y a tant de choses qui m'intéressent ! Et cette guerre [3]... »

Et à un autre ami, il avouait :

— J'adore l'humanité, gaie, gémissante, bien portante ou souffrante. Tout le monde m'instruit et me console, si j'en ai besoin, et, ce qui va vous surprendre, je voudrais vivre encore cent ans [4]...

« Pauvre humanité, soupire-t-il un autre jour, enfin cela m'ennuie bien de la quitter... »

---

1. P. Léautaud, *op. cit.*, tome III, p. 897.
2. Lettre du 14 septembre 1943. Archives du docteur Robert Naquet.
3. R. Dumesnil, *Le Rideau à l'italienne*, p. 97.
4. Princesse Bibesco, *La Vie d'une amitié*, tome II, p. 10.

Un peu plus tôt, sentant ses forces décroître, il confiait à René Dumesnil :

— Je vais bientôt rejoindre notre Huysmans, et me voilà à la veille d'entrer dans l'éternité.

Faisant le bilan de son existence, il s'avouait parfois qu'elle avait été, à ses yeux du moins, un échec :

— Voyez-vous, disait-il aux Dumesnil, je me suis fait prêtre avec le désir d'apporter un peu plus de douceur et de bonté parmi les hommes. Eh bien, c'est raté, madame, c'est parfaitement raté !

Malgré ce constat d'échec, souligné par la guerre, il conserve un espoir indéfectible en ses semblables ou plutôt une indulgence et un amour sans limites : « Ah ! la pauvre humanité, dit-il parfois, comme elle est courageuse quand même... » et d'ajouter : « Je lui pardonnerai *tout*, jusque à mon dernier soupir. »

*

Alors qu'il va de son train habituel et que rien ne laisse envisager une fin rapide, il est brusquement pris le mardi 29 février 1944, en écoutant la lecture de certains passages des *Mémoires* de Talleyrand, d'un malaise assez sérieux pour que l'on fasse aussitôt venir un médecin, sans doute le docteur Lamy. Celui-ci diagnostique une crise d'emphysème pulmonaire et se montre extrêmement pessimiste, au point qu'il craint de ne pas le voir passer la nuit. Une amie, Mlle de Tholozan, accourt pour le veiller. Un prêtre vient également pour lui administrer l'extrême-onction. Il a conservé sa lucidité, répond lui-même aux prières et reçoit la communion. Alors que le prêtre lui parle du Ciel, du paradis, de Dieu qui va bientôt l'accueillir, l'abbé aurait soupiré :

— Sait-on jamais [1]...

Il a toujours trop aimé la vie, souhaitant qu'elle n'ait pas de fin, pour ne pas appréhender la mort. Il avait répondu un jour à une dévote arguant que la mort n'est qu'un passage et que la lumière est au bout :

1. Raconté à l'auteur par la vicomtesse de Contades, née Hélène Dias de Oliveira, belle-fille de la comtesse François de Castries.

— Non, non, je n'aime pas ce tunnel ! C'est une horreur ! On ne devrait pas avoir à passer par là [1].

Et à Suzanne Normand, venue le voir un jour de printemps, alors que sans pouvoir distinguer les fleurs, ces fleurs en lesquelles il voyait « les péchés de Dieu », il pouvait du moins en respirer le parfum, il avait avoué :

— Je m'accommoderais bien de faire mon éternité sur la terre...

Puis, conscient que ce souhait n'était guère orthodoxe, il avait ajouté :

— Oh ! Nous aurons autre chose... Mais nous ne savons pas quoi...

Et une autre fois, à Léon Deffoux, il avait confié :

— Il faudrait mourir dans un accès de curiosité et se dire : *Enfin, je vais savoir !*

Le lendemain, à huit heures du matin, il se sent au plus mal, pousse un gémissement, et s'éteint brusquement Alors que l'on s'affaire et se lamente, sa fidèle servante aurait eu, en guise d'oraison funèbre, ce mot qui, rappelant son culte à l'égard de Chateaubriand, aurait enchanté le défunt : « Ah ! monsieur le chanoine est bien heureux, il va pouvoir faire enfin la connaissance de monsieur le vicomte ! » Quant à la mère supérieure des Sœurs de Saint-Joseph de Cluny, elle soupire en songeant à la manière dont le défunt expliquait les textes sacrés :

— Ah ! notre bon aumônier, comme il savait bien *triturer* les Evangiles.

*

A peine sa mort est-elle connue dans Paris qu'en dépit des difficultés de transport beaucoup d'amis affluent rue Méchain pour un ultime hommage, entre autres Jean Hugo et Jean de Gaigneron : « L'abbé était étendu sur son petit lit de cuivre, revêtu du camail et du rochet garni de dentelle et coiffé de la barrette. Son visage n'avait plus de rides et semblait plus grand que nature, avec les traits majestueux et le nez d'aigle

1. Princesse Bibesco, *La Vie d'une amitié*, tome I, p. 33.

du masque de Pascal[1]. » C'est ainsi que le dessine, à la mine de plomb, le peintre Jean de Gaigneron qui avait fait de lui le meilleur de ses portraits.

Aussitôt prévenue de son premier malaise, la comtesse de Castries, qui était à Biarritz, prend le train, mais arrive trop tard pour recueillir son dernier soupir. L'autre *nièce*, Marthe Bibesco, alors en Turquie, n'apprend cette disparition qu'à son retour à Bucarest, le 2 avril, et murmure en son for intérieur : « Monsieur l'abbé, vous êtes la seule personne au monde qui ne m'ait jamais fait de peine... vous n'allez pas commencer maintenant ? »

L'enterrement a lieu dans la chapelle des Sœurs de Cluny, trop petite pour accueillir tant de monde. Il y a tout l'Armorial de France et nombre de personnalités du monde des Lettres et des Arts, venues en dépit de la neige et du froid. Les listes de la maison Henri de Borniol témoignent que le fils du factotum du marquis de Lubersac et de la modeste apprentie lorraine a eu, pour rendre un ultime hommage à celui qui les avait compris, aimés, absous, la fleur de l'aristocratie. Qu'aurait pensé Victoire Zeller si on lui avait prédit qu'il n'y aurait pas moins de sept ducs à l'enterrement de son fils ? Sont là, en effet, La Force, Noailles, Guiche, Gramont, La Rochefoucauld, et son cousin Bisaccia, Marmier, chacun accompagné de sa femme, et, seule, la duchesse de Rohan. Il y a aussi tout l'Armorial de France : Pomereu, Moustier, Ganay, Contades, Castries, Pange, La Roche-Aymon, Toulouse-Lautrec, Vogüé, Castellane, Virieu, d'Ormesson, Bourbon-Busset, Montboissier, Praslin, Cambacérès, Polignac, Lévis-Mirepoix, Chambrun, Rohan, Montalembert, Cochin, Maistre, etc.

Parmi les personnalités les plus marquantes la comtesse Greffulhe, Marie-Louise Bousquet, le docteur Le Savoureux, Mme Henri Lavedan, Paul Valéry et sa femme, l'inévitable Madeleine Le Chevrel, l'écrivain Ramon Fernandez, Mme Olivier de Prévaux, Mme Frank Delmas, dont la fille Claude, appartenant à la religion réformée, a été une des dernières enfants converties et baptisées par l'abbé Mugnier, Louise de Vilmorin, venue à l'enterrement entre deux mariages, M. Jean Marchand, Mme Albert-Emile Sorel, Mar-

1. J. Hugo, *Le Regard de la mémoire*, p. 488-489.

cel Boutron, Lucien Corpechot, Georges Lecomte et Jean Tharaud, de l'Académie française, Jean-Jacques Gautier, le futur critique dramatique, et, personnalité un peu insolite en l'occurrence, Mgr Mayol de Luppé, l'aumônier, lui, de la L.V.F... La nièce de Proust est venue avec son mari, Gérard Mante. On remarque également dans l'assistance les vieux amis de l'abbé, les Descaves, Léon Deffoux, Mme Henry Liouville, fille de Mme Waldeck-Rousseau qui avait été jadis une de ses pénitentes que l'abbé appréciait le plus. M. Pierre Gennari représente Ferdinand Bac qui, réfugié à Rimont, dans l'Ariège, est trop âgé pour se déplacer. Mme Alfred Fabre-Luce, de froid et d'émotion, s'évanouit pendant la cérémonie...

A côté de ces porteurs de noms illustres, on trouve aussi beaucoup de gens modestes et d'inconnus qui étaient eux aussi, à un titre ou à un autre, des amis de l'abbé Mugnier dont la charité avait un caractère aussi universel que sa curiosité d'esprit. Jean Hugo remarque même dans l'assistance un vieillard portant, à demi cachée sous son manteau, l'étoile jaune des Juifs.

Le corps est ensuite amené au cimetière Montparnasse afin d'y être inhumé dans la concession de sa famille et comme il n'y a pas de corbillard disponible, c'est Mme de Contades, la belle-fille de la comtesse François de Castries, qui le conduit à sa dernière demeure dans l'ambulance qu'elle a reçue au début de la guerre et qu'elle a pu conserver.

La pénurie de papier autant que les événements de ce printemps 1944 n'empêchent pas les journaux de consacrer à l'abbé Mugnier les articles nécrologiques qu'il a mérités. La plupart des quotidiens et des hebdomadaires parisiens, les journaux de province et ceux de Belgique aussi non seulement signalent sa disparition, mais publient des hommages fervents qui montrent à quel point il était connu. Jean de Saint-Chamant lui en dédie un, fort beau, sous le titre de « Figures qui s'effacent »[1]. Dans *Les Amitiés*, organe régional des provinces françaises, Philippe Bertault lui rend le 15 avril 1944 un bel

1. Dans une revue que je n'ai pu identifier, l'article ayant été détaché de celle-ci, sans mention de référence. Archives de l'Archevêché de Paris.

hommage en rappelant son amour de la littérature et en citant un de ses mots : « La littérature ! Je l'ai beaucoup aimée, trop aimée. Elle me vaudra certainement quelque temps de purgatoire pour les délices qu'elle m'a procurées ici-bas. » C'est à peu près dans les mêmes termes et le même jour que Lucien Corpechot, dans *Voix françaises*, à Bordeaux, célèbre sa mémoire. André Thérive lui consacre deux articles dans *Aujourd'hui*, et dans l'un, il lui cherche un successeur, envisageant pour le remplacer dans les salons parisiens l'abbé Ducaud-Bourget. Lucien Descaves remplit le devoir que lui impose une si longue amitié dans *Comoedia*, sous le titré de « Vicaire à Notre-Dame des Lettres et Apôtre du Pardon », mais ce sera dans ses livres qu'il tracera le meilleur portrait de l'abbé Mugnier.

Comme celui-ci a également beaucoup aimé la musique de Wagner un ancien familier de Huysmans, Léon Deffoux, le rappelle en un article où il célèbre à la fois le musicien et son admirateur. La Libération survenue, la chasse aux collaborateurs, les dénonciations, les perquisitions, les procès, les condamnations, plus sévères à l'égard des journalistes que pour des trafiquants qui ont souvent joué sur les deux tableaux, affoleront le malheureux Deffoux qui craindra d'être arrêté pour cet article en l'honneur de l'abbé : « Est-ce que je me suis déshonoré ? » demandera-t-il à l'un de ses amis. Il n'osera plus rentrer chez lui, errera, désespéré, dans Paris et finira par se jeter dans la Seine un soir de décembre 1944. On ne retrouvera son cadavre qu'un mois plus tard. Ce sera la seule victime, et bien involontaire, de l'abbé Mugnier.

Marthe Bibesco, écrit à la comtesse François de Castries une lettre émue de condoléances qui commence ainsi : « Nous voilà toutes les deux orphelines ! De notre Oncle, tu auras tout su, tout eu, jusqu'à la fin », puis elle reprend sa plume et fait parvenir au *Journal de Genève* un long article intitulé « Lady Leslie et l'abbé Mugnier » qui, publié les 26-27 août 1944, n'a pas dû toucher beaucoup le public français en train de fêter la Libération de Paris.

Le meilleur article est certainement celui de l'abbé François Guedon dans *La Semaine religieuse de Paris*, du 17 juin 1944, qui, compte tenu des événements, a dû passer presque inaperçu, mais constitue une sorte de réparation des torts de la hiérarchie ecclésiastique envers l'abbé Mugnier après l'affaire Loyson. « En plus d'une âme forte, écrit l'abbé Guedon, l'Esprit le dote d'un talent si délicat, d'un si rare pouvoir de séduction évangélique, d'une telle candeur alliée à un si parfait bon sens, que si l'avenir le campait, un jour, en figure de vitrail, nous serions tentés d'inscrire en exergue, au pied du personnage, tant son action nous paraît unique et son procédé personnel, le mot qu'un pieux auteur appliquait jadis à certains chrétiens d'exception : *mirandum, non imitandum* ».

Index

Abernon, lord d' : 23
Adam, Mme : 31
Adam, Paul : 161
Agoult, Marie d' : 139, 201
Alarcon, P. de : 130
Alexis, Paul : 87
Allard, Marthe : 218
Alnot, Anne : 35
Alta, père : 119
Amélie du Portugal, reine : 291
Amette, Mgr : 12, 56, 181, 182, 186, 191, 192
Andlau, Mme d' : 313
Andrieux : 75
Apollinaire, Guillaume : 175, 238, 241, 295
Armand, comtesse : 234
Aubépin, bâtonnier : 302
Augier, Emile : 85
Autichamp, marquise d' : 175

Bac, Ferdinand : 24, 25, 29 à 31, 49, 57, 64, 75, 143, 184, 189, 190, 194, 224, 236, 245, 246, 260, 292, 301, 305
Balzac, Honoré de : 136, 313
Barante, les : 302
Barbey d'Aurevilly : 91, 103, 113, 147, 157, 158, 164, 171, 195, 196
Bardèche, Maurice : 161
Baring, Maurice : 31, 267, 268
Barrès, Maurice : 28, 31, 137, 204, 206 à 208, 210, 214, 218, 235, 242, 248, 256, 257, 282
Barrès, Mme : 256
Barrès, Philippe : 210, 256
Bartholoni, comtesse : 193
Barthou, Louis : 303
Bassiano, prince de : 140
Battifol, Louis : 290
Baudelaire : 79, 91
Baudrillart, Mgr : 55, 79, 80, 174, 175, 177, 184, 304
Bauër, Gérard : 51
Bauër (père de Gérard B.) : 51
Bautrain, abbé : 144
Béarn, Mme de : 233, 247
Beau de Loménie, Emmanuel : 21, 30, 289, 296 à 299
Beau de Loménie, Henri : 299
Beaumont, comte et comtesse Etienne de : 278
Beauvau-Craon, prince de : 212 à 214
Bedel, Maurice : 29, 290
Bellessort, M. : 295
Bellune, duc de : 106

Benaïm, Laurence : 280
Benda, Julien : 292, 295
Berenson : 15, 31
Bergson, Henri : 31, 241, 273, 282
Bernard, curé : 171
Bernardin, lieutenant : 209
Bernstein, Henry : 31
Bernstein, Mme : 261
Berquin : 38
Berry, Walter : 31
Bertault, Philippe : 319
Bertrand, Louis : 44, 70
Bibesco, Jeanne : 214
Bibesco, Marthe Lahovary, princesse : 12, 30, 31, 33, 34, 47, 52, 63, 126, 188, 189, 205, 211 à 215, 231, 232, 236, 239, 256, 261 à 268, 270, 283 à 286, 288, 301, 304, 306, 307, 309, 311 à 313, 315, 317, 318, 321
Birdwood Thomson, Christopher (lord Thomson of Cardington) : 266
Bisbesco, prince : 211
Bismarck Otto, prince de : 56
Blacas, Louis de : 253
Blanche, Jacque-Emile : 30
Blond : 174
Bloy, Léon : 87, 98, 108, 113, 121, 155 à 158, 160, 161, 163 à 165, 294
Blum, Léon : 304
Blumenthal, Ferdinand : 253
Bodley : 30
Bois, Jules : 187
Boisbourdin, abbé : 55
Boivin : 118
Bonaparte : 79
Boni de Castellane : 245
Bonnard, Abel : 211, 243
Bonnat : 118
Bonnet, Agathe : 35
Boppe : 210
Bordeaux, Henry : 292
Borie, abbé : 254
Bornier, abbé : 298
Bossuet : 83, 278
Boullan, abbé : 89, 90, 92, 94, 95, 112
Bourbon-Busset (les) : 263
Bourget, Paul : 31, 80, 121, 137, 155, 159, 162, 188, 205, 238 à 240, 292
Boutron, Marcel : 66, 67
Boylesve, René : 254, 258
Brahms : 139
Brancovan, Anna de, princesse : 202
Brémond, Henri, abbé : 17, 21, 295
Bresdin : 195
Brisson, Henri : 122
Broglie, duchesse de : 137
Broglie, Robert de : 225
Bruce Geddes, ecclésiastique : 53
Brunetière, M. : 125
Bülow, Hans von : 139
Burnand, Robert : 299

Caillavet, Gaston de 201, 253
Caillavet, Jeanne de : 254, 255
Caillavet, Mme Arman de : 31, 198 à 202, 249, 265
Caillavet, Simone de : 201, 254, 255
Calamata, Mme : 102
Caldain, Jean de (Jean Marchand) : 145, 146, 152
Camastra, duchesse de : 238
Cambon, Jules : 15, 144
Caraman-Chimay, Valentine de : 208, 211, 213, 214
Castellane, marquis de : 255

Castellane, Mme de : 288
Castries, comte François de : 321
Castries, comtesse François de : 184, 268, 270, 301, 305, 307, 309, 310, 312, 314, 319
Castries, Mme de : 31, 211
Céard, Henry : 87, 266
Ceccaldi : 144
Céline (Louis Ferdinand Destouches) : 291, 292
Cendrars, Blaise : 269
Cessiat, Valentine de : 101, 104 (voir aussi Lamartine)
Chalais, prince de (Galard de Béarn) : 65
Chambord, comte de : 242
Chamfort : 223
Chanel, Gabrielle (Coco) : 195
Channon, sir Henry : 197
Charcot, Jean : 89, 90, 218
Charles, abbé : 175
Charles, empereur d'Autriche : 245
Charles X : 36
Charnacé, Mme de : 201
Chastel, G. : 90, 134, 147
Chateaubriand, Sibylle de : voir Durfort, comtesse de
Chateaubriand : 11, 25, 30, 35 à 37, 44 à 46, 54, 58, 61, 65, 67, 72, 78, 79, 91, 101, 105, 108, 111, 139, 193, 196, 200, 205, 212, 219, 228, 231, 248, 266, 278, 280, 285, 286, 297, 298, 306, 312, 315, 317
Chateaubriand (Société) : 285 à 290, 296, 299
Chaumeix, André : 295
Chesnelong : 99
Chevigné, comtesse Adhéaume de : 236, 242, 261, 302
Choiseul, Mme de : 96, 270
Clary, comte : 255
Claudel, Paul : 21, 28, 95, 98, 147, 205, 241, 292, 294
Clemenceau : 47, 244, 250
Clermont-Tonnerre, duchesse de : 234, 261
Clermont-Tonnerre, Gabrielle de : 35
Cocéa, Alice : 255
Cochin, Denys : 181, 191
Cocteau, Jean : 15, 28, 31, 235, 241 à 243, 247, 257, 272, 274 à 279
Colette : 260
Colin : 113
Combes, Emile : 133, 214
Contades, Mme de : 182
Contades, vicomte de : 268
Contades, vicomtesse de (née Hélène Dias de Oliveira) : 316, 319
Coppée, François : 113, 127, 146, 177
Corpechot, Lucien : 320
Cosse, abbé : 191
Cotton, Mme : 30
Courier, Paul-Louis : 47
Courrière, Berthe : 86 à 90
Courteline, Georges : 31, 231
Craven, Mrs. (née La Ferronnays) : 85, 103, 104
Croisset, Françis de : 204
Croisset, Mme de : 236
Curel, François de : 231

Daladier, Edouard : 307
D'Annunzio, Gabriele : 205, 206, 241
Dansette, Adrien : 53, 61, 62, 99, 133, 149
Darboy, Mgr : 51, 167
Daudet, Alphonse : 218, 288
Daudet, Charles : 218

Daudet, Edmée : 218
Daudet, Léon : 119, 155, 215, 216, 218, 234, 303
Daudet, Lucien : 215, 216, 218, 270, 279
Debré, Robert : 269
Deffoux, Léon : 16, 154, 189, 228, 317, 320, 321
Delatte, dom : 125
Delescluze : 49
Delorme, Philibert : 72
Demange, Charles : 207, 208
Demange, Mme : 207 à 210, 215
Demange (affaire) : 207, 214
Desbordes, Jean : 274, 275, 277
Descartes : 27, 53, 83
Descaves, Lucien : 11, 21, 44, 49, 58, 87, 95, 111, 113, 116, 132, 146, 147, 153, 154, 231, 247, 299, 300, 302, 310, 320
Deschamps, Mme (Octave, née Bartholoni) : 26, 193
Deschanel, Paul : 43
Deschaux, Hippolyte Eugène : 37
Des Chesnais, René : 19
Deslandes, baronne : 225
Desvallières, Georges : 163, 164
Didon, père : 66, 80, 105
Donnadieu : 95
Donnay, Maurice : 31, 259, 313
Doré, Gustave : 227
Dorgelès, Roland : 247
Dormoy, Marie : 314
Dorval, Marie : 103
Dreux-Brézé, Alyette de : 253
Dreyfus (affaire) : 233
Dreyfus, capitaine : 203
Drian : 269
Drumont, Edouard : 233
Dubois, cardinal : 52, 184
Du Bos, Charles : 31
Du Camp, Maxime : 50
Ducaud-Bourget, abbé : 320
Duchêne, Mgr : 225
Duchesne-Fournet, Mlle : 189
Ducloux, Marius : 39
Duhamel, Georges : 21, 29
Dumesnil, René : 14, 154, 281, 311, 315, 316
Dumont, abbé Eugène : 80, 83, 84, 111
Duployé, Pie : 98
Duran, Carolus : 253
Duras, duchesse de : 35, 288
Durfort, comtesse de (née Chateaubriand) : 238, 248, 255, 263, 285 à 287, 290, 305, 309, 310, 313
Durry, Mme : 286
Duval, Mme : 172 à 175

Eckermann : 24
Escholier, Raymond : 285
Espiès, vicomtesse d' · 106, 107, 139
Eudes, « général » : 50, 51
Eugénie, impératrice : 215

Fabre-Luce, Alfred : 312
Fabre-Luce, Mme : 260, 313
Fallois Saint Germain, Mme de : 168 à 170, 172, 173, 175, 176, 179 à 183, 185, 222
Falloux, comte de : 27
Favre, Jules : 277
Fels, comtesse de : 286
Fernande : 90
Fernandez, Ramon : 241, 269
Fernet, Gabriel, abbé : 94
Ferrero : 292
Ferret, abbé : 134
Ferry, Jules : 75
Fitz-James, comtesse de : 235, 259, 263

Flaubert, Gustave : 63, 91
Flavigny, Marie de (comtesse d'Agoult), dite Daniel Stern : 139
Flers, Robert de : 254
Fleury, comte : 225
Foch : 243
Fontaine, abbé : 134, 136
Forain : 17, 115, 146, 292
Foucauld, Charles de : 98
Foucault, Alphonse, abbé : 43
Foucault, Mgr : 100, 181
Foulon de Vaulx, M. : 184
France, Anatole : 137, 195 à 202, 248, 249, 265, 304, 315
François d'Assise, saint : 58
Frémont, Georges, abbé : 52, 53, 55, 58 à 60, 63, 76, 80 à 83, 99, 100, 111, 112, 120, 121, 123 à 126, 128, 132, 149, 151, 152, 171, 185, 186, 191, 194, 227, 303
Freppel, Mgr : 76, 82
Freud, Sigmund : 20
Frisell : 193
Froehner : 16
Fulbert-Petit, Mgr : 99

Gabrit, Ben : 302
Gaigneron, Jean de : 30, 317, 318
Galey, Matthieu : 27, 28
Galliffet, général de : 31
Galliffet : 233
Gallimard, Gaston : 194
Gambetta : 52
Garçon, Maurice : 19, 154
Gardey, abbé : 128, 137, 138, 151, 152, 182
Gauthey, Mgr : 173, 174
Gautier : 91
Gay, Francisque : 303, 304
Gayraud, abbé : 122
Genêt, père : 43
Germain, André : 21, 23, 28, 103, 200, 201, 213, 217 à 220, 225, 228
Gide, André : 289, 292
Gimonet, Mme : 301, 310, 312
Girard : 147
Giraudoux, Jean : 241
Gobineau, Arthur de : 143
Goethe : 11, 25, 49, 139, 189, 196, 234, 249, 255, 312
Goldsmith, Oliver : 38
Goncourt, Edmond de : 119
Goncourt (les) : 87
Gottlieb Weisser, Carl : 196
Gourmont, Rémy de : 31, 87, 91, 135
Gramont, Elisabeth de : 234, 235, 237, 243, 248 (voir aussi Clermont-Tonnerre)
Gratry, père : 144, 173, 174
Green, Julien : 273
Greffulhe, comte : 133
Greffulhe, Elisabeth, comtesse : 30, 133, 137, 181, 191, 211, 309, 310
Greffulhe, Elaine (duchesse de Guiche) : 253
Grégoire VII : 60
Grousseau, M. : 151
Groux, Henry de : 161, 162
Guaïta, Stanislas de : 95
Guedon, François, abbé : 321
Guérin, Eugénie de : 196
Guibert, cardinal : 63, 77, 82
Guibert, Mgr : 89
Guiche, duc de : 212, 253
Guiche, Elaine Greffulhe, duchesse de : 211
Guiches, Georges : 114
Guillaume II : 143
Guillemin, ambassadeur : 78
Guizot : 314

Guzman, Conchita : 184, 268
Guzman, Marie-Louise : 268
Guzman, Rosita : 268 (voir Castries)

Hanotaux, Gabriel : 254
Hauser, Lionel : 248
Haussmann : 67
Hayem (famille) : 113
Hébert, abbé : 55
Hébert, Marcel : 178
Hédon, abbé : 80
Hélie : 82
Hénin, princesse d' : 45
Hennique, Léon : 87
Henri IV : 43, 52
Henrion, père : 277
Hepp, Pierre : 202
Hermant, Abel : 30, 195, 221 à 223
Heuzey-Goyau, J.-Ph. : 189, 300
Hinnsdaël, comte d' : 254
Hogan, abbé : 55
Hohenlohe, prince Clovis de : 233
Houtin, abbé : 168 à 176, 181
Hoyos, comte : 141
Huc, Mme : 130, 144, 147
Huc, père : 130
Hugo, Georges : 82, 257
Hugo, Jean : 82, 237, 257, 269, 311, 317, 319
Hugo, Jeanne : 218
Hugo, Victor : 11, 26, 46, 57, 79, 81, 111, 119, 132, 196, 215, 312
Hulst, Mgr d' : 55, 83, 149
Humann, Mlle : 144
Hurel, abbé : 136
Huysmans, Joris-Karl : 11, 14, 26, 86 à 98, 108 à 116, 109, 123 à 132, 134 à 136, 144 à 148, 152 à 159, 162 à 164, 177, 178, 195, 196, 218, 266, 296, 316, 320
Huysmans (société) : 16

Icard, M. : 56

Jacob, Max : 31, 277
Jaloux, Edmond : 194
Jammes, Francis : 31, 269, 310
Javouhey, Anne (dite Navette) : 192
Joffre, maréchal : 244
Joffre, Mme : 244
Jourdan de La Pessardière, Mgr : 125
Jouvenel, Henri de : 266
Jouvenel, Mme de (voir Colette)
Juge, Lucie : 36

Kap-Herr, Serge de : 255
Kardec, Allan : 89
Kazantzakis, Nikos : 188
Kerenski : 246
Kergorlay, comte Octave de : 268
Kolb, Philippe : 15, 247, 248

Labiche : 247
Labouré, cardinal : 125
La Chambre, Guy : 286
Lacordaire : 67, 168
Lacoste, père : 42
Lafarge, M. : 39
La Fontaine : 81
La Force, duc de : 290, 299
Lamartine, Mme de : 104, 196
Lamartine : 25, 46, 57, 74, 101, 103, 106, 108, 188, 228, 248
Lamenais : 19, 178, 313
Lamoricière, général : 197
Lamy, docteur : 316
Landry, Georges : 113, 145, 146, 149, 162, 189

Lantaigne : 298
La Panouse, Mme de : 103
La Pena, Josè C. de : 30, 309
Laporte, François-Xavier : 36, 37
Laprévotte, Emma : 248
Largent, père : 172, 175
La Rochefoucauld, Edmée de : 30
La Rochefoucauld, Stanislas de : 255
Lascoux, M. : 140, 141
La Tour, de : 211
Laure, Mme : 89
Laurencin, Marie : 30, 269
Lauris, G. de : 193
Lauth-Sand, Aurore : 290
Lauth (famille) : 249
Lauth, Mme (Maurice) : 102
Lavedan, Henri : 27, 30
Lavigerie, cardinal : 99
Léautaud, Paul : 58, 229, 244, 290 à 292, 300, 302, 310, 312, 314, 315
Lebaudy, Mme : 103
Le Bon, Gustave, docteur : 43
Le Cardonnel, abbé : 131
Leclaire, Mme : 131
Leclaire (les) : 134
Leclercq, Paul, abbé : 120, 121, 139
Leconte de Lisle : 81
Ledoux, docteur : 298, 299
Ledrain : 167, 168
Le Grix, François : 283
Lemaistre, Mgr : 263
Lemaître, Jules : 205, 288
Lénine : 194
Le Nordez, abbé : 39, 132
Le Normant, Mme : 314
Lenôtre, G. : 68, 118, 120
Léon XIII : 98, 99, 253
Le Savoureux, docteur : 244, 281, 286, 287, 289 à 291, 313
Lescœur, père : 175
Lespinas, docteur : 39
Lesseps, Ferdinand de : 268
Levêque, abbé : 43
Lévis-Mirepoix, Philomène de (Comtesse de la Forest-Divonne dite Claude Silve) : 302
Liszt : 139
Lloyd, Lord : 304
Lockroy, Mme : 82
Lockroy : 82
Loisy, Alfred : 178
Lorrain, Jean : 119
Lot, Ferdinand : 299
Loti Pierre : 137
Louis-Philippe : 144, 194, 222
Louis XVI : 299
Louis XVIII : 288
Louvet, Victorine-Louise : 50
Lovat, lord : 267, 268
Loyson, Hyacinthe : 105, 165, 167 à 173, 175 à 185, 191, 228, 276
Loyson, Mme : 182
Loyson, Paul : 178, 179, 181, 183, 185, 186
Loyson (affaire) : 20, 321
Lubersac, Jean-Baptiste de, évêque : 42
Lubersac, marquis de : 34, 35, 37, 40, 42, 62, 288, 318
Lucrèce : 228
Luther : 166
Lyautey, maréchal : 31

Mac-Mahon, la maréchale : 124
Mac-Mahon, maréchal de : 47, 65, 76
Mallarmé, Stéphane : 27
Manet : 27

Mante, Gérard : 264
Marat : 81
Maréchal, M. : 50, 51
Margot, reine : 52
Marie du Sacré-Cœur, mère : 128
Marillac, Louise de : 72
Maritain, Jacques : 15, 274 à 277
Maritain, Raïssa : 273, 274
Marquet, Marie : 252
Martel, Mme de (Gyp) : 269
Martel, Thierry de : 269
Martin du Gard, Maurice : 14, 59, 276 à 278, 291, 293
Martineau, R. : 81, 130, 144, 147
Marx : 160
Mata-Hari : 262
Maupassant : 26, 87, 161
Mauriac, François : 31, 292, 293
Maurois, André : 30, 201, 254, 255, 258, 259, 267, 290, 308
Maurois, Michelle : 200, 254, 255
Maurras, Charles : 188, 211, 243, 302 à 304
Mempontel, M., curé : 36
Menier : 144
Mermillod, Mgr : 66, 166
Mérode-Westerloo, comtesse de : 96, 97
Merriman, capitaine : 166
Merriman, Emilie : 166, 185
Merry del Val, Mgr : 170
Meyer, Valentin et Guillaume : 34
Meyriel, Mgr : 257
Michaud, abbé : 171
Michelet : 49
Mignot-Ogliastri, C. : 218, 285
Moltke, comtesse de : 140
Monaco, prince de : 143
Monsabré, père : 66
Monstier, comte de : 268
Montalembert : 67, 173
Montesquiou, Robert de : 31, 87, 137, 224
Montherlant, Henri de : 31, 264
Montherot, M. de : 248
Montmorency, Matthieu de : 78
Morand, Paul : 108, 224, 239, 241, 246, 247, 290
Mugnier, Claire-Agathe : 33, 66
Mugnier, Félix, Joseph, Théodore : 34, 35, 37, 39, 40
Mugnier, Félix-Albert (dit Paul Mugnier) : 33, 34, 47, 197
Mugnier, Jean : 35
Mugnier, Marie : 36
Mugnier, Paulus : 35
Mugnier, Victoire : 34, 37, 40, 66, 318
Mühlfeld, Mme : 27
Murat, comtesse (Joachim) : 211, 226, 242, 243, 285
Murat, princesse (Lucien) : 30, 256

Napoléon : 56, 219, 285
Negroponte, Michel : 218
Nietzsche, Frédéric : 143, 280, 281, 307, 308
Nietzsche, Mlle : 143
Noailles, Anne de : 24, 28, 30, 31, 104, 137, 188, 201 à 203, 206 à 210, 218, 226, 236, 242, 243, 246, 252, 256, 261 à 265, 273, 280 à 283, 285, 293, 296
Noailles, Anne-Jules de : 205
Noailles, Marie-Laure de : 269, 280
Noailles, Mathieu de : 202, 210
Noailles, vicomte de : 278 à 280
Normand, Suzanne : 317

Nouvelle, père : 175

Ollivier, Emile : 31
Ollivier, père : 121
Oriant, Adrien : 269
Orléans, Philippe d' : 52
Ormesson, Wladimir d' : 15, 184, 268, 314
Osembray, Mme d' : 106
Ozanam : 67, 174

Pailleıon, Mme : 286
Palacio Valdès : 130
Paléologue, M. : 226
Pange, comtesse de : 137, 285, 290
Paul-Boncour : 144
Péguy, Charles : 98, 295
Péladan, sir : 95, 119
Perraud, Charles, abbé : 80, 83, 84, 104, 171 à 176, 179, 185
Perraud, Mgr : 104, 173
Perraud (affaire) : 179
Perrault : 38
Perreyve, abbé : 174
Perrin, Victor, duc de Bellune : 106
Pie X : 170, 178
Pimodan, duchesse de : 16
Pisieux, Mme de : 45
Planus, abbé : 174
Poisson, Mme : 48
Polignac (les) : 263
Pombasle, Mme de : 297
Pomereu, marquis de : 227
Pomereu (les) : 152
Pompadour, Mme de : 78
Porel, Jacques : 260
Portier, L. : 167, 183
Pouquet, Maurice : 201, 255
Pouquet, Mme (veuve du Gaston de Caillavet) : 200, 202, 253, 315
Pourtalès, comtesse de : 260
Pozzi, Catherine : 21, 236, 237, 255, 260
Pozzi, docteur : 236
Prévost, Marcel : 137
Prieur, P. : 57
Primoli, comte : 304
Pringué, Gabriel-Louis : 219, 305
Proust, Marcel : 11, 14, 15, 31, 136, 205, 236, 241, 243, 246 à 248, 255, 264
Proust, Suzy 264
Pyat, Félix · 49

Radignet, Raymond : 257
Radolin, prince : 31
Raspoutine : 246
Ratisbonne, père : ı44
Rauch, Christian Daniel . 196
Rauzan, Marie de Chastellux de : 35
Ravachol : 159
Ravailhe, M., abbé : 96, 97, 107
Rehbinder, Mme : 247
Read, Mlle : 147
Récamier, Mme : 57, 65, 78
Régnier, Henri de : 21, 259, 295
Réjane : 199, 218, 255
Renan, Ernest : 53, 58, 59, 187, 227
Rességuier, comte de : 55, 140
Restif de la Bretonne : 27
Reszké, Jean de : 223
Reuss, princesse de : 140
Réville : 53
Richard, Marthe : 305
Richard, Mgr : 77. 97, 108, 128, 186
Richter, Jean-Paul : 12
Rilke, Rainer Maria : 141
Rimbaud, Arthur : 26
Rivarol : 223

Roche, Jules : 133
Rochefort : 258
Rodenbach : 125
Rohan, Marie de : 189
Rohan-Chabot, Anne de : 253
Rolland, Romain : 234, 295
Rostand, Edmond : 31, 252, 255, 264
Rostand, Maurice : 252
Rostand, Mme : 252
Rothschild, baron de : 229
Rouart, Paul : 255
Rouget, Marie, dite Marie Noël : 257, 285
Rousseau : 11, 12, 200, 248
Rousset, lieutenant-colonel : 48

Sachs, Maurice : 278
Sade : 279
Saint-Chamant, Jean de : 319
Sainte-Beuve : 57
Saint Jean, R. de : 65, 79, 252
Sand, George : 11, 25, 57, 65, 74, 85, 87, 101 à 103, 105, 111, 304, 312, 313
Sand-Lauth, Mme : 287
Sand, Maurice : 102
Sangnier, Marc : 18
Sanson, père : 22
Sanvoisin, Gaëtan : 301
Sassoon, Philip : 267
Satie, Erik : 258
Savine : 113
Sayn-Wittgenstein, princesse : 140, 191, 250
Scheffer, Ary : 143
Scheikévitch, Mme : 30, 253
Schuré, Edouard : 31
Ségur, marquis de : 67, 108
Ségur, Mme de : 38
Seillière, baron : 143
Séméraire, abbé : 134
Sénart, M. : 97
Sengesse, Pierre-Octave : 37
Senneville, Albert de : 298
Sert, Misia : 269
Sertillanges, père : 259
Siegfried, Agnès : 53, 55, 59, 60, 80, 81, 83, 100, 122, 124 à 128, 150, 152, 171
Singer, Alexandre : 187
Singer, Mme : 19, 187
Sorel, Cécile : 225
Souday, Paul : 227
Soutzo, princesse Dimitri : 241, 246
Staël, Mme de : 65, 155
Stendhal : 23
Stern, Daniel : 139
Stern, Ernesta : 22
Suarès, André : 194, 241, 242
Sully, Maximilien de : 43

Tailhade, Laurent : 237
Taine : 59
Talleyrand, prince de : 65, 316
Taponier : 196
Tardif de Moidrey, Jean, abbé : 158
Terry, Emilio : 269
Tharaud, Jean : 269
Tharaud, frères : 31, 287
Thérive, André : 320
Thibault, Mme : 89, 112
Thierry, Augustin : 45
Thiers : 233
Thirion, André : 279
Thiroux, colonel : 121
Tholozan, Mlle de : 316
Tischbein : 196
Tour et Taxis, princesse de 140, 141
Tourville, abbé de : 56, 57
Trochu, général : 49

Ulman, Cécilie : 253
Urfé, Honoré d' : 265
Uzès, duchesse d' : 309

Vacareseo, Mlle Hélène : 261, 262, 286, 287
Valadon : 195
Valéry, Agathe : 255
Valéry, Paul : 14, 15, 27, 31, 154, 204, 255, 274, 280, 292, 296
Vallès, Jules : 91
Valois, Georges : 194
Vandérem, Fernand : 231
Van Mol : 72
Varenne, Gaston, abbé : 43, 55, 63, 70
Vassart d'Hozier : 138
Verdie, abbé : 184
Verlaine, Paul : 26, 91, 119
Vermorel, Agathe : 35
Veuillot, Louis : 27, 43, 157
Veye de Veya, Mgr : 12, 136
Vidal, M. : 254
Vignon, Claude : 72
Vigny, Alfred de : 293
Vigourel, M : 125
Vigouroux, abbé : 55, 58, 125
Villemont, abbé : 65
Villiers de l'Isle-Adam : 91, 296
Vincent de Paul, saint : 72
Vinoy, général : 49
Vintras : 89
Vivier, docteur : 216, 217
Vogüé, Eugène-Melchior de : 31
Voltaire : 81, 248

Wagner, Cosima : 31, 139 à 143
Wagner, Richard : 50, 120, 139 à 142, 195, 280, 308, 320
Waldeck-Rousseau, Mme : 153
Waldeck-Rousseau : 53, 132, 133, 153
Walpole, Horace : 270
Ward, docteur : 117, 118
Weimar, duc de : 312
Wharton, Edith : 31, 63, 80, 302
Widor, Charles : 14
Windsor, duc de : 50
Wittgenstein, princesse : 138
Wolkenstein, comtesse : 140
Worth : 12
Wurtemberg, duchesse de : 141

Youssoupov, prince : 269
Yturbe, Mme de : 268

Zadoc Kahn, rabbin : 119
Zamoïska, comtesse : 175
Zanta, Mlle : 259
Zavie : 154
Zeller, Victoire : voir Mme Mugnier
Zeller, Victor : 36
Zeller (famille) : 41
Zita, impératrice : 245
Zola, Emile : 87, 89, 90, 114

REMERCIEMENTS

D'aimables et généreux concours m'ont permis de donner à cet essai sur l'abbé Mugnier un développement plus important que je ne l'aurais cru en commençant cette étude.

En premier lieu, je remercie Mme Manuel de Yturbe, fille de la comtesse François de Castries, de l'aide inestimable qu'elle a bien voulu m'apporter, ainsi que la comtesse Pierre de Chevigné qui m'a communiqué les passages du Journal inédit de son père, le comte Wladimir d'Ormesson, ambassadeur de France et membre de l'Académie française.

Mme Marcel Billot m'a rendu grand service en mettant à ma disposition la documentation de son mari qui avait préparé, avec Jean d'Hendecourt, la publication du Journal de l'abbé Mugnier et M. Arnaud Deschamps, descendant de Mme Bartholoni, m'a communiqué les « paperolles » de l'abbé qui, ainsi que je l'ai dit dans l'introduction, constituent en fait le premier état du Journal et, quand elle ne se sont pas reprises dans celui-ci, le complètent heureusement.

J'exprime également ma reconnaissance à la comtesse de la Tour du Pin Verclause pour la communication des lettres de l'abbé Mugnier à la comtesse de Durfort, née Chateaubriand, ainsi qu'au docteur Robert Naquet grâce à qui j'ai pu consulter la correspondance échangée entre l'abbé Mugnier et Mme Arman de Caillavet, puis avec Mme Maurice Pouquet. Je suis également redevable à la comtesse Bernard d'Harcourt ainsi qu'au baron de Cassagne d'un certain nombre de renseignements qui m'ont été fort utiles, et à M. Bernard Jullien comme à M. Guy Marchand de m'avoir indiqué certaines pistes.

Ma reconnaissance s'adresse également à M. le chanoine Ploix qui m'a ouvert les archives de l'Archevêché de Paris.

M. Jean-Paul Clément, directeur de la Maison Chateaubriand à la Vallée-aux-Loups, m'y a reçu lors d'un déjeuner qui m'a permis d'évoquer avec lui l'abbé Mugnier dans les années 1930 et il a bien voulu me communiquer une certain nombre de documents sur la constitution de la Société Chateaubriand, ainsi que des photographies.

Mme Anne Borrel m'a non moins aimablement autorisé à reproduire le portrait de l'abbé Mugnier par Marie Scheikévitch, aujourd'hui en sa possession et M. Gérard Desanges a bien voulu rechercher pour moi dans la *Correspondance* de Marcel Proust les lettres adressées par celui-ci à l'abbé.

M. Jean-Marie Philémont Montout m'a conduit à Nogent-le-Rotrou, pour voir l'ancien Petit Séminaire où fut élevé le jeune Arthur Mugnier, ainsi qu'au château de Montgraham, but de ses pèlerinages annuels pendant toute une partie de sa vie. M. Marc Rauffet a bien voulu m'accompagner, lui, à Lubersac, où le docteur Marius Ducloux, historien de la ville et de sa région, m'a communiqué bien des éléments intéressants sur les premières années de l'abbé. Je l'en remercie tout particulièrement ainsi que M. et Mme Monteil qui, eux aussi, maintiennent à Lubersac le souvenir de l'abbé Mugnier.

Comme pour beaucoup de mes précédents ouvrages, M. Bernard Minoret a mis sa science mondaine, ainsi que sa bibliothèque, à ma disposition tandis que M. Jean-Philippe Sisung m'a ouvert également la sienne et fait profiter de son érudition en matière ecclésiastique.

M. Franck Pitel s'est montré d'une inlassable complaisance Ipour m'aider à résoudre certains problèmes techniques dans la composition de ce livre et je lui en suis particulièrement reconnaissant.

BIBLIOGRAPHIE

ANONYME, *Huysmans et l'abbé Mugnier à Saint-Thomas-d'Aquin*, Imprimerie Brodard et Taupin, I952.

BAC (Ferdinand), *Vieille France*, Charpentier & Fasquelle, 1911.

–, *L'Aventure italienne*, Fasquelle, 1912.

–, *Intimités de la IIIe République*, 3 vol., Hachette, 1935.

–, *Livre-Journal 1919*, éd. Claire Paulhan, 2000.

BAUDRILLART (A.), *Les Carnets du cardinal 1935-1939*, Cerf, 1996.

BEAU DE LOMÉNIE (E), *L'Inauguration*, Denoël & Steele, 1935.

BENAÏM (Laurence), *Marie-Laure de Noailles*, Grasset, 2001.

BENJAMIN (René), *Sous l'œil en fleur de Madame de Noailles*, Librairie des Champs-Elysées, 1928.

BERTRAND (Louis), *Flaubert à Paris ou le perroquet vivant*, Grasset, coll. « les Cahiers verts », 1921.

BIBESCO (Princesse), *La Vie d'une amitié. Ma correspondance avec l'abbé Mugnier 1911-1944*, 3 vol., Plon, 1951-1957.

–, *Le Confesseur et les Poètes*, Grasset 1970.

BLANCHE (J.-E.), *Le Bracelet tensimétrique*, Simon Kra,1926.

–, *La Pêche aux souvenirs*, Flammarion, 1949.

BLANCHENAY (Jeanne), *Visages de mon temps*, Neuchâtel, coll. « Ides et Calendes », 1955.

BLOY (Léon), *Journal, 1892-1907*, Laffont, Bouquins, 1999.

BROCHE (François), *Anna de Noailles*, Robert Laffont, 1989.

BOURGET (Paul), *Le Sens de la mort*, Plon, 1919.

CASTELLANE (Boni de), *Mémoires*, Perrin, 1986.

CHANNON (Sir Henry), *The Diaries*, Penguin Books, Londres, 1984.

CHASTEL (Guy), *J.-K. Huysmans et ses amis*, Grasset, 1957.

COCTEAU (Jean), *Correspondance avec Jacques Maritain*, Gallimard, 1993.

CORPECHOT (Lucien), *Souvenirs d'un journaliste*, Plon, 1937.
COSSÉ-BRISSAC (A. de), *La Comtesse Greffulhe*, Perrin, 1991.
DANSETTE (Adrien), *Histoire religieuse de la France contemporaine sous la IIIe République*, Flammarion, 1951.
DESCAVES (Lucien), *Les Dernières Années de J.-K. Huysmans*, Albin Michel, 1941.
–, *Deux Amis : J.-K. Huysmans et l'abbé Mugnier*, Plon, 1946.
–, *Souvenirs d'un ours*, éd. de Paris, 1946.
DONNAY (Maurice), *Mon journal*, Arthème Fayard, 1953.
DUCLOUX (Marius), *Lubersac au passé simple*, éd. du Syndicat d'initiative de Lubersac, 2000.
–, *Les Chroniques du temps retrouvé de Lubersac*, Les éditions coréziennes, Brive, 1996.
–, Lubersac au XIXe siècle : I : *Les Chantiers du siècle*, éd. Imprimerie du Corrézien, Naves 2000 ; II : *La Ronde des maires*, éd. Imprimerie du Coorézien, Naves 2001.
DUHAMEL (Georges), *Le Livre de l'amertume. Journal 1925-1956*, Mercure de France, 1983.
DUMESNIL (René), *Le Rideau à l'italienne*, Mercure de France, 1959.
DUPLOYÉ (Pierre), *Huysmans*, Desclée de Brouwer, 1968.
FOUQUIÈRES (A. de), *Cinquante Ans de panache*, éd. Pierre Horay, 1951.
–, *Mon Paris et ses Parisiens*, éd. Pierre Horay, 1953.
–, *Mon Paris et ses Parisiens* : le quartier Monceau, éd. Pierre Horay, 1954.
, *Mon Paris et ses Parisiens* : vers le Point du Jour, éd. Pierre Horay, 1959.
GALEY (Matthieu), *Journal*, 2 vol., Grasset, 1987-1989.
GALTIER-BOISSIÈRE, *Journal 1940-1950*, Quai Voltaire, 1993.
GERMAIN (André), *Portraits parisiens*, Georges Crès, 1918.
–, *La bourgeoisie qui brûle*, éd. Sun, 1951.
–, *Les Clefs de Proust*, E. Sun, 1953.
GIDE (André), *Journal*, Pléiade, Gallimard, 1951.
GRAMONT (Elisabeth de), *Les Marronniers en fleurs*, Grasset, coll. « Les Cahiers verts, 1929.
–, *Clair de lune et taxi-auto*, Grasset, 1932.
HAEDRICH (Marcel), *Coco Chanel secrète*, Robert Laffont, 1971.
HERMANT (Abel), *Les Renards*, Michaud, 1911.
HIGONNNET-DUGUA (E.), *Anna de Noailles*, éd. Michel de Maule, 1989.
HOUTIN (Albert), *Un prêtre marié : l'abbé Charles Perraud chanoine honoraire d'Autun, 1831-1892*, Chez l'auteur, Paris, 1909.

–, *Autour* d'Un prêtre marié *: histoire d'une polémique*, Chez l'auteur.
HUGO (Jean), *Le Regard de la mémoire*, Actes Sud, 1983.
HUYSMANS (J.-K.), *Pages catholiques*, Préface de l'abbé Mugnier, Plon, 1899.
LAMY (Maurice), *L'Abbé Mugnier raconté par son médecin*, Mercure de France, juin 1951.
LARBAUD (Valery), *Journal 1912-1935*, Gallimard, 1955.
LAURIS (Georges de), *Souvenirs d'une belle époque*, Amiot-Dumont, 1948.
LAVEDAN (Henri), *Le Chemin du salut*, Plon-Nourrit, 1920.
LEAUTAUD (Paul), *Journal littéraire*, 3 vol., Mercure de France, 1986.
LENÔTRE (G.), *Notes et souvenirs*, Calmann-Lévy, 1940.
MARTIN DU GARD (Maurice), *Les Mémorables*, t. III, Grasset, 1978.
MARTINEAU (René), *Autour de J.-K. Huysmans*, Desclée de Brouwer, 1946.
MAUROIS (André), *Le Cercle de famille*, Grasset, 1932.
–, *Choses nues*, Gallimard, 1963.
–, *Mémoires*, Flammarion, 1970.
MAUROIS (Michelle), *L'Encre dans le sang*, Flammarion, 1981.
–, *Les Cendres brûlantes*, Flammarion, 1987.
–, *Déchirez cette lettre*, Flammarion, 1990.
MORAND (Paul), *Journal d'un attaché d'ambassade 1916-1917*, Gallimard, 1963.
–, *Journal inutile*, 2 vol., Gallimard, 2001.
MUGNIER (Arthur), *Le Cinquantenaire de Sainte-Clotilde*, Plon-Nourrit, 1908.
–, *J.-K. Huysmans à la Trappe*, Le Divan, 1927.
–, *Journal 1879-1939*, Mercure de France, 1985.
NOAILLES (Anna de) et BARRÈS (Maurice), *Correspondance 1901-1923*, édition établie par Claude Mignot-Ogliastri, Editions L'Inventaire, 1994.
PAINTER (George D.), *Marcel Proust*, 2 vol., Mercure de France, 1985.
PALÉOLOGUE (M.), *Journal 1913-1914*, Plon, 1947.
PORTIER (Lucienne), *Le Dossier Hyacinthe Loyson 1827-1912*, Centre d'histoire des religions, à Louvain-la-Neuve, 1982.
POUQUET (J. Maurice), *Le Salon de Mme Arman de Caillavet*, Hachette, 1926.
POZZI (Catherine), *Journal 1913-1934*, Ramsay, 1987.
PRINGUE (G.-L.), « Trente Ans de dîners en ville », revue *Adam*, 1950.

PROUST (Marcel), *A La recherche du temps perdu*, Robert Laffont, Bouquins 1987.

–, *Correspondance*, établie par Philip-Kolb, Plon, 1970-1991.

REGNIER (Henri de), *Les Cahiers inédits 1887-1936*, Pygmalion, 2002.

SAINT-JEAN (R. de), *Journal d'un journaliste*, Grasset, 1974.

–, *Passé pas mort*, Grasset, 1983.

SCHLUMBERGER (G.), *Mes souvenirs 1844-1922*, Plon, 1934.

SIEGFRIED (Agnès), *L'abbé Frémont 1852-1912*, 2 vol., Félix Alcan, 1932.

STOCK (P.V.), *Memorandum d'un éditeur*, 2 vol., Stock, 1935 et 1936.

WHARTON (Edith), *Les chemins parcourus*, Flammarion, 1975.

TABLE

Portrait d'un apôtre atypique 11
Un paradis vert acide, 1853-1878 33
La pêche miraculeuse, 1879-1895 72
Le pèlerin de l'idéal, 1896-1907 116
Les mauvais bergers, 1908-1909 155
Le prêtre des Noces de Cana, 1910-1914 187
Un nouveau monde, 1915-1928 233
L'aumônier des Lettres, 1929-1939 272
Crépuscule en Dieu, 1940-1944 307

Index 323
Remerciements 335
Bibliographie 337

Cet ouvrage a été composé par Nord Compo
59673 Villeneuve-d'Ascq
et imprimé sur presse Cameron
par **Bussière Camedan Imprimeries**
à Saint-Amand-Montrond (Cher)
pour le compte des Éditions Perrin
76, rue Bonaparte
Paris 6^{e}

Achevé d'imprimer en décembre 2003